四川省大件运输项目评审单位参考用书

公路大件运输技术与安全

主　编 ○ 何太碧
副主编 ○ 张　洪　谢能剑　叶　斌
　　　　　李本伟　曾传华

西南交通大学出版社
·成都·

图书在版编目（CIP）数据

公路大件运输技术与安全 / 何太碧主编. —成都：西南交通大学出版社，2021.1
ISBN 978-7-5643-7790-8

Ⅰ. ①公⋯ Ⅱ. ①何⋯ Ⅲ. ①公路运输－长大货物运输－交通运输安全 Ⅳ. ①U492.8

中国版本图书馆 CIP 数据核字（2020）第 210231 号

Gonglu Dajian Yunshu Jishu yu Anquan
公路大件运输技术与安全

主　编／何太碧

责任编辑／李晓辉
助理编辑／宋浩田
封面设计／何东琳设计工作室

西南交通大学出版社出版发行
（四川省成都市金牛区二环路北一段 111 号西南交通大学创新大厦 21 楼　610031）
发行部电话：028-87600564　028-87600533
网址：http://www.xnjdcbs.com
印刷：四川森林印务有限责任公司

成品尺寸　185 mm×260 mm
印张　25.75　字数　640 千
版次　2021 年 1 月第 1 版　　印次　2021 年 1 月第 1 次

书号　ISBN 978-7-5643-7790-8
定价　69.00 元

课件咨询电话：028-81435775
图书如有印装质量问题　本社负责退换
版权所有　盗版必究　举报电话：028-87600562

编委会成员

顾　　问	黄英权	四川省交通运输厅
编　　者	何太碧	西华大学
	张　洪	四川省交通运输厅运管局
	谢能剑	四川省大件公路管理处
	叶　斌	四川省大件运输公司
	李本伟	四川省交通运输厅公路勘察设计研究院
	曾传华	西华大学
	杨开贵	四川省交通运输厅运管局货运处
	罗　忠	四川省交通运输厅运管局车管处
	陈　平	四川省交通运输厅运管局安稽处
	何修祥	四川省大件公路管理处工程科
	林英全	四川省大件公路管理处运输科
	宋恒扬	四川省交通运输厅公路规划勘察设计研究院
	李永成	四川省大件运输有限公司
	谭　颖	四川省大件运输有限公司
	林兰刚	四川省大件运输有限公司
	李冯锦	四川省大件运输有限公司
	蔡　刚	四川省大件运输公司工程物流部
	王　帅	中外运沙伦氏物流有限公司
	涂海滨	中外运大件物流有限公司
	杨　浩	成都纺织高等专科学校
	王意东	西华大学
	李绍军	西华大学
	闵　丹	四川省大件运输有限公司
	周　丹	四川省大件运输有限公司
	杨晨曦	西华大学
	何　彬	西华大学
审　　校	李　丽	西华大学
	古　滨	西华大学

序　言

　　道路通，百业兴。我们正处在一个高速发展的世界，全球化经济发展是不可逆转的历史潮流，给中国经济带来了千载难逢的发展机遇。装备制造业、基础设施建设、交通运输业等各个领域势必加速迎来大发展，大件运输业作为各行业发展的必需，正进行着一场复杂而深远的变革。

　　本书由四川省运输厅、四川省大件运输公司技术团队和西华大学汽车与交通学院教授团队发挥校企合作优势，共同编撰而成。全文系统性地从大件运输的内容、大件运输设备、大件运输过路过桥技术、大件运输的组织以及大件运输的安全评估方法和评价标准等多方面开展了讲解和论述。

　　本书针对大件设备运输通过公路桥梁时的技术设置、技术方法和安全管理，提出了专业而独特的见解。在各类型大件设备的公路运输安全管理上，有明确的方法，方便读者在本书中查找研究。本书的编制，为该行业提出了很多可行性研究及案例参考，从很大程度上弥补了公路大件运输行业专业性、系统性书籍的空白。

　　科技进步，人才先行，非常感谢编者团队，在交通运输领域的技术发展上做出的默默努力，大件运输作为交通运输领域里的特种运输，我时刻关注着它的相关动态，你们的分享，让公路大件运输领域更加科学、更加良性发展、也越来越人才济济，期待着你们在未来的时间里加强校企合作，研究出更多更优的大件运输技术方法，培养更多公路大件运输的技术人才，以自己的方式为国家重点项目建设，为中国经济走出去参与"一带一路"建设作出应有的贡献。

四川省交通运输厅

编者的话

发达的运输系统、适应性强的能源动力系统和现代的网络与通信系统是现代经济赖以发展的三大支柱，交通运输是国民经济的命脉，是经济社会发展的基本需要和先决条件。中国已经拥有一个较为发达的五种运输方式齐全的运输系统，大件运输是运输行业的重要组成部分，在石油、化工、电力、冶金、海洋工程等领域发挥着举足轻重的作用。我国大件运输行业起步较晚，但发展势头强劲，后发优势明显。借助"十三五"期间实施的区域板块与经济轴带结合的区域发展战略，大件运输行业有了长足的发展。

"十三五"期间，我国实施板块与轴带结合的区域发展战略。一方面，国家进一步有序推进东部率先、西部开发、中部崛起和东北振兴、即此前形成的东中西部及东北"四大板块"战略；另一方面同时，强力增加促进京津冀协同发展、长江经济带战略，最终形成了"四大板块"+"三个支撑带"即"4+3"的战略大布局。在这个充满生机与活力的国家顶层设计的大变局中，以"一带一路"倡议牵引的内外部协同发展进一步加强了中国力量的外溢效应，给交通运输特别是大件运输的大发展带来了千载难逢的发展机遇。首先，国家重点建设工程项目数量和规模不断增加，大件运输的需求十分旺盛，市场潜力巨大；其次，电力、建筑、石油、化工等行业快速发展，对大型生产设备需求持续增长，从而刺激大件物流发展，关联效应突出；最后，随着科学技术进步和中国制造的崛起，大件运输装备提档升级步伐加快，国产化效率显著提高，新材料、新工艺、新技术的应用催生了大件运输设备及工具的智能化和集成度，为大件运输提供了强有力的技术支撑。

大件运输行业遵循"安全第一，技术第二，成本第三"。与普遍货物运输相比，大件运输具有门槛高、风险大、周期长、运输速度慢、技术要求高等特点。大件运输技术与安全管理涉及机械、材料、汽车、力学、电工电子、液压与气压传动等多门学科专业，从常用大件运输装备到专用设备及工具的选型选配，从大件运输线路选择与优化，过路过桥技术路线确定，再到大件称重、货物的捆绑加固及在途运输组织，以及起讫点的装卸作业等，无一不是高技术、高风险、专业性强的工作，这些都离不开专业人员按照专业性的技术流程和规范进行程式化操作。可以说，大件运输专业化人才的缺乏，已经明显制约我国大件运输业在经济发展体系中协调发展。

本书以公路大件运输技术与安全为基石，阐述公路大件运输的特点与发展历程；针对公路大件运输的常用工具及设备以适用范围为依据进行详尽的分类；围绕桥梁技术状况评定、承载能力鉴定、桥梁加固、拱桥加固等方面对公路大件运输的过桥技术进行阐述；并对公路大件运输组织技术进行了较为全面的介绍；通过分析大件运输安全管理现状、罗列相关安全管理法规、总结安全评价方法、建立安全评价指标从而实现公路大件运输安全管理；最后对核电、风电、海工模块等特种货物运输进行了详细的介绍。本书共计九章，各章具体内容如下。

第一章为绪论，内容包括大件运输分类特点与国内外现状趋势、公路大件运输安全技术措施与安全管理意义；

第二章为常用运输工具及设备，内容包括牵引车、挂车、吊机、常见铁路运输工具、工装等的用途与分类的介绍；

第三章为专用运输工具及设备，内容包括液压平板车的结构性能参数与全、半挂转向系统，轴线车运载方式，自行式液压平板车，大件称重技术，吊装一体化等的介绍；

第四章为过桥技术，内容包括过桥技术的组成分类与事故案例，桥梁技术状况评定，桥梁承载能力鉴定，桥梁加固方法，拱桥加固，桥梁基础及下部结构加固，过桥安全管理等的介绍；

第五章为大件运输组织，内容包括公路大件运输招投标、大件运输资质及运输组织框架、运输线路选择、货物的吊装、货物的其他装载方式、货物的装载位置、货物的绑扎加固、公路路形分析与建模、重型车组通过能力、车组道路运输稳定性、大件运输护送规范性要求等的介绍；

第六章为大件运输安全管理，内容包括大件运输安全管理现状与基础知识、安全管理法律法规、运输安全评价方法、运输安全评价指标的建立、运输安全性综合评价等的介绍；

第七章为核电运输，内容包括核电运输特点、加速度要求、充氮保护、安全管理、核电操作等的介绍；

第八章为风电运输，内容包括风电产业发展现状、风电设备吊装、风电场道路分析、海上风电运输与安装等的介绍；

第九章为海工模块运输，内容包括海工模块运输发展现状、滚装滚卸技术、货物单元分类和系固设备、系固规则等的介绍。

本书由四川省交通运输厅、四川省大件运输有限公司、中外运大件物流有限公司技术团队和西华大学淮安应用技术研究中心、西华大学汽车与交通学院教授团队发挥政校企合作优势，共同编撰而成。全书系统性地从大件运输内容、大件运输设备、大件运输过桥技术、大件运输的组织以及大件运输的安全评估方法和评价标准、特种货物运输等多方面开展了讲解和论述；在理论与实践结合的基础上，为公路大件运输从业人员、相关物流行业技术人员提供大件运输车辆选配、运输组织与安全管理的理论支撑和实践依据，很大程度上弥补了公路大件运输行业专业性、系统性、全面性书籍的空白。同时，该书也可作为交通运输、交通工程、物流工程等专业的学生教材，帮助学生掌握实践中的公路大件运输技术操作，培养学生理论知识与实际技能相结合的能力，满足普遍性要求与个性化培养的需求。

聚沙成塔，集腋成裘。本书历时4年，付梓出版。非常感谢编者团队，经年累月，精进不休，字斟句酌，数易其稿，得以功成。感谢为该书撰写过程提供帮助的教授、工程师们，正是有了你们的辛苦付出，此书才能顺利地编撰完成；同时也要感谢为我们编撰本书提供学术素材的业界前辈、业内同行，鉴于篇幅和精力限制，参考文献及作者未能尽数罗列。

本书顺利出版，得到四川省大件运输有限公司专项资助，特此鸣谢。

本书虽经过反复修改，但仍可能存在不足之处，恳请各位读者批评指正。

编　者

2020年8月于成都

目 录

第一章 绪 论

第一节 公路大件运输概述 ··· 001
第二节 公路大件运输安全概述 ·· 009

第二章 常用运输工具及设备

第一节 牵引车 ··· 015
第二节 挂 车 ··· 022
第三节 吊 机 ··· 023
第四节 常见铁路运输工具 ·· 034
第五节 工 装 ··· 039

第三章 专用运输工具及设备

第一节 液压平板车 ··· 043
第二节 轴线车运载方式 ·· 056
第三节 自行式液压平板车 ·· 062
第四节 大件称重技术 ·· 078
第五节 吊装一体化 ··· 081

第四章 过桥技术

第一节 公路大件运输过桥技术概述 ··· 085
第二节 桥梁技术状况评定 ·· 095
第三节 桥梁承载能力的鉴定 ·· 123
第四节 梁桥加固方法 ·· 125

第五节　拱桥加固 ………………………………………………………………… 131
第六节　桥梁下部结构加固 ……………………………………………………… 133
第七节　过桥安全管理 …………………………………………………………… 139

第五章　大件运输组织

第一节　公路大件运输招投标 …………………………………………………… 144
第二节　大件运输资质、组织框架、技术措施和应急预案 …………………… 149
第三节　公路大件运输线路选择 ………………………………………………… 159
第四节　货物的吊装 ……………………………………………………………… 173
第五节　货物的其他装载方式 …………………………………………………… 182
第六节　货物的装载位置 ………………………………………………………… 189
第七节　货物的绑扎加固 ………………………………………………………… 200
第八节　公路平面线形分析 ……………………………………………………… 220
第九节　重型车组通过能力 ……………………………………………………… 232
第十节　车组道路运输稳定性 …………………………………………………… 249
第十一节　道路大件运输护送 …………………………………………………… 257

第六章　大件运输安全管理

第一节　大件运输安全管理现状 ………………………………………………… 260
第二节　大件运输安全管理基础知识 …………………………………………… 263
第三节　大件运输安全管理法律法规 …………………………………………… 268
第四节　大件运输安全评价方法 ………………………………………………… 272
第五节　大件运输安全评价指标的建立 ………………………………………… 284
第六节　大件运输安全性综合评价 ……………………………………………… 296

第七章　核电运输

第一节　中国核电设备运输 ……………………………………………………… 302
第二节　核电运输的加速度控制 ………………………………………………… 310
第三节　核电设备的充氮保护 …………………………………………………… 319
第四节　核电运输安全管理 ……………………………………………………… 320
第五节　核电厂退役 ……………………………………………………………… 325

第八章 风电设备运输

第一节 中国风电 ·· 329
第二节 风电设备吊装 ·· 337
第三节 陆上风电场道路分析 ·· 346
第四节 海上风电运输与安装 ·· 354

第九章 海工模块运输

第一节 海工模块化运输概述 ·· 360
第二节 滚装滚卸技术 ·· 370
第三节 货物单元分类和系固规则 ··· 385

参考文献 ··· 395
附　录 ··· 398

第一章 绪 论

公路大件运输是技术密集、人才密集、资金密集,行业跨度大,安全风险较高的运输类型,运输对象往往超出公路、桥梁等各种建筑的正常通行能力以及限界规定。在运输组织流程当中,其有别于普通货物运输的显著特点是:除了有提前申报通行并按指定的线路和时间运输外,最重要的是运输前必须制订详尽可靠的运输组织方案,并采取一定的工程技术、运输组织以及安全保障措施来确保运输工作开展的可行性与安全性。

第一节 公路大件运输概述

对物流来说,大件,顾名思义,就是在质量、体积上较大的物品。在运具选择上,大件物品有严格要求,不是一般的运输车辆可以完成的,需借助特殊的运输工具来完成。

大件运输的大件是相对于一般运输对象而言的,大件运输的对象至少具有超长、超宽、超高、超重的特征之一。需要运用牵引车、全挂平台板车、各类型平板、门架、吊车、人力拖移等运输工具进行接驳、转运,直至目的地。

超限设备(货物)是指装载轮廓尺寸超过国家规定的车辆限界标准;超重设备(货物)是指装载后的车货总质量超过国家规定的质量。

为加强道路大型物件运输管理,提高运输质量,保证运输安全,保护合法经营,维护运输市场秩序,适应国民经济发展的需要,根据《道路大型物件运输管理办法》,对大型物件的货物的标准进行了以下界定:

(1)外形尺寸:长度在 14 m 以上或宽度在 3.5 m 以上或高度在 3 m 以上的货物;

(2)质量在 20 t 以上的单体货物或不可解体的成组(捆)货物。

交通运输部于 2016 年 5 月 25 日经第 10 次部务会议通过了《交通运输部关于废止 20 件交通运输规章的决定》的 2016 年第 57 号部令,该决定自 2016 年 5 月 30 日起施行。其中废止的交通运输规章包括自 1996 年 3 月 1 日起施行的《道路大型物件运输管理办法》和自 2000 年 1 月 1 日起施行的《汽车货物运输规则》。

2016 年 8 月 18 日经第 18 次部务会议通过的《超限运输车辆行驶公路管理规定》(交通

运输部 2016 年第 62 号令）取代了原《超限运输车辆行驶公路管理规定》（交通部 2000 年第 2 号令），并于 2016 年 9 月 21 日开始施行。《超限运输车辆行驶公路管理规定》对大件运输做了一些规定，但是对道路运输管理机构和经营者来说，随着 2016 年 5 月 30 日《道路大型物件运输管理办法》（交公路发〔1995〕1154 号）的废止，大型物件分级、运输经营业户分类的依据就不存在了。

综上所述，大件运输属于超限运输，但不包括散装货物的超限运输。大件运输若按照国家及地方政策规定提前提出申请，并得到公路管理机构批准后按照要求运输，是合乎法律规定的。执法部门出台政策是为不可分割的大型设备的运输提供执法依据及保障，而散装货物的超限运输是交通管理部门禁止的行为。

一、大件运输分类

（一）公路大件运输

公路大件运输属于超限运输。根据《公路法》《公路安全保护条例》等法律、行政法规，交通运输部制定了《超限运输车辆行驶公路管理规定》（交通运输部令 2016 年第 62 号）。本规定所称超限运输车辆，是指有下列情形之一的货物运输车辆：

（1）车货总高度从地面算起超过 4 m；
（2）车货总宽度超过 2.55 m；
（3）车货总长度超过 18.1 m；
（4）二轴货车，其车货总质量超过 18 000 kg；
（5）三轴货车，其车货总质量超过 25 000 kg；三轴汽车列车，其车货总质量超过 27 000 kg；
（6）四轴货车，其车货总质量超过 31 000 kg；四轴汽车列车，其车货总质量超过 36 000 kg；
（7）五轴汽车列车，其车货总质量超过 43 000 kg；
（8）六轴及六轴以上汽车列车，其车货总质量超过 49 000 kg，其中牵引车驱动轴为单轴的，其车货总质量超过 46 000 kg。

除公路大件运输形式外，还有铁路大件运输、水路大件运输、航空大件运输以及联合运输四种形式。

值得注意的是，公路大件运输属于超限运输，但是公路超限运输不一定属于公路大件运输。关于大件的定义和分类，将在第五章——大件运输组织中，再次明确。

（二）铁路大件运输

铁路大件运输有运力大、计划性强、连续性好、安全性高、成本低等优点。一次一般能运送 3 000 ~ 5 000 t 货物，运力远高于公路大件运输和航空大件运输；运输受外界环境因素的限制较小，可有计划地、定期地运转，运输途中所受干扰较小，可保持运输的连续性；有轨运输，线路确定，运输安全性高于其他运输方式；铁路大件运输成本较低，能耗约为公路运输的二十分之一，尤其是对于运送质量较大、体积较小的货物更具备优势。

同时，铁路大件运输具有运行时间长、灵活性差、限界严格、对沿线干扰大等缺点。如不便于运输运距短的业务，在始发地或到达终点时可能需要公路运输辅助才能到达最终目的地；只能沿特定轨道行驶，灵活性较差；在经过曲线线路及隧道时，限界要求十分严格，不适宜运输超大型体积的货物；对于运输繁忙的干线，大件列车通过将会产生很大干扰，扰乱日常运行计划，因此一般需避开繁忙干线而选择绕行其他路线。

（三）水路大件运输

水路大件运输具有运量大、成本低、限界条件少等优点。在天然水路上航行，维护管理费用相对低，并且航道对运输的限界及限重方面的要求宽松很多，由此也降低了由于大件的质量或尺寸超限引起的排障等费用，所以水路大件运输是适合大吨位、大容量的运输；从经济角度考虑，租船、装卸费用以及运输方式衔接后的费用共同决定了水路大件运输不适合于短途运输，而在长距离运输上更能体现其成本优势。

同时，水路大件运输存在运输速度慢、自然条件影响大、风险较大、灵活性差等缺点。水运航线较长，运输过程中自然条件不好掌控，不确定性因素较多，因此风险较大；从可实施性来看，水路大件运输只能在水系能够到达的地方运输，运输起讫点必须依赖其他运输方式的衔接，我国水系运输网络还不能够覆盖全国，并且有些码头不具备运输大件的客观条件或设备。

（四）航空大件运输

航空大件运输的兴起较晚，发展历程较短，其优势在于速度快、包装要求低等。由于最大起飞装载吨位有限、运力较小、成本过高，因此适用于质量小、体积小、附加值高的民用货物运输。此外，多见于应急抢险、军事运输。

（五）联合运输

联合运输，是根据实际运输需求选择两种或两种以上运输方式，完成整个运输作业的运输组织形式。综合考虑各种运输方式的优势及缺点，以可操作性强、安全性高、成本低为目标，根据实际大件运输项目的运输起讫点位置及其运输要求，在不同的运输线路阶段选择不同的运输方式，最常见的运输方式有公铁联运和海陆联运。

二、公路大件运输特点、现状及趋势

（一）公路大件运输特点

1. 高技术、高风险、高成本的基本特点

大件运输对象一般为国家电力、化工、石油、机械、冶金等行业建设项目的重大型装备，对国家的基础建设举足轻重，运输时均需要根据运载对象的特点，单独、有针对性地做好安全保障措施，运输安全性要求普遍很高。正是基于这种专项设备运输的特殊要求，必须针对不同业主的不同运输对象制订个性化的运输方案，所以决定了其高技术的特点。

大件货物通常价格昂贵，制造周期特别长，并且往往是独一无二的，加上货物超限超重并有特殊运输要求，所以大件运输的运输难度和运输风险都很大，运输过程中出现任何失误

将造成巨大的、不可恢复的损失,因此大件运输在运输路径选择和装卸加固等方面具有一次性的特点,相对于普通货物运输,需要提供更多的个性化、特殊化的服务保障,以保证所运大件货物绝对安全地到达目的地。

从货物本身价值、租用运输工具费用、装卸费用、办理通行许可费用、排障费用等各方面分析,显然大件货物运输费用远远高于普通货物运输。

2．单向性、周期长的运输模式

普通货物运输注重范围经济和规模经济的结合,要考虑几点之间的往返运输,提高路径利用率,尽量降低空载率,以达到效益最大化。大件运输极具专业性而小众化,是针对运输对象选用专用的特种车辆专程运输,以安全性为首要考虑因素,通常选择排障最少或最易排障、最安全的运输线路,而不是最短的经济运输线路。此外,由于大件运输通行前,需要办理通行行政许可手续以及实施相应的排障工作,而且运输速度相对较慢,因此与普通货物运输比较,大件运输的周期较长。

3．运输难度大,对运输组织管理有特殊要求

(1)装载加固要求。

公路大件运输的货物应根据货物自身性质选择超重型挂车,并由超重型牵引车牵引,保证货物无偏载,捆绑加固后应保证货物不发生横向及纵向的滑移。

(2)道路要求。

公路大件运输中,途经道路应平坦而坚实,满足车载负荷;路面宽度必须满足车货外形尺寸的通过需要,尤其是途经的弯道、纵坡以及净空障碍,必须提前做好勘查及排障工作;桥涵要有足够的承载能力,否则需提前采取加固等措施;在需要封闭交通以保证大件车组通过的路段,需要交通管理部门的组织配合。

(3)从业人员要求。

大件运输各个环节的工作人员均需要经过专业化的培训,任何一步都应保证操作的准确性,探路人员、装卸人员、随车人员等均需要专业化的并具有丰富经验的人员,能熟练操作大件运输设备的同时还具备良好的应急处理能力。另外,大件运输设备的维护技术性对从业人员的素质也提出了较高要求。

(二)公路大件运输现状

1．具有鲜明的行业特色

虽然我国的大件运输业近几年来发展得比较快,但是国家关于规范大件运输市场的法律法规还不完善,市场还比较混乱。

(1)作业难度大,行业利润率较高。大件运输涉及的对象多为超重、超长、超宽、超高的不可分割的整体货物。这些货物有相当一部分都是大型工程项目所需要的设备,货物的附加值极高。多数货物都超出了普通载货车所容许的承载容积和质量,运输难度较大,这对大件运输装备水平以及工程技术能力等都提出了极高的要求。大件运输的这些特性也直接反映到了其高昂的运价上,大件运输单笔费用可达几十万,甚至上百万。

(2)市场竞争日趋激烈。经济迅速发展,使大件运载业务需求旺盛,受到高运价的吸引,

不少中小型运输公司,甚至个体车主都投身到大件运输市场,使市场开始出现供过于求的局面。这种供需关系的变化,直接导致的结果就是大件运输市场的竞争日益激烈。目前市场上还有数百家中小型大件运输公司,基本上每个省和一些发达城市都有一家或数家大件运输公司,比如山东大件、重庆大件等。虽然近年来大件运输企业越来越多,但是也有很多公司常年无开张的情况。

2．存在行业壁垒

（1）运输许可。

运输方案的设计和实施需要提前勘察道路和设计运输方式,需要获得经过地公路运输管理部门的通行许可（尤其是跨省运输）,这对大件运输企业的运营经验有较高要求,新进入企业需要时间积累。

（2）客户资源。

由于大件运输的难度大、安全要求高,客户对于承运方的信誉、运营经验及资质非常看重,运输企业一旦获得客户的信任,将获得稳定的客户资源。客户的相对稳定将给新企业的进入造成壁垒。

3．管理和运营规范性需加强

国内专用大件运输通道少,大件运输顶层设计和国家标准匮乏,市场灰色利益链条变相抬高了成本,降低了服务质量。如何解决好大件运输三个层面的问题,是决定大型工程施工建设进度的关键；第一,在政府层面要解决标准缺失、标准不科学、制度缺失、制度冲突、管理混乱、末端岗位寻租、存在懒政思维和雁过拔毛心理等问题；第二,在行业运营环境层面要扶持管理水平高、安全诚信好和资质合格企业,避免出现与不良管理体制勾结的"黄牛"交易导致的"劣币驱逐良币"的"柠檬市场"；第三,在企业运作层面要充分发挥上下游供应链体系建设和合规企业跨区域联盟,一方面保证物流企业的合理利润,另一方面为货主企业降本增效,全程杜绝收费高、质量差、安全性低等过程风险高的运作经营模式。

（三）公路大件运输行业发展趋势

1．国际化趋势

全球经济一体化发展,国际产业结构的调整与产业梯度转移,中国工业化进程的加快,国外制造的单件质量超过千吨以上的重型设备已进入中国市场,国内公路大件运输市场向世界开放、呈现国际化趋势等,这些都是我国公路大件运输企业面临的竞争态势。

2．集约化、规模化趋势

尽管目前国内大件运输市场运作不规范,存在很多问题,如企业粗放式经营导致运营成本过高,企业规模小而导致的无序竞争等,但是随着大件运输的相关标准及政策的逐步出台,超限运输许可证跨省使用以及特种车辆运营牌照等相关问题得到切实解决,大件运输的集约化、规模化将是市场竞争的必然结果,也是国民经济发展对大件运输企业的必然要求。道路运输集约化趋势,有利于具有资金管理优势的企业接入大件运输业务并发展壮大。

3．"互联网＋"的智慧化供应链趋势

与普通货运不同，大件运输运载任务较为临时性、单向性和个性化，难以实现双向重载的"重去重回"，难以利用运输网络规模化"结点成网"实现多向重载运输。大型物件不可解体，如果没有恰当的车源、货源匹配，会进一步加剧设备浪费和回程空驶。据统计，大件运输车辆回程空驶率达到98%。

供应链、互联网、物联网、大数据和人工智能等构成的智慧物流恰恰可以全面或部分解决以上问题和约束，大件物流向大件智慧物流和大件运输全供应链的转变可能从顶层设计和系统环境上改变大件物流业的产业生态，构建基于智慧供应链的更规范、更标准、更通用、更便捷、更集约、更安全、更高效和更环保的新型产业链生态圈。

高速发展的互联网实现了运营模式的两个重大突破。第一是可以将个别化的需求与个别化的供给低成本高效率精准地对接，并利用互联网平台实现对接的规模化；第二是将传统供应链一个收入源的理念扩展为从供应商、制造商、第三方物流、批发商、零售商、投资基金、消费者乃至政府资源的多个潜在收入源，高效、低价、精准实现"羊毛出在猪身上"的产业链生态逻辑。

大数据是提高大件运输多头管理间协同管理最便利的工具之一。大数据的目的是把分布在大件运输全过程涉及各区域、各行业、各节点的非结构化或半结构化且含有意义的数据，依托云计算进行专业化处理，实现深度数据挖掘。一方面，利用大数据进行深度数据挖掘，从大型物件的装卸、包装、加固、运输、配送等全供应链环节和运输路径相关基础设施条件上实现区域级和国家级的安全风险识别、控制和规避，建立强大的大件物流监控中心，实时管理全流程信息，包括大型物件和装卸、运载设备的 RFID 识别标签、车载移动终端、作业人员识别标签等，建立基于风险识别的预警和报警系统等。另一方面，利用大件运输运价相对较高的优势，强力推行企业级信息化及智能化。将大数据作为大件物流企业经营获利的利器，利用大数据实现的全供应链物流整体优化带来效益与利润，让企业乐于建设自身的数据平台，从而实现大数据在管理部门与物流企业间的融合共享。

物联网及窄带物联网（NB-IoT）技术将整体赋予大型物件、大件装卸设备、大件运输车辆等设备及相关零部件以感知器来捕获信息，赋予道路、桥隧、地域、行业、政策等以特征信息、实时导航信息及资源使用信息，赋予四类大件运输物流企业以资质信息和信用信息等，结合网络层和应用层的专门化处理，实现大件运输的全智慧控制。应积极推进大件运输企业联盟或无车承运平台建设，最大限度、低成本、高效率地整合车源和货源以"结点成网"，在移动导航技术、云平台供需精准对接和高频次带动低频次物流的递增边际收益中形成大件智慧运输供应链。

三、全球大件运输发展

运输是经济发展的派生性需求，我们以大件运输工具的发展来窥探全球大件运输的发展脉络或许更为直观一些。

20世纪60年代以后，伴随着钢铁、冶金、造船、化工、核电等超大型工程建设，模块化施工工艺得到应用，单件重量 300 t 以上的设备越来越多，千吨重的超重设备也将相继问世，重达数百吨的工程模块运输受到挑战。由于铁路运输受轨道、线路的限制，并且成本高昂，而公路轮式车辆运输则可随时调度装运，载重量有小（0.25~1 t）有大（200~300 t），既可以单个车辆独立运输，也可以由若干车辆组成车队同时运输，因此轮式汽车在大件运输上，逐步显示出对铁路运输的优势。

1963年，德国歌德浩夫（Goldhofer）在长期制造低架式拖车的基础上，开发出TPA型液压平板车。该车由两个4轴模块拼接成8轴线，用3轴10轮卡车牵引，载重量可达到160 t以上。此后索埃勒等厂商对液压平板车的轴荷平衡和转向控制系统不断改进，性能大幅度提高。到20世纪70年代中期，出现了自行式液压平板车，将大功率柴油机直接安装在平板车上，在部分车轮中加装液压马达来驱动车辆行驶。由于不用牵引车，使得运输车队长度缩短，降低了对公路转弯半径的要求，提高了车辆通过能力。20世纪80年代初期，自行式模块化液压平板车（SPMT）开始兴起，这种车辆自带动力，采用模块设计、电子控制转向，可以横向或纵向拼接车辆，最大载重量可以达到数千吨。模块化运输，使得公路大件运输面临更广、更宽的市场，在各类超大型工程建设中得到广泛应用，在大件运输领域的地位越来越高。

现在所讨论的大件运输一般是指承重100吨以上的超重或超宽或超长或超高的超限运输，属于特种运输范畴，运输车辆不是通用底盘商用车，而是采用液压悬挂轴线车为基础的各种形式车辆。

目前，西欧、北美、日本等拥有更先进的此类车辆设备的设计、制造和使用能力。仅就影响最大的液压悬挂车而言，最典型的车型分为法系、德系两大类。法系为尼古拉斯（Nicolas）；德系为歌德浩夫（Goldhofer）、索埃勒（Scheuerle）以及意大利的科米托（Cometto）。

法系尼古拉斯车具有货台低矮的通过性优势，几乎可使货台平面不凸出车轮最高点，这是大件运输车辆最重要的性能指标。德系车货台高，强度、刚度大，因此轴载大，使用相同轴数的车可以运输更重的货物。在大件运输中，尤其在不控制轴荷、轮压的地区，非常受欢迎。这些车型出现在20世纪六七十年代的欧洲，并得到很大程度的发展，车辆基本结构、型式大致相同。采用大马力牵引车带动；车架为网格框架结构，为提高承载能力，高强度钢不断得到应用，从最初的Q345材料为主，到目前的Q690材料被大量应用，使结构承载能力获得较大提高；使用液压悬挂，可进行三点和四点支撑切换，以适应不同工况；液压悬挂具有升降功能，可在不平路面自动调整找平，并可在没有起重机的情况下，自行装卸货物，轴线数可拼接或增加，相应的承载能力也大幅提升。

以德系车为主的几家公司开发出不同系列的模块车。其中，索埃勒公司设计的2.43 m窄系列模块车风靡市场，完成许多叹为观止的重大运输工程。2009年，一家位于挪威斯图尔最大的船厂——Aker Stord，把该船厂刚刚完工的一个用于废水处理业务的油水分离装置运往附近的浮动平台。整个油水分离装置由三部分组成，超大的尺寸令人惊叹，它的中间部分自重就有12 750 t，装置整体总质量更是高达15 000 t，相当于83架波音747客机的总质量，最终用了共计540轴线规模的SPMT集群完成了这一艰巨任务。模块车经过30年的发展，结构更为合理，单位面积的承载能力不断提高，并更多地融入了机电液及微电控制技术，在遥控操作、微调微动、准确定位、多轴线协同工作方面都达到较高水平。

液压挂车和模块车只是大件运输的基本车辆类型，由之衍生和不同结构的各类车辆及相关设备越来越多，例如桥架运输车、高铁运梁车、凹板运输车、风电设备运输车、麦弗逊悬挂车、游艇运输车、玻璃运输车、跳板、伸缩板等不胜枚举。

四、国内大件运输发展

我国现代道路大件运输发端于 20 世纪 30 年代，在中华人民共和国成立后得到了发展，成熟于 20 世纪 80 年代。改革开放后，随着国民经济的飞速发展，我国工业建设的规模日益增大，电力、化工、冶金等基础设施建设步伐不断加快，社会对大件设备的需求也日益增加。同时，随着现代液压技术的发展，各种进口液压平板车的引进以及国内自主研制液压平板车的成功，使得 20 世纪 90 年代以来我国道路大件运输事业得到了迅速的发展。从进行大件运输所使用的车辆来看，可大致将国内大件运输的发展分为以下三个阶段。

1．第一阶段：起步阶段，自 20 世纪 30 年代至 60 年代初

这一阶段，以整体式非液压悬架平板挂车为标志。

作为我国现代道路大件运输的第一代载运工具，整体式非液压平板挂车的悬架为平衡梁悬架，无法根据道路横坡、纵坡、路面不平度等调整各轴载重，因此货物运输的稳定性较差，而且它的载重量、载货平台高度都是固定的，对不同形状货物的适应性和运输过程中的通过性都较差。

中国现代首次进行大件货物运输的时间是在 1930 年，由上海经营汽车货运的英商茂泰股份有限公司，装配制造了中国第一辆载重 20 t 的整体型平板挂车，投入上海地区大件货物的营运，开启了中国现代道路大件运输的先河。当时装运的大型物件，主要有锅炉、变压器、银行库门与一些不能解体搬运的大型机器。一年后，上海华商华富运输行仿制了一辆平板挂车，载重量为 25 t。这些整体型平板挂车均为全挂车，采用实心橡胶轮胎。装有动力的牵引主车，则用普通载重汽车改装而成。牵引主车与平板全挂车以牵引架相连接，组成运载大型物件的汽车列车。

20 世纪 40 年代中期，我国开始有大吨位的鹅颈形平板半挂车投入使用，牵引主车大多采用美国的万国、大蒙天、奇姆西等军用汽车改装而成。这种载量 15 t 至 20 t 的平板半挂车及牵引主车，一直沿用至 20 世纪 70 年代初，才被进口的斯开尼亚平板半挂车与国产的大交通平板半挂车所替代。

进入 20 世纪 50 年代，我国地方交通工业企业与一些大件运输企业，开始试制 60 t 级以上的大件运输专用平板半挂车。1958 年 10 月，上海装卸机械厂制造了中国第一辆载重 60 t 的平板半挂车。1959 年之后，我国还引进了洪格、太脱拉等牵引车组成的载重量为 60 t 的平板全挂车。1960 年年底，上海市汽车运输第六场，研制了我国第一辆载重量为 150 t 的重叠式平板半挂车，在一辆平板半挂车上再装一个转盘，套上另一辆平板半挂车。组成双重半挂结构，车速极慢。该平板半挂车自重 20 t，共 32 只轮胎，为平衡梁悬架的平板半挂车，牵引车为进口的太脱拉牵引车。该 150 t 级的重叠式平板半挂车，满足了当时运输 100 t 左右大型变压器的需要。

2．第二阶段：成长时期，20 世纪 60 年代中期至 80 年代初

这一阶段，以整体式液压平板车为标志，并出现了组合式液压平板车组。

液压平板挂车的特点为：以有很多内置有液压缸的独立悬架为基本承载单元，通过液压管路连接各悬架液压缸，使货物的荷载均匀分配至各个轮胎且可根据不同路面情况自行调整配重，保证了运输的稳定性，且液压悬架可升降，因此道路通过性也更好。

1967年初，上海外地运输公司修理厂自行设计制造了我国第一辆150 t液压平板车。该平板车采用液压悬挂，属于整体式液压全挂平板车，牵引主车采用进口的太脱拉牵引车。1972年，上海又研制成功了300 t级与200 t级的液压平板全挂车，以及牵引力为400匹马力的上海牌SH990型牵引车交付使用。同年，交通部引进法国尼古拉斯组合式全挂平板车，配给中国汽车运输总公司天津公司与上海市汽车运输公司。同时，上海水工机械厂开始试制国产组合式液压平板车。之后，全国各地的道路大件运输企业纷纷试制100 t级以上的液压平板车组，并投入使用。

由于液压平板车采用了液压技术，液压悬挂支承的平板装货平台可调节升降高度，易于通过一定高度的立交与其他空中障碍，从而减少了对通行道路的要求，并可进行自装自卸作业。因此，液压平板车的应用，促进了我国道路大件运输的发展。

3. 第三阶段：成熟时期，20世纪80年代初期至今

这一时期，我国道路大件运输工具已开始与国际先进水平接轨，以组合式液压平板车为标志，我国公路大件运输发展步入成熟期。

20世纪80年代初期，我国工业化进程进一步加快，国外引进或国内制造的石化、冶金、电力等工业设备日益向大型化、重型化方向发展，件重200 t以上的大型设备越来越多。我国道路大件运输企业以及一些非交通部门，相继购置进口或国产的超重型组合式液压平板车组，我国也开始制造重型牵引车，装备我国道路大件运输企业。目前我国现有的组合式液压平板车组，在道路、桥梁、涵洞的承受重量允许的情况下，可承运单件重量可达上万吨，并能确保安全就位。2010年7月至8月，在宁波镇海五里牌大件码头完成直径12.35 m、长120.65 m、重1 200 t的"再蒸馏塔"码头运输和滚装滚卸作业，创造了中国最长件设备滚装滚卸及道路运输新纪录。2010年11月29日，承运世界首批三代核电AP1000机组山东海阳核电项目直径达43.2 m、高11.7 m、重818 t的一号核岛钢制安全壳（CV）底封头，刷新了中国道路最宽件运输纪录。2013年4月13日，完成中交博迈科2 300 t挖泥船倒运物流项目，再次刷新了当时国内陆路重大件运输的最重纪录。该船长66.85 m，宽18 m，船货总重2 300 t。2015年3月，在外高桥船厂完成江南长兴重工18000TUC船体模块运输，长54 m，宽10.43 m，高30.6 m，刷新国内陆路重大件运输最高件纪录。目前，随着2011年《公路安全保护条例》、2017年《机动车运行安全技术条件》和2016年《超限运输车辆行驶公路管理规定》等相关法律法规的出台，我国大件运输正在走向规范化、制度化、法制化。随着互联网技术的发展，2017年9月30日，跨省大件运输并联许可系统正式全国联网运行，提前实现了国务院确定的"一地办证、全线通行"全国联网目标。2019年8月，交通运输部对跨省大件运输并联许可系统进行了升级改造，2.0版本系统将使得《超限运输车辆通行证》的办理更方便、更智能、更规范。

第二节　公路大件运输安全概述

公路大件运输，通常是由超重型汽车列车来完成运输任务，大件货物由超重型汽车挂车承重，由超重型牵引车牵引行驶，靠装载加固材料对货物进行装载加固，具有高技术性、高

难度、高风险的特点，要求运输企业在运输前必须做好充足的准备才得以确保公路大件货物运输的安全。

一、公路大件运输安全

为了保证运输安全，大件运输需要预先进行方案设计和技术计算。对于承载挂车来说，既要考虑用足够多的车轮分散道路荷载，又要限制挂车的宽度和高度以利于通过狭窄路面和高空障碍。车体长度大、宽度窄、高度低，带来的问题是车体强度、刚性、稳定性相对较差，因此，需要对挂车承载后的受力、变形和稳定性进行分析。大件车辆装载后尺寸很大，运输常常要途经急弯、路面起伏等复杂的道路环境，通过能力经常受到限制，因此，需要对弯道、竖曲线等通过条件进行模拟和判断。大件货物质量或百吨或千吨，运输道路或平坦路面或陡坡，运输所需牵引力差别很大，常常需要进行牵引车的配备与计算等。这些计算涉及的学科多、影响因素多，需要在实践的基础上进行总结和研究。

公路大件运输是行业难度最大、风险最高的运输类型，运输往往超出公路、桥梁等各种建筑的正常通行能力以及限界规定，在运输组织流程当中，其有别于普通货物运输的显著特点除了有提前申报通行并按指定的线路和时间运输外，最重要的是运输前必须制订详尽可靠的运输组织方案，并采取一定的工程技术、运输组织以及安全保障措施来确保运输工作开展的可行性与安全性。

公路大件运输的安全问题贯穿于大件运输工作的整体过程中，"安全"运输是不仅是指表层上的将大件货物完好无损地从起运点运输到目的地。大件运输的安全性区别于普通货物之处主要在于货物起运之前所做的一切运输安全计划及保障工作。本节将从两个阶段对大件运输的安全含义进行概述：一是安全运输准备工作阶段，主要是指运输方案制定阶段；二是运输阶段，主要指起运前货物装载、加固和排障及运输行驶过程。

（一）安全运输准备工作阶段

安全运输准备工作阶段即运输方案制订阶段，是保证大件运输安全的根本前提，运输工作的实际操作需要依据此方案执行，因此运输方案制订的关键环节不能够出现任何差错。装载和加固方案可以根据具体情况在运输的实际操作中进行验算调整；而在车辆配置和线路选择方面，由于在申请超限运输通行证后确定下来的车辆类型和运输线路不可改变，因此必须在此阶段保证运输计划方案的安全性，对货物和车辆进行实际检查和匹配验算，对运输线路进行实际勘察和通过性评估，并与交通管理部门确定运输线路上的排障地点及排障措施。

因此，在运输方案制订阶段，保障大件运输的安全主要表现在：必须确保配置安全可行的运输设备，以及确保运输线路选择的可行性和安全性（装载方案的安全可靠，还表现在某些方面通行时对沿途道路及其他构筑物的安全影响，以及运行时交通组织的安全可靠上）。

（二）运输阶段

运输阶段要按照运输方案进行实际操作，是从将货物装载开始一直到目的地卸载完成的整个过程。运输阶段每一个步骤的实际操作中都不能出现任何差错或失误。货物装载时，起重吊装要保证货物位置移动时的稳定性，加固后必须保证在运输过程中不会发生侧滑、偏移、倾覆等情况。排障工作必须保证车辆行驶的通过性良好，不会使运输工作因为道路环境不佳的因素而发生长时间延误或危险。运输行驶过程中，驾驶人的操作及状态、车辆行驶状态、货物状态等均需要得到实时的监控，尤其对于一些精密仪器的运输，对振动等有较高的要求，行驶过程中的监管及应急工作十分重要，它可以提前发现不安全因素从而避免危险的发生。

在运输实际操作阶段，保障大件运输的安全主要表现在：必须确保货物安全装卸，加固措施满足运输过程中的货物稳定性；排障工作保证行驶通过性良好；运输过程须对人、车、货、环境进行实时监管。

二、保障运输安全技术措施

为保障大件运输安全运输，针对大件运输各环节的主要影响因素、操作方法及其注意事项进行分析。

（一）车辆配置

若要保证大件运输工作的安全进行，首先要保证运输车辆配置的合理性和可靠性，即牵引车及挂车的合理选型及挂车轴数的确定，选定的车辆保证能够满足承载货物的要求，同时能够保证运输中牵引车和挂车的可靠性，具体方法会在第二章详细介绍。

（二）货物装卸

根据货物的外形、质量和结构等特点，结合装运车辆的技术条件选择装载形式。选择专用的装卸设备进行货物装卸，如起重机、液压千斤顶、滑车和卷扬机等。

装车前要保证运输车辆停放位置准确，前后轮封死，不可移动，挂车保持水平，通常为增加货物与挂车之间的摩擦力而在货物托架下垫薄木板。如采用吊装方法，吊装过程应缓慢平稳，吊钩钢丝绳应垂直并通过货物重心，装车时货物重心要与挂车承重重心保持一致，在货物底面与挂车接触瞬间，应停止继续下降，检查轮胎的承重情况，确保无异常状况后再逐渐降落，定时重复此操作，直到货物彻底落下。

（三）捆绑加固

要保障货物捆绑加固可靠性，首先，在方案制定阶段，要根据大件货物的外形及特征参数对货物进行绑扎及加固方案设计，要保证货物与车辆之间捆绑的可靠性，影响因素包括捆绑方式、捆绑强度、加固方式以及捆绑加固材料的强度；其次，在运输过程中，应监测捆扎稳定性，保证重心位置不偏移，这除了取决于货物捆绑加固方案的可靠性及其操作的正确性外，还取决于运输道路条件和运输人员驾驶平稳。

根据货物的外形及其特点选择绑扎方式，主要有绕顶绑扎、环状绑扎和直接绑扎三种方式，制定绑扎方案时应进行绑扎力的安全校核。

根据货物装载绑扎后的状态选择加固装置及加固材料，配合使用的加固装置主要有货物转向架、支架、活动式滑枕、车钩缓冲停止器等。加固材料一般有木质类，如挡木、垫木等，起到拦护作用；钢铁制品类，如铁线和钢丝绳对货物进行拉牵加固，腰箍可用于无拴结点的箱型货物等；其他材质，主要用来防滑，如橡胶垫、草支垫等；此外，还有焊接加固的方式，主要适用于铁底板超限车辆装运的货物。

（四）线路排障

要保证公路运输大件安全，必须确保运输车队能顺利通过运输线路，确保通行载荷在安全限值以内。如果存在通行障碍，必须进行线路排障。

1．通行载荷要求

主要指所经道路及桥涵的承载能力要满足大件货物安全通过，一旦发生凹陷或坍塌的情况，极易导致事故发生。在勘察线路时，要重点对泥土或碎石路段、弯道处、地下管网铺设处等进行校核，对于不能满足承载力需求之处，最简单的方法是铺设 8～12 mm 的钢板，以提高承载强度，长距离无法满足通行要求的路段需要重新进行修建。对于承载力不足的桥涵，根据情况采用临时加固或永久加固的方法，桥上桥是比较常用的一种临时桥涵加固方法，使用临时桥跨越承载力不足的桥跨主梁，适用于中小型桥涵。有关桥梁检测及加固技术，将在第四章中重点讲述。

2．通行净空限制

通行净空是公路大件运输中，车货顺利通过运输线路的最小物理尺寸。通行净空限制包括通行宽度限制、通行高度限制和通行长度限制。

（1）通行宽度限制。

通行宽度上的主要障碍，是行驶道路两旁的建筑物、构筑物、树木以及收费站等，对于树木、临时建筑物等这类障碍可采用临时移除的方法，待大件设备通过后如必要可做恢复；对于可移动式收费站，可临时移走，否则需要拆除，费用较高。

（2）通行高度限制。

通行高度上的主要障碍是架空的电线、索道、管道、隧洞、立交桥、收费站顶棚、标识标牌等。对于已经无用的障碍可采用拆除的方法。对于柔性的、有活动空间的、净高相差小的空中障碍，如较松弛的电线等，在采取绝缘措施后，可用顶高法将其抬高，待超限车辆通过后再将其放回。对于净高相差较大的无法顶高的电线，可采取落地法，对落在地上的电线应采取保护措施，以免受损。对于隧道、桥梁和高压线等无法采用以上方法处理的障碍，可比较挖地法和滚拖法的可操作性及经济性选择其一。挖地法为了降低路面高度几乎都要破路挖地，待超限车辆通过后再重新修复。滚拖法是将大件货物从车上临时卸下，用地面滚动法穿过障碍处，通过后再将货物重新装车，此方法需要装卸车及拖运工具，并且有一定的风险。

（3）通行长度限制。

通行长度限制，实际上是通行线形要求，主要包括最大纵坡要求、竖曲线要求、扫空宽度要求。因货物超长影响通过性的主要原因是车辆转弯时转弯半径不足，通常发生在转弯和交叉口处，实质上也相当于通行宽度不足，需要将道路路边障碍拆除，超长货物的通过能力取决于车组的最小转弯半径、弯道的最小平曲线半径以及货物的外形尺寸。

2．运输控制

加强运输监管是大件运输安全控制的关键保障工作。安全运输主要包括运行安全控制、技术安全措施、应急预案等，完整的监管工作不仅要确定运输工作开始前的各方职能与责任，确保各方工作的良好协调以及准确无误，更重要的是对运输在途过程的实时监控，及时发现运输过程中的不安全因素，避免危险的发生。要盯紧大件运输过程中的关键环节，强化部门监管、运行监管和路桥监管，同时做好运输协调、运输保障，确保衔接有效、监管有力，此部分内容将在第五章进行研究。

三、公路大件运输安全管理的意义

公路运输的大型物件往往是国家重点建设工程项目的关键设备、精密复杂的成套产品、远涉重洋的进口设备、大型工程项目急需的装置，因此，其运输的安全往往受到国家、社会的关注，具有重大意义。《2018年国务院大督查专刊》显示，部分大件运输企业保障运输安全的能力十分低下，有企业甚至一年内发生的运输事故超过100起，损失上千万元，不规范运作大行其道。

公路大件运输一旦发生安全事故，导致的直接后果是经济损失大、社会影响大、对企业发展影响大。实施公路大件运输安全管理，能有效减少甚至杜绝安全事故的发生。

（1）公路大件运输安全生产事故往往会出现人员或设备的重大事故，造成经济损失巨大。公路大件运输具有高投入、附加值高、安全性要求高的特性，决定了在运输过程中一旦发生安全事故，将造成难以控制的情况，甚至出现车毁人亡、货物损失的严重后果，带来巨大的经济损失。比如，一辆德国曼（MAN）8×8进口牵引车的价值为300多万元，普通的液压平板车每轴线，进口的要30万元左右，国产的需要11万元，此外，大型的吊装机械的单台价值也在100万元左右，一旦发生事故，其损失必将巨大。

（2）公路大件运输安全生产事故会产生重大的社会影响。公路大件运输相对于普通货物的公路运输完全不同，它所需技术设备的要求更高，工作过程更加复杂，运输生产持续时间更长，同时还需要交通、交警、运管、路桥和工程安装等部门的大力协同，加之所运的货物重要性，社会影响深远。

（3）对企业的发展影响重大。公路大件运输不同于普通货物的运输，其技术要求高、运输时间长、过程复杂、所需投入设备及人员量大、涉及部门多、投入产出价值高，其运输结果对运输企业和货物业主关系重大，一旦出现事故或失败，运输企业将承受巨大损失，严重的会因此而丧失从业能力和发展机会；同时，货物业主也可能因关键设备不能及时到位而蒙受不可估量的损失，丧失市场和客户，从而影响企业的发展。

（五）运输过程

1．运行稳定性

方案的一切准备工作是为了货物的实际运输顺利，车辆运行的稳定性受到多方面因素的影响，主要从驾驶人操作能力、货物稳定性、道路及天气条件和挂车稳定性几方面体现，各个方面的影响因素众多，分析如下。

（1）驾驶人操作能力。

驾驶人的驾驶技术直接影响车货系统的稳定性，操作不慎易引起货物重心偏移甚至倾覆。大件运输应始终保持车辆匀速行驶，避免紧急制动或加速等情况，通过桥梁时，居中匀速行驶，速度不得超过 5 km/h。

（2）货物稳定性。

货物稳定性主要受货物的重心高度及其捆绑加固牢固程度影响，重心高度越低，货物稳定性越好；捆绑加固越牢靠，货物越不易滑移，稳定性更好。道路条件及驾驶人操作这两项外部因素也会影响车辆的行驶稳定性，从而影响货物的稳定性。

（3）道路及天气条件。

道路的平整度、横向坡度、纵向坡度及转弯半径等均是影响大件运输车辆行驶安全的客观因素，直接影响车辆以及货物的稳定性，例如道路的横纵向坡度，会使货物产生横向或纵向的惯性力，坡度过大或驾驶不当会出现货物滑移或倾覆的可能。此外，雨、雪、雾等天气对交通运输本身就产生影响，而大风天气对大件运输车辆的影响比普通运输更为明显，在大风天气条件下，货物稳定性也受到货物的迎风面积以及侧向大风的影响。

（4）挂车稳定性。

大件货物的质量、重心位置、偏心状态及其承载长度均会对挂车的稳定性产生影响，这需要通过货物在车辆上良好的装载方式及其捆绑加固方案来消减不利的影响。

道路不平整对挂车稳定性的不利影响主要由挂车自身液压系统调节，因此液压系统的稳定性十分重要。目前超重型挂车均采用液压系统承重方式，通过液压系统自身调节来平衡受力，确保挂车货台平面的稳定和各轮胎受力均匀，从而减轻道路路面不平整带来的车体摆动。

保证车辆的横向稳定性需考虑挂车的支承稳定性，常将挂车的悬挂油路分别串联成三个回路，能够均匀分配各悬挂载荷并保证承载面的稳定性即为三点支承，当回路三点支承中有若干个支承点不起作用，即发生塌点，出现塌点时车体将会严重倾斜，易发生横向失稳，因此需考虑防塌点措施。纵向坡度的通过能力取决于挂车液压悬挂油缸的行程和主梁加载后的变形，车辆越长，其纵坡及弯道的通过能力就越差。

影响挂车稳定性的因素众多，且相互作用，例如，驾驶人驾驶不平稳可能会导致车辆及货物的稳定性较差，从而影响货物安全，反之，由于货物自身重心或捆绑等原因造成的货物稳定性不好，会影响车辆行驶的稳定性。因此，应重视每一个影响大件运输安全的因素，避免忽略某一个不安全因素而引起继发的其他不安全因素出现，保证运输前的准备工作及其车辆装备安全可靠，重视运输过程中的每一个安全影响因素的监察，保证大件运输能够安全顺利地完成。

第二章 常用运输工具及设备

在公路大件运输作业中,需要对运输工具、运输线路、运输对象等进行选择计算分析,得出最优运输方案,本章重点讲述大件运输的动力机械及其附属装置、设备。

第一节 牵引车

牵引车是汽车列车组合中的动力头,用以实现汽车列车的运输作业。牵引车的总体结构与载货汽车基本相同,由发动机、底盘、车身(驾驶室)和电气设备组成。由于牵引车必须进行拖挂作业,对某些总成和部件提出了不同的要求,特别是半挂牵引车。牵引车的制动系统与载货汽车的制动系统基本相同,不同点是牵引车设置了向挂车输送压缩空气的气压制动管路、紧急制动管路、启动控制管路等。另外,在驾驶室内设置了手制动阀,可直接操纵挂车制动。为了提高制动性能,有的牵引车在后桥处装有感载阀改善轴间制动力的合理分配。

一、牵引车分类

根据结构与功能,可把牵引车为半挂牵引车和全挂牵引车。

(一)半挂牵引车

半挂牵引车是装备有特殊装置的用于牵引半挂车的商用车,其结构与普通载货汽车的区别是车架上无货箱,只作牵引,本身不载货,而且在车架上装有鞍式牵引座,通过鞍式牵引座承受半挂车的前部载荷,并且锁住牵引销,带动半挂车行驶。半挂牵引车多是在载货汽车底盘的基础上,选取合适的后桥主传动比,缩短轴距,并在车架上配置鞍式牵引座改装而成的。如图2-1所示。

图 2-1 半挂牵引车

半挂牵引车按驱动形式分为 4×4、4×2、6×2、6×4、6×6、8×8 等几种形式。目前广泛使用的半挂牵引车多为 6×2、6×4 两种驱动形式。

按用途分,半挂牵引车又可分为大功率高速牵引车和低速重型牵引车二种。大功率高速牵引车,主要适用于高速长距离行驶,用来牵引厢式半挂车、平板式半挂车和集装箱半挂车等;低速重型牵引车主要用来牵引阶梯式半挂车、凹梁式半挂车等,多为 6×4 双轴驱动形式。

(二)全挂牵引车

挂车的前端连在牵引车的后端,或者挂车的后端连在牵引车的前端,牵引车只提供向前的拉力或推力,拖着或者推着挂车走,但不承受挂车的向下的重量,这就是全挂牵引车。它本身可在附属的载运平台上运载货物,车架后端的支承架处安装有牵引钩,通过牵引钩和挂环使牵引车与全挂车联结。

二、常见牵引车

牵引车作为大件运输企业的核心设备,有着非常关键的作用。大件运输企业若无足够动力的牵引车,就很难立足于行业顶端。选择牵引车时需重点考虑其动力性,动力越大,所能承运的货物就越多,但随着动力的提升,牵引车的传动系统、承载系统都会相应加强,价格也就相应地增加。牵引车的选择,应根据所承运的货物类型、吨位、运距、运费等因素综合选择。

国内外常见的牵引车生产企业如表 2-1、表 2-2 所示(表格中的马力为英制马力,单位为 ph,1 ph = 0.745 7 kW)。

表 2-1 国内常见牵引车

品 牌	型 号	功率/马力	轴数	整车质量/t
一汽柳特	神力 L4	220	4×2	5.3
一汽解放	J6M	370	6×2	7.45
北奔重卡	V3	460	6×4	8.8
大运重卡	N9	480	6×4	8.8

续表

品牌	型号	功率/马力	轴数	整车质量/t
东风柳汽	H7	500	6×4	8.8
东风商用车	天龙	480	6×4	10.2
福田欧曼	CTX	420	6×4	8.805
广汽日野	700型	450	6×4	9.55
华菱重卡	重载型	430	6×4	8.655
江淮汽车	格尔发	540	6×4	8.8
江铃重汽	远威	350	6×4	10.3
联合重卡	U	580	6×4	8.805
青岛解放	悍威J5M	336	6×4	9.38
三环十通	御龙	430	6×4	8.35
陕汽重卡	X3000	550	6×4	8.8
上汽红岩	斯太尔	336	6×4	8.87
时骏重卡	格奥雷	430	6×4	25
四川现代	创虎	520	6×4	9.7
徐工重卡	汉风	530	6×4	9.3
重汽豪瀚	J5G	350	6×4	7.8
重汽王牌	W5G	375	6×4	8.905

表 2-2 国外常见牵引车

品牌	型号	功率/马力	轴数	整车质量/t
奔驰重卡	Actors	610	8×8	40
雷诺	Kerax	400	6×6	10.854
曼	BBS-WW	540	6×6	14.95
五十铃	VC46	350	6×4	8.2
沃尔沃	FH系列	540	6×4	10.57
斯堪尼亚	P系列	400	6×4	8.83
依维柯	Stralis	500	6×4	8.64

三、牵引力校核

大件运输对象的质量和尺寸差别很大，比如某些海工模块已达上万吨，海上风电叶片长度足有百余米长。大件运输车组行驶的道路条件也是千差万别，有时行驶在平坦的码头、工地现场和平原道路上，坡度小；有时需要爬山，坡度较大；有时会遇到冰雪路面，路面湿滑；有时需要轮渡，对运输稳定性要求极高。面对不同货物、道路、环境等因素，牵引车必须要有足够的牵引力。

（一）牵引车的牵引力计算

1．牵引车最大牵引力

汽车发动机产生的转矩，经传动系传至驱动轮上。此时作用于驱动轮上的转矩T_t产生一个地面的切向力F_0，地面产生一个对驱动轮的切向反作用力F_t（方向与F_0相反），即驱动汽车的外力，此外力称为汽车的牵引力。驱动轮受力分析图如图2-2所示。

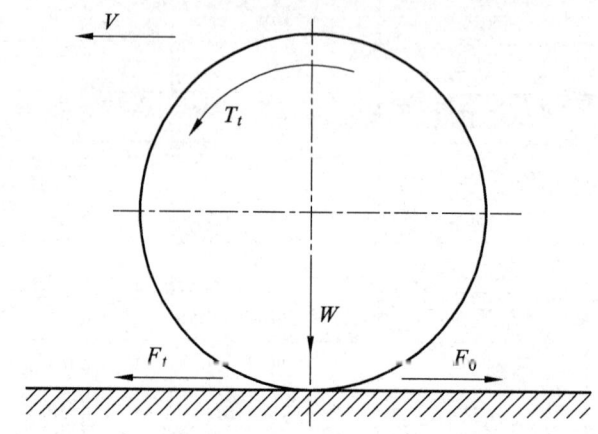

图2-2 驱动轮受力分析图

其数值为：

$$F_t = T_{tq} \times \eta_T \times i / r \tag{2-1}$$

式中：T_{tq}——发动机最大扭矩。

η_T——整个传动系的机械效率。

i——传动系速比，包括液力变矩器变矩比、变速器一档的速比i_{g1}、驱动桥主减速器速比i_0、轮边减速器速比i_w，$i = i_c i_{g1} i_0 i_w$。

r——车轮滚动半径。

2．牵引车的实际牵引力

根据牵引力的定义，在一定条件下（传动系统确定后）汽车的牵引力是由发动机的转矩决定的，转矩越大，牵引力越大，车辆的加速和爬坡性能就越好。但是在泥泞和沙土路面上，我们经常会看到车辆打滑的现象，即车辆的切向力F_0很大，地面产生的切向反作用力F_t并不大，由此可见汽车的动力性能不只受到驱动力的制约，它还受到轮胎与地面的附着条件的限制。

地面对轮胎的切向反作用力的极限值称为附着力F_φ，在硬路面上它与驱动轮法向反作用力F_z成正比，即：

$$F_\varphi = F_z \varphi \tag{2-2}$$

式中 φ 称为附着系数，它是由路面和轮胎共同决定的。在一般动力性的分析中，取附着系数的平均值。在良好的混凝土或沥青路面上，干燥水泥路面 0.7~1.0，潮湿水泥路面 0.4~0.6，下雨开始时 0.3~0.4。由此可见牵引车的实际牵引力为：

$$\begin{cases} F_t = T_{tq} \times \eta_T \times i/r & (F_t \leq F_z \varphi) \\ F_t = F_\varphi = F_z \varphi & (F_t \geq F_z \varphi) \end{cases} \tag{2-3}$$

在计算最大有效牵引力时受车辆使用年限及实际车况等因素的影响，一般 $F_{t实} = \eta_{实} F_t$，$\eta_{实}$ 一的取值般与使用年限、保养情况有关。

（二）牵引力与行驶阻力

汽车在水平路面上等速行驶时，必须克服来自地面的滚动阻力和来自空气的空气阻力；当汽车在坡道上上坡行驶时，还必须要克服重力沿坡道的分力，称为坡道阻力；汽车加速行驶时还需要克服加速阻力，因此，汽车行驶的总阻力为：

$$\sum F = F_f + F_w + F_i + F_j \tag{2-4}$$

式中 F_f 为滚动阻力，F_w 为空气阻力，F_i 为坡道阻力，F_j 为加速阻力。

汽车若想行驶，则可得汽车的行驶方程为：

$$F_t = F_f + F_w + F_i + F_u \tag{2-5}$$

详细计算如下：

$$F_t = \frac{T_{tq} i \eta}{r} = Gf \cos\theta + \frac{C_D A u^2}{21.25} + G\sin\theta + \delta m \frac{du}{dt} \tag{2-6}$$

考虑到实际上正常道路的角度 θ 不大，$\cos\theta \approx 1$，$\sin\theta \approx \tan\theta = \theta$（$\theta$ 即为坡度），故常将上式写为：

$$F_t = \frac{T_{tq} i \eta}{r} = Gf + \frac{C_D A u^2}{21.25} + G\theta + \delta m \frac{du}{dt} \tag{2-7}$$

如式 2-7 所示：在车辆爬坡时，因车速很小，所以空气阻力 $\frac{C_D A u^2}{21.25}$ 极小，接近于 0，此处以 0 计算。而爬坡时为匀速行驶，故其加速阻力 $\delta m \frac{du}{dt}$ 为 0。所以此时汽车的运动方程为：

$$F_t = Gf + G\theta = G(\theta + f) \tag{2-8}$$

上式中，F_t 为牵引车总驱动力，由发动机提供。G 为车辆和设备的重力，f 为滚动阻力系数，不同道路下为常数，而 θ 为坡度，所以可计算坡度：

$$\theta = \frac{F_t - Gf}{G} = \frac{F_t}{G} - f \tag{2-9}$$

(三)多车牵引力计算

当货物较重时,一台牵引车无法满足牵引任务,需用多台牵引车联合牵引,如图 2-3 所示。联合牵引时要注意以下几个问题。

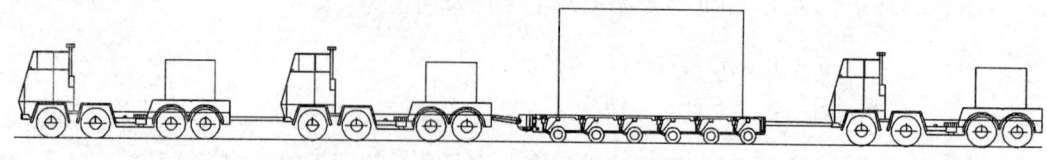

图 2-3　联合牵引

1. 牵引杆过载问题

当牵引车串联牵引时,需要校核第二台牵引车以后的牵引杆强度,防止牵引杆过载。

2. 配重合理分配问题

当多台牵引车的型号、牵引总重不同时,各牵引车需要合理地分配配重,即配重满载率应尽量相等,使各牵引车的工作负荷尽量相同。使配重满载率相等的方法是:根据牵引车功率所占总功率的百分比分配各牵引车的配重增量。

3. 转弯时中间牵引车横向滑动问题

在转弯状态下,多台牵引车和挂车常常不在一条线上,牵引车的牵引力通过第二台牵引车作用于挂车时,牵引力 F_t 会给第二台牵引车一个横向力 F_y,其横向力的大小为

$$F_y = F_t \sqrt{2(1-\cos\beta)} \tag{2-10}$$

式中:β——前后牵引杆在水平面上的夹角。

在大角度转弯时,为防止牵引车在力 F_y 的作用下发生横向滑动,可采用一推一拉或并排牵引的方式。具体的受力分析如图 2-4 所示。

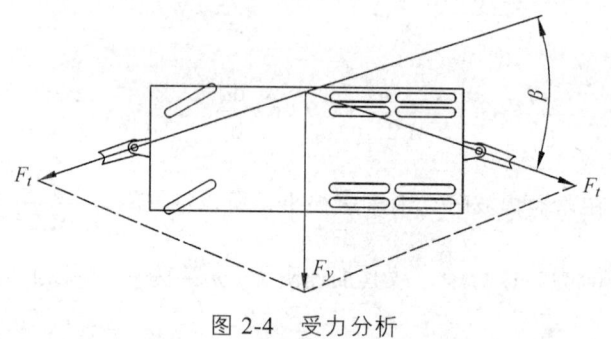

图 2-4　受力分析

(四)牵引车配重计算

随着大件运输行业的发展,大件牵引车配备的动力越来越充足。当出现最小牵引力大于附着力的情况时,车辆一般都需要配重。牵引车分为全驱动和多轴驱动,如 6×6、8×8 为全驱动,6×4、8×4 为多轴驱动。配重也要根据这两种情况进行计算。

1. 全驱动时牵引车配重计算

全驱动时牵引车所有的车轮都连接动力，驱动轮法向反作用力 F_z 即为整个牵引车的重量，附着力充分利用了牵引车的重量，因而相同车种下全驱动较半驱动附着力大。具体如图 2-5 所示。

根据公式（2-8），车组在行驶时的方程为：

$$m_q g\phi = m_q g(\theta + f) \tag{2-11}$$

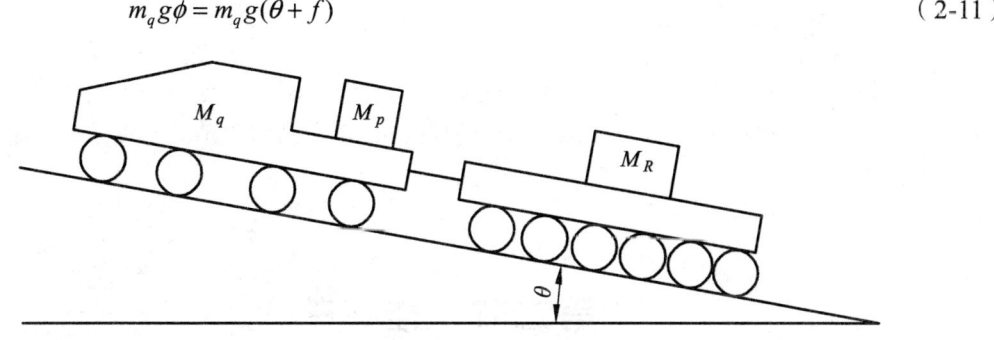

图 2-5　全驱动牵引车配重计算分析

则全驱动时牵引车所需要的配重 m_p 应满足：

$$(m_q + m_p)g\phi = (m_p + m_q + m_r)g(\theta + f) \tag{2-12}$$

则：

$$m_p = \frac{(m_q + m_r)(i + f) - m_q \phi}{\varphi - (i + f)}$$

式中：m_p——牵引车所需配重的质量。

m_q——牵引车的质量。

m_r——挂车和货物的质量。

i——道路坡度角。

f——滚动摩擦系数。

2. 多轴驱动时牵引车配重计算

车辆在很多时候是 6×4、8×4 这样的多轴驱动，根据上面的推理，则在驱动时牵引车所需要的配重计算应满足式 2-13。

$$(m_{q2} + m_p)g\phi = (m_p + m_q + m_r)g(\theta + f) \tag{2-13}$$

$$m_p = \frac{(m_q + m_r)(\theta + f) - m_{q2}\phi}{\varphi - (\theta + f)}$$

式中：m_{q1}、m_{q2} 分别为牵引车前桥和双后桥的分载质量，m_{q1}、m_{q2} 之和即为牵引车的质量 m_q，如图 2-6 所示。

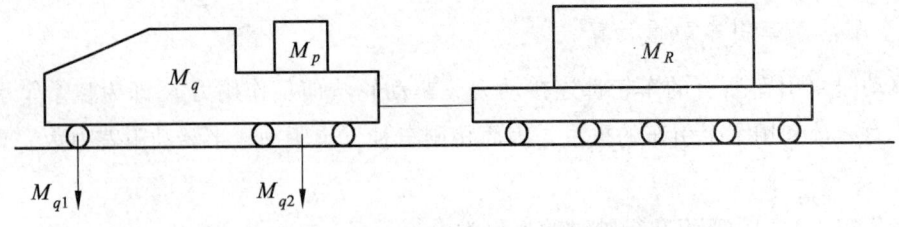

图 2-6　半驱动时牵引车配重计算分析

（五）轴线车牵引力计算

当前最先进的轴线车是自行式液压平板车 SPMT，SPMT 每个驱动轮轴的驱动力为 60 kN，制动力 55 kN。6 轴有 4 个或 6 个驱动轮轴和 4 个制动轮轴。4 轴有 2 个驱动轮轴 2 个制动轮轴。

第二节　挂　车

一、挂车分类

根据牵引联接方式，挂车分为半挂车、全挂车。

（一）半挂车

半挂车是车轴置于车辆重心（当车辆均匀受载时）后面，并且装有可将水平或垂直力传递到牵引车的联结装置的挂车。与"单体式"汽车相比，半挂车更能提高公路运输的综合经济效益。运输效率可提高 30%～50%，成本降低 30%～40%，油耗下降 20%～30%。

常见半挂车根据承载货物的外形尺寸和质量不同，挂车的结构也因此多种多样，若按承载车桥数分，常见的有 5 轴、6 轴和 7 轴三种，在选用半挂车时，须了解该类型车辆的各项技术参数。若按车架结构形式的不同分，可分为以下几种：

（1）平板式半挂车。

平板式半挂车的整个货台是平直的，且在车轮之上，具有大的货台和较高的离地间隙，多用于公路运输钢材、木材及大型设备等。

（2）阶梯式半挂车。

阶梯式半挂车的车架呈阶梯型，货台平面在鹅颈之后，具有较低的货台，便于货物的装卸，主要适合运输各种大型设备、钢材等，多用于公路运输。

（3）凹梁式半挂车。

其货台平面呈凹型，具有很低的承载平面和较小的离地间隙，是多用于场内专用车的一种结构形式，适合超高货物的运输。

以上述半挂车底盘为基础，还可改制成各种专用半挂车，如厢式半挂车、轿车运输车、管材运输车及半挂油罐车等。

（二）全挂车

全挂车是一种荷载由自身承担、全靠拖运的车辆，通过牵引钩和挂环与牵引车相联结。牵引车不需要承担挂车荷载，只是提供动力帮助挂车克服路面摩擦阻力并能够减少轮胎的侧滑、磨损和汽车列车的转向阻力。全挂车按最大装载质量的不同，可分为轻型、中型和重型全挂车，其中重型全挂车又有重型平板挂车、重型长货挂车和重型桥式挂车之分，重型全挂车已大多广泛采用液压技术，如液压悬架、液压转向等，形成了液压全挂车。

二、常见半挂车

（一）平货台直梁型半挂车

其货台全部是平直的，承载面利用率高。但置于全部车轴之上，因而货台相对较高。转弯半径较小，整车的通过性能较好。主梁、横梁、支承梁和边梁为箱形断面或变截面的工字形焊接件，具有较大的抗扭刚度和抗弯强度。适用于 30~100 t 的超限运输。

（二）低货台阶梯型半挂车

其车架的纵梁前段较高，成鹅颈形，安装转向机构，一般不作负载之用。后段为承载货台，做得较低，便于货物的装卸，提高挂车的稳定性。车架的前段一般设有起重绞盘，车架后端搭接可拆卸的桥板，供装卸货物使用。机动车组亦可借桥板直接驶上货台。也有略作变形的凸露式挂车（后部轮胎露出货台平面）和凸起式挂车（货台尾部稍有突出）。通常货台高度在 1 m 以下时，常用于 30~100 t、载货高度小于 4.5 m 的超限运输。

（三）凹梁式低平台半挂车

其车架的纵梁前后两段均设计成高于车架中段，形成凹形货台。货台高度可降至相当低的程度，以尽量降低货物装车后高度，货物装卸从两侧进行，但由于后部突起部分不便承载，要保证货台的长度一定，半挂车长度必须增加，使轴距变长，外形尺寸加大，因而通过性变差。多用于装载质量在 60~200 t，载货长度小于 10 m 的超高件运输。

第三节 吊 机

运输前的装车和运输后的卸车是大件运输过程中的重要环节。特别是装车，装车环节完成得好坏，直接影响着后续捆绑加固的质量，进而影响着比较直观的运输行程。由于大件运输设备的超限性，装车和卸车自然要用到大型吊机，吊机是大件运输作业中不可或缺的工具之一。常见的吊机主要有桥式起重机、门式起重机和移动起重机。在陆地作业时常用汽车吊、履带吊；在水面作业时常用浮吊；在码头作业时，门吊最为常用。

一、汽车吊

汽车吊又称汽车起重机,分为汽车起重机和全地面起重机。

(一)汽车起重机

小型汽车起重机用汽车原有的发动机作动力。大中型汽车起重机和全路面起重机有两台发动机,1台驱动各工作机构,1台驱动行走机构,两个司机室分别操纵上车和下车。汽车起重机都有4个外伸式支腿,用以提高其工作时的稳定性。汽车起重机有机械传动和液压传动两种型式,大、中型汽车起重机多用液压传动,它有动作灵活迅速、起升平稳、操作轻便、伸缩臂可任意调节伸杆长度、节省操作时间等优点。汽车起重机行驶速度在 50 km/h 以上,在中等级公路上可迅速转移到较远的作业现场。汽车起重机在吊装作业时应伸出并垫好支腿,不能吊重移动。

(二)全地面起重机

普通汽车起重机起重吨位小,对场地要求大,而全地面起重机起重量大,分普起和超起,超级起重模式下起重吨位多在几百吨以上甚至千吨,多用于风力发电机组的安装与拆卸。全地面起重机采用越野底盘,可全轮胎转向,且前后轮胎可同步、非同步转向,越野能力相对来说比普通起重机要好。

(三)汽车吊的常见类型及特点

国内公路大件运输常用的汽车吊品牌主要有三一重工、徐工中联,常见的汽车吊的起重重量为 5 t、8 t、10 t、12 t、16 t、20 t、25 t、50 t、75 t、100 t、125 t、180 t、220 t、300 t、350 t、600 t、1 200 t、1 600 t 等,汽车吊和履带吊特点如表 2-3 所示。

表 2-3 汽车吊和履带吊特点

类别	性能和特点
汽车起重机	(1)机械汽车起重机代号 Q,液压汽车起重机代号 QY; (2)行驶速度高,机动灵活性一般; (3)采用专用或汽车通用底盘,适宜于公路行驶; (4)作业性能高,结构较简单; (5)额定起重量范围为 3~200 t; (6)作业辅助时间少,作业高度和幅度可随时变换; (7)车身较长,转弯半径大,需要较大的作业场地; (8)大多数机型只能在左右两侧和后方作业; (9)有上车和下车两个驾驶室; (10)进行吊装作业时必须支好支腿,价格相对便宜

续表

类　别	性能和特点
全地面起重机	（1）行驶速度高，通过能力和机动灵活性号； （2）采用特制越野型底盘，采用动力换挡，油气悬挂，在不同路面行驶时，可自动调平车架，底盘采用多桥驱动和全桥转向，转弯半径小，可蟹形行走，可越野行驶，可以360°回转作业； （3）作业性能高，结构复杂，价格昂贵，比汽车起重机贵40%； （4）额定起重范围为5～800 t； （5）作业辅助时间少，作业高度和幅度可随时变换； （6）有上车和下车两个驾驶室； （7）在平坦坚实的地面可不用支腿吊重并进行吊重行驶
履带起重机	（1）机械轮胎起重机代号QL、液压轮胎起重机代号QLY； （2）轮距较宽，稳定性好，轴距小，车身短，转弯半径小，适用于狭窄的作业场所，可360°回转作业； （3）行驶速度较慢，但近年出现了越野型，其最高行驶速度可达40 km/h。机动灵活性不如汽车起重机，整机尺寸小，通过性好； （4）采用特制底盘，油气悬挂，可全轮驱动和转向，可越野行驶； （5）作业性能高，结构较复杂，价格较贵，比汽车起重机贵15%； （6）额定起重量范围为5～80 t； （7）作业辅助时间少，作业高度和幅度可随时变换； （8）在平坦坚实的地面上可不用支腿吊重和吊重行驶

二、履带吊

（一）履带吊的特点

履带吊是履带式起重机的俗称，是指具有履带行走装置的全回转动臂架式起重机。履带起重机是在单斗挖掘机上装设起重臂架而形成的，后来发展成专用履带起重机，其具有如下特点：

（1）履带因接地面积大而压强低，可在松软、泥泞和不平坦的地面上行走。

（2）轮距较宽，轴距小，车身短，转弯半径小，稳定性较好，在平坦坚实的地面上可不用支腿吊重和吊重行驶，适用于狭窄的作业场所，可360°回转作业。

（3）在平坦和坚硬地面可在额定起重量80%的情况下，吊重缓慢行驶。

（4）有的履带起重机可利用特备的液压伸缩装置增大两履带的间距，进一步增加其稳定性。

（5）行驶速度低，一般小于4 km/h；而且行走和转弯时要损坏路面，需转移至较远作业场地时，应用平板车拖运，机动灵活性不如汽车起重机，整机尺寸小，通过性好；但近年出现了越野型，其最高行驶速度可达40 km/h。

（6）采用特制底盘，油气悬挂，可全轮驱动和转向，可越野行驶。

（7）作业辅助时间少，作业高度和幅度可随时变换。

履带起重机也在向全液压传动方向发展，我国国产的履带起重机其额定起重量为 5 t、10 t、15 t、25 t、35 t、40 t、50 t、55 t、60 t、75 t、90 t、100 t、150 t、180 t、260 t、300 t、400 t、500 t、650 t、750 t、1 600 t、3 600 t 等。

（二）履带吊与汽车吊的区别

汽车吊和履带吊的特点见表 2-3。

1．汽车吊车

顾名思义，汽车吊车就是将吊机与汽车联接在一起。其使用方便、快捷，不需要特殊方式就可以完成组装，任务完成之后又可以轻松地完成拆卸。

优点：使用汽车吊车是非常方便灵活的，不但可以快速高效地完成任务，还会在第一时间达到场地，保证任务快速进行。但这样的汽车吊车在进行作业的时候，会受到地形等外在因素的限制，一般地势不好的地段都无法通过使用汽车吊车来完成任务。而且一旦货物的重量达到一定限度的时候，也不适合使用汽车吊车。

2．履带吊车

所谓履带吊车，自然就是依靠着履带来行走，因为履带接触到的地面的接触力大，因而在利用履带吊车作业的时候可以吊起重量很大的货物，并且利用履带还可以对大型货物进行搬运。

但这样的履带吊车也有其自身的缺陷，那就是在拆装的时候过于费时费事，不但设备自身不能随意地完成伸缩的任务，在运转的时候还会受到场地的限制，行动不大方便。

三、门　吊

门吊又称作门式起重机，广泛用于各种工矿企业、交通运输和建筑施工。主要用在露天贮料场、建筑构件加工场、船坞、电站、港口和铁路货站等处，用其进行装卸及搬运货物、设备以及建筑构件安装等。

（一）门式起重机的分类

一般把门式起重机分为普通门式起重机、水电站门式起重机、造船门式起重机和集装箱门式起重机 4 类，其中普通门式起重机用得非常广泛，其他 3 类则专用于特定的作业。

（二）具有代表性的门吊

1．中化二建 6 400 t 门吊

该吊被誉为"大国重器"——世界提升重量最大、高度最高的陆地起重设备，能把重达 6 400 t 的重物提起，达到 120 m 高度。目前，该设备已经在中化二建集团大型机械施工有限公司的施工项目里成功吊装二台费托反应器，出色地完成了目标任务。如图 2-7 所示。

2. 江南造船长兴造船基地 1 600 t 龙门吊

该龙门吊由振华重工历时 9 个月时间精心打造而成。最大起重量为 1 600 t，翻身重量 900 t，轨距 158 m，梁底净空高 95 m，是目前国内最高、最大的龙门吊。如图 2-8 所示。

图 2-7　6 400 t 门吊

图 2-8　1 600 t 门吊

3. 上海外高桥造船厂起重量为 1 200 t 的巨型门式起重机

该起重机如图 2-9 所示。

4. 防城港核电现场 600 t 门吊

该吊机不仅在防城港核电一期的建造过程中立下汗马功劳，还助力防城港核电二期工程——我国采用华龙一号技术建造的首个核电工程的建立。该门吊如图 2-10 所示。

图 2-9　600 t 的巨型门式起重机

图 2-10　600 t 门吊

5. 国内某海上风电基地 5 000 t 门吊

该门吊主要用于海上风电重力式基础的生产与装车。如图 2-11 所示。

图 2-11　5 000 t 门吊

(三) 门吊的吊装特点

(1) 露天作业，场地开阔，便于吊装施工。

(2) 龙门起重机和装卸桥的构件进场条件好，有宽敞的地面可以摆放。

(3) 大中型龙门起重机和装卸桥的构件常分件、分段进场，需在吊装时组成整机。

(4) 一般吊件长度较大，重量较大，吊装时需有大起重能力的起吊设备。

(5) 对超长、超大质量的支腿和主梁，可考虑用多吊点的双机抬吊方法和双桅杆抬吊方法。

(6) 易受自然条件风、雨、雪的影响，尤其在沿海飓风多发季节，应采取必要的措施，防止飓风侵袭造成损失。

四、环轨吊

(一) 环轨吊的特点

顾名思义，环轨吊就是将吊机部分安装在一个巨大的环形轨道上，这样既可通过增大承载面积以减小吊机对地面的承载要求，又能扩大作业半径以增加作业效能。但缺点是，体积巨大，拆、装需要花费巨大的财力和物力。

(二) 具有代表性的环轨吊

(1) 美国 Bigge 公司推出的最新一代模块化环轨起重机——7 500 t 级 125D AFRD，为模块化核电站 AP1000 反应堆的建设量身打造，如图 2-12 所示。

图 2-12 7 500 t 级 125D AFRD 环轨吊

（2）SGC120 环轨吊，它是 Sarens 和子公司 Rigging International（加利福尼亚州阿拉米达）共同努力的结果。这台 SGC120 是第三代 120 000 吨·米起重机。此起重机的起重能力为 3 200 t，设计用于满足精炼厂、石油和天然气工业、采矿业、海上平台和核电站第三代部件的重型起重要求。由于环轨的设计，使得占地面积小，地基承压力小，对其他现场工作影响最小。上层结构安装在一个直径 40 m 的环轨上。起重平台离地约 10 m。总重约 5 200 t。重达 3 600 t 的配重装在 36 个 40 英尺的集装箱内，可用本地材料制作，极大地降低了运费。整部吊车可以拆装成数量约 155 个的船用集装箱，可进行灵活的全球运输，如图 2-13 所示。

图 2-13 SGC120 环轨吊

（3）英国重型起重专业公司 ALE 的 AL.SK350 起重机。

AL.SK350 起重机载重达到了 5 000 t，是世界上载重最大的陆地式起重机。2018 年，ALE 完成了道达尔公司一艘浮式生产储卸油船（FPSO）又一模块吊装工作，这是有史以来使用起重机悬臂完成的最重的陆地起重机吊装。为了完成本次吊装工作，ALE 使用了 AL.SK350 起重机和重型悬臂。起重机的主臂长 141.2 m，固定吊臂 120 m 高，如图 2-14 所示。此次吊装，起重机采用了 124 m 长的 A 形主臂以及 38 m 长的悬臂，还有一个重型绞车系统和 4 000 t 压载物。完成了 Egina FPSO 总负荷达 2 810 t 的 S2 模块的吊装工作，创造了一项新的行业纪录。

图 2-14　AL.SK350 巨型环轨吊

五、码头吊机

码头吊机也是公路大件运输常用的吊机之一，随着大件运输业务的发展，很多大件运输业务会涉及水陆联运，这时就要用到码头吊了。

（一）岸　吊

岸吊是码头吊机的一种，一般限重 30 t。其吊臂长度有限，故只能在一定的范围内工作，如图 2-15 所示。

图 2-15　岸吊

(二)浮 吊

浮吊是载有起重机的浮动平台，它可以在港口内移至任何需要的地方，或是靠泊，或是移到锚地使货物转船。相对于岸吊，浮吊的起重能力和工作范围更具优势。

图 2-16 浮吊

(三)国内具有代表性的码头吊机

（1）漳州豪氏威马 2 400 t 擎天吊。其主钩 2 400 t，吊臂 30 m，最大起吊高度 107 m。副钩 200 t，吊臂 96 m，最大起吊高度 136 m。

（2）中外运大件物流有限公司两台门座起重机配合装车。中外运大件物流有限公司运用两台门座起重机吊装 32 t，24 m × 7.2 m × 4.99 m 管廊模块装车。

（3）蓝鲸号全回转自航浮吊。蓝鲸号是中海油工程公司定购，由振华港机自主研发的全国最大浮吊，从设计到制造完成，仅仅耗费了 2 年半左右的时间，不及外国公司开发周期的三分之二。"蓝鲸号"自吊 7 500 t，意味着如果有一个支点，"蓝鲸号"可以轻而易举地将法国的埃菲尔铁塔举起。"蓝鲸号"顶点最高达 130 m，相当于 40 多层楼高，最大起重高度可达 110 m；整个浮吊船同时能容纳 300 人进行食宿作业，并设有直升机停机坪，"蓝鲸号"自航速度可达 11 节。

在中国自航浮吊诞生之前，全球 7 000 t 以上的水上浮吊仅有 2 台，且都在欧洲"服役"。国外的大型浮吊一般不能全回转，起重机要转向，整个船必须掉头，而掉头需要众多小船来牵引，效率低下。相较于国外研发的大型浮吊，"蓝鲸号"可以进行 360° 回转，同时还具备自航功能，可不依靠拖船，迅速赶赴海难地点实施救助行动。

(四)吊机的选择流程

吊机租用价格昂贵，选择正确的吊机进行作业不仅是安全的保障，也能大大节约成本。吊机选择流程如图 2-17 所示。

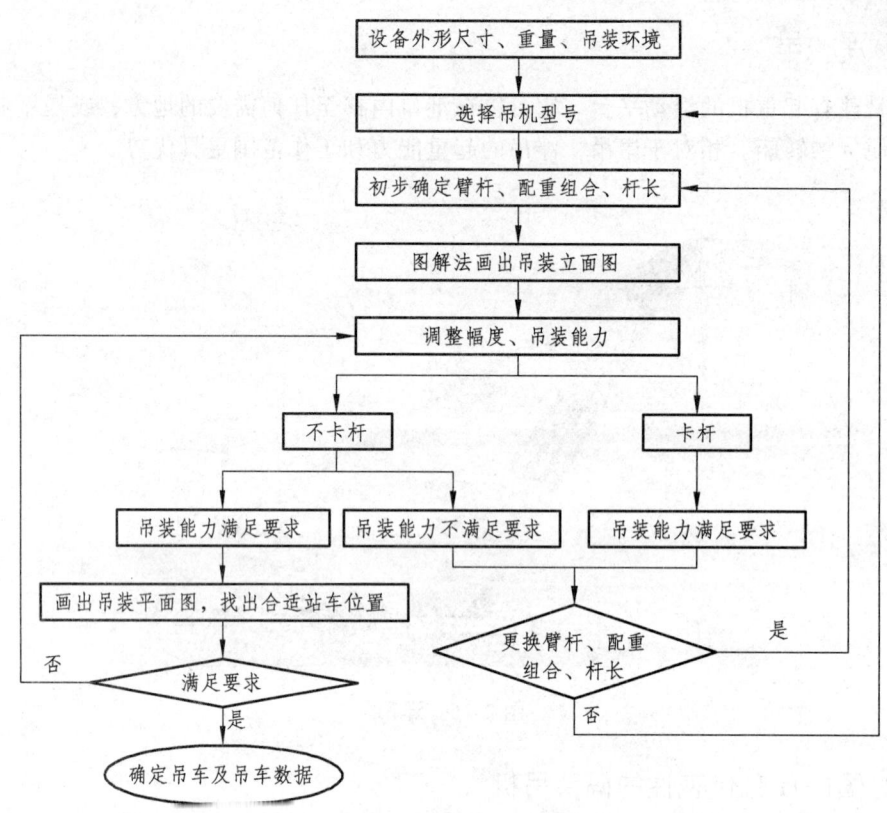

图 2-17 吊机选择流程

六、吊机典型事故

吊机常见的事故有脱钩、钢丝绳折断、安全防护装置缺乏或失灵、吊物坠落、起重机倾翻和碰撞致伤等事故类型。吊机现场施工作业，必须遵守严格的操作规程，否则极易引发事故。

2015 年 8 月 3 日，在荷兰莱茵河畔阿尔芬，发生了一起严重的起重机倾覆事故。事发地点在 Oude 河上（莱茵河的一段），当时 Peinemann 公司的两台起重机正在两部驳船上协作吊装一个桥梁部件，其中一台起重机是 LIEBHERR LTM1400-7.1，最大起重能力 400 t，另一台是 TEREX DEMAG AC700，最大起重能力 700 t。吊装过程几乎要完成时，LTM1400-7.1 失去平衡发生倾覆后导致 AC700 倾翻，倾翻的起重机、桥梁部件造成岸边五座房屋建筑倒塌，如图 2-18、图 2-19 所示。

事发现场风平浪静，驳船的倾斜是导致这次事故的主要原因。

2014 年 5 月，在苏格兰 Peterhead 的 Aquatic 港口发生一起大型起重机事故，一部属于 William Whyte 公司的 LIEBHERR LTM1500-8.1 倾覆，主臂折断，如图 2-20 所示。事故发生时，LTM1500 已展开，主臂部分伸出，并安装有超起装置。当时正在吊装一重型模块，倾覆时左后支撑腿下地面坍塌导致配重后仰撞地，超起装置撞地后起重机停止运动。

图 2-18 驳船倾斜导致起重机倾覆

图 2-19 房屋坍塌（左上是 LTM1400，右下是 AC700）

图 2-20 苏格兰 Peterhead 起重机事故

巴西圣保罗的当地时间 2013 年 11 月 27 日，正在建设中的 2014 年巴西世界杯揭幕战所使用的科林蒂安斯球场发生严重起重机倾覆事故，至少造成 3 名工人死亡，见图 2-21。事故起重机是一台 LIEBHERR LR11350 履带式起重机，起重能力 1 350 t，属于巴西当地最大的吊装公司 LOCAR。据称是在安装北看台顶棚时出现侧翻，看台也严重损坏。

图 2-21　巴西圣保罗 LIEBHERR LR11350 履带式起重机侧翻

据分析,事故主因是施工方为赶工期,违规作业,顶风起吊。这让人想起 1999 年发生在美国的 big blue 的起重机事故,也是在吊装球场顶棚时发生倾覆,当时的原因是风速过大。

第四节　常见铁路运输工具

一、普通货车

(一) 敞车

敞车是指具有端壁、侧壁、地板而无车顶,向上敞开的货车,主要供运送煤炭、矿石、矿建物资、木材、钢材等大宗货物用,也可用来运送质量不大的机械设备。若在所装运的货物上蒙盖防水帆布或其他遮篷物后,可代替棚车承运怕雨淋的货物。因此敞车具有很大的通用性,在铁路货车组成中数量最多,约占货车总数的 50% 以上。主型通用敞车有 C_{61}、C_{62}、C_{62A}、C_{62B}、C_{64K}、C_{70}、C_{70B}、C_{70H}、C_{76H}(大秦线编组列车)等。敞车按卸货方式不同可分为两类:一类是适用于人工或机械装卸作业的通用敞车;另一类是适用于大型工矿企业、站场、码头之间成列固定编组运输,用翻车机卸货的敞车。

图 2-22　敞车

铁路常用敞车参数如表 2-4 所示。

表 2-4 常用铁路敞车技术参数

车型	自重/t	载重/t	车内 长×宽×高（mm×mm×mm）	地板面至轨面高/mm	重心高度/mm
C_{50}	19	50	13 000×2 740×1 600	1 083	1 000
C_{61}	23	61	11 012×2 890×2 200	1 083	1 084
C_{62B}	21.7	60	12 500×2 900×2 000	1 083	1 000
C_{62BK}	22.7	60	12 500×2 890×2 000	1 090	1 000
C_{64}	22.5	61	12 490×2 890×2 050	1 082	1 000
C_{64K}	22.5	61	12 490×2 890×2 050	1 082	1 000
C_{65}	19.3	60	12 988×2 796×1 900	1 073	995
C_{70}	23.8	70	13 000×2 892×2 050	1 080	1 085

（二）平 车

平车主要用于运送钢材、木材、汽车、机械设备等体积或质量较大的货物，也可借助集装箱运送其他货物。平车还能适应国防需要，装载各种军用装备。装有活动墙板的平车也可用来装运矿石、沙土、石渣等散粒货物。中国自行设计和制造了多种平车，从结构上分，主要有平板式和带活动墙板式两种，车型主要有 N_{12}、N_{60}、N_{16} 和 N_{17} 等多种，载重量为 60 t，平车如图 2-23 所示。

图 2-23 平车

常用铁路平车参数如表 2-5 所示。

表 2-5 常用铁路平车技术参数

车型	自重/t	载重/t	车内 长×宽（mm×mm）	地板面至轨面高/mm	重心高度/mm
N_6	21.5	60	12 500×2 870	1 163	725
N_9	22	60	13 400×2 870	1 260	900
N_{12}	20.5	60	12 500×3 070	1 180	720

续表

车型	自重/t	载重/t	车内 长×宽（mm×mm）	地板面至轨面高 /mm	重心高度/mm
N_{13}	20.5	60	12 500×2 990	1 264	640
N_{17}	20.4	60	13 000×2 980	1 209	690
NX_{17}	22.1	60	13 000×2 980	1 211	775
NX_{17T}	22.5	60	13 000×2 980	1 211	777
NX_{17A}	23	60	13 000×2 980	1 211	768
NX_{17B}	22.5	61	15 400×2 960	1 213	740
NX_{17T}	22.9	61	13 000×2 960	1 216	746

二、长大货物车

特长和特重货物无法用一般的铁路货车来装运，必须使用专门的长大货物车。如车辆长度一般在 19 m 以上的长大平车；纵向梁中部做成下凹而呈元宝型的凹底平车；底架中央部分做成空心，货物通过支承架坐落在孔内的落下孔车；将车辆制成两节，货物钳夹在两节车之间或通过专门的货物承载架装载在两节车之间的钳夹车等。

（一）长大平板车

从底架结构上看，长大平车与通用平车基本上相同，其差别主要是前者的底架长度和地板面距轨面高度都比较大。长大平车主要用于装运高度不是很高而长度很长的型钢和化工反应器。如图 2-24 所示。

图 2-24　长大平板车

常用铁路长大平车参数如表 2-6 所示。

表 2-6　常用铁路长大平车技术参数

车型	自重/t	载重/t	车内长×宽 （mm×mm）	轴数	底架心盘中 心距/mm	地板面至轨 面高/mm	重心高度 /mm
D_{21}	28.3	60	20 000×3 000	6	15 500	1 356	950

续表

车型	自重/t	载重/t	车内长×宽（mm×mm）	轴数	底架心盘中心距/mm	地板面至轨面高/mm	重心高度/mm
D_{22}	41.4	120	25 000×3 000	8	17 800	1 460	770
D_{22G}	41.9	120	20 400×3 000	8	17 800	1 210	715
D_{27}	43.2	150	25 000×3 000	8	17 800	1 460	770
D_{23}	104	235	28 000×2 520	16	5 700	1 728	950
D_{23G}	70.7	265	19 170×2 520	16	18 000	1 500	794

（二）凹底车

凹底车是底架沿车辆纵向呈凹形面的长大货物车如图 2-25 所示。它具有结构简单、使用方便、运行安全可靠等优点，是长大货物车中适用范围最广的车型。凹形底部承载面一般为平面，但近年来随着铁路运输的发展，出现了圆弧凹底承载面（如 D_{A37}）。

图 2-25 凹底车

常用铁路凹底车参数如表 2-7 所示。

表 2-7 常用凹底车技术参数

车型	自重/t	载重/t	车内长×宽（mm×mm）	轴数	底架心盘中心距/mm	地板面至轨面高/mm	重心高度/mm
D_{10}	29	90	10 000×3 000	6	14 800	777	720
D_{10}	36	90	10 000×3 000	6	14 800	777	652
D_6	60	110	7 000×2 400	8	15 000	860	900
D_{16G}	53	110	9 000×2 800	8	13 000	900	794
D_{12}	46.7	120	9 000×3 000	8	16 200	850	722
D_{15}	48.9	150	9 000×2 700	8	16 700	900	748
D_8	149	180	9 000×2 560	16	17 270	900	794
D_{18A}	135.45	180	9 000×2 800	16	22 440	930	970

续表

车型	自重/t	载重/t	车内 长×宽（mm×mm）	轴数	底架心盘 中心距/mm	地板面至 轨面高/mm	重心高度 /mm
D_{18G}	152.3	180	9 000×2 700	16	23 900	930	888
D_2	167	210	9 000×2 780	16	22 200	950	1 032
D_{2G}	148.5	210	9 000×2 780	16	22 700	950	1 047
D_{2A}	136	210	9 000×2 780	16	23 060	930	1 072
D_{25A}	142	250	9 800×2 630	16	25 570	1 080	1 115
D_{A25}	127.5	250	10 000×2 700	16	25 260	1 050	1 087
D_{26}	140	260	9 800×2 680	16	25 200	1 050	
D_{28}	120	280	10 000×2 680	16	25 500	1 160	1 000
D_{32}	226	320	10 500×2 900	24	33 800	1 150	1 570
D_{A37}	200	370	10 500×2 900	24	37 300	1 380	1 380

（三）落下孔车

落下孔车是供装运距轨面较低且由侧主梁支撑货物的长大货物车如图2-26所示。它的底架中部开有一定长度和宽度的长孔，装载货物时落入孔内。货物的质量由2根截面高度较大的侧梁承担。这种车适合装运宽度较窄而高度很高的货物，如轧机牌坊。

图2-26　落下孔车

常用铁路落下孔车参数如表2-8所示。

表2-8　常用铁路下孔车技术参数

车型	自重/t	载重/t	上孔 长×宽（mm×mm）	下孔 长×宽（mm×mm）	孔深 /mm	轴数	底架心盘 中心距/mm	地板面至 轨面高/mm
D_{10}	47	90	5 650×2 310	4 860×2 300	820	6	11 400	320
D_{16}	59	110	4 600×2 300	2 900×2 300	1 140	8	13 000	500
D_{17}	50	150	10 200×2 300	10 000×2 300	1 510	10	17 500	700
D_{18}	146	180	4 600×2 300	3 000×2 300	1 730	16	20 600	500
D_{19}	180	230	4 600×2 300	4 600×2 300	1 835	20	21 760	500

（四）钳夹车

钳夹车是车体分为 2 个可分离的部分，货物被夹持和悬挂在其间的长大货物车。它具有独特的超限运输能力，车体装有多导向侧移机构，以解决车辆在宽度方向的极限超限。钳夹车多用于装运宽度和高度都很大的发电机定子、变压器等重型货物如图 2-27 所示。

图 2-27　钳夹车

常用铁路钳夹车参数如表 2-9 所示。

表 2-9　常用钳夹车技术参数

车型	自重/t	载重/t	车内长×宽（mm×mm）	轴数	底架心盘中心距/mm	重心高度/mm
D_{35}	290	350	3 350×4 715	32	11 600	800
D_{38}	226	380	52 718×3 000	32	15 800	
D_{30A}	119	300	32 668×3 000	20	15 800	

第五节　工　装

工装是指在运输过程中所用的各种工具的总称，主要包括顶升滑移装置、卷扬设备、滚装设备、特制（自制）设备等。工装分为专用工装、通用工装。专用工装主要是根据货物特点设计研发的工具，如鞍座、桥式梁、分载凹梁等。通用工装是指在大件运输过程中常见的辅助工具，如千斤顶、卷扬机等。以下列举一些常见工装。

一、鞍　座

在运输过程中，货物与车板之间的接触型式有直接接触和间接接触。间接接触常需加装鞍座配合使用，鞍座分为承载式鞍座和顶升式鞍座。常见鞍座按结构型式分为工字型鞍座、直式箱型鞍座、镂空箱型和异型鞍座。鞍座是保障设备安全运输、装卸和存放的重要工具，在运输过程中扮演者不可或缺的角色。鞍座常用型式如图 2-28 所示。

鞍座应根据货物尺寸、货物质量等参数进行设计与选用。实践过程中，应注意以下几点。

（1）根据货物质量、尺寸及结构属性确定鞍座的数量。

（2）根据鞍座承载力设计鞍座的结构尺寸，并合理设计鞍座吊耳的数量和位置，在满足强度的基础上尽量减少钢材用量，减轻鞍座自重。

（3）鞍座直径等于货物直径，但在实际设计时应考虑鞍座加工的形位公差。

（a）镂空箱型鞍座

（b）直式箱型鞍座

（c）异型鞍座

（d）工字型鞍座

图 2-28　常见鞍座型式

【应用案例】

四川省大件运输公司为彭州石化项目承运的丙烯塔回流罐（$\Phi 5\,600\,\text{mm} \times 12\,908\,\text{mm}$），鞍座设计需考虑正压力和顶升力，一套鞍座需承载 101 t，鞍座设计图如图 2-29 所示。鞍座实体图如图 2-30 所示。

二、支　墩

在装卸和临时存放货物时需用到支墩支撑货物，起到过渡作用，如图 2-31 所示。大件运输作业中，根据货物来设计支墩，形状千差万别。

三、路基板

路基板适用于道路承载能力不足的运输路况，可用于上桥作业，也可作为分载梁使用。

路基板使用时需坐滩，局部悬空跨距不得过大。一般使用在较为平坦，坡度较小，落差不大的路面。使用时需逐块吊装，逐排逐列顺序安装。连接时先接两头再连其余，插销插入需用吊车和撬杠配合，轻敲慢打，禁止强行打入。路基板的定期保养内容主要是检查单、双耳及插销是否有开裂、变形、掉漆的情况。如有破损，则需进行修理和修复。

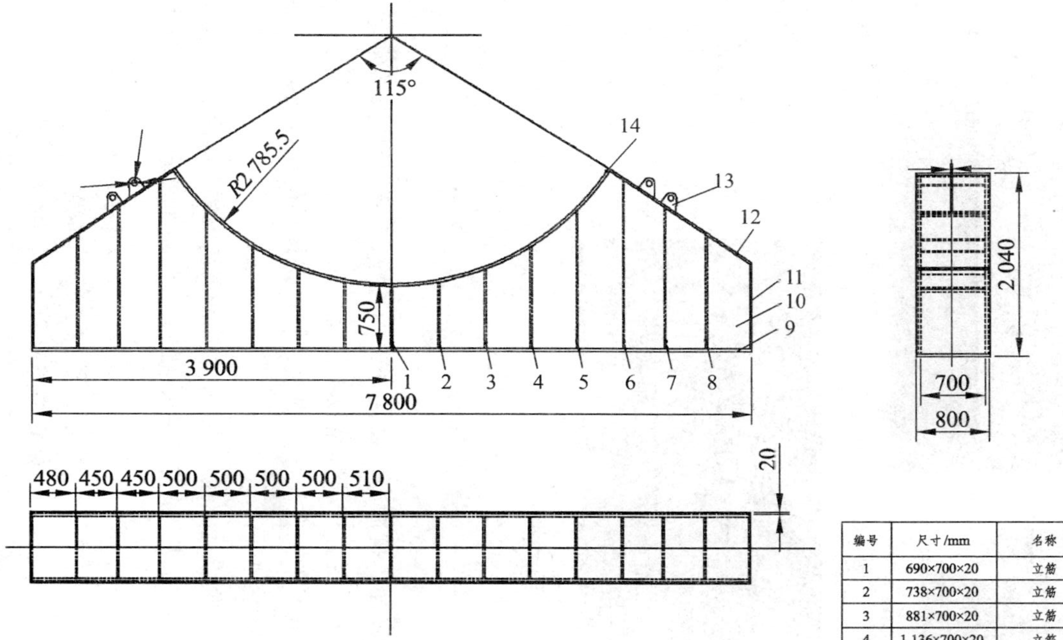

编号	尺寸/mm	名称	数量	材料	质量/kg 单重	质量/kg 总重
1	690×700×20	立筋	1	Q345	75.3	75.3
2	738×700×20	立筋	2	Q345	80.6	161.2
3	881×700×20	立筋	2	Q345	96.2	192.4
4	1 136×700×20	立筋	2	Q345	124.0	248.0
5	1 544×700×20	立筋	2	Q345	168.6	372.2
6	1 870×700×20	立筋	2	Q345	204.2	408.4
7	1 562×700×20	立筋	2	Q345	170.6	341.2
8	1 254×700×20	立筋	2	Q345	136.9	273.8
9	7 800×800×30	床板	1	Q345	1 460.2	1 460.2
10	7 760×1 976×20	底板	2	Q345	1 478.7	2 957.4
11	926×800×20	立筋	2	Q345	115.6	231.2
12	1 865×800×20	盖板	2	Q345	232.8	465.6
13		吊耳	4	Q345	10.8	43.2
14	5 590×800×30	弧板	1	Q345	1 046.5	2 092.9

职责	姓名	签字	日期	名称	彭州鞍座	自重(kg)	9 324
设计							
制图							
校核							
审核							
审定						第 张 共 张 总 张 第 张	

图 2-29 鞍座设计图

图 2-30 鞍座实体图

图 2-31 支墩

图 2-32 路基板

四、铺路板

复合材料铺路垫板质量轻、耐腐蚀、抗冲击、韧性好，不易脆、不易分层且非常坚固，是短期和长期的项目施工场地的首选。复合材料铺路板不仅能解决施工临时通道和地面承载力不足的问题，还能解决大型工程施工车辆在泥泞、潮湿、不稳定地面的通行问题，也能保证大型车辆无害通过草坪、绿地等生态地带。

复合材料铺路垫板独特的人字形表面设计，包括坚固的凸出防滑纹图案，解决了车辆和货物滑动的问题。铺路垫板也可利用各种连接方法以适应各种极端的天气和路面状况，如图 2-33 所示。

图 2-33 复合材料铺路垫板

第三章 专用运输工具及设备

随着现代科技发展，液压技术的完善，当代大件运输工具越来越先进，尤其是自行式液压平板车的广泛应用，已成为大件运输的顶级运输工具。

第一节 液压平板车

SPT（Self-propelled transporter，液压平板车）是挂车的一种，特点是能升降、能转向、能拼接，是目前大件运输行业中使用最多、用途最广的一种运输工具。当前国内市场常见的品牌有：尼古拉斯、哥德浩夫、河北顺通、湖北万山等。

一、基本结构参数

用于反映液压平板车性能方面不同的参数很多，下面以 6 轴平板车为例，进行简介。

液压平板车在直行状态下车轮轴线的数量称为轴数，挂车每两个轴线之间的距离称为轴距。挂车长度是指挂车可载货平台的长度，为挂车车体最前拼接端面至最后拼接端面之间的距离。6 轴平板车如图 3-1 所示，挂车轴距为 a，挂车长度为 L。

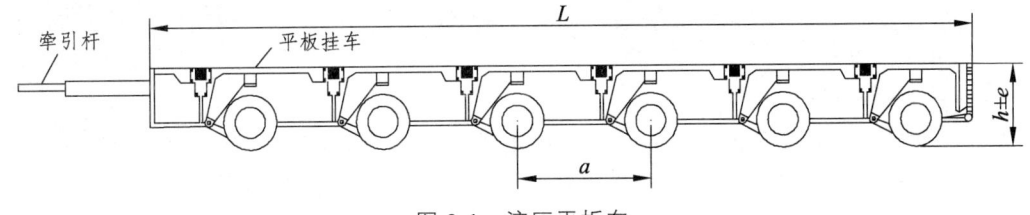

图 3-1 液压平板车

对于等轴距液压平板车，一般有：

$$L = na \tag{3-1}$$

式中：n——挂车轴数；
a——挂车轴距。

挂车高度是指挂车载货平台距离地面的高度，由悬架液压缸的最大行程位置和最小行程位置决定，挂车的高度可以在一定范围内调节。挂车高度以 $h\pm e$ 的形式表示，h 为挂车正常运行高度，一般为挂车升降幅度的中点到地面的距离，e 为挂车升降幅度的 1/2，也称为挂车升降量。由此可以计算出理论状态下挂车的最大最小高度为

$$\begin{cases} h_{\max} = h+e \\ h_{\min} = h-e \end{cases} \quad (3-2)$$

把沿挂车横向所具有的悬架列数称为挂车的纵列数，也就是该轴上的悬架数量。

一个单独承载货物的挂车纵列数至少应为 2 列，通过横向拼接可以组成 3 纵列，4 纵列或更多纵列的挂车，如图 3-2 所示为 4 纵列挂车。

液压平板车在设计上常见轮胎外侧与车体等宽，车体的宽度也就是载货平台的宽度，因此，挂车宽度即是车组载货平台宽度，也是挂车通行宽度，如图 3-2 中的尺寸 B 所示。

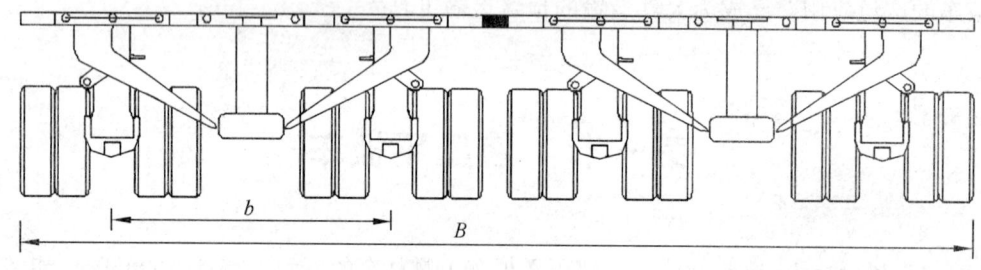

图 3-2 4 纵列挂车

轴重也叫轴荷，就是车轴上的负荷，把一个轴线上所有车轮对地面作用力的和称为轴重（挂车轴荷或轴载荷），轴重分为轴自重和轴载重，轴自重是指挂车自重分配到各轴线的质量；轴载重指车、货质量分配到各轴线的质量。

某一轴的轴重取决于货物的装载位置和悬架液压系统的组合方式，一般液压平板车轴重为：

$$N = \frac{(m_1 + m_2)}{n} \quad (3-3)$$

式中：N —— 挂车轴重（kg），也可换算成吨（t）；

m_1 —— 挂车质量；

m_2 —— 货物质量；

n —— 挂车轴数。

对于全回转式液压平板车，车轮转角均大于 $\pm 90°$，以保证挂车可以实现中心回转。对于非全回转式挂车，最大转角指挂车向左和向右转向至极限情况下的水平旋转角度。由于液压平板车在转向过程中所有车轮要绕同一瞬时转向中心转动，因此各悬架的转角不同，通常情况下，挂车第一轴或最后一轴瞬时转向中心一侧悬架的转角最大，其最大转角即为液压平板车的车轮最大转角。

液压平板车由液压单元模块车组成，液压单元模块车有 2 轴线模块、3 轴线模块、4 轴线模块、5 轴线模块、6 轴线模块以及 8 轴线模块，根据设备长度可以随机拼接成需要的轴线

车。另外,液压单元模块车还可以拼接成2纵列、3纵列、4纵列、6纵列等多纵列组合车组。

模块单元车和组合后的车组均可用 $n \times a$ 来表示（n 表示纵向即沿车长方向的轴线数,a 表示横向的列数,也就是同一轴线中的转轴数）。图3-3是 6×1 半模块车。

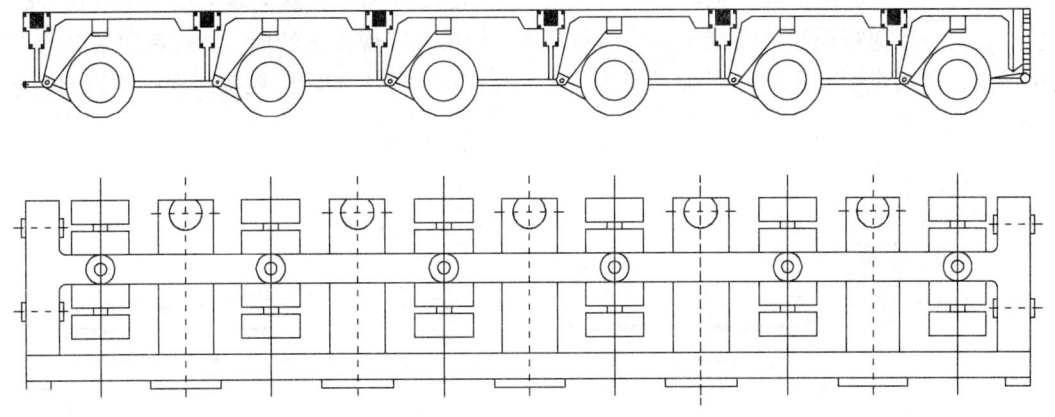

图3-3　6×1 半模块车

目前国内常见的轴线车有尼古拉斯轴线和哥德浩夫轴线。现以尼古拉斯轴线为例介绍如下。

（一）轴线平板车支撑构件组成（以三轴线为例）

轴线单车车架是由一根箱型中央纵梁、若干个小梁、横梁组成的空间框架结构。材料为HG60和Q345优质钢,具有足够的强度和刚度。车架两端设计有用于相互连接的孔销,便于各种模块实现不同的组合轴线平板车支撑构件组成如图3-4所示。

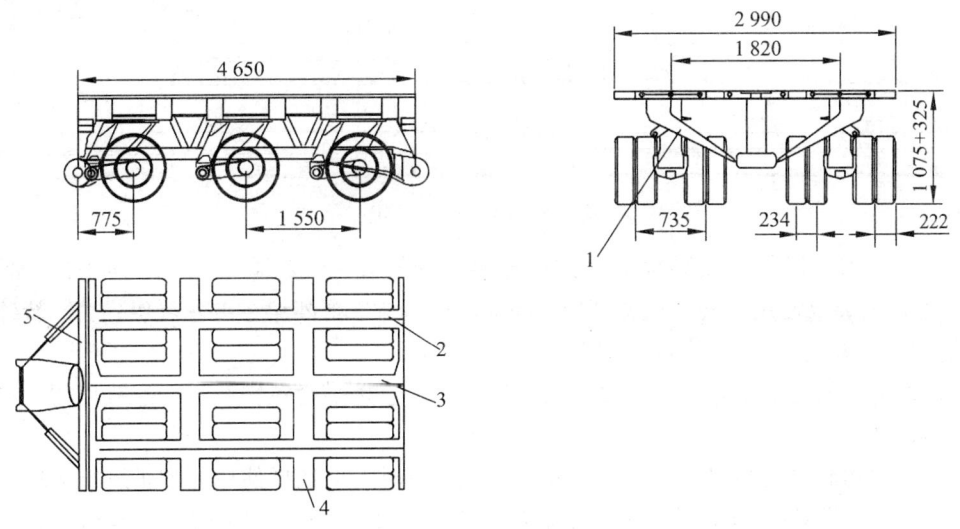

1—斜支撑；2—副梁；3—主梁；4—横梁；5—端梁。

图3-4　支撑构件组成

另外纵梁设计都有一定的预弓度,在使用拼接的过程中,如果预弓度不够,可以在拼接处垫加垫板,以产生预弓度。另外悬挂系统安装在车架的副梁上,通过横梁、斜支撑与主梁形成刚性连接进行力矩、弯矩的传递。

（二）附属设备

附属设备包括封头（转向端梁）、连接器、框架梁、连接平台、动力机组等。转向端梁由连接梁、转向架、转向油缸及液压控制系统组成，如图3-5所示。转向端梁用于轴线挂车的转向使用，液压控制箱控制轴线挂车的转向和升降。如果要实现人工转向，应将转向架上的主连接销退出，此时牵引架上的牵引头只能传递力，操作控制箱上的转向控制阀控制车组的转向。

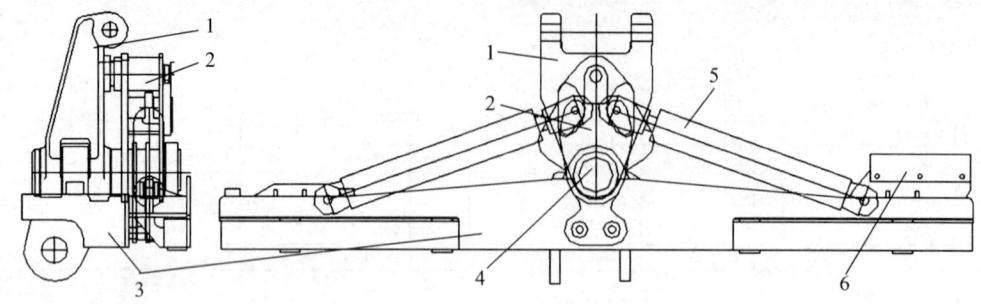

1—牵引架；2—转向架；3—转向端梁；4—主连接销；5—转向油缸；6—控制箱。

图3-5 转向端梁

当运载设备质量相对较小，长度相对很大时，不需要太多轴线承重，但是因设备长度因素必须保证挂车的长度达到支撑设备（鞍座）放置的要求，故用框架梁对轴线进行连接使用。框架梁如图3-6所示。

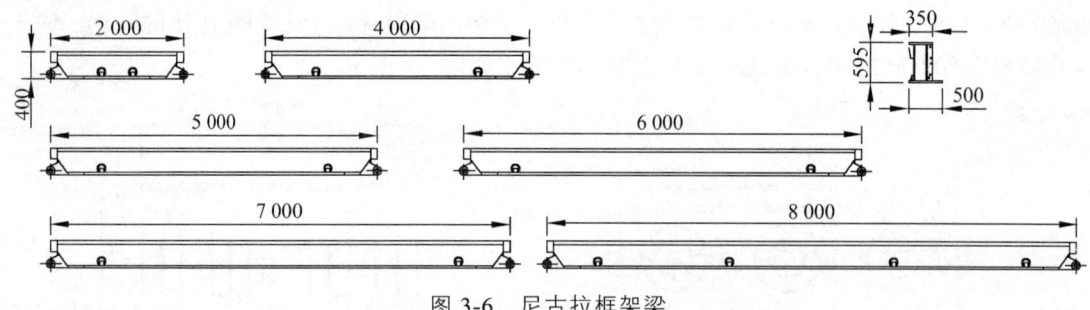

图3-6 尼古拉框架梁

通过连接器可以使轴线和框架梁配合连接（即轴线+连接器+框架梁+连接器+轴线/鹅颈），根据货物要求使用不同长度框架梁，在运输过程中，框架梁主要承受纵向力，特殊情况可以承受较小的垂直压载。连接器如图3-7（a）所示。

当运载货物相对质量较小，但设备长度较长时用连接平台对轴线进行连接使用。连接平台如图3-7（b）所示。

当运载货物放置投影面质量较小，高度相对较高时，可选择使用凹型板进行运输，拼接模式为"轴线+凹型板+轴线"。此种运输方法可以有效降低设备质心，保证运输过程中设备的稳定性。

动力机组主要由动力头、前转向系统、驱动轮（柱塞液压马达驱动）、支撑梁组成，其中动力头通过连接主销与支撑梁相连接，并通过升降油缸调整其高度如图3-8所示。当被载运货物长度远超过轴线车组总长度时，动力机组可作为首选的牵引力设备，因其受运输速度慢等因素的制约，不适合长途运输。

(a)

(b)

图 3-7 连接平台和连接器

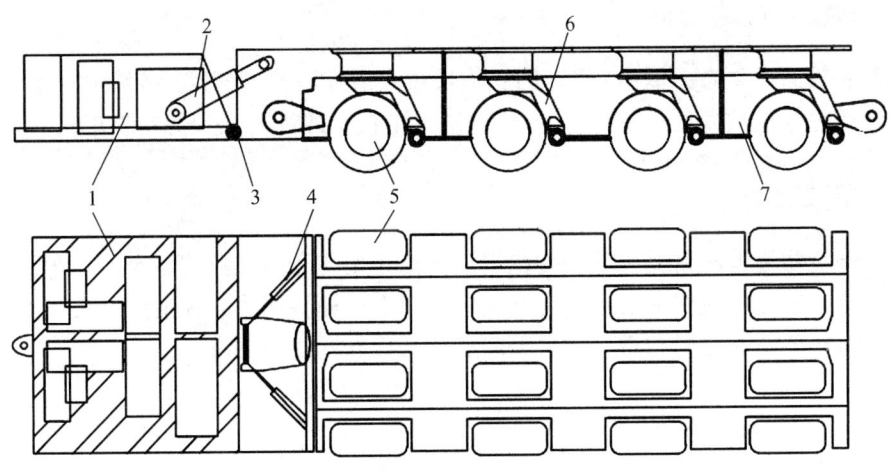

1—动力头;2—升降油缸;3—连接主销;4—转向油缸;
5—驱动轮;6—液压悬架;7—支撑梁。

图 3-8 动力机组示意图

二、基本性能参数

液压平板车的基本性能参数包括车板纵向承载能力、液压平板支撑重心、鹅颈支撑重心、道路通过性,这些参数主要反映液压平板车的工作稳定性,为液压平板车的选择提供依据。

(一)车板纵向承载能力

平板车主梁有一定的刚度和强度,如果主梁受弯矩过大,超过主梁设计的极限范围,会造成车辆变形过大甚至损坏,所以要根据货物特点和车板允许的承受集中载荷数值进行合理配车。如图 3-9 给出了 15×2 液压平板车在采取两点支撑货物时的纵向承载能力曲线,如图中两支点分别位于线段 A、B 两点与 C、D 两点时,液压平板车能够承载的质量是 $120 \times 2 = 240$ t。

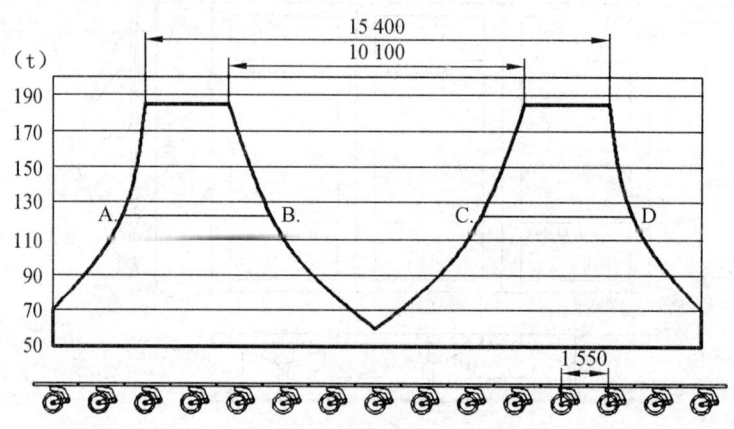

图 3-9 纵向承载能力曲线

(二)横向承载稳定性

货物重心较高时要考虑横向倾翻,防止横坡过大或偏载造成侧翻,必须进行稳定性计算。一般以允许通过的横坡角度进行计算。主要取决于平板车的纵列数和货物装车后的重心高度。

(三)支撑重心

进行大件货物运输时需要验算车货稳定角,稳定角与车组支撑编组有关,车组一般采用 3 点支撑编组,装车时应将货物重心与车板中心对准,即货物重心在液压平板车上的投影与三点支撑三角形的重心尽量相重合,对于四点支点也有同样的要求。

(四)动力鹅颈承载中心

液压平板车上的动力鹅颈与普通鹅颈有较大区别,加上动力鹅颈后,液压平板车承载中心应向前移,由 G_1 移至 G_2 如图 3-10 所示。动力鹅颈的承载量约为 1.5 倍轴载。

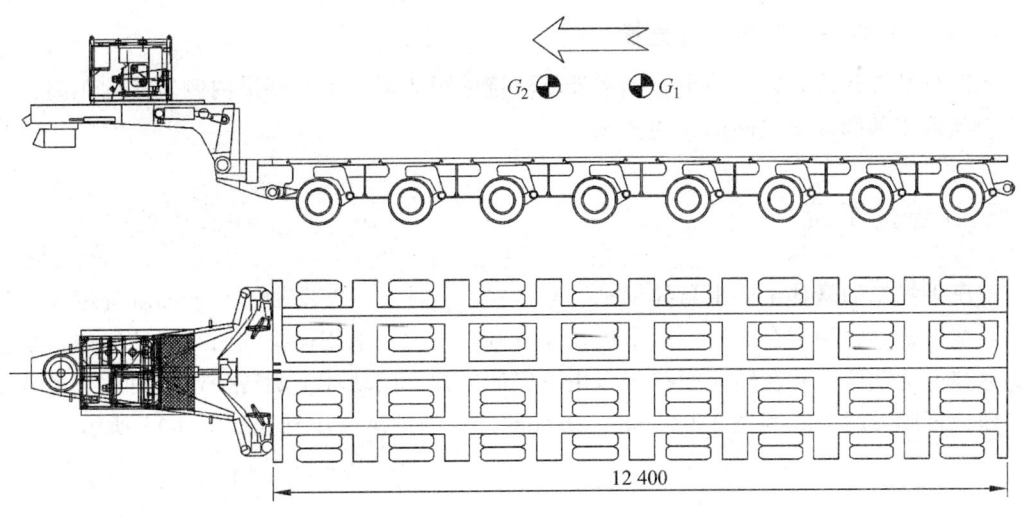

图 3-10 动力鹅颈承载中心

（五）转弯通过性

决定液压平板车的转弯通过性的指标包括：最大转向角、瞬时转动中心、最小转弯半径如图 3-11 所示。

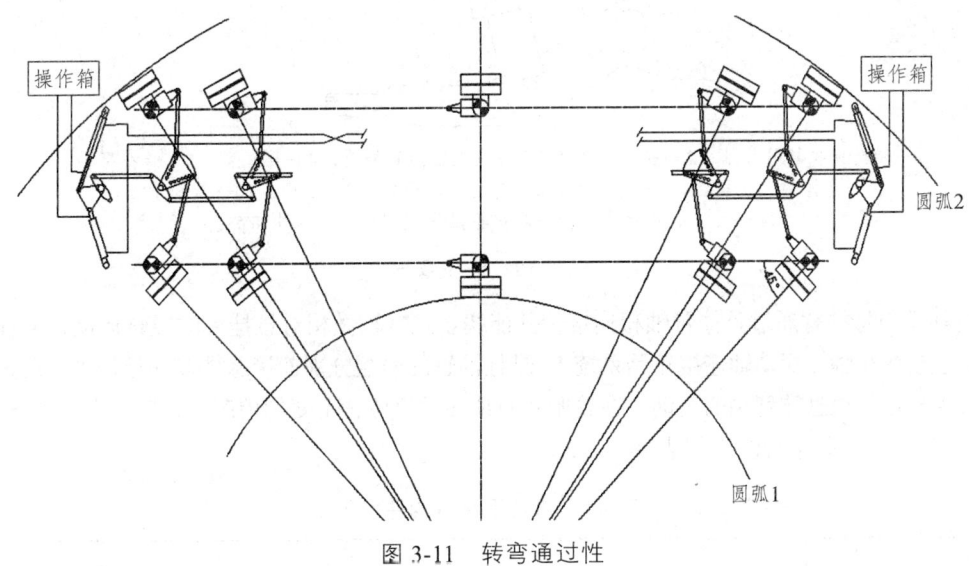

图 3-11 转弯通过性

1．最大转向角

最大转向角是指平板车两端最外轴允许的最大转角，一般有 45°、50°、55° 等。

2．瞬时转动中心

转动中心是固定轴的延长线，与最大转向轴延长线的交点，平板车转向时围绕这点转动。

3．最小转弯半径

平板车转到最大转角时转动中心到平板车最外侧轨迹的距离，如图 3-11 中的圆弧 1 所示。

4. 最小转弯半径时的通行宽度

平板车最大转角时，转动中心到最外侧轨迹的距离减去中心到最内侧轨迹的距离，即图 3-11 中圆弧 1 和圆弧 2 之间的距离所示。

三、悬挂系统

液压平板车的悬挂主要由悬挂枢轴、悬挂臂、悬挂叉、摆动轴、悬挂油缸等组成，悬挂臂与悬挂枢轴立轴相配合连接，两个运动面有侧向推力轴承相连，端面有卡环定位，承受分配到悬挂上的载荷，并在转向横拉杆作用下保证轮轴（摆动轴）旋转一定的角度，当悬挂与转向横拉杆脱开时，能实现 360° 回转，方便轮胎等的拆修液压悬挂如图 3-12 所示。

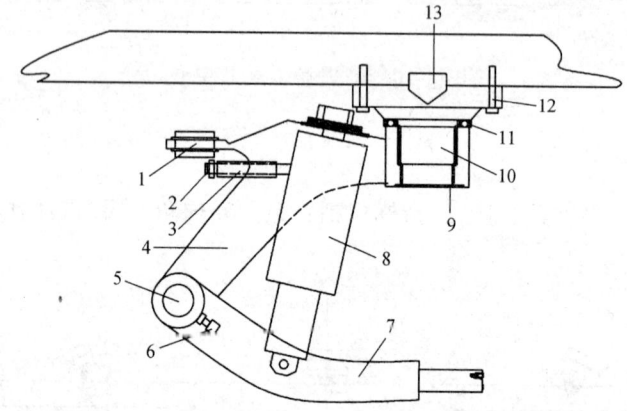

1—转向横拉杆关节轴；2—安全阀及接头；3—液压油管接头；4—悬挂臂；5—悬挂臂轴；
6—悬挂臂锁止螺丝；7—悬挂叉；8—悬挂液压油缸；9—卡环；10—悬挂枢轴；
11—侧向推力轴承；12—悬挂枢轴固定螺栓；13—中心销。

图 3-12 液压悬挂

悬挂叉与悬挂臂通过悬挂臂轴相连接，并能绕悬挂臂轴做相对悬挂臂的旋转运动，悬挂叉的另一端连接摆动轴（摆动轴连接轮胎系统）。悬挂油缸的两端分别连接悬挂臂和悬挂叉，通过油缸升降实现悬挂叉绕悬挂臂轴的运动，在轮胎相对地面垂直位置不变的情况下，实现车架的升降。

悬挂系统各构件的作用如表 3-1 所示。

表 3-1 悬挂系统各构件作用

序号	名称	作用
1	悬挂枢轴	用螺栓固定在平板车副梁上
2	悬挂臂	悬挂臂与枢轴之间装有轴座孔，使悬挂臂在转向横拉杆的带动下转动，实现转向
3	悬挂叉	连接悬挂壁和轮轴
4	摆动轴	连接车轮
5	悬挂油缸	连接悬挂臂和悬挂叉，起支撑作用，可调节货台高度
6	悬挂臂轴	连接悬挂臂和悬挂叉，并使悬挂臂、悬挂叉能绕其做相对运动
7	液压接头	连接支撑系统液压管路，保证支撑时的液压油流动
8	转向拉杆关节	连接转向横拉杆，实现转向系统中转向力的传递，同时定位
9	侧向推力轴承	悬挂臂绕转向枢轴旋转式减少摩擦，同时保证接触面平行

轮轴（摆动轴）装在液压悬挂上，每根轮轴上装有四只充气轮胎，轮轴可绕液压悬挂叉臂作横摆运动，以适应路面的不平。轮轴部分由轴体、轮毂、轮辋、轮胎、轴承、制动器、制动气室、制动调整臂等部件组成。每根轮轴上均装有车轮制动器，该制动器用高强度螺栓与轴法兰盘连接。轮轴（摆动轴）如图 3-13 所示。

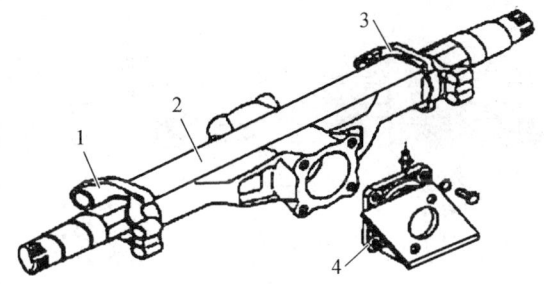

1—制动凸轮轴支架；2—悬挂摆动轴；3—制动凸轮轴支架；4—制动鼓支架。

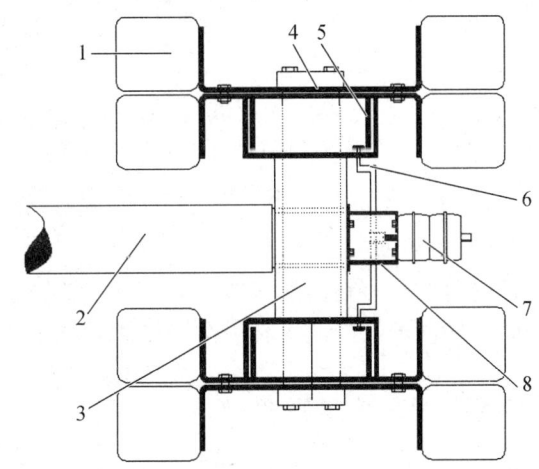

1—轮胎；2—悬挂叉；3—摆动轴；4—轮辋；5—制动鼓；
6—调整臂；7—制动气室；8—制动鼓支架。

图 3-13 摆动轴

悬挂系统的主要作用有：

（1）实现车架三点支撑，使轮轴负荷均匀。因为同一个支撑点区域内的支撑油缸相互连接，而液压系统具有力的传递的均分作用，故能保证支撑点区域内所有的支撑缸压力保持一致。

（2）通过前后点的升降来实现斜坡及坡道行驶时，将车板调整至水平位置。

（3）车板货台可升降，实现一定的自装自卸。

（4）重载停放时可使主梁落地，轮胎卸载（此状态时需在主梁下垫硬实的道木）。

（5）每个悬挂系统可以单独操作升降，可实现车轮、车桥等的维修更换工作。

四、全挂液压平板车转向系统

（一）普通液压平板车转向原理

转向系统由转向油缸、转向枢轴、转向架、转向纵拉杆、转向舵、转向横拉杆、车轮组件等部件组成。转向运动通过转向油缸的伸缩运动来带动转向架运动，转向架通过纵拉杆驱动转向舵，然后由转向舵通过横拉杆分别驱动各悬架，使各轮轴按照转角关系偏转一定的角度。转向拉杆的两端分别为左、右螺纹与左、右拉杆头连接，可调节转向杆的长度。如图3-14所示。

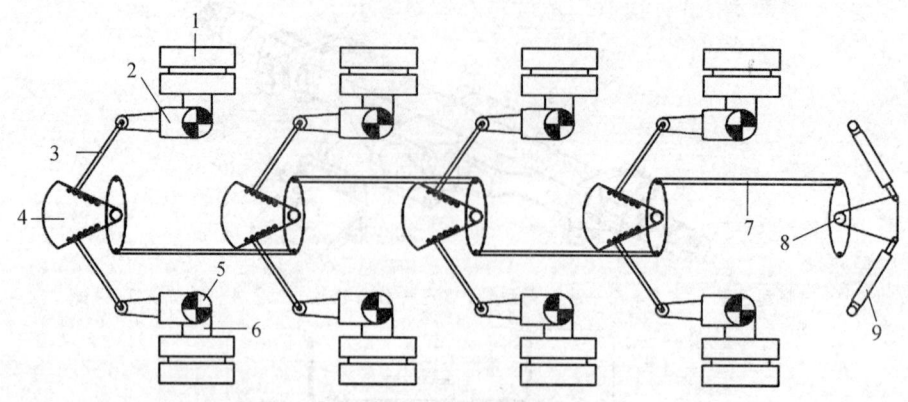

1—车轮组件；2—悬挂臂；3—转向横拉杆；4—转向舵；5—悬挂枢轴；
6—转向臂；7—转向纵拉杆；8—枢纽；9—转向油缸。

图 3-14 普通轴线平板车转向原理

转向系统转向力传递路径：
转向油缸→转向架→转向总拉杆→转向舵→转向横拉杆→悬挂系统→车轮组件。
为保证轴线车正常转向，转向油缸的油压必须保持在 2~5 MPa。

（二）牵引拉杆式液压平板车转向原理

牵引拉杆式液压平板车自动转向的特点是前后转向油缸形成一个闭合液压回路，牵引拉杆等带动转向架运动，从而驱动整个液压系统工作达到转向的目的，如图3-15所示。

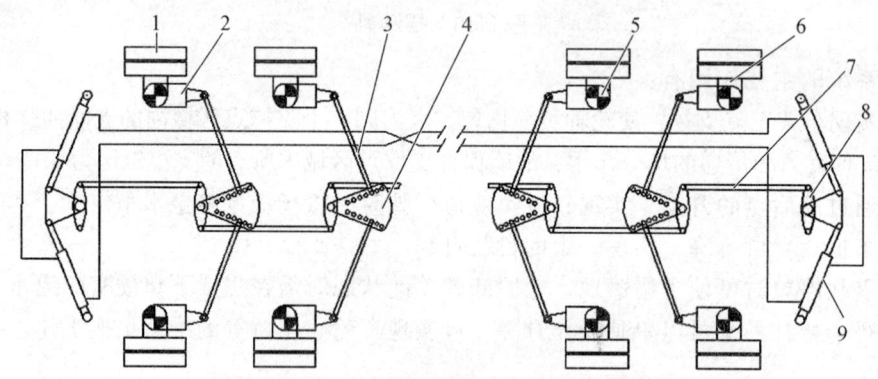

1—车轮组件；2—悬挂臂；3—转向横拉杆；4—转向舵；5—悬挂枢轴；
6—转向臂；7—转向纵拉杆；8—枢纽；9—转向油缸。

图 3-15 牵引拉杆式全挂车转向原理

转向系统转向力传递路径：

牵引杆→转向架→前半部纵拉杆→转向舵→横拉杆→悬挂→车轮。
→前转向液压缸→转向回路→后转向液压缸→后端梁枢轴→后半部纵拉杆→后半部转向舵→后半部横拉杆→后半部悬挂→车轮。

（三）液压控制式液压平板车转向原理

控制转向的特点是整个转向系统与外界形成开放的液压回路，前后端转向都能通过操作箱控制转向油缸的工作，从而达到转向的目的转向原理如图 3-16 所示。

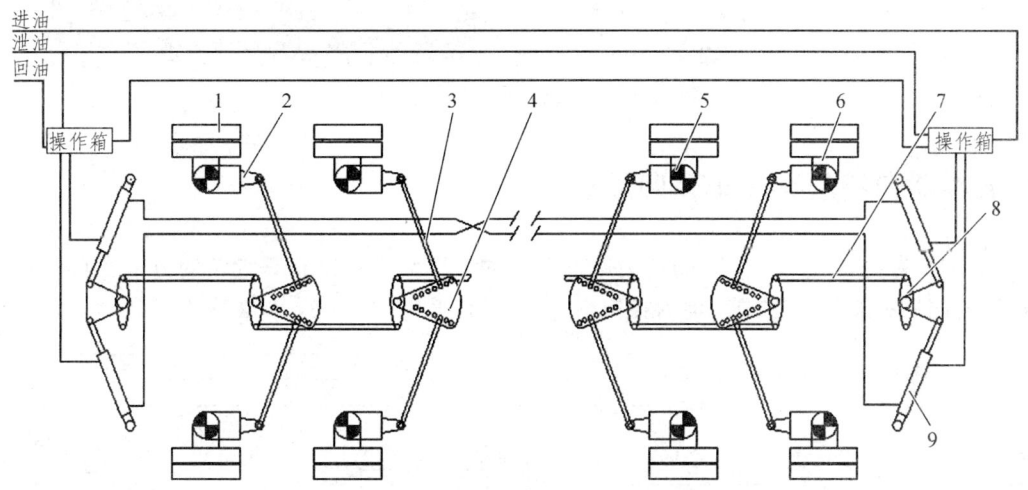

1—车轮组件；2—悬挂臂；3—转向横拉杆；4—转向舵；5—悬挂枢轴；
6—转向臂；7—转向纵拉杆；8—枢纽；9—转向油缸。

图 3-16　液压控制式全挂车转向原理

1．前半部转向传递

液压动力→前端梁控制阀→前端梁转向缸有杆腔→前转向缸→前转向架→前部纵拉杆→前部转向舵→前部横拉杆→前部悬挂臂→车轮转向。

2．后半部转向传递

液压动力→前端梁控制阀→前端梁转向缸有杆腔→前转向缸无杆腔→液压回路→后端梁转向缸无杆腔→后端梁枢轴→后部纵拉杆→后部转向舵→后部横拉杆→后部悬挂臂→后部车轮转向。

（四）尼古拉转向端梁工作原理

如图 3-17 所示为尼古拉封头（转向端梁）液压系统原理图，图 3-17 中 C 所示连接管道连接另一端转向油缸后腔（无杆腔），形成前后油缸联动，D 为四通换向阀，调整后端车组的转向方向。

在转向压力不足或排气时使用加压泵 P 进行加压，B 所示的连接管路连接另一端转向油缸前腔（有杆腔），此管路一般不使用，仅在需要特别大的转向压力时使用，另外，在使用机组作为牵引设备时使用此管路。图 3-17 中 A、E 分别为连接端口、油缸。

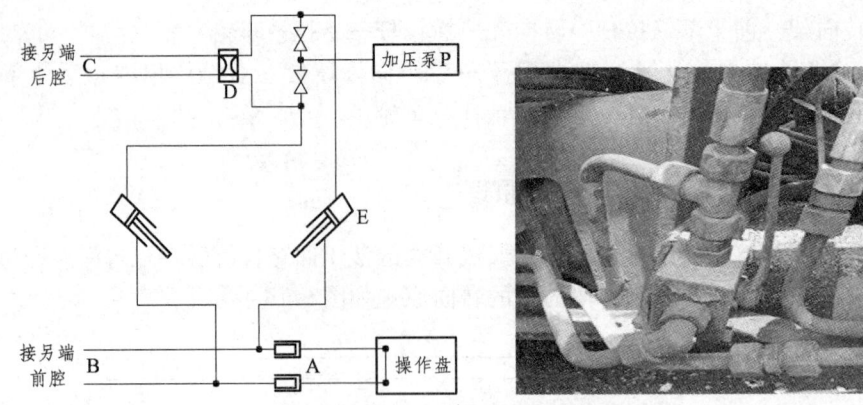

图 3-17 尼古拉转向端梁工作原理

五、动力鹅颈半挂车转向原理

图 3-18 为动力鹅颈半挂车的转向原理图，动力鹅颈半挂车有三种转向方式：自动转向、前自动转向后控制转向方式、前后控制转向。图 3-18 中的 2、3、002 均为多通阀。

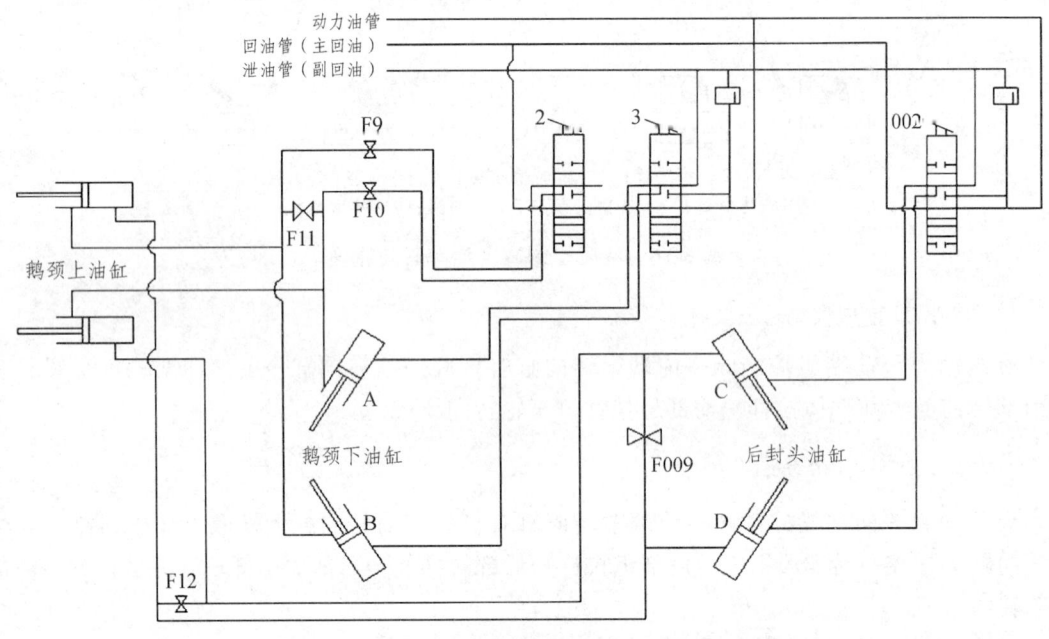

图 3-18 动力鹅颈半挂的转向原理图

（一）自动转向

自动转向时由牵引车带动转盘转动，转盘将转向信号传递到转向取力缸上，取力缸的有杆腔的液压油进入转向调节缸有杆腔，推动转向调节缸（鹅颈转向油缸）动作，带动前半部车的转向纵拉杆，纵拉杆带动转向控制盘，再带动转向横拉杆，带动悬挂臂及车轮实现前半部车的转向。

后半部车的转向由取力缸的无杆腔输出液压信号，通过液压管路传递到后端梁转向缸的无杆腔，后转向缸带动后端梁转向枢轴转动，枢轴带动后半部车的转向纵拉杆动作，纵拉杆带动后半部车的转向控制盘动作，转向控制盘带动横拉杆，再带动后半部车的悬挂臂及车轮，实现后半部车的转向。

（二）前自动转向后控制转向方式

前半部车由牵引车带动转向，后半部车可由操作人员靠液压动力控制转向，转向时将取力缸无杆腔和后端梁转向缸无杆腔回路的阀打开，使两闭合回路连通，取力缸和后转向缸独立动作。

（三）前后控制转向

前后控制转向由操作员实现控制，前半部车转向控制：将取力缸有杆腔和调节缸有杆腔回路的阀打开，两回路连通，取力缸和调节缸独立动作。操作员操纵鹅颈上的转向控制阀，推动转向调节缸动作，控制前半部车转向。

后半部车转向控制：将取力缸无杆腔和后端梁转向缸无杆腔回路的隔离阀打开，两回路连通，取力缸和后转向缸独立动作，操作员操纵后端梁转向控制阀，液压动力推动后转向缸有杆腔，后转向缸动作，实现后半部车控制转向。

六、制动系统

不同车型的制动系统有较大区别，现以尼古拉斯轴线车制动系统为例进行介绍，该轴线车的制动系统为气体制动，主要由气接头、气体管路（分红色和黄色两种）、紧急继动阀、快放阀、储气筒、制动气室和车轮等部分组成。充气管路（长通气）的气接头直接与牵引车储气筒连接，气体工作压力一般为 800～850 kPa。

如图 3-19 所示，尼古拉斯轴线车制动系统分三个气路系统：长通气路、控制气路、制动气路。制动缸（刹车分泵）分为单缸（腔）和双缸（腔），双缸前缸为行车制动（充气时制动），后腔为驻车制动（排气时制动）。快放阀可以理解为手刹。

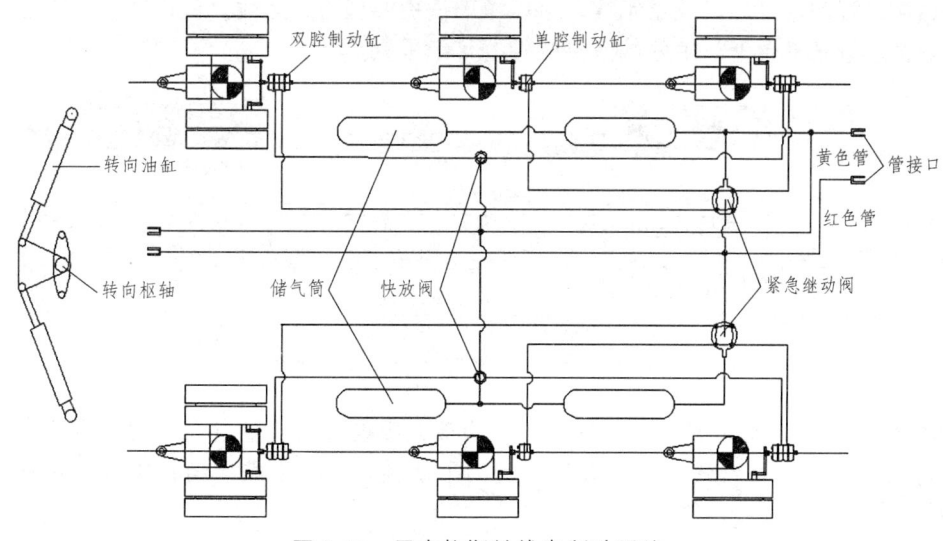

图 3-19 尼古拉斯轴线车制动系统

对应图 3-19 的制动系统，当操作制动踏板（手柄）时，挂车的各个制动气室工作，实现正常制动。充气管漏气或者爆裂，或者牵引车在行驶过程中制动管路突然脱开时，挂车可自动制动，停车时可进行驻车制动。

第二节　轴线车运载方式

一、全挂运输

全挂运输是指被运载货物所有质量全部由轴线车组承载，由牵引车或动力头提供动力的一种运输方式。如图 3-20 所示。

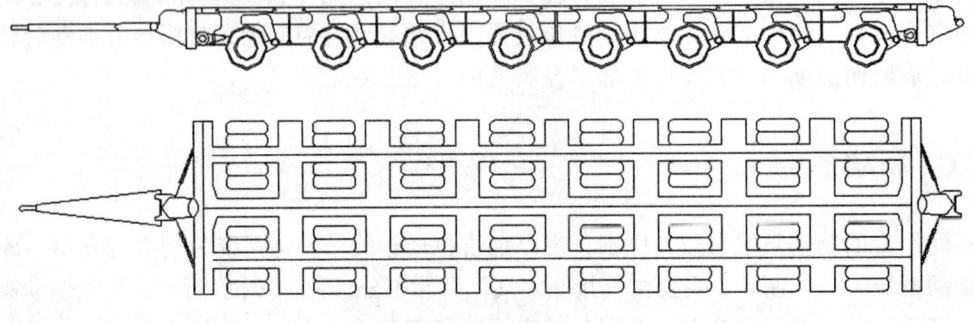

图 3-20　全挂车示意图

常见的全挂有纯轴线全挂、凹型平台（或带分载鹅颈）连接的全挂、框架梁连接的全挂、连接平台连接的全挂等形式。

如图 3-21 所示，当被运载货物质量集中，且质心较高（货物整体高度较大）时，为了保证货物运输过程的通过性以及稳定性，可以考虑使用凹型平台运输，使用凹形平台运输时，被运载货物放置于平台上，由两端连接的轴线车组承重。

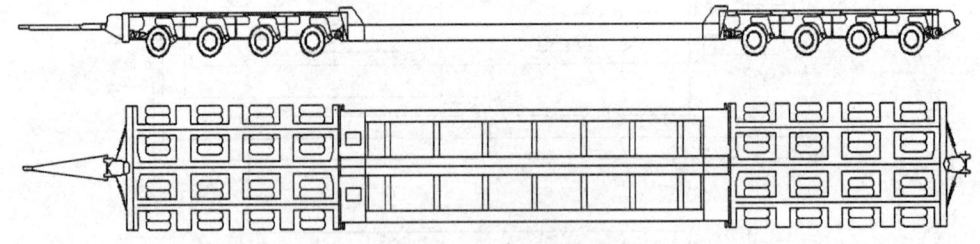

图 3-21　凹形平台连接的全挂车示意图

如图 3-22 所示，也是凹形平台的一种，当被运载设备的质量过大，此时靠近平台的轴线承载过大，而远离平台的轴线承载过少，为了使各个轴线承载均匀，用分载鹅颈进行分载运输。

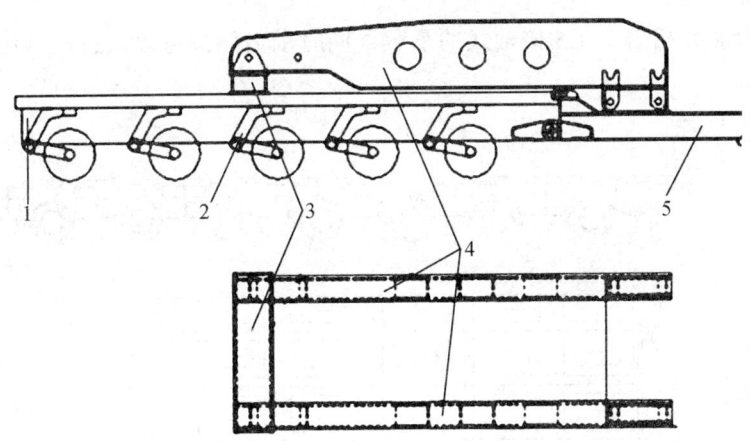

1—转向主梁；2—悬挂系统；3—分载鹅颈横梁；
4—分载鹅颈纵梁；5—凹型板。

图 3-22　凹形平台连接（加分载鹅颈）的全挂车示意图

如图 3-23 所示，当被运载货物长度较大，质量不是太大时，可以考虑使用框架梁连接的全挂运输，框架梁连接全挂运输时，框架梁主要承受纵向力，一般垂直方向不受力，特殊情况下，可以承受较小的质量。

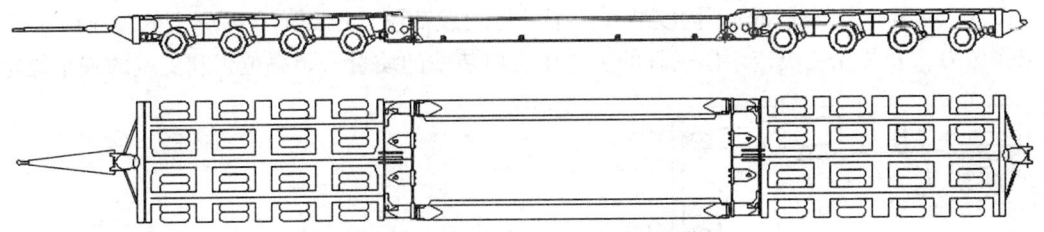

图 3-23　框架梁连接的全挂车示意图

如图 3-24 所示，当被运载货物长度较大，质量较大，需要进行多点支撑运输时，可以考虑使用连接平台连接的全挂运输，连接平台连接的全挂进行运输时，平台既承受纵向力，同时承受垂直方向载荷。

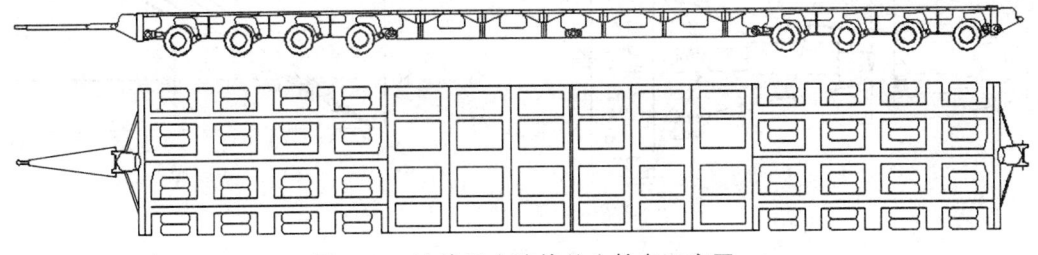

图 3-24　连接平台连接的全挂车示意图

二、半挂运输

（一）普通半挂车

半挂车如图 3-25 所示，半挂牵引车和轴线车组通过动力鹅颈相连接，动力鹅颈需要承载，其承载能力最大相当于1.5倍轴线的承载，同时动力鹅颈可以通过控制压载油缸的伸缩来调整鹅颈的高度。

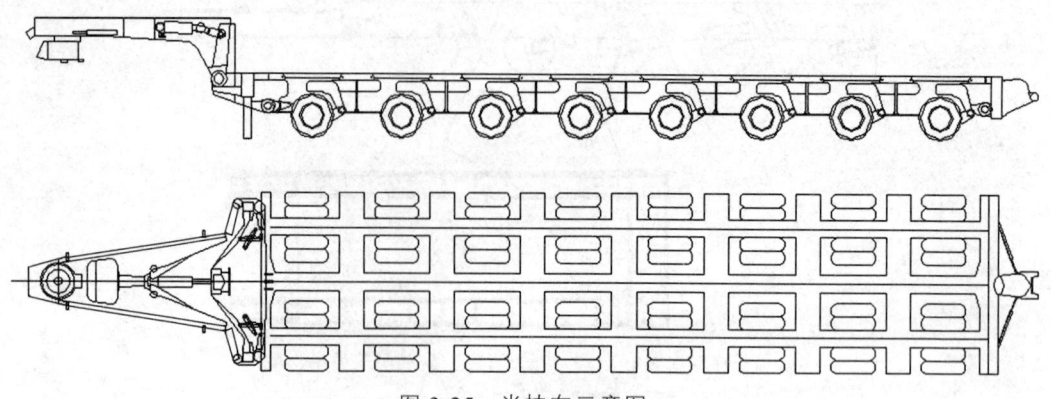

图 3-25　半挂车示意图

图 3-26（a）为动力鹅颈结构图，其中压载油缸有 4 个安装孔位，标号为 1、2、3、4；鹅颈有 5 个活动铰连接 A、B、C、D、E。鹅颈前端连接牵引车，铰连接 E 连接轴线车组。通过调整压载油缸⑤的伸缩，控制轴线车组后部的高低和载荷，牵引车转弯时带动取力油缸伸缩可以完成轴线组的自动转向。

图 3-26（b）为压载油缸不同安装孔位下的压力载荷图，鹅颈加在鞍座上的载荷由压载缸的工作压力和安装孔位决定，压载缸的工作压力由装载的质量、装载位置和支点的编组决定。

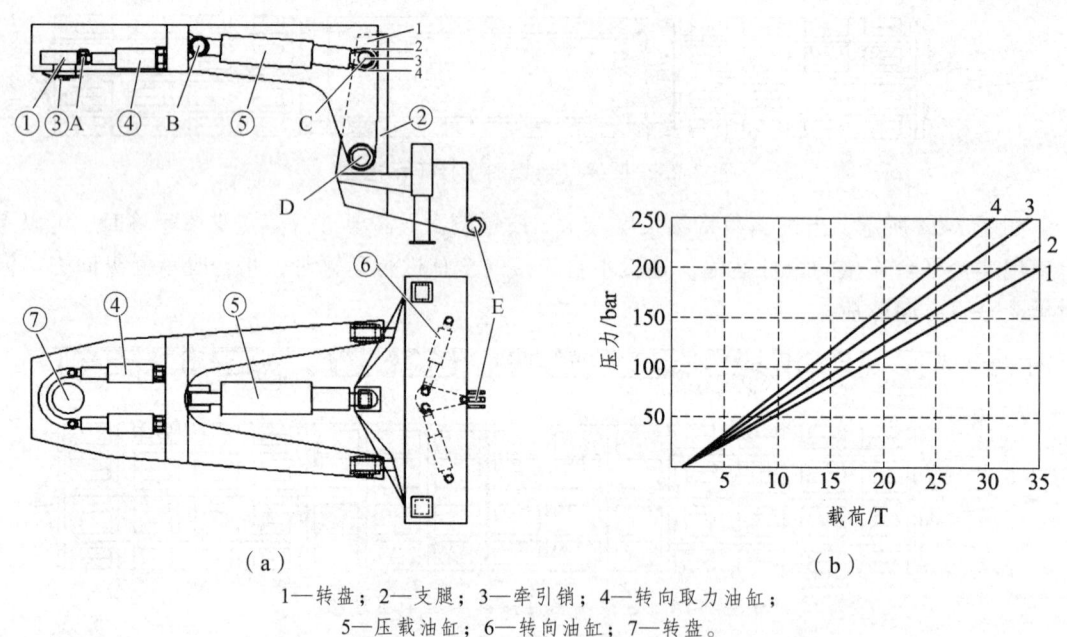

1—转盘；2—支腿；3—牵引销；4—转向取力油缸；
5—压载油缸；6—转向油缸；7—转盘。

图 3-26　动力鹅颈结构与动力鹅颈压力、载荷关系图

动力鹅颈液压控制箱装在鹅颈上，用于控制鹅颈加载油缸及挂车前半部分轮胎的转向使用。转向端梁液压控制箱安装于转向端梁上，用于控制挂车悬挂油缸及挂车后半部轮胎转向使用；如果挂车为全挂组合，则转向端梁控制箱控制挂车的全部轮胎转向。

（二）组合式重型多轴半挂车

组合式重型多轴半挂车具备普通半挂车和组合式全挂车的优点，并可满足不同长度、宽度和质量的货物的运输要求，是运输重型货物、超大货物的理想车型。所谓组合式重型多轴半挂车，是指由组合式重型多轴全挂车演变而来的一种由牵引车牵挂的挂车；通过随机组合（纵或横向拼接）可派生出多种尺寸型号的半挂车型。

组合式重型多轴半挂车由前模块、中间模块和后模块等组成。中间模块可以是平板梁、凹心梁或抬轿梁，也可以没有中间模块；后模块可以是与全挂车类似的基本组合模块1、2、3、4等轴线，也可以是以上各种模块的组合，所谓"组合式"即由此而来；前模块通过中间模块与后模块相连，同时，前模块也可以直接与后模块连接，以满足不同货物运输的要求。

鹅颈式-组合式重型多轴半挂车机构图（4轴线）如图3-27所示，前模块3装有牵引销1、鹅颈部转向系统2和鹅颈部升降系统4。牵引销1与牵引车的牵引座相连，其作用是使牵引车与半挂车连接，把牵引车的牵引力传给半挂车，它承受纵向、垂直负荷；鹅颈部转向系统2通过2个液压缸将牵引车的转向参数转换成液压信号传递给后部的转向端梁10，使后部的机械转向系统做出相应的转向动作；鹅颈部升降系统4由2个升降油缸组成，其支点分别安装在鹅颈部和中间模块6上，利用手动换向阀控制2个油缸，可以升降货台前部或适应后模块液压悬挂的升降；支腿5采用联动式手动支撑装置，操纵轻便，在半挂车脱离牵引车时，起支撑半挂车的作用，还可以通过支腿调整半挂车前部高度，有利于牵引车与半挂车的分离与结合。中间模块6是2个焊接工字型主梁和2个边梁及横梁组成的焊合框架，承受着复杂的空间力系，根据货物及道路情况的不同可将其做成不同形式。

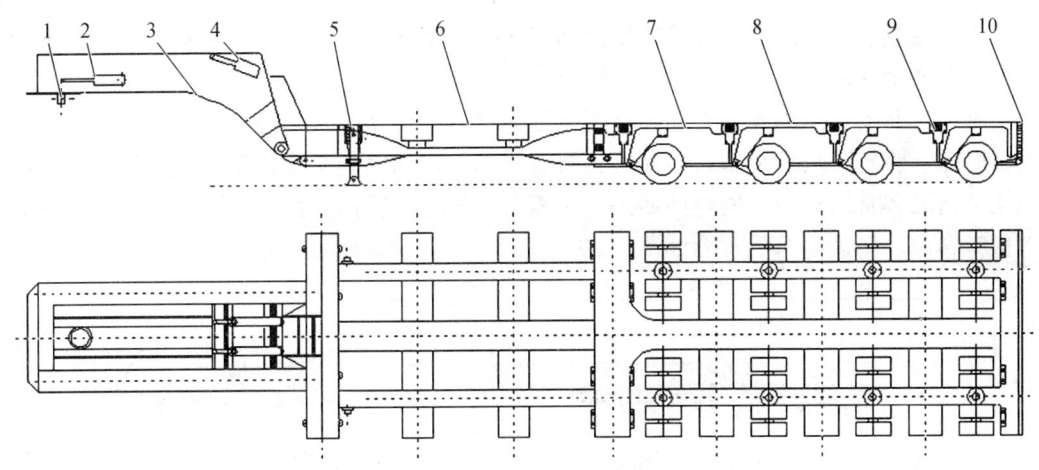

1—牵引销；2—鹅颈部转向系统；3—前模块；4—鹅颈部升降系统；5—支腿；6—中间模块；
7—机械转向系统；8—后模块；9—液压悬架系统；10—转向端梁。

图3-27 鹅颈式-组合式重型多轴半挂车机构图（4轴线）

后模块8是标准的组合全挂车单元模块或单元模块组合，它主要包括机械转向系统7、液压悬挂系统9和转向端梁10。机械转向系统7将转向端梁上转向油缸的转向信号，通过机械杆传递给每个悬挂系统，最终使各轴的车轮都能按正确的方向行驶；液压悬挂系统9是挂车的主要支撑装置，通过每个悬挂油缸的2个截止阀的关闭，实现货台支撑；转向端梁10

是半挂车的转向、操作部件,半挂车支撑高度的调整和强制转向的调整,都是通过转向端梁上的控制箱来完成的。此外,组合式重型多轴半挂车还包括制动系统、电器系统等。

三、转盘运输

运输超长货物时,在前后平板车上加转向盘,称转盘运输。转盘主要由上承载面、基座、中心球销、滑靴、随动缸等结构组成。

转盘结构如图 3-28 所示。

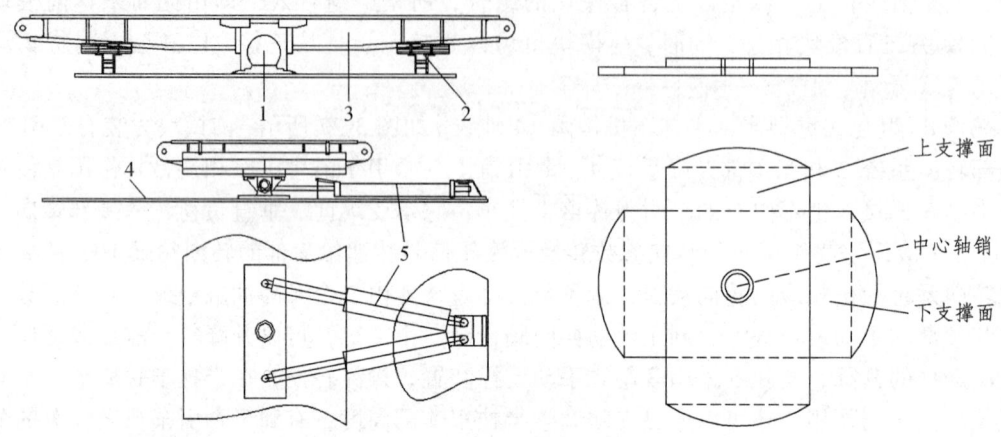

1—中心球销;2—滑靴;3—上承载面;4—基座;5—随动油缸。

图 3-28 转盘结构示意图

转盘运输超长货物时,多数情况使用前平板车自动转向,后平板车控制转向,特殊情况使用前后都自动转向。

前平板车自动转向和控制转向与普通轴线板的转向传递方式、控制方式相同。后平板车控制转向时,将转盘与平板车后转向缸连接管路的换向阀放到手动控制位置,转盘转向缸和后端梁转向缸各自形成独立的转向回路,平板车不随转盘转向,此时可人工操纵后端梁来控制平板车转向。转盘运输示意图如图 3-29 所示。

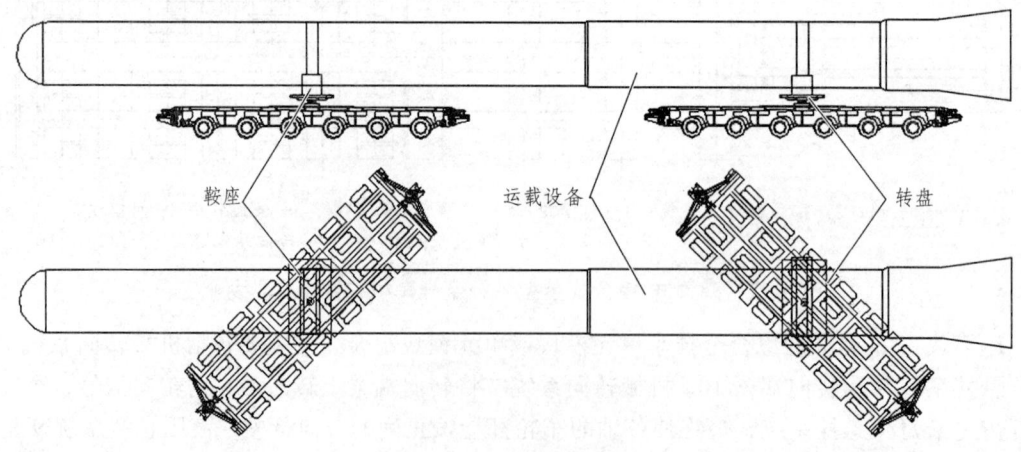

图 3-29 转盘运输示意图

牵引车带动前车转向，转向信号通过长货传递到后转盘上，后转盘动作带动安装在后转盘上的转盘油缸动作，转盘油缸无杆腔与后车转向缸无杆腔连通，转向信号通过液压管传到后平板车的转向缸，带动后平板车转向缸动作，带动后平板车转向，从而完成整车的转向动作。运输液压原理如图 3-30 所示。

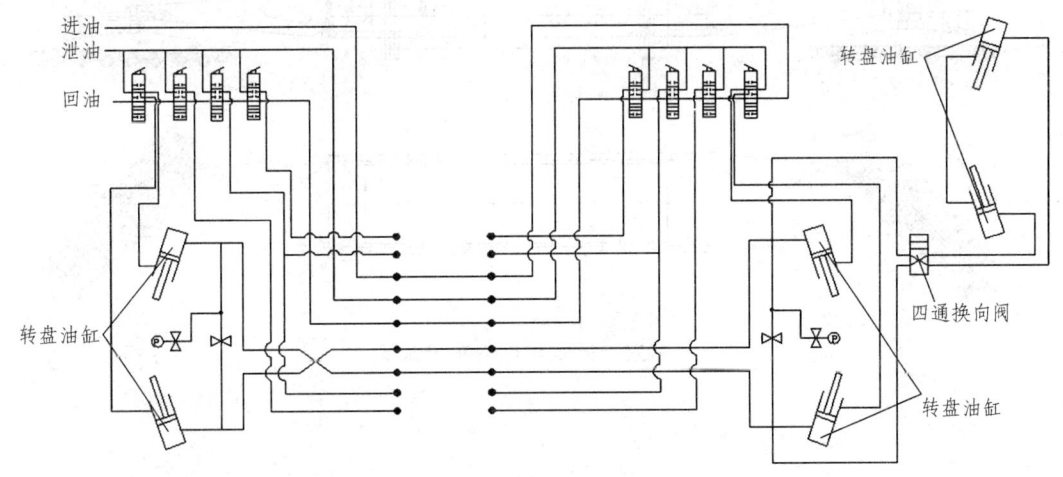

图 3-30　液压原理图

后平板车轴线数较少时用一部转向端梁，轴线数较多时用两部转向端梁。后车一部转向端梁时，转盘上的转向缸无杆腔与后端梁转向缸无杆腔连通，转向端梁的转向缸随转盘上的转向缸动作，将转盘的转动传到后平板车上，使后平板车随转盘转向。

后平板车有两部转向端梁时，情况与一部端梁一样，转盘的转向由转盘转向缸无杆腔传到后平板车后端梁转向缸的无杆腔，带动平板车后半部转向。再通过后端梁转向缸的有杆腔传到前端梁的有杆腔，带动平板车前半部转向。

四、桥式梁运输

桥式承载梁主要由分载梁、斜叉梁、前后塔台、斜支撑杆、横支撑杆、吊挂、承重梁等组成，如图 3-31 所示。

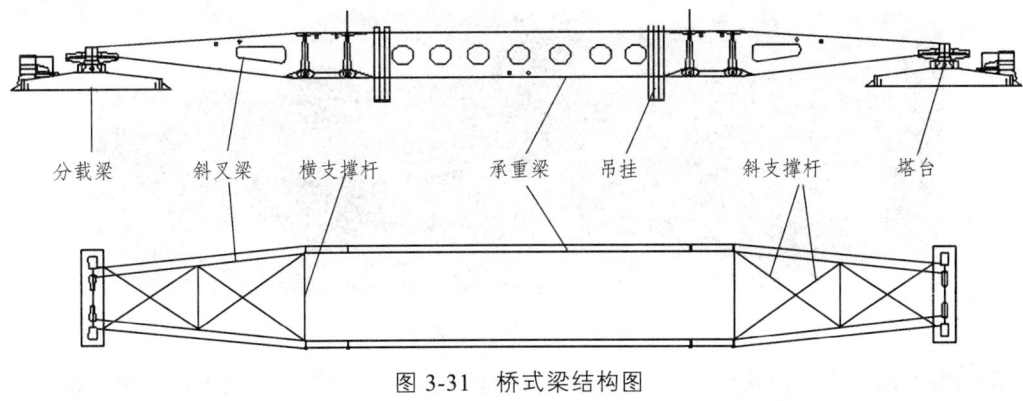

图 3-31　桥式梁结构图

桥式梁运输车的基本结构是在前后分离的运输模块上跨接负载用的梁架，运输物由梁架悬空"挑起",载荷通过梁架的基座传递到前后的多轴运输模块上,从而实现负荷分担,桥式梁运输车如图 3-32 所示。桥式承载梁的运输方式可降低运输高度,分散集中载荷,用于运输集重、超高的货物,它是运输变压器的利器。

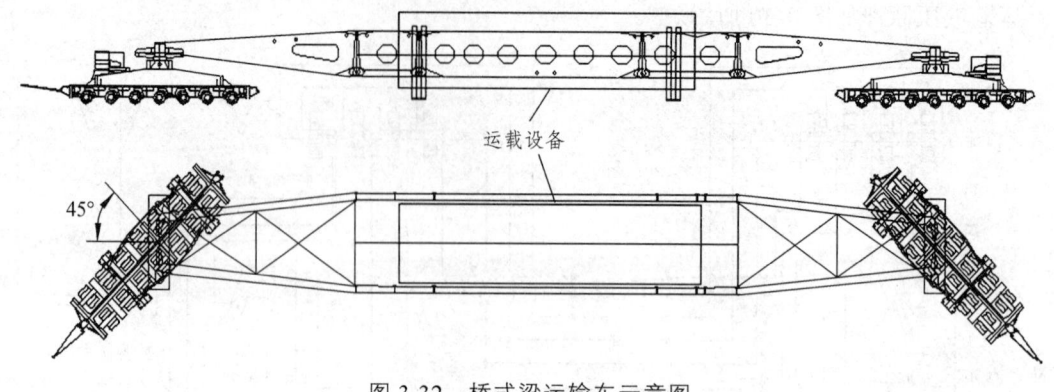

图 3-32　桥式梁运输车示意图

第三节　自行式液压平板车

一、SPMT 简介

SPMT(SELF-PROPELLED MODULAR TRANSPORTERS),中文名为自行式液压平板车、又名自行式模块运输车。配置动力装置 PPU(Power Pack Unit),遥控器 RC(Remote Contorl)等,由控制系统、电器系统以及液压系统共同协作完成各种作业。

SPMT 主要由车架轮轴、悬挂系统、转向系统、液压系统、制动系统、动力系统、控制系统等设备组成,车架采用高强度钢箱形截面的焊接结构,包括主梁、副梁、横梁、斜支撑和端梁,车轴安装在车架底部,沿车架两侧纵向安装能够独立转向的轮轴,每个轮轴安装 2 只轮胎 SRMT 如图 3-33 所示。

图 3-33　SPMT 示意图

车辆由不同规格的模块组成,以索埃勒为例有 3、4、5、6、8 轴线 5 种类型。既可单独使用,也可根据需要进行多种横向或纵向拼车组合。机械连接或开放式连接,并与动力装置

(PPU)连接形成自驱动模块运输车。特别适用于海洋工程领域、造船、大型工矿等大型重型机械的运输。为了运载宽体货物，可以将平板车横向拼接，组成4纵列、6纵列、8纵列等；为了运输超长货物，平板车可以纵向拼接成不同轴线。拼接的平板车越多，装载的质量越大。各独立的平板车之间，可以通过连接各车控制系统，实现联动操作（同步运行）。

SPMT的行走机构是依靠电子-液压多模式转向系统（SADESS）转向的，它的转向角度可达230°（+130°/-100°），转向程序有：直行、横行、斜行、原地旋转等。模块组合为软连结时，转向极可自由编程，车辆可以朝任意方向行驶。SPMT转向机构的设计结构稳定，摩擦力小，转向精度高，同时车辆静止和满负荷时都可实现转向和变换程序，由此来实现升降运输和精确定位。

国内常见模块有四轴线、六轴线模块，以其为例进行简介。

（一）四轴线模块

索埃勒四轴线模块装置以型号PEKZ 140.8.2为例，两端配连接联轴器，SADESS转向程序数据接口。如图3-34所示。

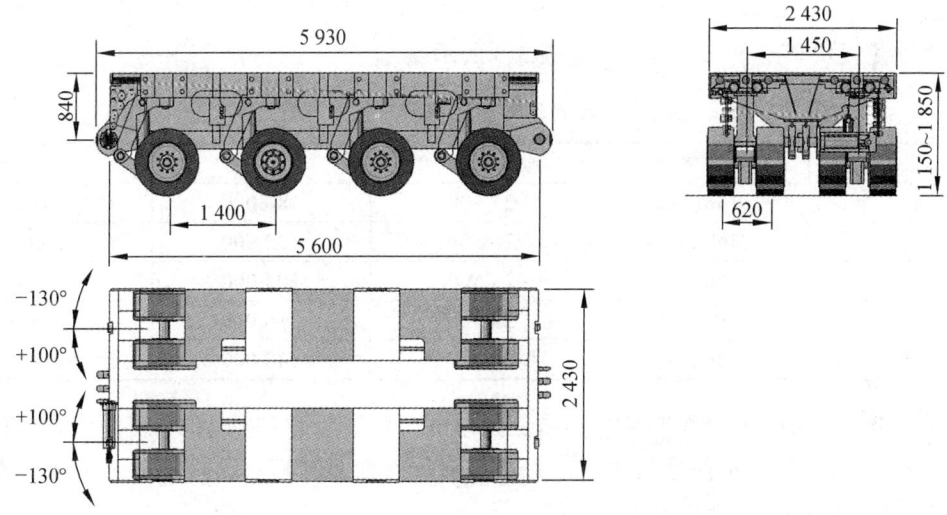

图3-34 索埃勒四轴线尺寸结构

该四轴线模块车配重与速度关系如表3-2所示。

表3-2 索埃勒四轴线模块车技术参数

速度/(km/h)	净载重/t	自重/t	总重/t	轴荷/t
5	104.200	15.800	120.000	30.000
3	112.200	15.800	128.000	32.000
2	120.200	15.800	136.000	34.000
1	128.200	15.800	144.000	36.000
0.5	144.200	15.800	160.000	40.000

(二)六轴线模块

索埃勒六轴线模块装置以型号 PEKZ 210.12.4 为例,两端配连接联轴器,SADESS 转向程序数据接口。如图 3-35 所示。

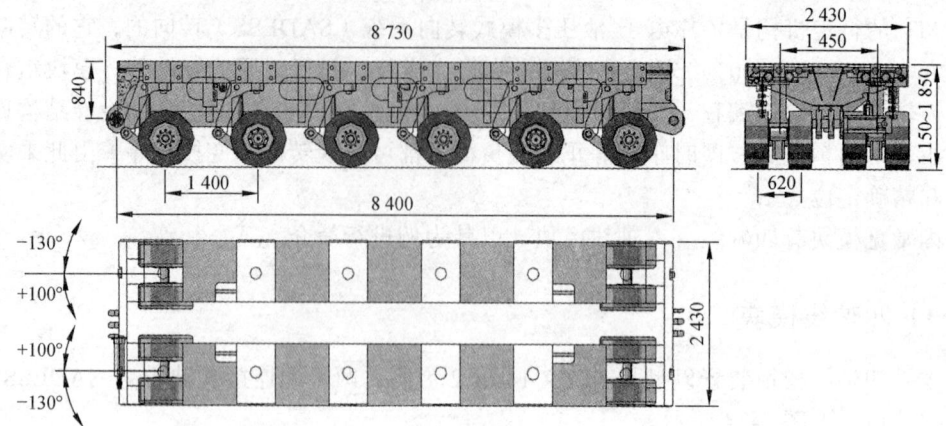

图 3-35 索埃勒六轴线尺寸结构

该六轴线模块车配重与速度关系如表 3-3 所示。

表 3-3 索埃勒六轴线模块车技术参数

速度/(km/h)	净载重/t	自重/t	总重/t	轴荷/t
5	156.500	23.500	180.000	30.000
3	168.500	23.500	192.000	32.000
2	180.000	23.500	204.000	34.000
1	192.500	23.500	216.000	36.000
0.5	216.500	23.500	240.000	40.000

世界上生产 SPMT 轴线的厂家主要有:索埃勒、歌德浩夫、卡玛格、科米托等。我国市场上的 SPMT 的品牌基本都是索埃勒,并以四轴和六轴两种模块形式存在,全球一些生产 SPMT 的厂家及设备参数详见附表一、二、三。

(三)动力装置 PPU

PPU(Power Pack Unit)是 SPMT 模块组合车的驱动装置,通过液压联轴节与平板连接,驱动装置的框架是一个钢制焊接件。

PPU 内置整车使用的所有动力液压泵,液压泵通过法兰与发动机连接,由发动机驱动。该泵为行车、转向、升降、制动提供高压液压油。另外,全车的电器系统、主控制系统都安装在 PPU 内。

遥控器 RC(Remote Contorl)可通过电缆与 PPU 及模块连接,控制并完成车组的各种作业。RC 能实现以下功能:

(1)系统启动/关闭,发动机熄火,整个系统和发动机应急停止等。

(2)对驱动系统、转向系统、升降系统(单点等)和制动系统等的控制。

（3）转向程序变换，行驶方向，加速，发动机转速和慢速行驶模式。
（4）各种组合时的不同转向数据设定。
（5）支撑压力，转向角度和故障监控。
（6）各种状态的监控。

二、SPMT 驱动性能

SPMT 驱动轮轴是均匀分布的，而传统 SPT 的驱动轮轴仅位于整个液压轴线板车的最前端模块。SPMT 在坡道、地面附着不好或地面局部路面松软等情况下，可以保证驱动力持续存在，具有良好的通过性。驱动轮分布如图 3-36 所示。

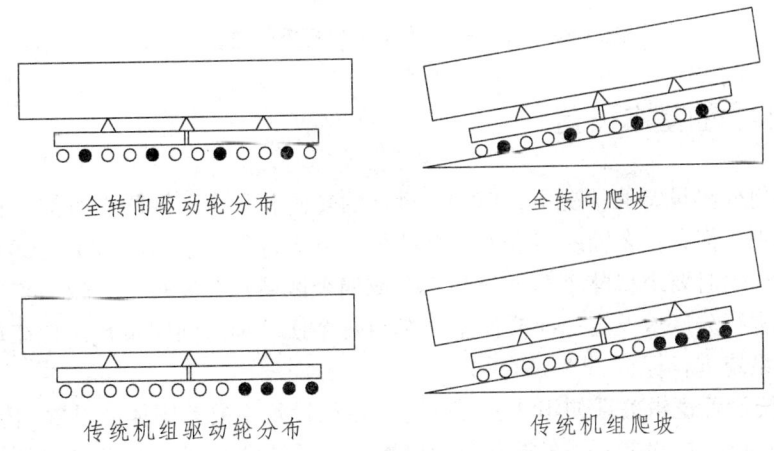

图 3-36　驱动轮分布示意图

SPMT 相较于普通 SPT 一个较大的优点的是能实现 360° 全转向，具有较小转弯半径。普通轴线转向的机械原理是由转向舵、横拉杆、悬挂臂以及车架组成的平行四边机构完成转向力的传递，SPMT 单轴的转向原理是在控制系统作用下液压系统将液压油的压力转换成机械能带动整个悬挂系统的旋转。SPMT 单悬挂系统如图 3-37 所示。

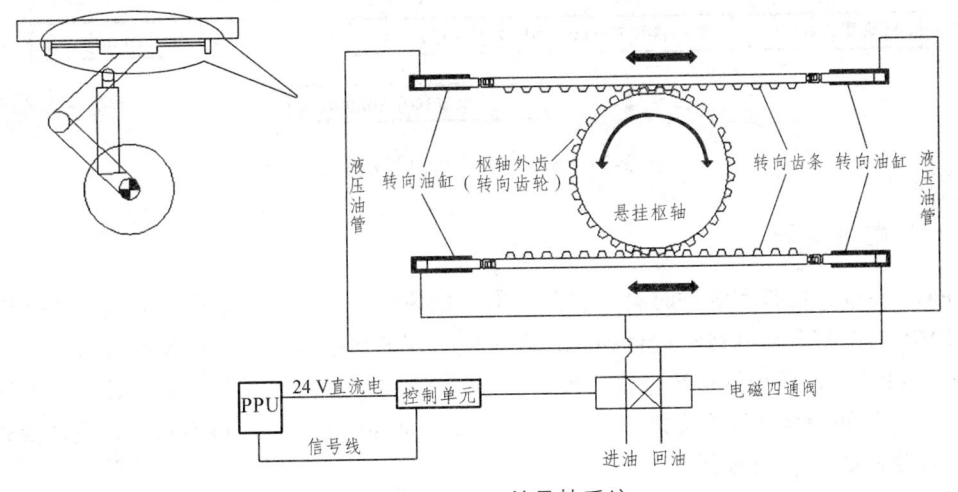

图 3-37　SPMT 单悬挂系统

SPMT 模块车常用的轮胎为 355/50-20 实心轮胎和 355/65-15 耐磨轮胎，如图 3-38 所示。

图 3-38　实心轮胎（左）和耐磨轮胎（右）

三、SPMT 的基本设置

在没有任何外界设定的情况下，SPMT 每轴的转向和每个区域的支撑都是独立的，但在实际使用过程中，都会在多轴线多纵列组合的情况下进行作业。而 SPMT 运载常以三点或者四点支撑为主，同时要求将整个车组分为三个或四个区域，要使每个区域的支撑达到同步控制，需要对其进行分区域设定。而要使整个车组每个摆动轴达到同步转向，在每次使用之前须对整个控制系统进行标定。

SPMT 系统设置逻辑关系如图 3-39 所示。常用的设置主要有阀体的设置、传感器的设置、EOT（End of Train）的设置——车板方向的设置、坐标的设置以及驱动/转向的设置，所有设置的前提必须确认地址。

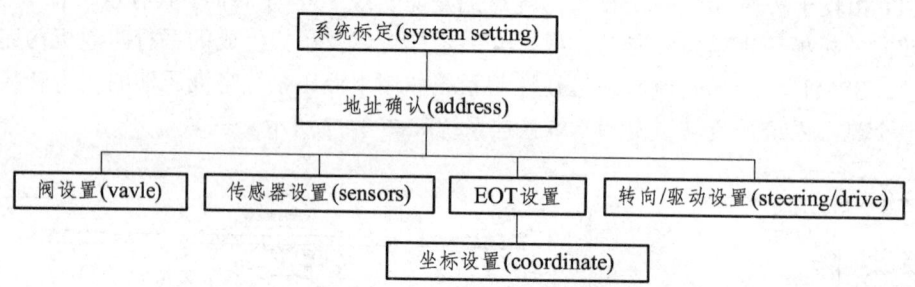

图 3-39　SPMT 系统设置逻辑关系

（一）地址编码

SPMT 在进行横拼和纵拼时会有很多不同的模块进行组合，为了便于对这些模块进行识别，SPMT 的电脑会对其自动进行编码，各模块对应的地址编码与遥控器的位置直接相关，对于同一 PPU 上的四个外接数据线连接口 A、B、C、D，其地址编排（系统读取）顺序依次为 A 连接口延伸的地址读取完之后再读取 B 连接口延伸的地址，C 和 D 依次。地址编码与遥控器位置关系如图 3-40 所示。

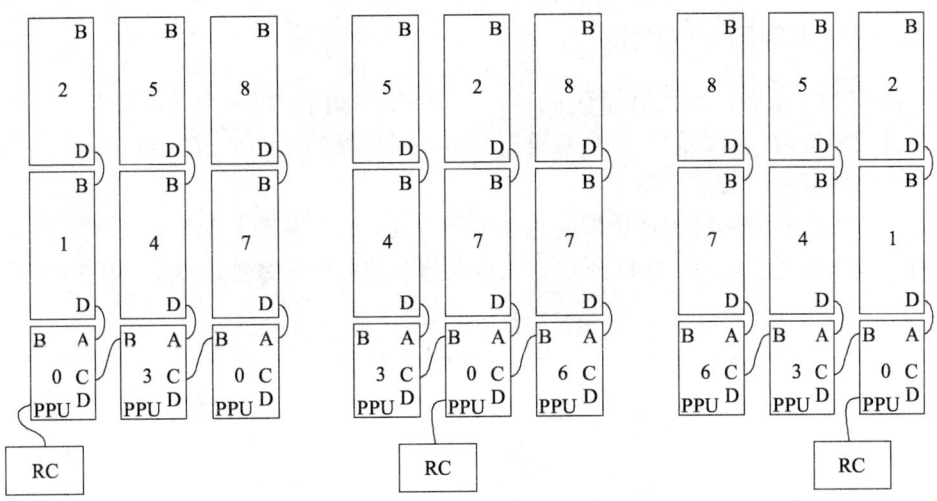

图 3-40 地址编码与遥控器位置关系

(二) 阀门和传感器

单 SPMT 模块车的阀门和传感器位置如图 3-41 所示，A 代表 a 阀门和 a 传感器位置；B 代表 b 阀门和 b 传感器位置，依次类推。

纵拼 SPMT 模块车的阀门和传感器位置如图 3-42 所示，A 代表 a 传感器位置和 a、b 阀门连通；B 代表 b 传感器位置和 a、b 阀门连通，依次类推。

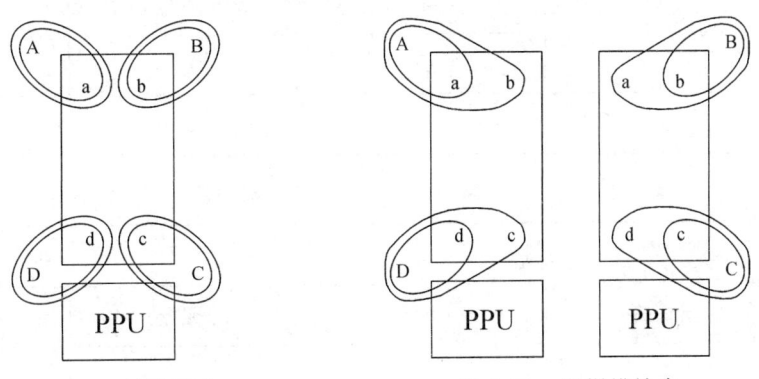

图 3-41　单模块车　　　　图 3-42　纵拼模块车

横拼 SPMT 模块车的阀门和传感器位置如图 3-43 所示，A 代表 c 传感器位置和 b、c 阀门连通；B 代表 d 传感器位置和 a、d 阀门连通，依次类推。此处应注意模块车的前部与尾部，在 PPU 的一段视为尾部，由此可看出阀门与传感器位置分布的特点。

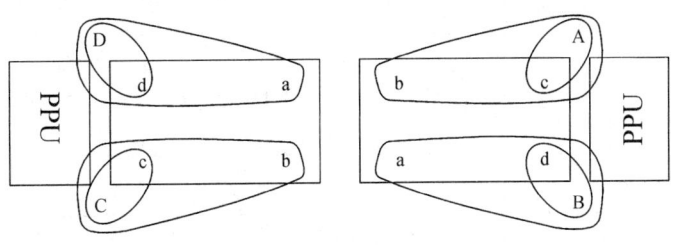

图 3-43　横拼模块车

（三）阀门和传感器的设置

每一挂 SPMT 在进行编组前都有 a、b、c、d 四个阀门，每一个阀门又有一个传感器进行监控；进行编组后，这些阀门将会被重新分组，组成新的 A、B、C、D，此时每一组阀门仍然由一个传感器进行监控。

编组前和编组后的阀门和传感器会重新编码，其对应关系与货物支撑方式有关。四点支撑时的对应关系如表 3-4、图 3-44 所示。三点支撑时的对应关系如表 3-5、图 3-45 所示。

表 3-4　四点编组前后阀门与传感器对应关系

类别	阀门		传感器	
	分组前	分组后	分组前	分组后
左边	a	A	a	A
	b	A	b	—
	c	D	c	—
	d	D	d	D
右边	a	B	a	—
	b	B	b	B
	c	C	c	C
	d	C	d	—

表 3-5　三点编组前后阀门与传感器对应关系

类别	阀门		传感器	
	分组前	分组后	分组前	分组后
左边	a	A	a	A
	B	A	b	—
	c	—	c	
	d	D	d	D
右边	a	B	a	-
	b	B	B	B
	c	C	c	C
	d	—	d	—

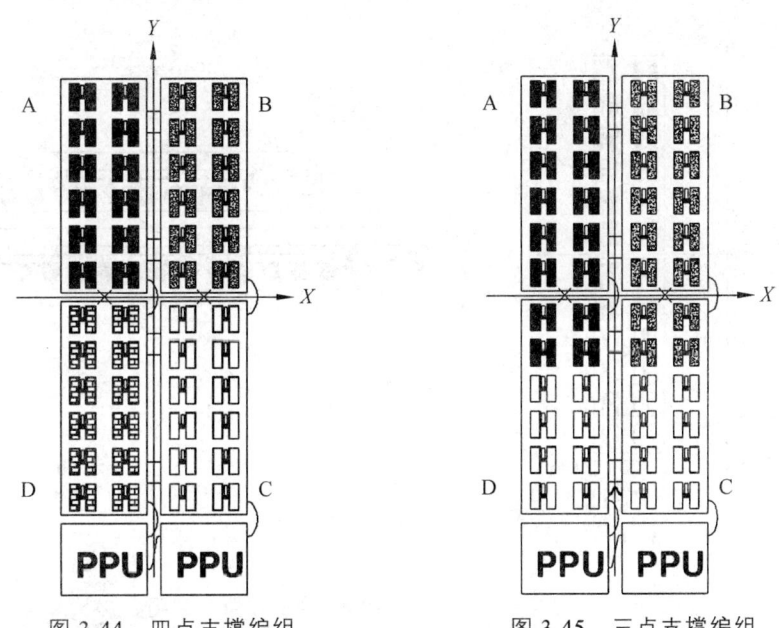

图 3-44　四点支撑编组　　　　图 3-45　三点支撑编组

（四）坐标设置

SPMT 的坐标设置直接关系到 SPMT 的转向，设置坐标后的坐标原点，即为 SPMT 的转向中心。某一挂板车的中心位置相对于坐标原点的坐标，即为该挂板车在编组中的坐标，图中 X 为坐标参考点。

全转向模式时 SPMT 坐标设置，如表 3-6、图 3-46 所示。

表 3-6　全转向模式时 SPMT 坐标设置

类　别	数　值	
左　边	X	-5 m
	Y	0 m
	A	0°
右　边	X	5 m
	Y	0 m
	A	0°

某一特殊模式下 SPMT 坐标的设置，如表 3-7、图 3-47 所示。

表 3-7　特殊模式下 SPMT 坐标设置

类　别	数　值	
左　边	X	-7 m
	Y	0 m
	A	20°
右　边	X	7 m
	Y	0 m
	A	-20°

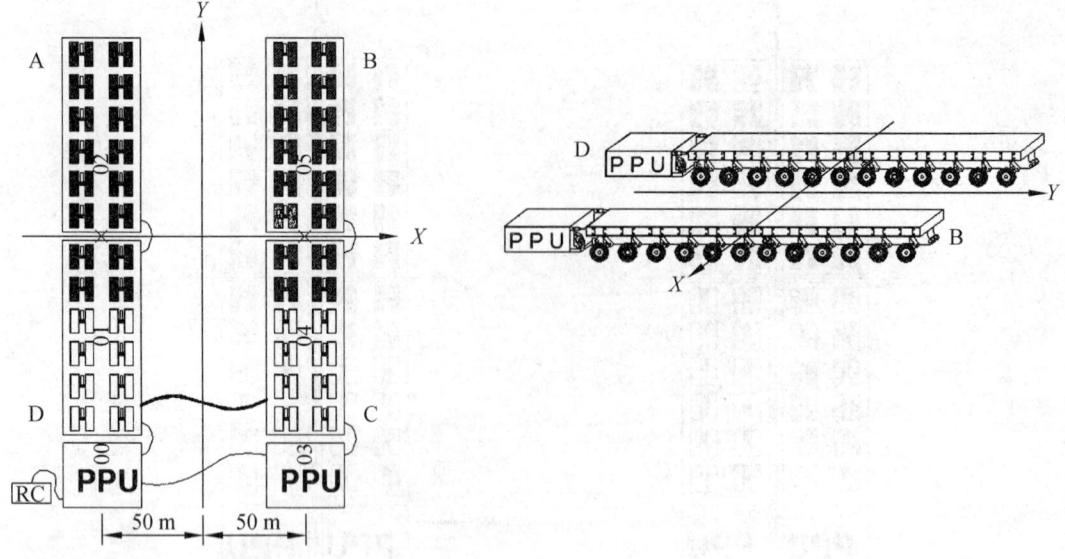

图 3-46　全转向模式时 SPMT 坐标设置示意图

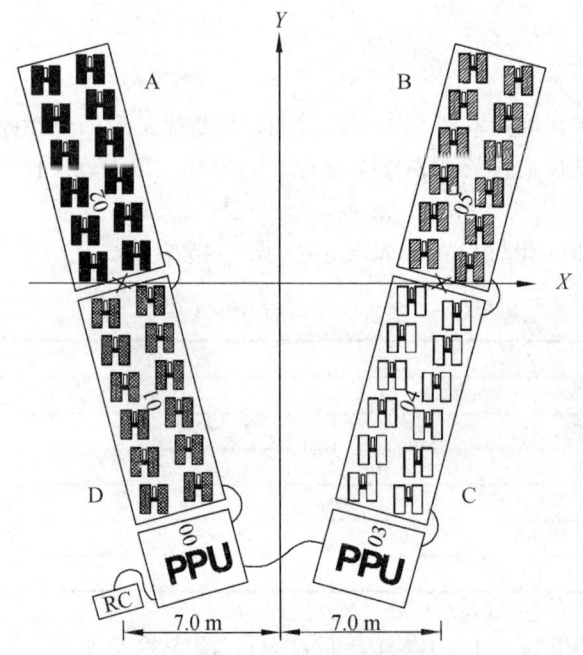

图 3-47　某一特殊模式下 SPMT 坐标设置示意图

（五）搬运模块车

SPMT 模块车用于短途倒运（如码头滚装），工作场地不固定。SPMT 模块车一般常用半挂车来回搬运，当对模块车进行搬运的时候，需要对模块车进行一些设置，以免造成模块车损坏。模块车装卸车如图 3-48 所示。

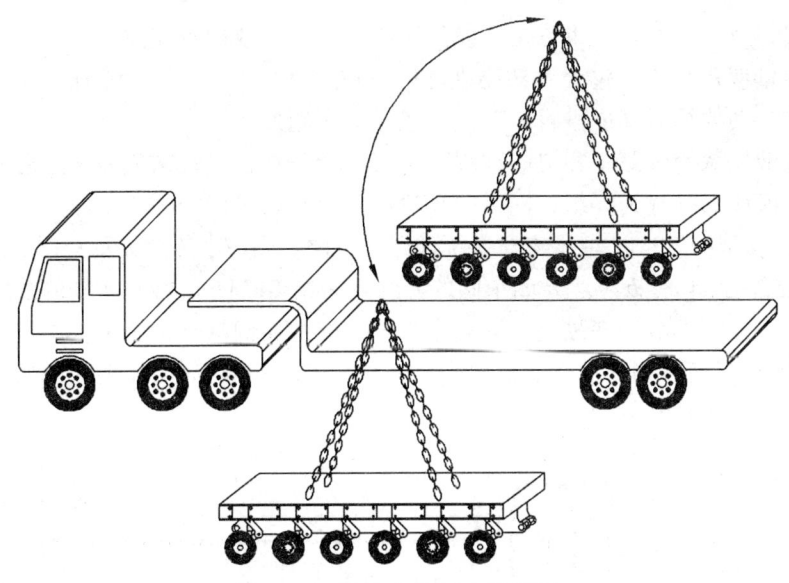

图 3-48 模块车装卸车示意图

在现场用吊机进行吊装的时候，模块车悬挂系统会在重力作用下，有向下运动的趋势。因此在吊装前需要把模块车车板降到最低行程，关闭 7 号阀门，并且用销锁住轴线车。将模块车卸至地面时，需先拔掉锁销，再打开 7 号阀门。一旦违反操作流程，极易导致车辆损坏或人员受伤等事故发生。

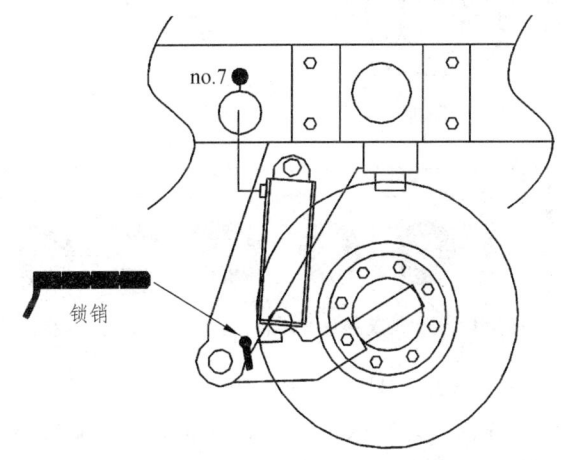

图 3-49 锁销示意图

四、SPMT 支撑编组

SPMT 的悬架为液压独立悬架，车辆的承载主要依靠悬架液压缸来完成。SPMT 的悬架数量多，如果各悬架的支承液压缸均独立供油并相互封闭，则一旦在行驶时遇到道路不平，那些各悬架受力就将不等，有的悬架可能超载，有的可能悬空，这样极易造成液压油缸及车架损坏。为了解决悬架受力不相等的问题，保证各悬架荷载力在不同的道路工况均相等，我们常采取将各个悬架的支承液压缸油路和液压阀分组、连通的方法。平板车悬架液压缸常被串联成三个或四个液压回路，也就是常说的液压三点支撑或四点支撑。

分组时尽量使每组中所包含的悬挂数目相同并且每组不少于两个悬挂，从而在行驶过程中通过柱塞缸自动伸缩对高度进行调节。一般一对车轮使用一个液压悬挂即一个柱塞缸，分组时通过开关液压系统管路中相应的球阀，将若干个悬挂柱塞缸构成一个连通的回路，一个回路中的所有液压悬挂称为一组，同组中车轮的载荷是相等的，每一组即为一个载荷点。

图 3-50 为典型的 SPMT 液压支撑系统油路、管路、阀门、传感器示意图。SPMT 的电脑 CUD 通过传感器控制 a、b、c、d 四个阀的开与闭来给 SPMT 后端和前端的液压油缸供油；通过关闭某一个液压油缸的 2 号阀，即可将某一边的液压油缸分为两组；通过打开前端、后端的 11 号阀即可将前后端的液压油缸串联成一组。图 3-50 的阀门控制即为典型的四点支撑编点。

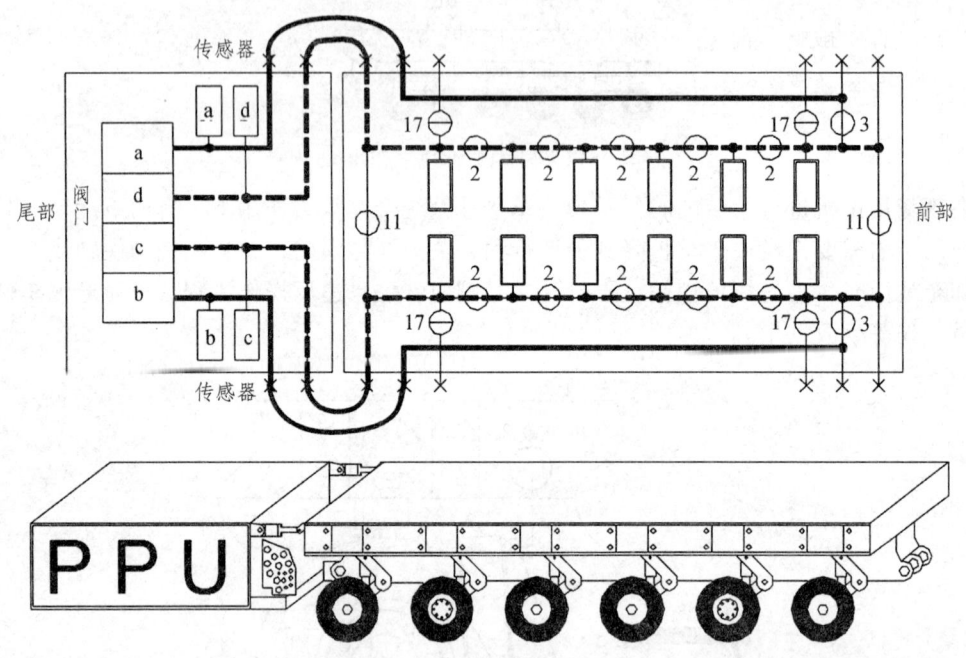

图 3-50　SPMT 液压支撑系统油路、管路、阀门、传感器示意图

三点支撑是特殊的四点支撑，只要打开图 3-50 中的任意一个 11 号阀，即可构成三点支撑。根据平面几何原理：不在同一条直线上的 3 点可确定唯一平面。将所有悬架液压缸连接为 3 个回路即可使车板构成一个平面，也就构成了结构力学计算中的静定系统。3 个回路能最大限度地自动适应道路不平的影响，并使车体框架和货物不承受由于地面不平所带来的额外的扭曲作用力和扭曲变形，保证车板的使用寿命，因此 3 个液压回路是最常见的液压组合方式，如图 3-51 中的三角形态所示。

挂车的三点支撑编点的后两点常常为对称结构，这使得支承三角形形状为等腰三角形，车组向左和向右时的稳定性相同。若不是对称三角形，如采取三纵列车组（一个板车 + 单纵列车）的形式，则车组向左向右的稳定性不同。三点支撑侧倾范围小，适合运输质心较低的设备，各点之间压力调节方便，能较好地消除运输过程中车架等承受的扭矩、切应力等，能以较高速度运输。

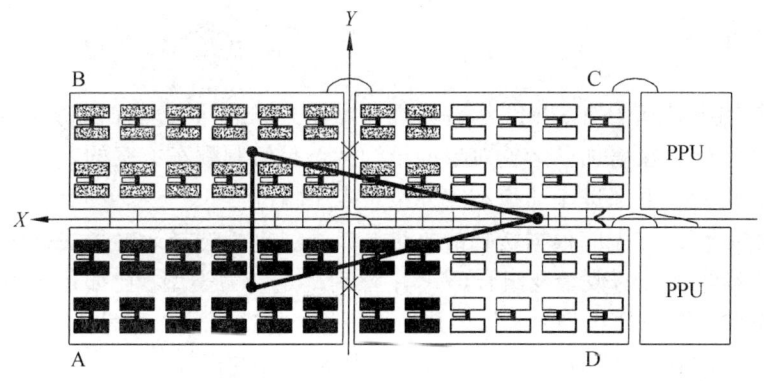

图 3-51 三点支撑

三点支撑一般分为前三角形和后三角形两种。前三角形为前一点后两点，后三角形为后一点前两点，三点支撑型式的选择原则如下。

（1）货物重心投影与平板车中心重合的情况下，将所有悬挂缸平均分为三组，每组缸数尽量均等。

（2）货物重心偏后，或货物后部外形尺寸较大，或运输关键控制点（如运输对象的组合体中，那些结构复杂、运输精度要求高且为异型的部位）在上坡行驶时对后部横向稳定性要求较高时，后边应选择两点，前边选择一点，即前三角形支撑。

（3）货物重心偏前，或货物前部尺寸较大，或运输关键控制点在下坡行驶时，尤其下坡弯道对前部横向稳定性要求较高时，前边选择两点，后边选择一点，即后三角支撑。

（4）当使用转盘或桥式梁运输时，前后两平板车的支点应相反。如前车选择前三角形支撑，后车应选择后三角形支撑。

尽管三点支撑已经构成了静定系统，能够保证车架和货物的安全，但是在某些特殊的情况下，不得不采用4点支撑。如货物的重心比较高，路面坡度特别是横坡较大的情况，这时可采取通过牺牲车板的适当变形（轮胎变形，悬架液压回路储能器、车架弹性变形等）来换取运输过程中的稳定性的方式。针对四点支撑易造成车架的变形的问题，常采取增加轴线数量，减小单轴承载量的方式来减小变形的趋势。四点支撑的编点方式如图 3-52 所示。

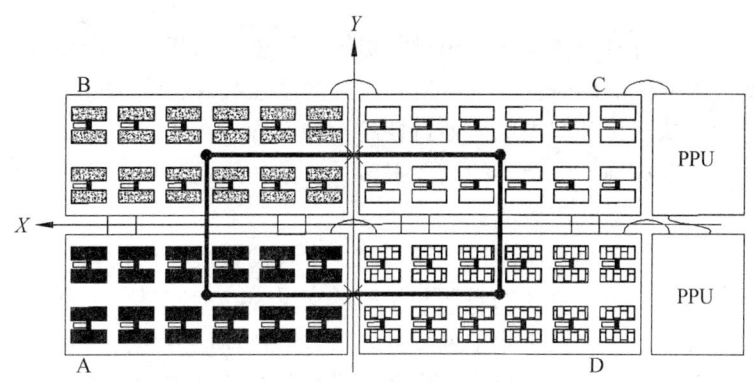

图 3-52 四点支撑

五、配 车

配车方案的制定是基于对 SPMT 运输原理和操作方式的深入理解,随着运输对象多样化,配车方案的复杂程度也在增加。运输对象的结构特点是编制配车方案的基础,主要包括结构物质量、重心、尺寸、下部进车通道和支撑梁(点)情况等。

配车方案的制订,首先应根据货物的重量、尺寸、重心选择运输形式,比如普通挂车或者液压平板车(确定轴线的数量及组合形式);然后确定动力类型,比如是牵引车还是动力机组,如果是牵引车得选择什么型号,如果是动力机组,得选择什么型号机组或者几个机组等。质量和重心的确定将在本章第四节——大件称重技术中详细讲述。

SPMT 配车需要首先确定最少轴线数。下面以某海工模块运输的配车为例进行说明。

假定某海工模块重量为 1 080 t,若车组轴载荷为 36 t,一轴线车板自重为 4.3 t,则所需的最少 SPMT 轴线数量为 1 080 除以(36 - 4.3),圆整后得到 34。即运输该海工模块需要车组轴载荷为 36 t 的最少轴线数为 34。

确定好最少轴线数后,按照该海工模块支撑点分布情况,根据该海工模块的正投影来安排轴线模块车的纵横拼接方式。配车时绝不能让货物悬空,这就会需要更多的轴线数量。

目前国内一般都是四轴线和六轴线模块车,如果六轴线充足的话,那么优先选择六轴线模块车。根据 34 除以 6 的计算结果,可知配车需要 5 组六轴线模块车,需要 1 组四轴线的模块车。如果四轴线和六轴线数量都不充裕,这就需要合理分配四轴线和六轴线模块车的数量,确保所需要的最少轴线数量或所需要的轴线数量。

SPMT 模块车拼接可分为硬连接和软连接,两种不同的连接方式各有各的特点,比如硬连接可使车组具有很好的同步性,软连接使车组拼接变得更灵活。

在拼车时,首先尽量使拼成后的车组几何中心与称重实验获得的模块重心位置对正,模块车要均匀分布在重心周围,其次车组要尽量支撑在模块边缘,这样可获得较好的稳定角。在方案中确定每个模块车的具体位置后,根据具体方案将车组行驶至指定位置,然后将模块车的数据线和油路连接起来,使各个模块车组成一个整体,最后根据重心位置设置支撑编组的区域。

六、提轴分析及三弯矩方程

支撑编组完成后,有时会考虑对车组进行提轴。提轴是指货物支撑点较少时会导致车组纵向产生向上或向下的变形的时候,可将适当位置的悬挂收起,使 SPMT 轮胎离开地面,不对车架产生支撑力,从而提升车组纵向通过性的一种设置。在实际操作工程中常常会出现操作员不知道什么情况下提轴,以及不知道要提多少轴数的问题。如果单凭经验操作,可能会导致车组变形过大,对车组造成破坏。

提轴问题也可简单理解为鞍座之间距离问题,合理的鞍座安放位置是安全行驶的前提。在挂车上设计有主纵梁来承受货物的载荷和轮胎的支反力,形成材料力学中的梁式结构。如果鞍座放置不合理会导致货物过于集中或分散,巨大的弯曲应力易使挂车主梁变形过大从而超过应力极限,挂车主梁有断裂的危险。因此,进行挂车的受力与变形计算是非常重要的。

挂车轴数很多将使挂车长度变长，如果承载的货物长度小、使作用在挂车上的载荷支点距离较近，将会使挂车纵向产生较大的内力和下挠弯曲变形，主纵梁的应力可能超限；另一种情况，货物很长而且托架之间的距离很大，但挂车相对较短，货物的支点作用在挂车两端，则可能使挂车纵向产生较大的上挠弯曲变形，同样，主纵梁内力可能超限；再一种情况，挂车轴数很多且货物质量很大，还可能出现不论货物托架之间的距离多少，挂车的内力、变形都超限的情况。如图 3-53 所示。

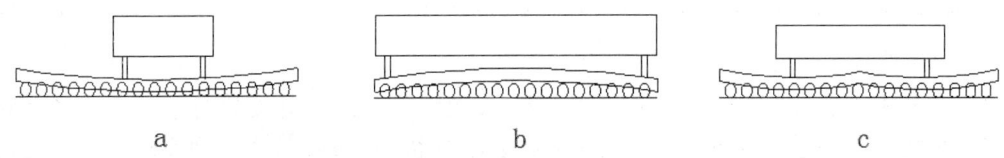

图 3-53 挂车承载纵向变形的几种形式

一般情况下，货物惯性矩比主梁惯性矩大得多得多，所以在计算过程中，通常不考虑货物的变形。

在车板上有两个以上鞍座时，常采用结构力学中连续梁的三弯矩方程求解，以解决连续梁的静不定问题，三弯矩方程是 Clapeyron 于 1884 年提出的，常用的三弯矩方程见式（3-4）多支点如图 3-54 所示。

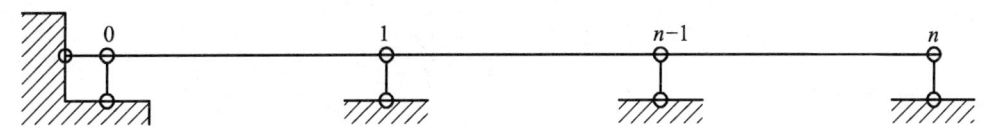

图 3-54 多支点示意图

$$l_n M_{n-1} + 2(l_n + l_{n+1})M_n + l_{n+1}M_{n+1} = -6(B_n^\phi + A_{n+1}^\phi) \quad (3-4)$$

式中：M——各跨梁端截面弯矩；

　　　l——梁跨度；

　　　B_n^ϕ、A_{n+1}^ϕ——虚支座反力。

对于超静定结构连续梁而言，每一个中间支座都可以写出式（3-4）这样的弯矩方程式。通过这样的方程式，可求出全部中间支座的弯矩。求出各支点弯矩后，以各点弯矩为连续，再对各跨按简支梁做荷载弯矩计算，按叠加法绘制总弯矩图，根据弯矩图作剪力图。

通过三弯矩方程可计算不同鞍座下的车板变形，但计算烦琐复杂，不具有高效性，现一般通过 ANSYS 软件建立分析模型，对车货系统受力情况进行快速分析。

为探求鞍座最大跨度，并验证提轴操作的有效性，下文将通过 ANSYS 软件建立两鞍座分析模型，以 48 t 轴载的 SPMT 车组为研究对象，分析不同的鞍座距离对 SPMT 车板的影响。已知 SPMT 主梁允许弯矩为：−6 262 kN·m ~ +7 785 kN·m，根据《材料性质与钢结构设计规范》（GB 50017—2017），列出如表 3-8 所示的主纵梁许用变形参数。

表 3-8　主纵梁许用变形参数　　　　　　　　　　　　　　　　单位:mm

允许变形参数	参数值
10 轴主纵梁允许挠度	31.5
12 轴主纵梁允许挠度	38.5
14 轴主纵梁允许挠度	45.5
16 轴主纵梁允许挠度	52.5

1．车板受力简化

为达到分析要求，必须使车组轴载到达满载，现实中 SPMT 车组将悬架组合成多个液压支撑回路，如三点编组，不同编组区域的轴载大小不等。为简化计算，现将车组所有轴载视为定值，即轴载 $f=48\,\mathrm{t}$。作用在车板上的力主要由主纵梁承受，在分析时只分析主梁的受力变形情况即可如图 3-55 所示。

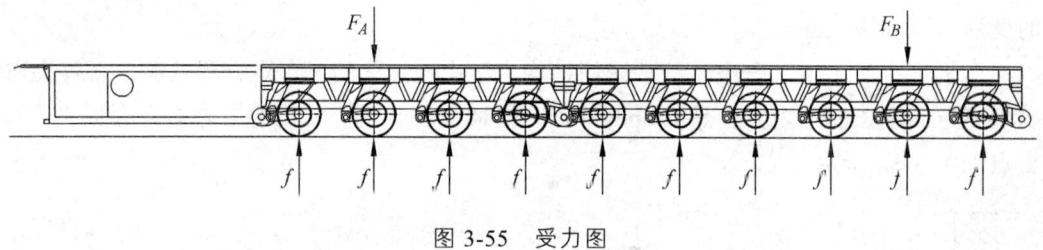

图 3-55　受力图

2．车板大梁截面

车板大梁截面如图 3-56 所示。

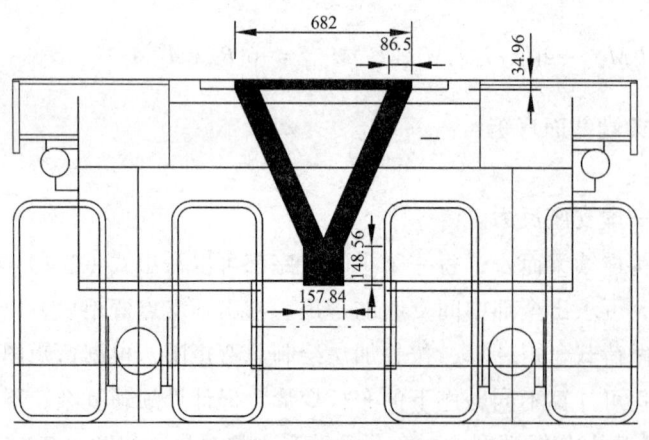

图 3-56　大梁截面

车板大梁截面如图所示，材料为 Q690 刚强度钢，在 ANSYS 中无此大梁截面单元，需创建一个，如图 3-57 所示。

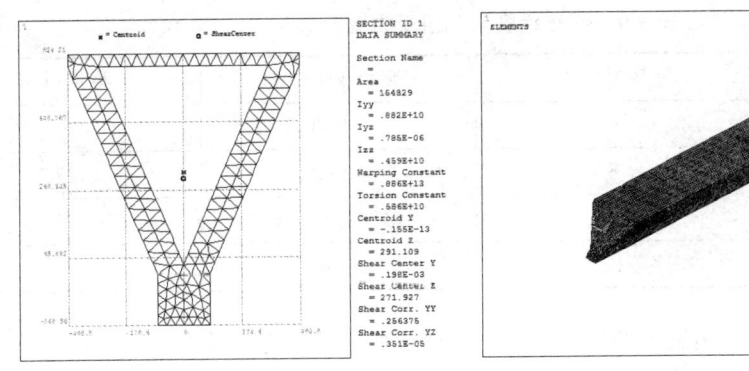

图 3-57 大梁截面

3. 施加载荷

对第二轴施加固定约束，对第九轴施 UZ、UY 方向的固定约束，在每轴施加的力为：$FZ = 480\,000$ N。

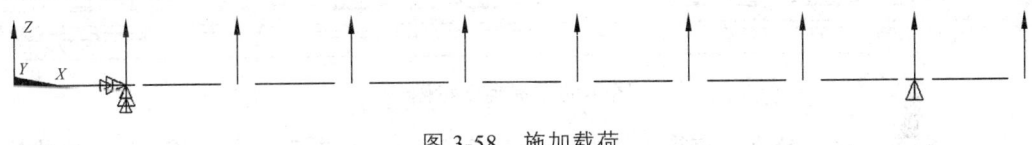

图 3-58 施加载荷

4. 求解结果

由图 3-59 的弯矩图和挠度图可知，当鞍座跨度为 6 个轴线时，车组大梁最大弯矩为 1 950 kN·m，车组变形只有 8 mm，此时车组不会产生较大变形。

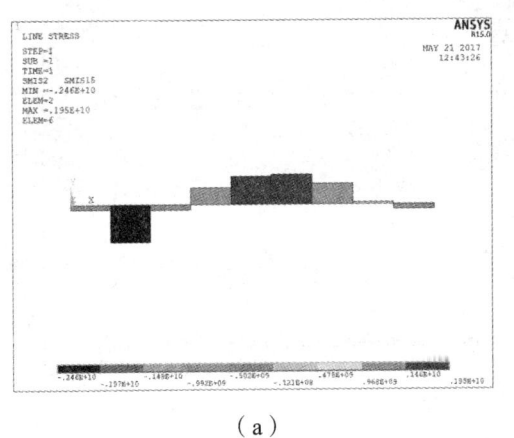

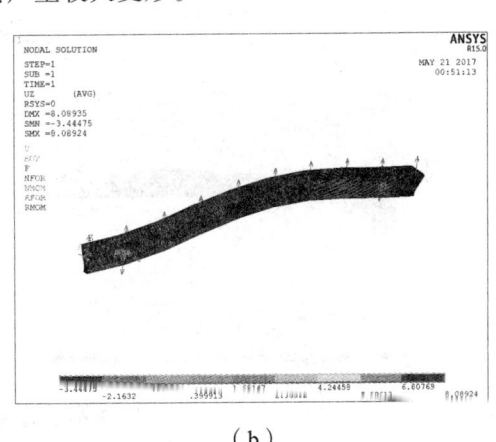

（a） （b）

图 3-59 弯矩图和挠度图

重复上述步骤，可求出当鞍座跨度为 6、8、10、12 轴线时的车组弯矩、挠度变化，如表 3-9 所示。

表 3-9 鞍座跨度与车组受力变形关系

总轴线	跨度轴线数	弯矩/kN·m	挠度/mm
10	6	1 950	8
12	8	3 500	23
14	10	5 370	52
16	12	7 570	104

从表 3-8、3-9 可知，当鞍座跨度为 12 轴的时候车组大梁弯矩最大，但变形量超过许用范围，因此可推断鞍座跨度最大是 10 轴，支点距离车头或车尾的距离最大为 5 轴，在实际操作中常把支点放置在距离车头或车尾 3~4 个轴线处，符合仿真结果。

当车组有 16 轴线，鞍座跨度为 12 轴线时，可将中间轴线提轴，如图 3-60 所示。

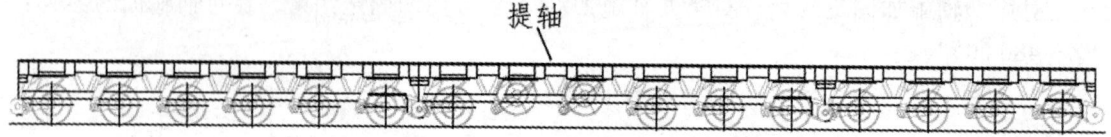

图 3-60 提轴示意图

在 ANSYS 中进行分析，求得主梁弯矩为 5 670 kN·m，主梁挠度为 75 mm，虽然超过许用变形量值，但对比提轴前的变形参数，经提轴操作后，变形量明显下降。有时车组太长、提轴太多的时候，可将车架轴线适当地用框架梁连接起来，从而降低车架的形变量，保障运输安全。提轴时的弯矩图和挠度图如图 3-61 所示。

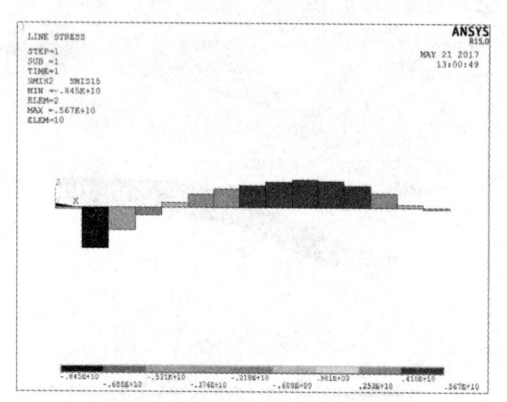 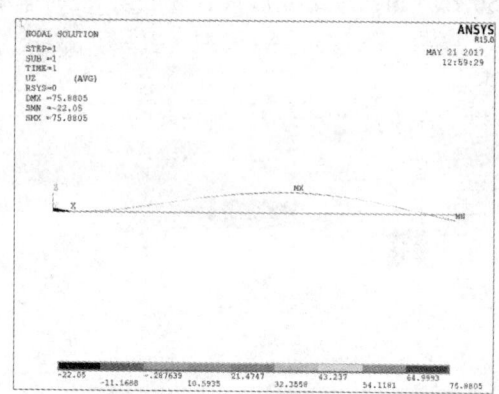

图 3-61 提轴时的弯矩图和挠度图

第四节 大件称重技术

大件运输货物的质量、重心和体积，是很重要的物理参数。只有知道大件运输货物的质量、重心和体积参数，才能有针对性地做出科学的配车方案，采取合理的收费标准。在大件运输行业中,收费标准是按计费吨来推算的,计费吨分为质量吨(W)和体积吨(M)。体积吨与质量吨相比,取其大者为计费吨,用以计算运输费用。

对于大多数货物来说,供货商都会提供货物的各种参数,但对于某些大型设备,如海工模块,并不能确定货物的重量、重心,需要对大件设备进行专业称重计算。当前市面上称重设备较多,下面重点介绍称重过程及注意事项。

一、称重设备

称重设备包括压载传感器、质量计算单元、液压泵站、支撑液压缸等。一般称重系统由同步称重控制器(B)、称重专用泵站(A)、大吨位液压油缸(C)、称重传感器(D)、位移传感器(E)和其他信讯电缆及液压辅件组成。

图 3-62 为 16 个油缸全部配置时的称重布置图,每台称重专用泵站可连接 4 台油缸及相对应的称重传感器和位移传感器,同步称重控制器通过总线与泵站连接,控制器可同步和单独控制称重油缸的顶升和下降和泵站的启停,自动计算构件的水平重心位置。

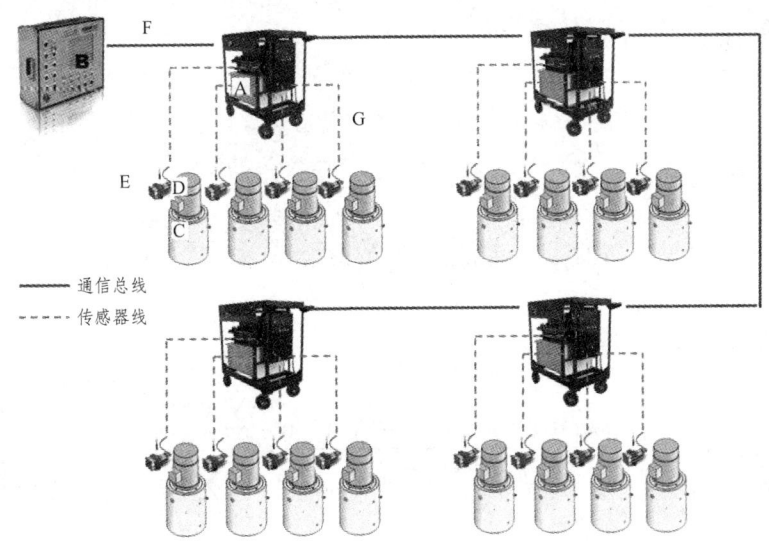

图 3-62 称重布置图

单支撑脚称重设备布置如图 3-63 所示。

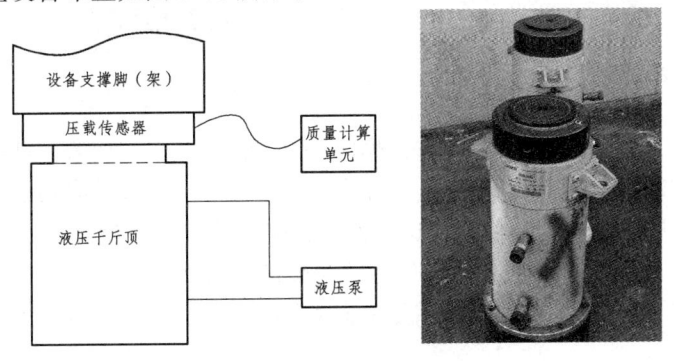

图 3-63 单支撑脚(架)称重设备布置图

二、称重计算及设备质心确定

如图 3-64 所示,在货物投影面设定一个坐标系,图中黑色阴影为货物支撑脚,也是称重设备(压载传感器)放置点,其坐标为 $X_i X_j$,M_{ij} 为该点测量所得质量。坐标原点可任意设置,为计算方便,设置角支撑点为坐标原点。

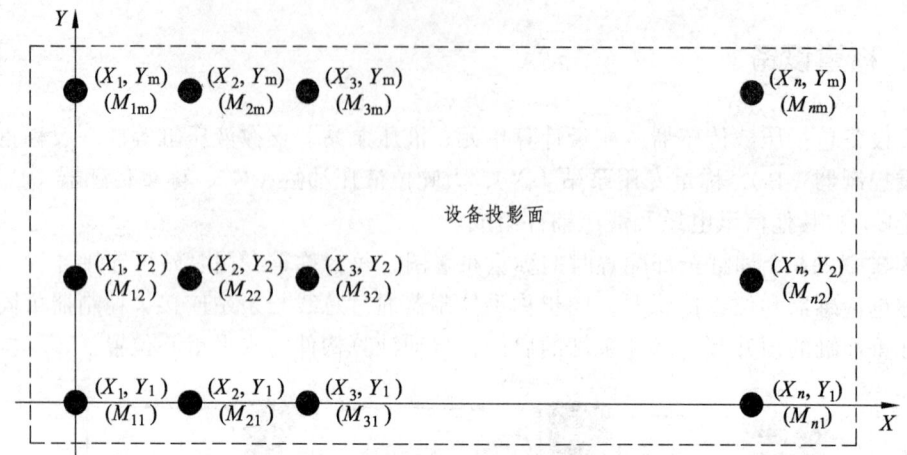

图 3-64 称重设备称重及质心计算原理图

1. 货物总质量

$$M = M_{11} + M_{12} + \cdots + M_{nm} = \sum_{i=1}^{n}\sum_{j=1}^{m} M_{ij}$$

2. 货物质心(X_C,Y_C)

$$X_C = \frac{(X_1 M_{11}) + (X_2 M_{21}) + \cdots + (X_n M_{nm})}{M_{11} + M_{21} + \cdots + M_{nm}} = \frac{\sum_{i=1}^{n} X_i M_{ij}}{\sum_{i=1}^{n}\sum_{j=1}^{m} M_{ij}}$$

$$Y_C = \frac{(Y_1 M_{11}) + (Y_2 M_{21}) + \cdots + (Y_n M_{nm})}{M_{11} + M_{21} + \cdots + M_{nm}} = \frac{\sum_{i=1}^{n} Y_i M_{ij}}{\sum_{i=1}^{n}\sum_{j=1}^{m} M_{ij}}$$

3. 称重过程

称重试验至少重复进行 3 次,最终结果取 3 次称重的算术平均值。试验步骤如下:

(1)使用 SPMT 液压平板车对整个货物进行整体顶升(也可采取其他办法进行顶升,如果采用 SPMT,读取压力数据并取各数据均值,根据上述单轴质量计算公式进行质量计算)。

(2)在货物每个支撑脚下放置压力传感器及辅助设备。

(3)SPMT 平板车下降,使压载传感器承载货物所有质量(SPMT 车板面与货物支撑架分离)。

(4)通过顶升液压缸(顶升液压缸放置于压载传感器下)进行调整,使货物各支撑脚在同一水平面上。

(5)读取各计算单元测量的质量 M_{ij},并计算得到整体货物质量 M。

(6)根据称重设备(压载传感器)放置点的坐标为 $X_i Y_j$,及各计算单元质量 M_{ij},计算货物质心(X_C,Y_C)。

三、SPMT 称重

在实际运输中,SPMT 每个支撑区域有独立的压力表及压力传感器检测并显示其支撑压力,可由各支撑点的压力平均值计算 SPMT 所承载的设备的质量。

中国外运大件物流有限公司根据 SPMT 作业中平均压力和单轴均载数据统计分析并拟合得到 SPMT 运载过程中单轴载荷的计算公式,在总轴线数量确定的情况下,可通过该公式计算载重货物总质量。

$$m = 1.58p + 1$$

$$M = (m \times n) - M_1$$

式中:m——单轴平均支撑质量,t;
　　　M——被载运货物的总质量,t;
　　　M_1——车辆及附属工装的自重,t;
　　　P——平均支撑压力,MPa;
　　　n——平板车的总轴线数。

第五节　吊装一体化

大型设备吊装是决定工程项目建设成败的关键因素之一。大型设备整体到货、整体吊装的情况越来越多,从而为大件吊装一体化的出现创造了良好的条件,大型设备吊装一体化 EPC 总承包模式的专业化趋势将越来越明显。大型设备数量越来越多,规格越来越大,重量越来越重,高度越来越高,对吊装施工的要求也越来越高。大件吊装一体化作为技术性非常强的专业工程,堪称项目建设核心,既是保证整个项目建设顺利实施的关键所在,又是成功实现项目建设成本控制的重要因素。下面就吊装一体化工程的两种典型技术方案做一个简要介绍。

一、履带吊+履带吊/门吊

在进行塔筒类设备起吊、安装时我们常采用一主一辅两个吊机配合工作。主吊一般吊在塔筒的顶部来负责塔筒的起吊,辅吊一般吊在塔筒的尾部以防止塔筒拖行以及吊装过程中由于各种外力导致塔筒滚动等不稳定的情况发生如图 3-65 所示。

在一些特殊场合或不能满足两台履带吊共同工作情况下，可用门吊代替一台履带吊进行吊装作业。

图 3-65　履带吊+履带吊/门吊配合吊装

二、SPMT+门吊/履带吊

履带吊的租用价格十分昂贵，为节约成本，可设计为 SPMT 代替履带吊进行吊装作业的模式。

SPMT 代替辅吊需要注意选择适宜的作业条件。因为随着起吊的进行，塔筒的接地面积越来越小，如若出现风力等外力的作用，塔筒很容易滚动。起吊过程中，塔筒与车板的夹角越来越大，如若不采取措施，塔筒可能会滑动。随着起吊的进行，塔筒重心也会随之移动，会出现集重的情况，如若不采取相关措施，还可能会造成车板的变形。所以，随着起吊角度的动态变化，如何控制车辆的速度，使车速与吊速合理配合是必须解决的问题。

下面分析 SPMT 与吊车速度配合的问题。

假设 $V_车$ 为 SPMT 水平移动车速，$V_吊$ 为吊车垂直速度。则起吊系统的运动分析如图 3-66 所示。

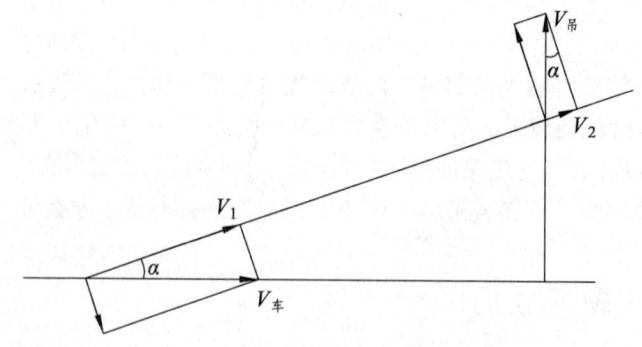

图 3-66　SPMT+吊车运动分析图

通过运动的分解与合成易知：

$$\begin{cases} V_1 = V_{车} \cos\alpha \\ V_2 = V_{吊车} \sin\alpha \end{cases}$$

为使 SPMT 水平移动车速与吊车提升速度科学匹配，必须满足

$$V_1 = V_2$$

由此可得：$V_{车} = V_{吊车} \tan\alpha$。

在吊装的过程中吊机的速度一般为 1 m/min，塔筒与车板的夹角 α 由 0° 逐渐变至 90°，则我们应保持 SPMT 的速度范围为：

当 $0 < \alpha < 45°$ 时，$V_{车} < V_{吊车}$；

当 $\alpha = 45°$ 时，$V_{车} = V_{吊车} = 1\,\text{m/min}$；

当 $45° < \alpha < 90°$ 时，$V_{车} > V_{吊车}$。

三、案　例

下面以某反应塔吊装为案例，对其吊装过程进行简介。

如图 3-67（a）所示，反应塔已运输到现场，目前还是水平状态，其尾部还安装了一个三角支架。吊装的主力是一部门式起重机，还有几台履带吊做辅助。在辅助吊的帮助下，门吊正把反应塔水平吊起一段高度，一部 SPMT 正准备开到反应塔下方。

如图 3-67（b）所示，SPMT 已开到反应塔下方，工作人员正把三角支架的下方转轴和 SPMT 上的支架连接起来，可以旋转，这套装置是来在吊装反应塔时用来溜尾的，省去了溜尾用的辅助吊。

门吊缓缓把反应塔吊起，SPMT 也相应推进，保证整体平衡。

如图 3-67（c）所示提升到一定高度后，三角支架的中间转轴接触到 SPMT 上的支架，工作人员开始连接这个转轴，同时拆开先前连接的转轴，后面的溜尾将以中间转轴作为旋转轴。

如图 3-67（d）当反应塔变成垂直状态后，溜尾工作已完成，SPMT 将撤离，三角支架也将从反应塔上拆除。

(a)　　　　　　　　　　　　　　(b)

(c)   (d)

图 3-67　吊装一体化过程图

当设备不是很重时，设备转场较多时，可用履带吊代替门吊进行吊装作业。

第四章 过桥技术

第一节 公路大件运输过桥技术概述

近年来,随着我国工业现代化进程的推进,通过公路运输的方式运输超大、超重型工业设备已日趋频繁。在大件运输的线路选择中,沿线桥梁等结构的通行能力,往往在线路选择中起到十分关键的作用。一方面原有的公路桥梁因为设计荷载等级的限制,不能适应超重车辆过桥的需要;另一方面,现有桥梁也确实存在一些隐患和问题,早期修建的桥梁日益老化,技术状况和承载能力明显下降,这些桥梁突然行驶超重车辆将会引起桥梁的损坏甚至发生重大事故。因此本章将对超重车辆通过桥梁问题进行研究。

桥梁是一种具有承载能力的架空建筑物,它的主要作用是供公路、铁路、渠道、管线和人群等跨越江河、山谷或其他障碍,它是交通线的重要组成部分,是公路、市政工程中的关键工程。对于公路大件运输来讲,大件过桥也是一个重要环节,大件运输的车辆一般多为轴线车,由于这种车辆结构的特殊性,一般的等级公路都能满足运输需求,但是桥梁的承载受到多种因素的影响,在通过之前要进行专业的评估。

随着我国经济建设的迅速发展,道路桥梁的交通流量逐年增大,大车辆数量猛增,桥梁超载现象日趋严重。我国正处于社会主义市场经济建设初期,运输市场的新机制正在形成,然而自国家由"三统管理"转向市场经济后,机动车辆运输市场出现了无序的局面,再加上道路交通状况不断得到改善,于是运输市场出现了车多货少、运价降低的情况,运营者为了追求短期经济效益而进行了大量的超载运输。据统计,在 1974~1984 年的 10 年间,我国先后完成了化工、石油、电力、冶金、矿山等部门的大型设备运输近 7 万余吨,其中 100 t 以上的达 230 件,最长的达到 74.37 m,最重的达 484 t,最宽的达 12.3 m,到 1994 年年底,我国公路新建运输企业已达 92 家,拥有 100~800 t 挂车 218 辆。根据作者现场调查和收集到的资料,在内蒙古、河南、山西及陕西等部分地区的运煤公路上,运营者为了追求个体利益,车辆几乎全部超载。除此以外,还有运输户不服从管理私自改造车辆,加长、加宽货箱导致超重。我国在 20 世纪 90 年代以前建的桥梁,荷载等级较低,基本占到桥梁总数的 30% 左右,超负荷运营将会给它们带来严重后果；20世纪90年代以后的桥梁，荷载等级虽高，也因超负荷运营而常有病害。

公路和城市桥梁出现的严重的超载运输现象，使得桥梁结构运营荷载超过桥梁设计荷载或所在道路运营限定荷载，一方面造成桥梁结构病害隐患累积，承载能力迅速降低，形成危桥，严重的可造成结构性破坏，丧失承载能力；另一方面会缩短桥梁使用寿命，降低通行能力，危及桥梁和所在道路交通的运营安全。例如某市许多立交桥由于车辆超载，病害十分严重，桥面出现"通天"裂缝及单梁受力的情况，危及桥梁的安全，急需维修。由此可见，重车过桥的管理急需加强。目前我国对桥梁结构这一问题的管理尚处于一种分散的、局部的、非自动化的工作水平，且管理手段较为落后，致使桥梁结构长时间地处于超负荷运营状态，是造成桥梁结构损坏的重要因素。

综上所述，目前我国的超重车辆及通过桥梁的管理状况如下：

（1）重车过桥现象普遍是严重。运输单位从经济利益出发，追求短期经济效益，不考虑道路和桥梁的安全，任意超载，任意行驶。

（2）超重、超载、超速车辆的运营，可缩短道路使用寿命50%以上，造成桥梁挠度增大，混凝土过早开裂，最终缩短桥梁使用寿命。

（3）对于年代已久、设计荷载标准较低的桥梁，结构长期超负荷承载运营，将会危及桥梁的安全，并容易导致交通事故发生，增加桥梁设施的维护费用。

（4）国内大部分市区桥梁的承载能力与车辆超重状况表明，我们需要研究出成熟的理论，来制定一套较为完善的、全面的、系统化的管理方式。目前的管理手段及管理水平较为落后，只针对小部分或者偶尔一辆超重车辆过桥的计算及管理，在充分利用计算机技术及信息技术方面还有很大的欠缺。

一、桥梁的分类与组成

（一）按照工程规模划分

桥梁总长和单孔跨径都是桥梁规模的标志。按桥梁的总长和单孔跨径大小不同可分为特大桥、大桥、中桥和小桥和涵洞。依据《公路桥涵设计通用规范》（JTG D60—2015），桥涵的划分标准如表4-1所示。

表4-1 桥涵划分标准　　　　　　　　　　　　　　　　　　单位：m

桥涵的划分标准		
桥涵分类	多孔跨径总长 L	单孔跨径 L_x
特大桥	$L > 1\,000$	$L_x > 150$
大　桥	$100 \leqslant L \leqslant 1\,000$	$40 \leqslant L_x \leqslant 150$
中　桥	$30 < L \leqslant 100$	$20 \leqslant L_x < 40$
小　桥	$8 \leqslant L \leqslant 30$	$5 \leqslant L_x < 20$
涵　洞	—	$L_x < 5$

(二）按桥梁主体结构用材划分

按主要承重结构所用的材料划分，可分为木桥、圬工桥（包括砖、石、混凝土桥）、钢筋混凝土桥、预应力混凝土桥、钢桥和结合梁桥。其中，应用最普遍的是预应力钢筋混凝土桥，木桥一般只用作临时性桥梁、圬工桥多用于小跨度桥。

(三）按照结构体系划分桥型

按结构力学的受力体系划分桥型，是最常见、最通用的划分方法之一。最基本的有梁桥、拱桥和索桥三种基本桥型。在这三种基础上，人们在生产实践中不断发掘、改造和完善，形成各种各样的梁、拱、索与墩、塔、柱等构件合成的各种组合体系桥。例如，梁桥有简支梁桥、连续梁桥、用杆件拼成的桁架梁桥、梁与桥墩刚性连接形成的刚架桥；梁与拱组合形成的系杆拱桥；梁与索组合形成的斜拉桥等。

1．梁桥（也叫梁式桥）

桥梁基本结构体系是梁。梁桥在竖向荷载作用下，梁内截面只承受弯矩和剪力，以受弯为主，如图 4-1 所示。通常用抗弯能力强的材料如钢、钢筋混凝土、预应力混凝土材料来建造梁桥。

图 4-1　梁式桥

2．拱式桥（简称拱桥）

拱式桥的主要承重结构（桥跨结构）是拱圈或拱肋，如图 4-2 所示。这种结构在竖向荷载作用下，拱脚会对桥墩或桥台产生水平推力，拱内截面有轴向的压力和弯矩。拱脚水平推力将显著降低荷载引起的在拱圈（或拱肋）内的弯矩。

图 4-2　拱式桥

拱式桥以受压为主，同时也承受弯矩和剪力，多采用抗压能力强的砌体材料（如砖、石、混凝土）和钢筋混凝土来修建。拱桥在拱脚处有水平推力，对地基要求较高。

3. 索桥（也称为吊桥）

索桥主要由缆索系统、索塔、锚碇、加劲梁及附属结构五大部分组成，缆索跨过塔顶锚固在锚碇上，是桥的主要承重结构，如图 4-3 所示。缆索系统包括主缆、索夹、吊索、主索鞍、散索鞍及防护系统等，缆索上悬挂吊杆，吊着加劲梁，缆索受拉。悬索桥结构自重较轻，跨越能力和承载能力比其他桥式要强，但结构的柔性较大，荷载作用下的变形和位移较大。

悬索桥可采用单跨、双跨、多跨等布置形式，结构形式可采用简支、连续等。如虎门二桥工程由坭洲水道桥、大沙水道桥和引桥及四座互通立交组成，坭洲水道桥为 658 m + 1 688 m 双跨吊悬索桥，大沙水道为主跨 1 200 m 单跨吊悬索桥，引桥为 30 ~ 62.5 m 预应力混凝土桥。

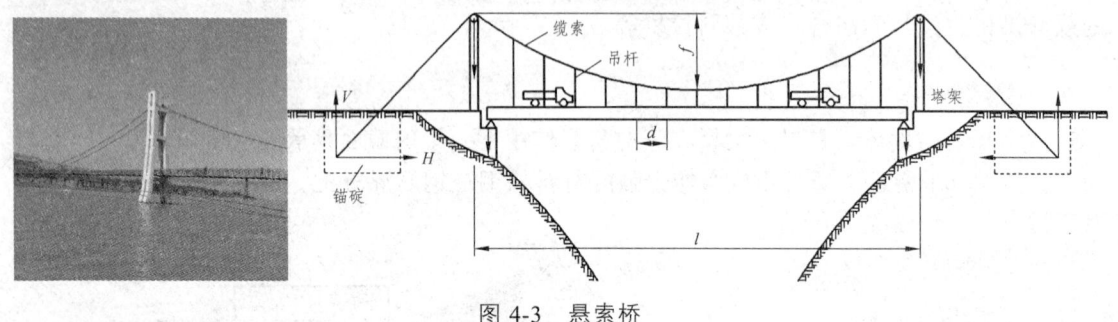

图 4-3 悬索桥

4. 组合体系桥

组合体系桥是由上述不同体系的结构组合而成的桥梁，如，梁与桥墩刚性连接形成的刚架桥；梁与拱组合形成系杆拱桥；梁与索组合形成斜拉桥等。组合体系桥的种类很多，系杆拱桥、斜拉桥、刚构-连续组合体系桥等。

刚架桥（也称为刚构桥）。刚架桥的主要承重结构是梁与墩刚性连接结合在一起的组合式结构，梁和柱的连接处有很大的刚性。由于梁与桥墩柱的刚性连接，梁因桥墩柱的抗弯能力而得到卸载作用，从而使得梁内弯矩受力大大减小。如图 4-4 所示。

图 4-4 钢架桥

系杆拱桥是梁、拱组合体系，由梁和拱共同受力的桥，其中梁和拱都是主要承载结构，两者相互配合共同受力。这种组合体系桥相较于一般简支梁桥能实现更大的跨度，而对墩（台）没有多余的推力作用。如图 4-5 所示。

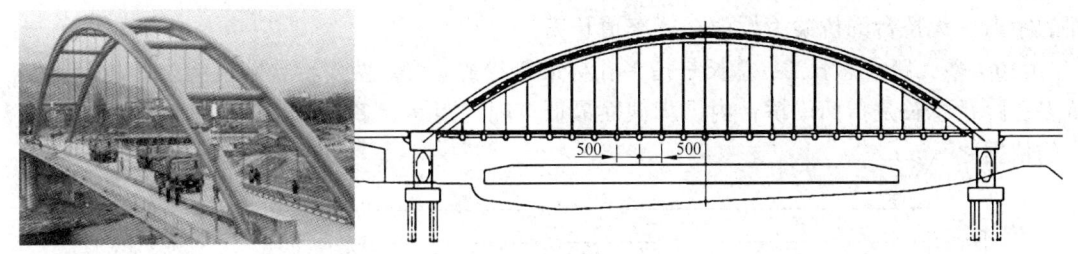

图 4-5　系杆拱桥

斜拉桥是由斜拉索、塔柱和主梁组合而成，如图 4-6 所示。用高强度钢材制成的斜拉索将主梁多点吊起，并将主梁的荷载传至塔柱，再通过塔柱基础传至地基。这样，跨度较大的主梁就如一根多点弹性支承的连续梁一样工作，从而可使主梁跨径显著增加。此外，与悬索桥相比，斜拉桥的结构刚度更大，即在荷载作用下的结构变形小得多，且其抵抗风振的能力也比悬索桥要好。如图 4-6 所示。

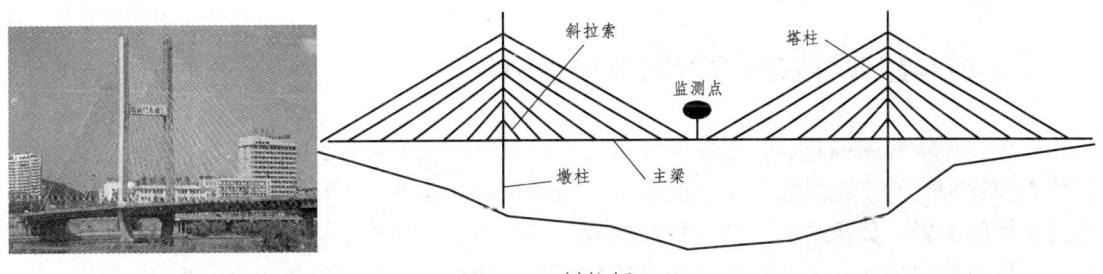

图 4-6　斜拉桥

（四）桥梁的主要名称、术语

与桥梁设计有关的常用名称和主要术语主要有：

（1）低水位：枯水季节的最低水位称为低水位。

（2）设计水位：设计桥梁的洪水水位称为设计水位。

（3）通航水位：在各级航道中，能保持船舶正常航行的水位称为通航水位。

（4）跨度（也称为跨径）：跨度是指桥梁两相邻桥墩支座的距离，表示桥梁的跨越能力。对多跨桥梁，最大跨度称为主跨。一般而言，跨度是表征桥梁技术水平的重要指标。

（5）净跨径 L_0：对于梁式桥，净跨径是设计洪水位上相邻两个桥墩（或桥台）之间的净距；对于拱式桥，净跨径是每孔拱跨两个拱脚截面最低点之间的水平距离。

（6）总跨径：总跨径是多孔桥梁中各孔净跨径的总和，也称为桥梁孔径，它反映了桥下宣泄洪水的能力。

（7）计算跨径：对于有支座的桥梁，计算跨径是指桥跨结构相邻两个支座中心之间的距离；对于拱式桥，计算跨径是指两相邻拱脚截面形心点之间的水平距离。桥跨结构的力学计算是以 L 为基准的。

（8）标准跨径：标准跨径一般用 L_K 表示，对于梁式桥，标准跨径是指两相邻桥墩中线之间的距离，或桥墩中线至桥台背前缘之间的距离；对于拱桥，标准跨径则是指净跨径（每孔拱跨两个拱脚截面最低点之间的水平距离）。

（9）桥梁全长 L_T：桥梁全长简称桥长，是桥梁两端两个桥台的侧墙或八字翼墙后端点之间的距离。无桥台的桥梁为桥面系行车道长度。

（10）多孔跨径总长 L：总长是指多孔标准跨径的总和，两桥台台背前缘之间的距离。拱桥多孔跨径总长是指两岸桥台内拱脚截面最低点间的距离。多孔跨径总长是划分桥梁规模大小的依据之一。

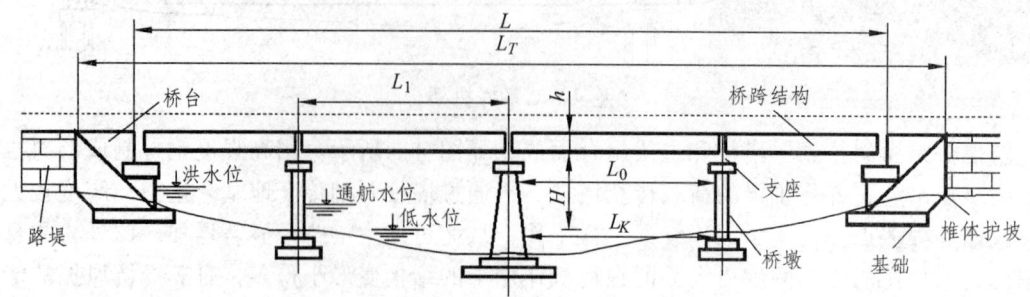

图 4-7　梁式桥的基本组成及表示

二、重车超载导致桥梁垮塌事故案例

在大件运输线路确定后，需要收集沿线道路桥梁的基本资料，对桥梁当前的技术状况进行检查和评价，对于承载能力不足的桥梁，需要进行加固处理，这是确定大件运输车辆能否通过桥梁的关键。如果事先没做好桥梁检测与进行相应的加固措施，势必会有巨大的安全隐患，不仅对桥梁造成极大的破坏，严重情况下甚至造成车毁人亡的重大交通事故。

案例： 简支梁桥损毁事故。2013 年 2 月 10 日凌晨，一辆运输大型铸件的货车在运行至宁夏吴忠市红寺堡区水套西桥时，桥面发生坍塌，货车车厢坠入桥下，司机驾驶车头逃逸。公路管理部门初步认定货车涉嫌超载运输是导致桥面坍塌的主要原因。光是车上载有的一个大型车床铸件，就重达 110 t，加上其他货物和车身自重，总质量超过 140 t，是桥梁最大承载量的 4 倍多。

根据专家组的介绍，发生事故的水套西桥修建于 1998 年 9 月，1999 年 10 月建成通车。设计荷载标准为"汽-20"。据当地养护部门介绍，养护单位对出事桥梁每月进行一次经常检查，一年进行一次定期检查。在 2012 年 6 月进行的定期检查中，根据相关评定标准评定此桥梁为二类，属于较高水平。因此桥面垮塌完全是由于大件运输荷载超过桥梁设计承载能力所致。事故现场如图 4-8 所示。

（a）

(b)

图 4-8　宁夏吴忠桥梁事故

三、大件运输过桥案例

（一）贵州习水二郎山电厂超重设备过桥

贵州习水二郎电厂新建工程有大型超重设备（货重 258 t，车货总重 308 t），运输需经过贵州省 S302 线某中桥。

该桥为空腹式混凝土砌体拱桥，主要技术指标为：桥面净宽 7.6 m，全宽 8.6 m；主拱圈净跨径为 21.57 m；矢跨比为 1/6。

为确保重件车过桥梁时车辆与桥梁的安全，对该桥进行重件车过桥过程监测，根据《公路桥梁承载能力检测评定规程》（JTG/T J21—2011）以及《大跨度混凝土桥梁的试验方法》（YC4—4/1982）对该桥在重件车通行时的安全性进行评估。

（1）通过测定桥跨结构在重件车作用下的控制截面应力和挠度，并与理论计算值比较，判定实际结构控制截面应力与挠度值是否满足通行要求。

（2）通过现场加载试验以及对试验观测数据和试验现象的综合分析，对过重件车的实际结构作出总体评价。

对桥梁的评定结果表明了桥梁主体拱结构有足够的承载能力。在对桥梁裂缝修补治理、桥面系进行维修后，大件运输车辆最后安全过桥。

（二）广东茂名热电 600 MW 机组扩建工程发电机定子运输

茂名热电厂一台 600 MW 机组发电机定子拟由茂名热电厂运输至水东港码头。该台发电机定子重 322 t，高 4.54 m，拟采用 400 t 超低桥式运输车组装载以降低沿线桥涵和公路承受的集中载荷，车货总重 497 t。桥式桁架运输车编组示意图及主要技术参数如图 4-9 所示，装载后全桥平板车每轴重 16.23 t（B 型桥架，TJV4 型挂车），轴距为 1.55 m，前后平板车间距 16 m。

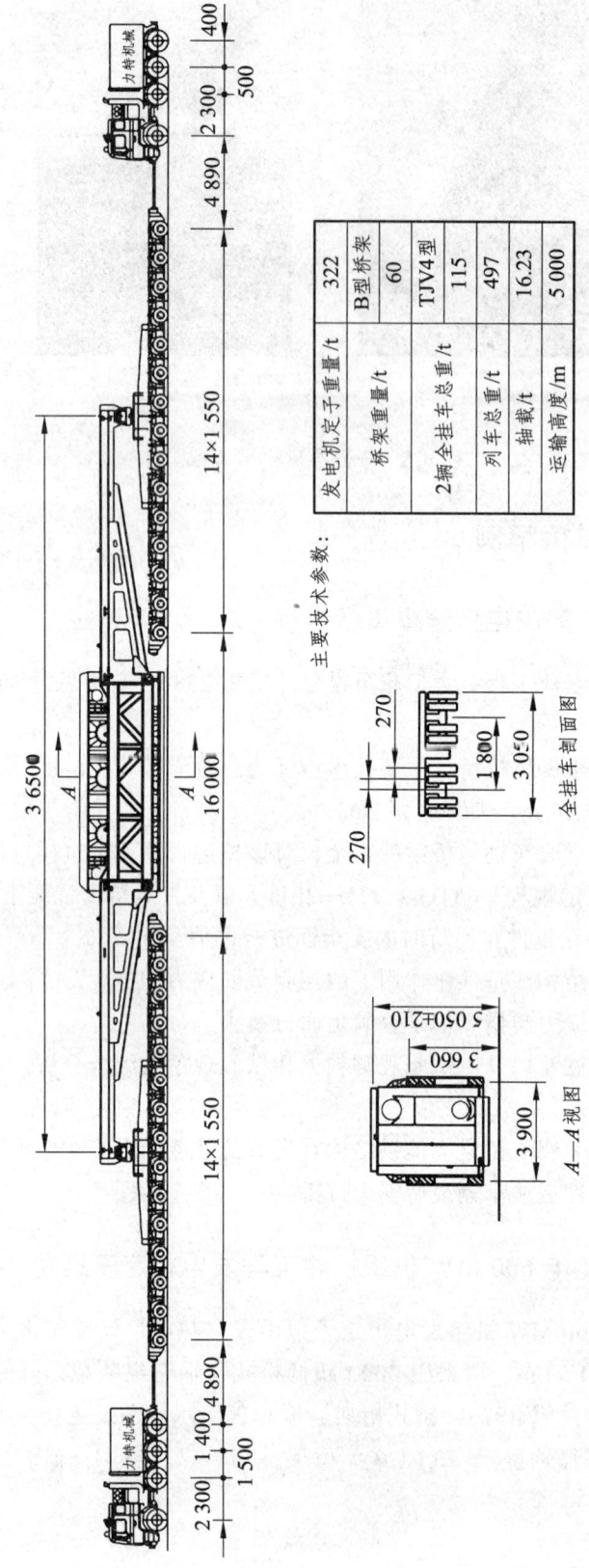

图 4-9 桥式桁架运输车编组示意图及主要技术参数

为顺利通过桥梁，首先进行大件运输前的桥梁检测，制订详实的过桥方案，然后组织专家进行技术评审。方案通过后，在运输组织中加强过桥管理，并采取诸多临时加固处理措施。

大件运输前的桥梁检测如图 4-10 所示。

图 4-10　桥梁检测

大件运输前的专家评审现场如图 4-11 所示。

图 4-11　专家评审

大件运输中通过桥梁的现场如图 4-12 所示。

图 4-12　大件运输中通过桥梁的现场

大件运输中过桥时的实时监控画面如图 4-13 所示。

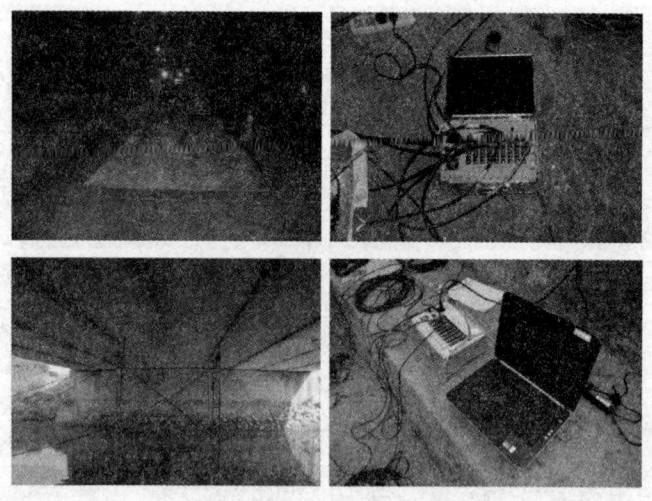

图 4-13　过桥监控照片

某企业大件运输过桥管理及通行临时加固处理措施如表 4-2 所示。

表 4-2　临时加固处理措施

最大设备重/t	车辆编组	运输车总重/t	桥梁结构	单跨最大跨径/m	共计桥梁数/座	通行加固主要处理措施
320	前后各12轴液压全挂车桥式运输	520	空心板梁、T梁、盖板涵	16	12	板梁底贴钢板加固
320	前后各12轴液压全挂车桥式运输	520	小箱梁、空心箱、箱涵	30	5	增设临时支撑加固
322	前后各15轴液压全挂车桥式运输	497	空心板梁、T梁、盖板涵	17	13	盖梁斜截面贴钢板加固

续表

最大设备重/t	车辆编组	运输车总重/t	桥梁结构	单跨最大跨径/m	共计桥梁数/座	通行加固主要处理措施
85	前后各5轴液压全挂车桥式运输	144.5	空心板梁、T梁	16	17	桥面临时铺设钢板
310	前后各15轴液压全挂车桥式运输	419	空心板梁	13	4	无需加固
322	前后各15轴液压全挂车桥式运输	497	空心板梁、T梁	23	14	板梁铰缝维修加固
292	16轴液压全挂车（3轴线）	369	空心板梁、石拱桥、板拱桥、盖板涵	16	9	新设衬拱加固
205	前后各10轴液压全挂车桥式运输	364	T梁、工字梁、箱涵	40	26	T梁斜截面贴钢板抗剪加固

第二节　桥梁技术状况评定

桥梁的通过性是大件运输技术与安全管理中极为重要的一环。在进行大件运输组织前，除进行前期的技术资料收集、外观检视、初步研判等工作之外，在大件运输车组通过桥梁之前，必须由专业机构进行桥梁检测和技术状况评定，以衡量大件运输的风险，确保桥梁无损，车货安全。

一、检测相关规范、规程、技术资料

桥梁检测必须遵循一定的技术规范、规程，做到标准完备、资料完整，文档齐全。相关规范、规程、技术资料主要有：
（1）《公路桥梁技术状况评定标准》(JTG/T H21—2011)；
（2）《公路桥梁承载能力检测评定规程》(JTGT J21—2011)；
（3）《公路桥涵养护规范》(JTG H11—2004)；
（4）《公路工程技术标准》(JTG B01—2014)；
（5）《公路桥涵设计通用规范》(JTG D60—2015)；
（6）《公路钢筋混凝土及预应力混凝土桥涵设计规范》(JTG 3362—2018)；
（7）《公路桥涵地基与基础设计规范》(JTG 3363—2019)；
（8）《大跨径混凝土桥梁的试验方法》(YC4—4/1982)；
（9）《公路工程质量检验评定标准》(JTG F80—2004)；
（10）《公路桥梁加固设计规范》(JTG/T J22—2008)；

（11）《公路桥涵施工技术规范》（JTG/T 3650—2020）；

（12）《公路桥梁加固施工技术规范》（JTG/T J23—2008）；

（13）《回弹法检测混凝土抗压强度技术规程》（DB37/T 2366—2013）；

（14）《工程测量规范》（GB 50026—2007）；

（15）其他相关技术规程、养护管理等技术资料。

与公路桥梁技术状况评定直接有关的相关规范标准关系如图 4-14 所示。

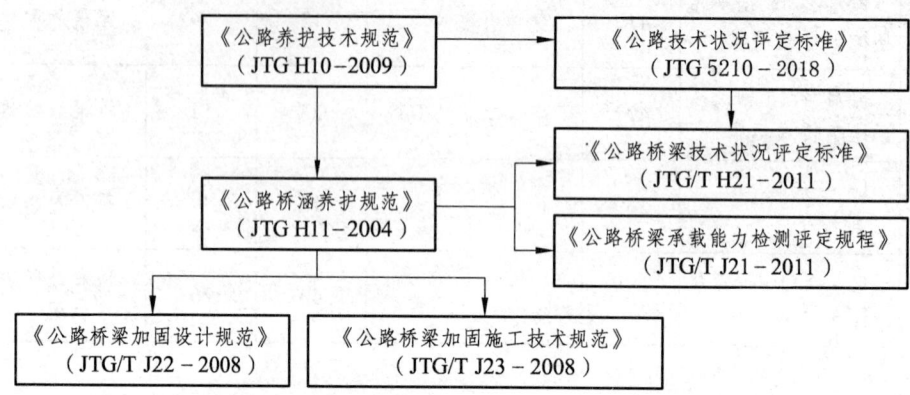

图 4-14　与公路桥梁技术状况评定直接有关的相关规范标准关系

二、常用检测仪器

检测仪器选用是由检测内容决定的。通常桥梁检测主要有裂缝检测、应变检测、变位检测、混凝土强度检测等。

1．裂缝检测

检测仪器包括读数尺、读数显微镜、超声波探测仪、数码裂缝检测仪，数码相机。

2．应变检测

检测仪器包括千分表引申仪、手持应变仪、应变计、应变仪。

3．变位检测

检测仪器包括千分表、百分表、挠度计、位移计、水准仪、经纬仪、全站仪、测距仪。

4．混凝土强度检测

检测仪器包括混凝土回弹仪、超声仪。

三、裂缝限值检测依据

按照《公路桥梁技术状况评定标准》（JTG/T H21—2011）及《公路桥涵养护规范》（JTG H11—2004）第 3.5.2 条的规定，桥梁各部位结构裂缝的最大限值如表 4-3 所示。

表 4-3 桥梁裂缝限值表　　　　　　　　　单位：mm

结构类型	裂缝种类		允许最大缝宽	其他要求
钢筋混凝土梁	主筋附近竖向裂缝		0.25	
	腹板斜向裂缝		0.30	
	组合梁结合面		0.50	不允许贯通结合面
	横隔板与梁体端部		0.30	
	支座垫石		0.50	
预应力混凝土梁	梁体竖向裂缝		不允许	
	梁体纵向裂缝		0.20	
砖石、混凝土拱	拱圈横向		0.30	裂缝高度小于截面高度一半
	拱圈纵向		0.50	裂缝长度小于跨径的1/8
	拱波与拱肋结合处		0.20	
墩台	墩台帽		0.30	
	墩台身	经常受侵蚀性水影响 有筋	0.20	不允许贯通墩身截面一半
		经常受侵蚀性水影响 无筋	0.30	
		常年有水，经常受侵蚀性水影响 有筋	0.25	
		常年有水，经常受侵蚀性水影响 无筋	0.35	
		干沟或季节性有水河流	0.40	
		有冻结作用部分	0.20	

注：表中所列除特指外适用于一般条件。对于潮湿环境和空气中含有较强腐蚀性气体条件下的缝宽限制应要求严格一些，预应力混凝土梁指全预应力或部分预应力A类结构

四、桥梁技术状况评定

根据《公路桥梁技术状况评定标准》（JTG/T H21—2011）及《公路桥涵养护规范》（JTG H11—2004），对桥梁技术状况进行综合评定。

评定内容：公路桥梁技术状况评定包括桥梁构件、部件、桥面系、上部结构、下部结构和全桥评定。

评定方法：公路桥梁技术状况评定应采用分层综合评定与5类桥梁单项控制指标相结合的方法。如图4-15所示。

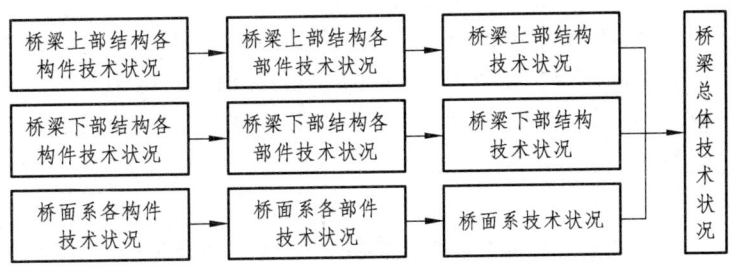

图 4-15 公路桥梁技术状况评定

桥梁技术状况评定流程图如图 4-16 所示。

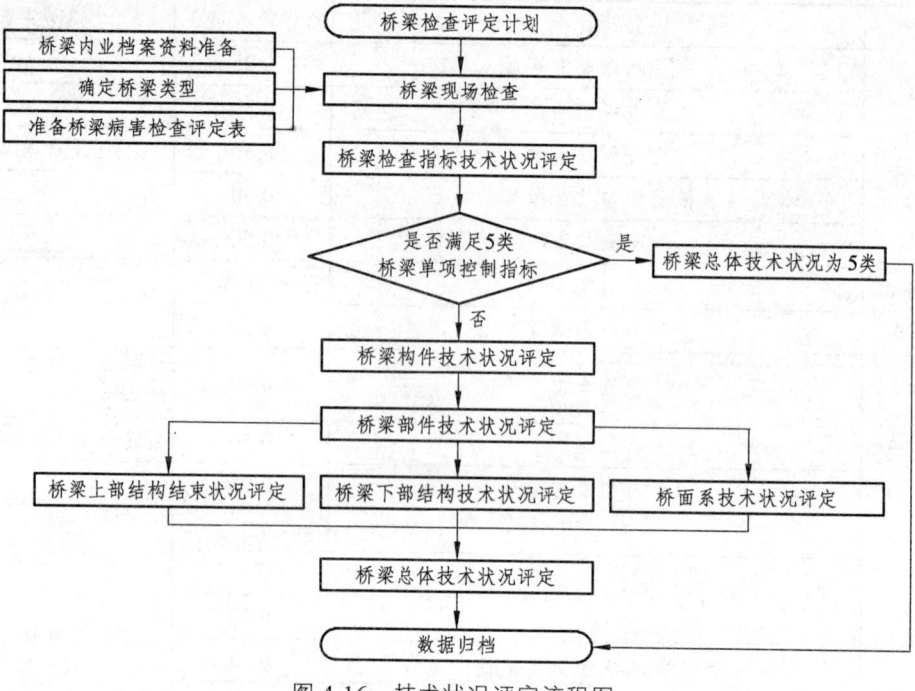

图 4-16　技术状况评定流程图

五、桥梁检测结果综合评定

根据《公路桥梁技术状况评定标准》（JTG/T H21—2011）及《公路桥涵养护规范》（JTG H11—2004），参照现场检测结果对桥梁技术状况进行综合评定。采用桥梁部件权重综合评定方法进行评定，结果如下：

第一步，桥梁构件的技术状况评分，按式（4-1）计算。

$$PMCI_l(BMCI_l 或 DMCI_l) = 100 - \sum_{x=1}^{k} U_x \tag{4-1}$$

当 $x=1$ 时，$U_1 = DP_{i1}$

当 $x \geq 2$ 时，$U_x = \dfrac{DP_{ij}}{100 \times \sqrt{x}} \times (100 - \sum_{y=1}^{x-1} U_y)$，其中 $j = x$

当 $DP_{ij} = 100$，则 $PMCI_l(BMCI_l 或 DMCI_l) = 0$

式中：$PMCI_l$——上部结构第 i 类部件的 l 构件的得分，值域为 0 ~ 100 分；

$BMCI_l$——下部结构第 i 类部件的 l 构件的得分，值域为 0 ~ 100 分；

$DMCI_l$——桥面系第 i 类部件的 l 构件的得分，值域为 0 ~ 100 分；

k——第 i 类部件 l 构件出现扣分的指标的种类数；

U、x、y——引入的变量；

i——部件类别，例如 i 表示上部承重构件、支座、桥墩等；

j——第 i 类部件 l 构件的第 j 类检测指标；

DP_{ij}——第 i 类部件 l 构件的第 j 类检测指标的扣分值；根据构件各种检测指标扣分值进行计算，扣分值按表 4-4 的规定取值。

表 4-4 构件各检测指标扣分值

检测指标所能 达到的最高等级类别 \ 指标类别	1 类	2 类	3 类	4 类	5 类
3 类	0	20	35	—	—
4 类	0	25	40	50	—
5 类	0	35	45	60	100

桥梁部件的技术状况评分，按式（4-2）进行计算。

$$PCCI_i = \overline{PMCI} - (100 - PMCI_{\min})/t \qquad (4-2)$$

或 $\qquad BCCI_i = \overline{BMCI} - (100 - BMCI_{\min})/t$

或 $\qquad DCCI_i = \overline{DMCI} - (100 - DMCI_{\min})/t$

式中：$PCCI_i$——上部结构第 i 类部件的得分，值域为 0~100 分；当上部结构中的主要部件某一构件评分值 $PMCI_l$ 在 [0，40) 区间时，其相应的部件评分值 $PCCI_i = PMCI_l$；

$\overline{PMCI}$——上部结构第 i 类部件各构件的得分平均值，值域为 0~100 分；

$BCCI_i$——下部结构第 i 类部件的得分，值域为 0~100 分；当下部结构中的主要部件某一构件评分值 $BMCI_l$ 在 [0，40) 区间时，其相应的部件评分值 $BCCI_i = BMCI_l$；

$\overline{BMCI}$——下部结构第 i 类部件各构件的得分平均值，值域为 0~100 分；

$DCCI_i$——桥面系第 i 类部件的得分，值域为 0~100 分；

$\overline{PMCI}$——桥面系第 i 类部件各构件的得分平均值，值域为 0~100 分；

$PCCI_{\min}$——上部结构第 i 类部件中分值最低的构件得分值；

$BCCI_{\min}$——下部结构第 i 类部件中分值最低的构件得分值；

$DCCI_{\min}$——桥面系第 i 类部件分值最低的构件得分值；

t——随构件的数量而变的系数（表 4-5 中未列出 t 值采用内插法计算）；

n——第 i 类部件的构件总数。

表 4-5 t 值

n（构件数）	t	n（构件数）	t
1	∞	20	6.6
2	10	21	6.48
3	9.7	22	6.36
4	9.5	23	6.24
5	9.2	24	6.12

续表

n（构件数）	t	n（构件数）	t
6	8.9	25	6.00
7	8.7	26	5.88
8	8.5	27	5.76
9	8.3	28	5.64
10	8.1	29	5.52
11	7.9	30	5.4
12	7.7	40	4.9
13	7.5	50	4.4
14	7.3	60	4.0
15	7.2	70	3.6
16	7.08	80	3.2
17	6.96	90	2.8
18	6.84	100	2.5
19	6.72	≥200	2.3

第二步，桥梁上部结构、下部结构、桥面系的技术状况评分按式（4-3）计算。

$$SPCI(SBCI 或 BDCI) = \sum_{i=1}^{m} PCCI_i(BCCI_i 或 DCCI_i) \times w_i \quad (4-3)$$

式中：$SPCI$——桥梁上部结构技术状况评分，值域为 0~100；

$SBCI$——桥梁下部结构技术状况评分，值域为 0~100；

$BDCI$——桥面系技术状况评分，值域为 0~100；

m——上部结构（下部结构或桥面系）的部件种类数；

w_i——第 i 类部件的权重，对于桥梁中未设置的部件，应根据此部件的隶属关系，将其权重值分配给各既有部件，分配原则按照各既有部件权重在全部既有部件权重中所占比例进行分配。可以参照《公路桥梁技术状况评定标准》（JTG/T H21-2011）执行。

第三步，桥梁总体的技术状况评分，按式（4-4）计算。

$$Dr = DCI \times W_D + SPCI \times W_{SP} + SBCI \times W_{SB} \quad (4-4)$$

式中：Dr——桥梁总体技术状况评分，值域为 0~100；

W_D——桥面系在全桥中的权重；

W_{SP}——上部结构在全桥中的权重；

W_{SB}——下部结构在全桥中的权重。

权重可以参照《公路桥梁技术状况评定标准》（JTG/T H21—2011）执行。桥梁总体技术状况评定等级如表 4-6 所示。桥梁技术状况综合评定如表 4-7 所示。桥梁技术状况分类界限如表 4-8 所示。

表 4-6　桥梁总体技术状况评定等级

技术状况评定等级	桥梁技术状况描述
1 类	全新状态、功能完好
2 类	有轻微缺损，对桥梁使用功能无影响
3 类	有中等缺损，尚能维持正常使用功能
4 类	主要构件有大的缺损，严重影响桥梁使用功能，或影响承载能力，不能保证正常使用
5 类	主要构件存在严重缺损，主要构件不能正常使用，危及桥梁安全，桥梁处于危险状态

表 4-7　桥梁技术状况综合评定表

部位	类别	评价部件	权重	调整后权重	部件评分	结构评分	技术状况评定
上部结构	1	主拱圈					
	2	拱上结构					
	3	桥面板					
下部构造	4	翼墙、耳墙					
	5	锥坡、护坡					
	6	桥墩					
	7	桥台					
	8	墩台基础					
	9	河床					
	10	调治构造物					
桥面系	11	桥面铺装					
	12	伸缩缝装置					
	13	人行道					
	14	栏杆、护栏					
	15	排水系统					
	16	照明、标志					

表 4-8　桥梁技术状况分类界限表

技术状况评分	技术状况等级（D_j）				
	1 类	2 类	3 类	4 类	5 类
Dr（SPCI、SBCI、BDCI）	[95, 100]	[80, 95)	[60, 80)	[40, 60)	[0, 40)

最后应按《公路桥梁技术状况评定标准》(JTG/T H21—2011)对全桥结构技术状况进行综合评定。

六、几种常见桥梁测量简介

桥梁测量包括几何尺寸测量和强度测量评定两方面的内容。

(一)简支梁、连续梁测量

简支梁、连续梁截面有许多种,下面重点介绍几种常见的截面。

1. 矩形截面

矩形截面如图 4-17 所示。

图 4-17 矩形截面

矩形截面需要测量的数据有跨度、梁高、桥宽。

(1)跨度。

跨度如图 4-18 所示。

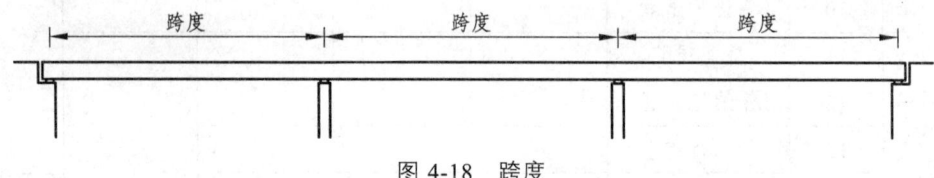

图 4-18 跨度

(2)梁高①,桥宽②,如可能还需测量桥面铺装层厚度,记录铺装材料及健康状况,如图 4-19 所示。

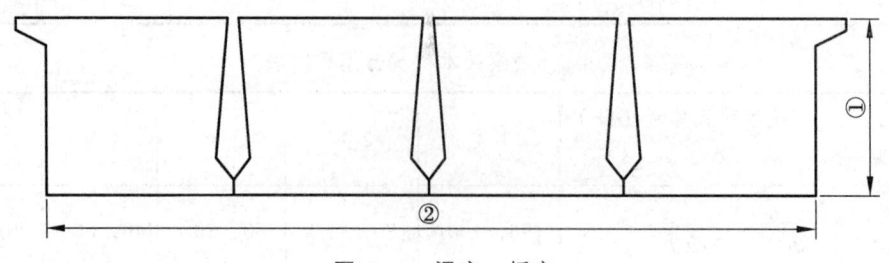

图 4-19 梁高、桥宽

2．T型（I型截面经组合也可以成为T型截面）

T型截面如图4-20所示。

图4-20 T型截面

需要测量的数据有翼缘边缘厚度①、翼缘根部厚度②、主梁高度③、全部主梁宽度④、横向纵梁总数。如图4-21所示。

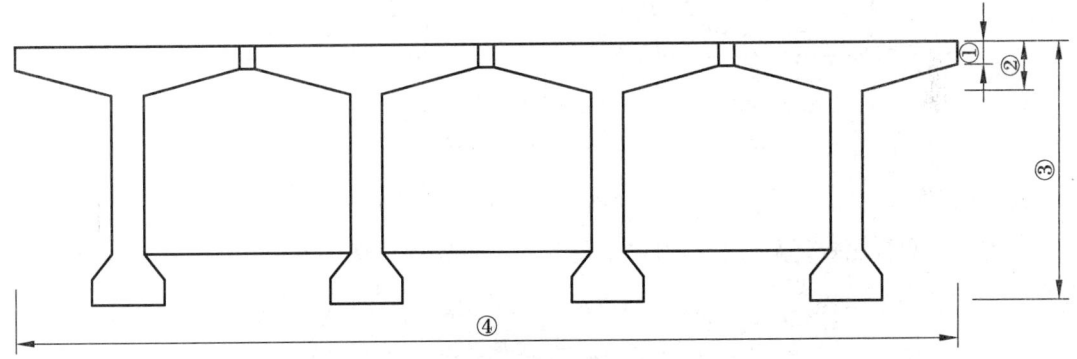

图4-21 测量数据示意图

3．格构式构件

格构式是由型钢、钢管或组合截面杆件连接而成的杆系结构，多做成桁架和格构柱。一般由两个实腹式的柱肢组成，中间用缀条连接。格构式构件需要测量的数据参照T型梁。T型梁如图4-22所示。

图4-22 T型梁

4．箱型截面

箱型截面如图 4-23 所示。

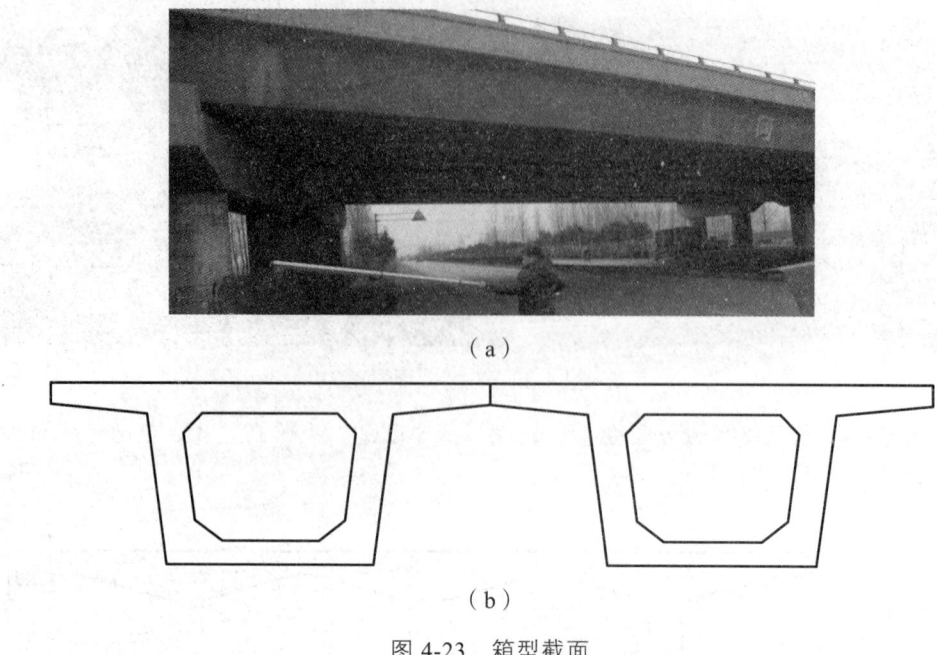

图 4-23　箱型截面

5．钢桁架

钢桁架的测量比较复杂，影响因素比较多，需要具体情况具体分析，如图 4-24 所示。

图 4-24　钢桁架桥梁

（二）板拱桥测量

板拱桥需测量的通用数据主要有：拱桥跨度、拱桥矢高、桥宽。此外要根据具体的拱桥类型测量拱圈的厚度及宽度、拱上填料厚度等数据，板拱桥如图 4-25 所示。

图 4-25 板拱桥

板拱桥需测量的重要数据：跨度、拱圈的厚度及宽度、拱上填料厚度、矢高，如图 4-26 所示。

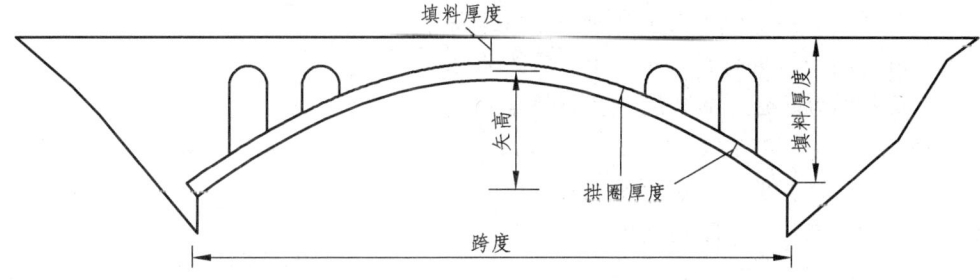

图 4-26 拱桥测量数据示意图

(三) 刚架桥测量

1. 门式刚架

常见于跨公路城市公路桥，一般跨度较小，承载力都能满足条件。

2. 斜腿刚架桥

主要测量各拱腿间的距离；主、次拱腿分别在水平面及竖直平面内的投影长度；主、次拱腿的截面高度及宽度；横向刚架的数量。在测量有困难时，应以安全为主。斜腿刚架桥如图 4-27 所示。

图 4-27 斜腿刚架桥

(四)强度测量

在公路大件运输实操中,一般不专门进行桥梁强度的检测。通常是先依据《公路桥梁技术状况评定标准》(JTG/T H21—2011),进行技术状况评定;进而依据《公路桥梁承载能力检测评定规程》(JTG/T J21—2011),进行承载能力评估;此外在评定和评估也依据《公路桥涵养护规范》(JTG H11—2004)第八部分——超重车辆过桥措施的有关规定,必要的时候(如承载能力评估过低或者不足以反映桥梁的整体状况时)可进行荷载试验。

七、石拱桥检测案例

(一)概 述

四川省某桥,上部结构为石砌拱桥,主拱净跨径 $L_0 = 43.3$ m,实测桥梁总长 59.75 m,桥梁总宽 5.87 m。桥面铺装为混凝土铺装层,实测桥梁总宽 5.87 m [桥面组成:0.37 m(护栏)+ 0.39 m(人行道)+ 4.35 m(行车道)+ 0.39 m(人行道)+ 0.37 m(护栏)]。该桥为一座正交桥,两侧护栏为装配式栏杆。

本桥上部结构采用 1 m × 43.3 m 石拱桥,主拱圈拱腹采用混凝土加固,主拱圈石砌体厚 0.8 m,加固层混凝土厚 0.1 m,上方设置 6 个立墙及 8 个腹拱。

桥梁下部结构为重力式墩台,扩大了基础。

桥梁横断面图、立面布置图和平面布置图如图 4-28 ~ 图 4-30 所示。

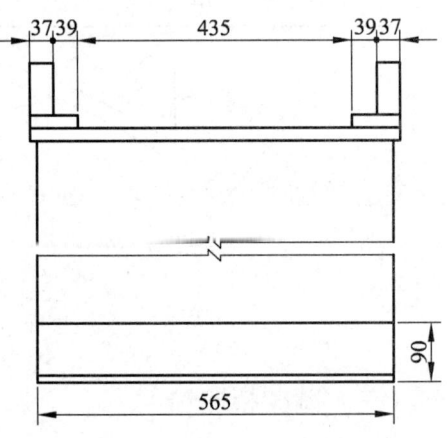

图 4-28 拱桥横断面布置图(单位:cm)

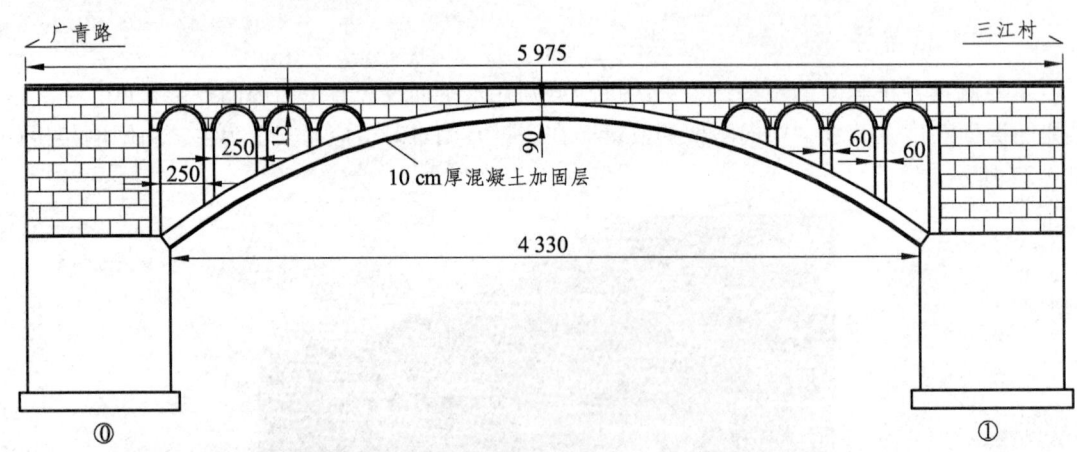

图 4-29 拱桥立面布置图(单位:cm)

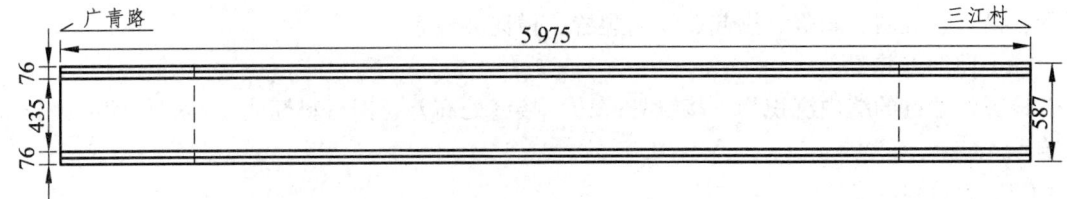

图 4-30 拱桥平面布置图（单位：cm）

为了解该桥的技术状况，对该桥进行结构检测，主要内容包括桥梁外观缺陷及病害，主要部件混凝土强度，碳化深度，钢筋保护层厚度，钢筋锈蚀度，裂缝宽度及深度，桥面线形、主拱圈拱轴线形检测。再结合各项检测成果、检测结论后给出桥梁技术状态评定和维护加固建议。

（二）依据标准

1．检测依据

（1）《公路养护技术规范》（JTG H10—2009）。
（2）《公路桥涵养护规范》（JTG H11—2004）。
（3）《回弹法检测混凝土抗压强度技术规程》（JGJ/T 23—2011）。
（4）《工程测量规范》（GB 50026—2007）。
（5）《公路桥梁承载能力检测评定规程》（JTG/T J21—2011）。

2．评定依据

《公路桥梁技术状况评定标准》（JTG/T H21—2011）。

（三）检测项目及方法依据标准

1．检测依据

（1）《公路养护技术规范》（JTG H10—2009）。
（2）《公路桥涵养护规范》（JTG H11—2004）。
（3）《回弹法检测混凝土抗压强度技术规程》（JGJ/T 23—2011）。
（4）《工程测量规范》（GB 50026—2007）。
（5）《公路桥梁承载能力检测评定规程》（JTG/T J21—2011）。

2．评定依据

《公路桥梁技术状况评定标准》（JTG/T H21—2011）。

（四）病害及缺陷检测

1．桥面系病害及缺失检测

（1）桥面铺装。

桥面铺装采用目测方式并配以钢尺、卷尺等仪器进行检测。检查桥面铺装的磨光、脱皮、露骨、错台、坑洞、剥落、拱起、纵向裂缝、横向裂缝等。

（2）伸缩缝装置。

检查伸缩缝的缝内沉积物、接缝处碎边、接缝处高差、钢材料翘曲变形、伸缩缝处异常声响等。

（3）人行道。

检查人行道块件网裂、塌陷、残缺、破损等。

（4）栏杆、护栏。

检测栏杆是否有撞坏、缺失、破损等。

（5）防排水系统。

检测排水系统的不畅、泄水管和引水槽的缺陷等。

（6）照明、标志。

检测照明设施的污损或损坏、照明设施缺失、标志脱落等。

2．上部结构病害检测

（1）主拱圈主要采用目测并配以钢尺、卷尺、水准仪、全站仪等仪器进行检测。采用钢尺、卷尺等量测主拱圈的主要尺寸，采用水准仪、全站仪等对拱顶挠度和结构变位进行检测，主要以目测的方式检测主拱圈裂缝、渗水、砌体风化、砂浆缝剥落等。

（2）拱上结构主要检测实腹拱的侧墙与主拱圈脱裂，侧墙变形、位移，拱上填料沉陷或开裂；检测空腹拱的腹拱或横向连接系变形、错位，立墙或立柱倾斜、表面缺陷，拱上结构裂缝，拱上填料排水不畅等。

（3）桥面板主要采用目测并配以钢尺、卷尺、水准仪、全站仪等仪器进行检测。主要以目测的方式检测梁板混凝土表面是否有蜂窝麻面、剥落掉角、空洞孔洞、渗水泛碱、梁板开裂等。

3．下部结构病害检测

本桥的下部结构检测主要包括桥墩、桥台、基础的检测。

（1）桥台。

检测桥台的剥落，空洞、孔洞，混凝土碳化、腐蚀、磨损，位移，桥头跳车，台背排水，裂缝，灰缝松散脱落，砌块断裂及砌体风化等。

（2）基础。

检查基础的冲刷、掏空、剥落、冲蚀、河床铺砌损坏、沉降、滑移和倾斜、裂缝等。

（五）专项检测

1．裂缝检测

（1）裂缝长度检测。

裂缝的长度测量可直接使用标定合格的量尺测得。

（2）裂缝宽度检测。

裂缝宽度的量测利用裂缝测宽仪（或读数显微镜）。

(3）裂缝深度检测。

利用非金属超声检测仪。

2．混凝土强度检测

混凝土强度的检测方法主要有：钻芯取样法、回弹法、超声法与超声回弹综合法。本次桥梁检测中使用回弹法检测混凝土强度。

3．混凝土碳化深度检测

检测仪器：混凝土碳化深度测定仪。

检测试剂：酚酞酒精试剂。

4．钢筋保护层厚度检测

检测方法：钢筋保护层厚度测试主要采用钢筋检测仪，各部位按构件取特征截面进行扫描，得到钢筋保护层厚度、钢筋直径、钢筋间距。

5．钢筋锈蚀度检测

检测仪器：钢筋锈蚀仪。

6．桥面线形检测

检测内容：桥面高程。

检测方法：在桥面两侧每 5 m 位置布设测点，采用水准仪测量测点高程情况，得出桥面线形。

7．主拱圈线形测量

主拱圈的拱轴线形测量，宜按一定的等分点在拱腹布设测点，采用极坐标法进行平面坐标和三角高程测量；对于跨径较大的桥梁，可适当增加测点。

（六）检测仪器、设备

拱桥检测中使用的主要仪器设备如表 4-9 所示，所有仪器设备均标定合格，主要仪器的性能指标详见各检测项目中的论述。

表 4-9 检测主要仪器设备表

序号	仪器设备名称	型号	序号	仪器设备名称	型号
1	裂缝测宽仪	ZBL-F103	9	数码照相机	—
2	游标卡尺	（0～20）cm	10	钢卷尺	5 m
3	非金属超声检测仪	ZBL-U520	11	皮卷尺	50 m
4	混凝土钢筋检测仪	ZBL-R630A	12	梯子	
5	钢筋锈蚀检测仪	ZBL-C310A	13	桥梁检测车	
6	混凝土碳化深度测量仪	（0～8）mm	14	警示筒	
7	全站仪	NTS-3402R5	15		
8	混凝土回弹仪	ZC3-A			

（七）桥梁检测

1．桥面系检测

（1）桥面铺装层检测。

该桥桥面采用混凝土铺装层。经检测，该桥桥面铺装目前病害总体情况如下：桥面铺装存在 5 条横向裂缝，$L_总=12.7\,m$；存在 2 条纵向裂缝，$L_总=2.9\,m$；0#连接铺装与K1跨桥面铺装轻微磨损露骨，$S_总=82.8\,m^2$；存在 3 处破损开裂，$S_总=4.58\,m^2$。桥面铺装层病害统计如表 4-10 所示。

表 4-10　桥面铺装层病害统计表

序号	病害位置	病害类型	病害描述
1	0#台接线	横向开裂	距 0#台 7.2 m 处铺装存在 1 条横向裂缝，$L=4.0\,m$
2	0#台接线	磨损露骨	0#接线铺装轻微磨损露骨，$S=7\times2\,m^2$
3	K1 桥面铺装	磨损露骨	K1 跨桥面铺装轻微磨损露骨，$S=43\times1.6\,m^2$
4	K1 桥面铺装	横向开裂	K1 桥面铺装距 0#台 11 m、距右侧护栏 0.9 m 处存在 1 条横向裂缝，$L=1.5\,m$
5	K1 桥面铺装	横向开裂	K1 桥面铺装距 0#台 29.3 m、距左侧护栏 0.9 m 处存在 1 条横向裂缝，$L=2.6\,m$
6	K1 桥面铺装	横向开裂	K1 桥面铺装距 0#台 39.1 m、距左侧护栏 0.7 m 处存在 1 条横向裂缝，$L=2.8\,m$
7	1#台接线	破损	距 1#台 1.5 m 处铺装破损，$S=1.8\times0.7\,m^2$
8	1#台接线	开裂破损	距 1#台 3.9 m 处铺装开裂破损，$S=3.6\times0.1\,m^2$
9	1#台接线	横向开裂	距 1#台 0.6 m 处铺装存在 1 条横向裂缝，$L=3.6\,m$
10	1#台接线	纵向开裂	在 1#台距左侧 1.1 m 与 2 m 处共存在 2 条纵向裂缝，$L_1=1.6\,m$、$L_2=1.3\,m$
11	1#台接线	开裂破损	距 1#台 8.4 m、距右侧护栏 0.6 m 处存在 1 处破损开裂，$S=3.7\times0.8\,m^2$

（2）伸缩缝检测。

该桥伸缩缝为型钢伸缩缝。经检测，该桥伸缩缝主要病害为：2 道伸缩缝锚固区均存在破损及型钢缺失，2#伸缩缝存在高差错位及堵塞现象。伸缩缝病害统计如表 4-11 所示。

表 4-11　伸缩缝病害统计表

序号	病害位置	病害类型	病害描述
1	0#台伸缩缝	破损	0#台伸缩缝距左侧 1.8 m 处锚固区破损，$S=0.9\times0.2\,m^2$
2	0#台伸缩缝	型钢缺失	0#台伸缩缝距左侧 2 m 出型钢缺失，$L=0.8\,m$
3	1#伸缩缝	开裂破损	1#台伸缩缝左侧 2 m 处锚固区开裂破损，$S=2.3\times0.4\,m^2$
4	1#台伸缩缝	型钢缺失	1#台伸缩缝型钢缺失，$L=2.6\,m$
5	1#台伸缩缝	高差	1#台伸缩缝存在高差，大里程侧高，$H=1.4\,cm$
6	1#台伸缩缝	堵塞	1#台伸缩缝堵塞

（3）人行道检测。

经检测，人行道病害主要在 52 条横向裂缝，$L_{均} = 0.4$ m，右侧人行道存在破损现象。人行道病害统计如表 4-12 所示。

表 4-12 人行道病害统计表

序号	病害位置	病害类型	病害描述
1	左侧人行道	开裂	左侧人行道共存在 22 条横向裂缝，$L_{均} = 0.4$ m
2	右侧人行道	开裂	左侧人行道共存在 30 条横向裂缝，$L_{均} = 0.4$ m
3	右侧人行道	破损	右侧人行道距 1#台 1.8 m 处存在 1 处开裂破损，$S = 1.9 \times 0.1$ m^2

（4）防排水系统检测。

该桥共计 6 个排水孔。经检测，排水孔未见明显病害。

（5）照明、标志检测成。

该桥设有限载标志，无标线。经检测，标志表面有油污、不清晰。

2．上部结构检测

本桥主桥上部结构采用 1×43.3 m 的石拱桥，拱腹采用混凝土加固，加固层厚 0.1 m。

（1）主拱圈病害检测。

经检测，主拱圈开裂严重，拱腹存在 15 条横向裂缝，其中有 6 条是横向贯穿裂缝，4 条纵向裂缝；拱背存在 1 条斜向裂缝，1 条 L 型裂缝；多处渗水钙化；拱腹有 2 处混凝土剥落，2 处露筋锈蚀。病害统计如表 4-13 所示。

表 4-13 主拱圈病害统计表

序号	病害位置	病害类型	病害描述
1	K1 主拱圈	开裂	K1 主拱圈拱背距右侧 1.4 m 在 1#台拱脚处存在 1 条斜向裂缝，$L = 3$ m，$d = 2.5$ mm
2	K1 主拱圈	开裂	K1 主拱圈拱背左侧在 6#腹拱圈下方存在 1 条 L 型裂缝，$L = 1.3$ m，$d = 2$ mm
3	K1 主拱圈	杂草滋生	K1 主拱圈拱背右侧在 5#腹拱圈下方长有杂草
4	K1 主拱圈	渗水钙化	K1 主拱圈左侧 $L/4$ 到拱顶渗水钙化
5	K1 主拱圈	脱落	K1 主拱圈拱腹距 4#腹拱圈 1.3 m 处混凝土浇筑不密实，开裂脱落，$S = 5.6 \times 0.15$ m^2
6	K1 主拱圈	开裂	K1 主拱圈拱腹右侧距拱顶 3m 处存在 1 条横向裂缝，$L = 1.6$ m，$d_{max} = 0.24$ mm 且伴有钙化现象
7	K1 主拱圈	开裂	K1 主拱圈拱腹右侧距拱顶 2 m 处存在 1 条横向裂缝，$L = 4$ m，$d_{max} = 0.24$ mm 且伴有渗水钙化现象
8	K1 主拱圈	开裂	K1 主拱圈拱腹左侧距拱顶 1 m 处存在 1 条横向裂缝，$L = 1.0$ m，$d_{max} = 0.15$ mm
9	K1 主拱圈	开裂	K1 主拱圈拱腹右侧距拱顶 1 m 处存在 1 条横向裂缝，$L = 2.8$ m，$d_{max} = 0.22$ mm

续表

序号	病害位置	病害类型	病害描述
10	K1 主拱圈	开裂	K1 主拱圈拱腹在拱顶存在 4 条横向贯通裂缝，d_{max} = 0.35 mm 且伴有渗水泛碱
11	K1 主拱圈	开裂	K1 主拱圈拱腹在拱顶距左侧 1.5 m 存在 1 条纵向裂缝，L = 4.5 m，d = 0.18 mm 且伴有渗水泛碱
12	K1 主拱圈	开裂	K1 主拱圈拱腹距拱顶 1.5 m 存在 1 条横向贯通裂缝，d = 0.14 mm
13	K1 主拱圈	开裂	K1 主拱圈拱腹距拱顶 2.7 m 存在 1 条横向贯通裂缝，d = 0.18 mm
14	K1 主拱圈	开裂	K1 主拱圈拱腹左侧距拱顶 4 m 存在 1 条横向裂缝，L = 1.8 m，d = 0.13 mm
15	K1 主拱圈	脱落	K1 主拱圈拱腹距 1#拱座 17 m 混凝土剥落
16	K1 主拱圈	露筋锈蚀	K1 主拱圈拱腹距 1#拱座 18 m 处存在 1 处露筋锈蚀
17	K1 主拱圈	开裂	K1 主拱圈拱腹左侧距 1#拱座 15 m 处存在 1 条横向裂缝，L = 2.8 m，d = 0.14 mm
18	K1 主拱圈	开裂	K1 主拱圈拱腹距左侧 1.5 m 在 1#拱座处存在 1 条纵向裂缝，L = 17 m，d = 0.28 mm
19	K1 主拱圈	开裂	K1 主拱圈拱腹距左侧 2.8m 在 1#拱座处存在 1 条纵向裂缝，L = 17 m，d = 0.22 mm
20	K1 主拱圈	开裂	K1 主拱圈拱腹距左侧 4.1 m 在 1#拱座处存在 1 条纵向裂缝，L = 17 m，d = 0.25 mm
21	K1 主拱圈	露筋锈蚀	K1 主拱圈拱腹距 1#拱座 12 m 处存在 1 处露筋锈蚀
22	K1 主拱圈	开裂	K1 主拱圈拱顶左侧距 1#拱座 7 m 处存在 1 条横向裂缝，L = 2.5 m，d = 0.18 mm 且伴有渗水钙化

（2）拱上结构病害检测。

该桥拱上结构主要包括拱上侧墙、腹拱圈、拱上立墙等构件，拱上结构主要病害为：腹拱圈渗水钙化、开裂严重，K1-2、K1-3 腹拱圈砌体断裂；K1-2、K1-5、K1-6 立墙存在倾斜，K1-1 立墙与腹拱圈脱裂；拱上侧墙开裂、渗水钙化严重，与主拱圈存在脱裂现象。

病害统计如表 4-14 所示。

表 4-14 拱上结构病害统计表

序号	病害位置	病害类型	病害描述
1	K1-1 腹拱圈	渗水钙化	K1-1 腹拱圈勾缝脱落渗水钙化
2	K1-2 腹拱圈	渗水钙化	K1-2 腹拱圈勾缝脱落渗水钙化
3	K1-2 腹拱圈	断裂	K1-2 腹拱圈左侧靠近拱顶位置处 1 m 范围内砌体断裂
4	K1-3 腹拱圈	渗水钙化	K1-3 腹拱圈勾缝脱落渗水钙化
5	K1-3 腹拱圈	开裂	K1-3 腹拱圈距 1#台伸缩缝立墙 0.5 m、距左侧 1.5 m 处砌体横向开裂，L = 3m，d = 0.22 mm
6	K1-3 腹拱圈	断裂	K1-3 腹拱圈左侧砌体断裂

续表

序号	病害位置	病害类型	病害描述
7	K1-3 腹拱圈	开裂	K1-3 腹拱圈距 3#立墙 0.8 m 处存在 1 条横向贯穿裂缝，$d=2$ mm
8	K1-4 腹拱圈	渗水钙化	K1-4 腹拱圈灰缝脱落渗水钙化
9	K1-4 腹拱圈	开裂	K1-4 腹拱圈左侧 1/4 处开裂
10	K1-5 腹拱圈	渗水钙化	K1-5 腹拱圈灰缝脱落渗水钙化
11	K1-6 腹拱圈	渗水钙化	K1-6 腹拱圈灰缝脱落渗水钙化
12	K1-6 腹拱圈	开裂	K1-6 腹拱圈拱顶左侧存在 1 条横向裂缝，$L=3$ m，$d=1$ mm
13	K1-7 腹拱圈	开裂	K1-7 腹拱圈拱顶右侧存在 1 条横向裂缝，$L=0.5$ m，$d=0.18$ mm
14	K1-7 腹拱圈	开裂	K1-7 腹拱圈拱顶左侧存在 1 条横向裂缝，$L=0.5$ m，$d=3$ mm
15	K1-7 腹拱圈	渗水钙化	K1-7 腹拱圈灰缝脱落钙化
16	K1-8 腹拱圈	渗水钙化	K1-8 腹拱圈灰缝脱落渗水钙化
17	K1-1 立墙	脱裂	K1-1 立墙与腹拱圈脱裂
18	K1-2 立墙	渗水钙化	K1-2 立墙勾缝脱落渗水钙化
19	K1-2 立墙	倾斜	K1-2 立墙向小里程侧倾斜，与腹拱圈错位 10 cm
20	K1-3 立墙	渗水钙化	K1-3 立墙灰缝脱落渗水钙化
21	K1-4 立墙	破损	K1-4 立墙在大里程侧的右侧存在 1 处混凝土破损，$S=0.7\times0.4$ m^2
22	K1-5 立墙	渗水钙化	K1-5 立墙灰缝剥落渗水钙化
23	K1-5 立墙	开裂	K1-5 立墙距左侧 2.3 m 存在 1 条竖向裂缝，$L=0.4$ m，$d=3.5$ mm
24	K1-5 立墙	蜂窝麻面	K1-5 立墙距左侧 2 m 存在 1 处蜂窝麻面，$S=0.6\times0.4$ m^2
25	K1-5 立墙	倾斜	K1-5 立墙整体向大里程侧方向倾斜，与主拱圈连接错位
26	K1-6 立墙	倾斜	K1-6 立墙左侧顶砌体开裂向大里程侧倾斜
27	K1-6 立墙	开裂破损	K1-6 立墙左侧底部 0.6 m 范围内开裂破损严重
28	K1-6 立墙	开裂	K1-6 立墙底部距左侧 0.6 m 砌体开裂，$L=0.4$ m，$d=0.5$ mm
29	K1-6 立墙	开裂外鼓	K1-6 立墙勾缝开裂脱落，墙体向两侧外鼓
30	K1-6 立墙	破损	K1-6 立墙砌体破损，$S=0.6\times0.2$ m^2
31	K1-6 立墙	开裂	K1-6 立墙底部距右侧 0.2 m 处开裂
32	K1-6 立墙	断裂	K1-6 立墙上横梁距右侧 0.7 m、距左侧 1 m 和 1.6 m 处共存在 3 处断裂
33	拱上侧墙	脱裂	拱上侧墙与主拱圈在 $L/4$ 到拱顶范围内脱裂
34	右侧拱上侧墙	灰缝脱落	右侧拱上侧墙灰缝脱落
35	左侧拱上侧墙	灰缝脱落	左侧拱上侧墙灰缝脱落
36	左侧拱上侧墙	开裂	左侧拱上侧墙在 3#立墙上方开裂

3．下部结构检测

该桥全桥共计 2 个桥台，0#桥台砌体灰缝剥落、渗水钙化，墩台基础良好。

4．混凝土构件检测

本桥选取 K1 跨主拱圈拱腹外包混凝土层，按照《回弹法检测混凝土抗压强度技术规程》（DB37/T 2366—2013）要求，进行混凝土强度检测。由于《回弹法检测混凝土抗压强度技术规程》（DB37/T 2366—2013）适用混凝土的龄期为 7～1 000 天，而该桥主拱圈混凝土的龄期已经远远超过了规范要求，因此本次主拱圈强度检测结果仅供参考。测得本桥各主要混凝土构件碳化深度平均值为 2.0 mm。钢筋保护层厚度大于 40 mm，测区内钢筋有锈蚀活动性，但锈蚀状态不确定，可能坑蚀。

5．其他检测项目检测

桥面线形测量结果来看，本桥桥面线形较为平顺，1#台侧偏低，桥面左右侧高程基本一致。本桥实测的左右侧拱轴线形较为平滑，线形对比一致性较好，未发现线形的突变及异常情况。

（八）桥梁技术状况评定

根据《公路桥梁技术状况评定标准》（JTG/T H21—2011）的相关规定，对该桥的桥面、上部结构、下部结构和全桥进行技术状况评分。具体评分方法如下：

桥梁构件的技术状况评分，按下式计算：

$$PMCI_l(BMCI_l 或 DMCI_l) = 100 - \sum_{x=1}^{k} U_X \tag{4-5}$$

桥梁部件的技术状况评分，按下式计算：

$$PCCI_i = \overline{PMCI} - (100 - PMCI_{\min})/t \tag{4-6}$$
$$BCCI_i = \overline{BMCI} - (100 - BMCI_{\min})/t$$
$$DCCI_i = \overline{DMCI} - (100 - DMCI_{\min})/t$$

桥梁上部结构、下部结构、桥面系技术状况评分，按下式计算：

$$SPCI(SBCI 或 BDCI) = \sum_{i=1}^{m} PCCI_i(BCCI_i 或 DCCI_i) \times W_i \tag{4-7}$$

桥梁总体的技术状况评分，按下式计算：

$$D_r = BDCI \cdot W_D + SPCI \cdot W_{SP} + SBCI \cdot W_{SB}$$

式中：W_D、W_{SP}、W_{SB}——桥面系、上部结构和下部结构在全桥中的权重。

1．桥面系技术状况 BDCI 评分

桥面系技术状况 BDCI 评分如表 4-15 所示。

表 4-15　桥面系技术状况 BDCI 评分表

构件名称	构件数	损坏类型	标度	病害描述	扣分值 DP_{ij}
桥面铺装	1	开裂	2类	K1跨铺装多条纵横向裂缝	25
		磨损	2类	K1跨桥面铺装轻微磨损露骨	25
		破损	2类	1#台接线开裂破损	25
伸缩缝	1	锚固区破损	2类	0#台伸缩缝锚固区破损	25
		型钢缺失	2类	0#台伸缩缝型钢缺失	25
		堵塞	—	1#台伸缩缝堵塞	/
	1	锚固区破损	2类	1#台伸缩缝锚固区破损	25
		型钢缺失	2类	1#台伸缩缝型钢缺失	25
		高差	2类	1#台伸缩缝存在高差，大里程侧高，$H=1.4$ cm	25
人行道	2	破损	2类	左右侧人行道存在开裂破损	25
栏杆	2	—	1类	栏杆未见明显病害	0
排水系统	1	—	1类	排水系统未见明显病害	0
照明、标志	1	污损	2类	标志表面有污渍、不清晰	25
桥面铺装评分				$DCCI_1 = 52.8$	
伸缩缝评分				$DCCI_2 = 52.6$	
人行道系统评分				$DCCI_3 = 72.5$	
栏杆、护栏系统评分				$DCCI_4 = 100$	
排水系统评分				$DCCI_5 = 100$	
照明、标志系统评分				$DCCI_6 = 75.0$	
桥面系评分				$BDCI = 0.40 \times 52.8 + 0.25 \times 52.6 + 0.10 \times 72.5 + 0.10 \times 100 + 0.10 \times 100 + 0.05 \times 75 = 65.3$	

根据《公路桥梁技术状况评定标准》（JTG/T H21—2011）的规定，计算出桥面系技术状况评分 BDCI 值。由表 4-15 可以得出桥面系技术状况 BDCI 值为 65.3 分，桥面系的技术状况等级为 3 类。

2．上部结构技术状况 SPCI 评分

上部结构技术状况 SPCI 评分如表 4-16 所示。

表 4-16　上部结构状况 SPCI 评分表

构件名称	构件数	损坏类型	标度	病害描述	扣分值 DP_{ij}
主拱圈	1	开裂	3类	主拱圈加固层混凝土有多条裂缝	45
		渗水钙化	2类	主拱圈存在渗水钙化	20
拱上结构	3	渗水钙化	2类	K1-1、K1-5、K1-8 腹拱圈渗水钙化	25

续表

构件名称	构件数	损坏类型	标度	病害描述	扣分值 DP_{ij}
拱上结构	4	渗水钙化	2 类	K1-2、K1-4、K1-6、K1-7 腹拱圈渗水钙化	25
		开裂	2 类	K1-2、K1-4、K1-6、K1-7 腹拱圈开裂	25
	1	渗水钙化	2 类	K1-3 腹拱圈渗水钙化	25
		开裂	3 类	K1-3 腹拱圈开裂	40
	1	脱落	2 类	K1-1 立墙脱裂	35
	1	倾斜	4 类	K1-2 立墙倾斜，影响行车	60
		渗水	2 类	K1-2 立墙渗水	25
	1	渗水	2 类	K1-3 立墙渗水	25
	1	—	1 类	K1-4 立墙未见明显病害	0
	1	倾斜	4 类	K1-5 立墙倾斜，影响行车	60
		渗水	2 类	K1-5 立墙渗水	25
		开裂	2 类	K1-5 立墙开裂	25
	1	倾斜	4 类	K1-6 立墙倾斜，影响行车	60
		开裂	3 类	K1-6 立墙开裂	40
	1	开裂	2 类	右侧拱上侧墙开裂	25
	1	脱裂	3 类	左侧拱上侧墙与主拱圈脱裂	45
		开裂	2 类	左侧拱上侧墙开裂	25
主拱圈评分				$PCCI_1 = PMCI_2 = 47.2$	
拱上结构部分评分				$PCCI_2 = 28.2$	
上部结构评分				$SPCI = 0.78 \times 47.2 + 0.22 \times 28.2 = 43.0$	

根据《公路桥梁技术状况评定标准》（JTG/T H21—2011）的规定，计算出本桥上部结构技术状况评分 SPCI 值。由表 4-16 可以得出上部结构的技术状况 SPCI 值为 43.0 分，上部结构的技术状况等级为 4 类。

3．下部结构技术状况 SBCI 评分

下部结构技术状况 SBCI 评分如表 4-17 所示。

表 4-17　下部结构状况指数 SBCI 评定表

部件名称	构件数	损坏类型	标度	病害描述	扣分值 DP_{ij}
桥台	1	渗水	2 类	0#桥台雨水侵蚀，草木滋生	25
		剥落	2 类	0#桥台砌石灰缝剥落	25
	1	—	1 类	1#桥台未见明显病害	0
墩台基础	2	—	1 类	基础未见明显病害	0

续表

部件名称	构件数	损坏类型	标度	病害描述	扣分值 DP_{ij}
河床	1	—	1 类	河床未见明显病害	0
桥台评分			\multicolumn{2}{c}{$BCCI_1 = 77.1$}	
墩台基础评分			\multicolumn{2}{c}{$BCCI_2 = 100$}	
河床评分			\multicolumn{2}{c}{$BCCI_3 = 100$}	
下部结构评分			\multicolumn{2}{c}{$SBCI = 0.46 \times 77.1 + 0.43 \times 100 + 0.11 \times 100 = 89.4$}	

根据《公路桥梁技术状况评定标准》(JTG/T H21—2011)的规定，计算出该桥下部结构技术状况评分 SBCI 值。由表 4-17 可以得出下部结构的技术状况 SBCI 值为 89.4 分，下部结构的技术状况等级为 2 类。

4．桥梁总体的技术状况 D_r 评分

桥梁总体的技术状况 D_r 评分如表 4-18 所示。

表 4-18 桥梁总体技术状况 Dr 评分计算表

D_r 计算值	技术状况等级	技术状况描述
$D_r = 65.3 \times 0.20 + 43.0 \times 0.40 + 89.4 \times 0.40 = 66.0$	4 类（部件最差）	主要构件有大的缺损，严重影响桥梁使用功能；或影响承载能力，不能保证正常使用

根据表 4-18，该桥技术状况评分为 66.0，其中上部结构技术状况等级为 4 类，并考虑到该桥上部结构主拱圈外包混凝土存在多条横向贯通裂缝，拱上结构腹拱圈多处砌体断裂，立墙多处倾斜严重，影响桥梁结构正常使用。因此按照部件最差评定原则，全桥技术状况等级综合评定为 4 类桥。

（九）桥梁技术状况等级评定

根据《公路桥梁技术状况评定标准》(JTG/T H21—2011) 的相关规定，对该桥的桥面系、上部结构、下部结构和全桥进行了技术状况评分。结果如下：

桥面系：桥面系技术状况 BDCI 值为 65.3 分，技术状况等级为 3 类。

上部结构：上部结构技术状况 SPCI 值为 43.0 分，技术状况等级为 4 类。

下部结构：下部结构技术状况 SBCI 值为 89.4 分，技术状况等级为 2 类。

全桥：桥梁总体技术状况 D_r 值为 66.0 分，其中上部结构技术状况等级为 4 类，并考虑到该桥上部结构主拱圈外包混凝土存在多条横向贯通裂缝，拱上结构腹拱圈多处砌体断裂，立墙多处倾斜严重，影响桥梁结构正常使用。因此按照部件最差评定原则，全桥技术状况等级综合评定为 4 类桥。

（十）建 议

本桥评定为4类桥梁，有主要构件有大的缺损，严重影响桥梁使用功能；或影响承载能力，不能保证正常使用。根据桥梁的结构特点、现有病害及技术状况等级评定结果，并结合《公路桥涵养护规范》（JTG H11—2004）的相关要求。建议如下：

1．桥面系整修建议

（1）建议对桥面裂缝进行封闭处理。

（2）建议对人行道裂缝、破损处进行处治。

（3）建议对标志进行清洗。

2．上部结构整修建议

（1）建议对主拱圈进行加固处理。

（2）建议对腹拱圈加固层裂缝采用环氧树脂进行注浆封闭处理，主拱圈加固层混凝土剥落进行修复处理。

（3）建议对拱上结构进行拆除重建。

3．下部结构整修建议

建议对桥桥台风化、渗水钙化进行处治。

4．其他建议

（1）建议根据《四川省人民政府办公厅关于加强公路桥梁安全管理的通知》（川办发〔2013〕69号），及时进行交通封闭；

（2）委托专业的设计单位对该桥进行加固或改（重）建设计。

八、预应力钢筋混凝土两跨简支梁桥检测案例

（一）桥梁及工程概况

某预应力混凝土公路桥梁，跨越河流，为2跨整体现浇板，每跨2片，实测桥长29.0 m，宽13.0 m。桥面为水泥混凝土铺装层，桥面组成：0.5 m（栏杆）+ 12.0 m（行车道）+ 0.5 m（护栏）。两侧护栏混凝土钢筋护栏，排水依靠桥面纵横坡进行排水，本桥在1#墩位置处设置型钢伸缩缝。跨径组合为2×13.1 m整体现浇板，横向共2片。桥梁下部结构为重力式混凝土桥台，扩大基础；三柱式桥墩，桩基础。桥梁横断面图、立面布置图和平面布置图如图4-31～图4-33所示。

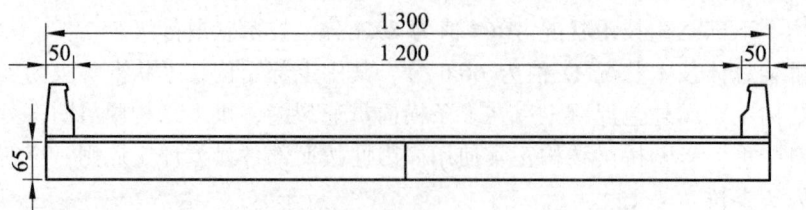

图4-31 桥梁横断面布置图（单位：cm）

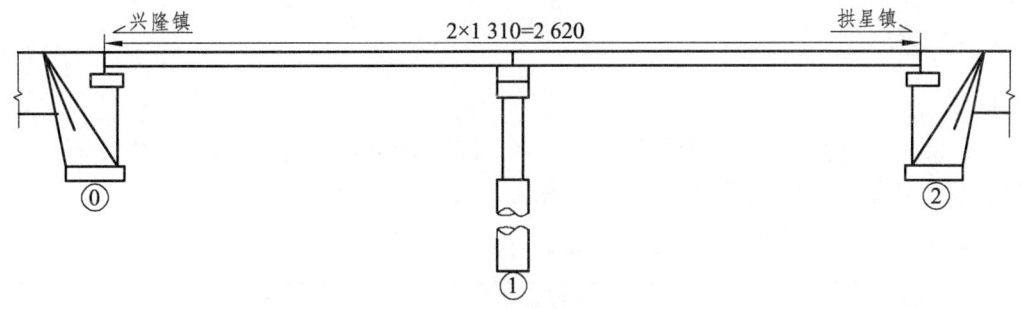

图 4-32　桥梁立面布置图（单位：cm）

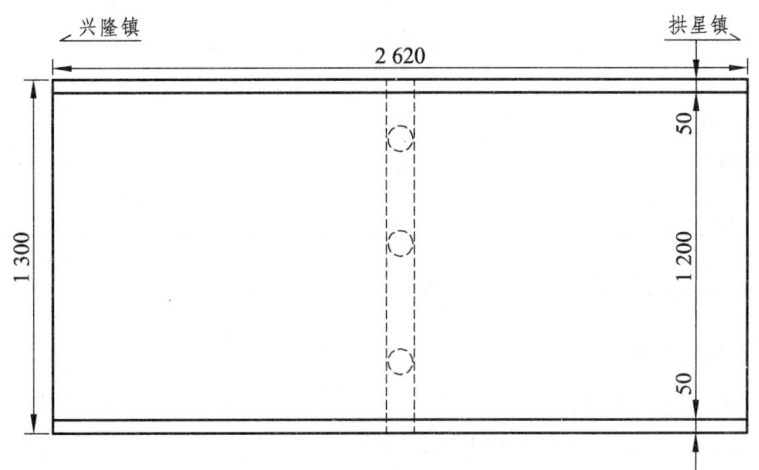

图 4-33　桥梁平面布置图（单位：cm）

为了解该桥的技术状况，对该桥进行结构检测，主要包含桥梁外观缺陷及病害，主要部件混凝土强度，碳化深度，钢筋保护层厚度，裂缝宽度及深度，钢筋锈蚀度，桥面线形及立柱垂直度检测。并结合各项检测成果，得出全桥检测结论并给出桥梁技术状态评定和维护加固建议。

（二）依据标准

1．检测依据

（1）《公路养护技术规范》（JTG H10—2009）；

（2）《公路桥涵养护规范》（JTG H11—2004）；

（3）《回弹法检测混凝土抗压强度技术规程》（DB37/T 2366—2013）；

（4）《工程测量规范》（GB 50026—2007）；

（5）《混凝土中钢筋检测技术规程》（JGJ/T 152—2019）；

（6）《公路桥梁承载能力检测评定规程》（JTG/T J21—2011）。

2．评定依据

《公路桥梁技术状况评定标准》（JTG/T H21—2011）。

（三）桥梁检测

1．桥面系检测

该桥桥面采用水泥混凝土铺装层。经检测，该桥桥面铺装目前病害总体情况如下：桥面铺装主要病害为横向裂缝，磨损露骨。病害统计如表4-19所示。

表4-19 桥面铺装层病害统计表

序号	病害类型	病害位置	长	宽
1	横向裂缝	0#台接线左侧，3条	$L_{均}=4.0$ m	—
2	横向裂缝	K1跨铺装处，1条	$L=12.0$ m	—
3	横向裂缝	K2跨铺装在2#台处，1条	$L=12.0$ m	—
4	横向裂缝	K2跨铺装2#台接线右侧，1条	$L_{均}=7.0$ m	—
5	磨损露骨	K1铺装	$L=12.0$ m	$L=13.0$ m
6	磨损露骨	K2铺装	$L=12.0$ m	$L=13.0$ m

此外，该桥伸缩缝堵塞，护栏良好，该桥标识标线磨损严重。

2．上部承重构件病害检测

经检测，该桥上部承重构件主要病害为纵向裂缝、横向裂缝、露筋锈蚀。

上部承重构件病害统计如表4-20所示。

表4-20 上部承重构件病害统计表

序号	病害位置	病害类型	病害描述
1	K1-1#梁	纵向裂缝	距0#台右侧2.8 m，且伴有渗水钙化，$L=8.5$ m
2	K1-1#梁	纵向裂缝	距1#台右侧5.0 m，且伴有渗水钙化，$L=8.0$ m
3	K1-2#梁	纵向裂缝	距1#墩0.5 m，且伴有渗水钙化，$L=1.0$ m
4	K1-2#梁	纵向裂缝	距1#墩0.1 m，$L=7.0$ m且伴有渗水钙化
5	K1-2#梁	纵向裂缝	距1#墩1.8 m，$L=11.0$ m且伴有渗水钙化
6	K2-1#梁	纵向裂缝	距K2-1#梁左侧2.3 m距1#墩0.1 m，$L=11.0$ m且伴有渗水钙化
7	K2-1#梁	纵向裂缝	距K2-1#梁左侧3.3 m距1#墩0 m，$L=11.0$ m且伴有渗水钙化
8	K2-1#梁	纵向裂缝	距K2-1#梁左侧4.0 m距1#墩8.0 m，$L=5.0$ m且伴有渗水钙化
9	K2-1#梁	纵向裂缝	距K2-1#梁左侧4.8 m距1#墩8.0 m，$L=2.0$ m且伴有渗水钙化
10	K2-2#梁	纵向裂缝	距K2-2#梁左侧1.0 m距1#墩4.0 m，$L=6.0$ m且伴有渗水钙化
11	K2-2#梁	纵向裂缝	距K2-2#梁左侧2.0 m距1#墩2.0 m，$L=9.0$ m且伴有渗水钙化
12	K2-2#梁	纵向裂缝	距K2-2#梁左侧2.8 m距1#墩4.0 m，$L=6.0$ m且伴有渗水钙化
13	K2-2#梁	纵向裂缝	距K2-2#梁距1#墩7.0 m，$L=6.0$ m且伴有渗水钙化
14	K1-1#梁	纵向贯通裂缝	距右侧2.2 m，$L=13.0$ m且伴有渗水钙化

续表

序号	病害位置	病害类型	病害描述
15	K1-1#梁	纵向贯通裂缝	距右侧 2.8 m, $L = 13.0$ m 且伴有渗水钙化
16	K2-1#梁	纵向贯通裂缝	距左侧 0.4 m, $L = 13.0$ m 且伴有渗水钙化
17	K2-1#梁	纵向贯通裂缝	距左侧 1.3 m, $L = 13.0$ m 且伴有渗水钙化
18	K2-2#梁	纵向贯通裂缝	距左侧 3.8 m, $L = 13.0$ m
19	K2-1#梁	横向裂缝	距 K2-1#梁左侧 5.0 m 距 1#墩 7.0 m 间隔 0.3 m,共 6 条, $L_{均} = 0.3$ m
20	K2-2#梁	露筋锈蚀	距 1#墩 6.0 m, $S = 1.2 \times 0.4$ m^2
21	K2-2#梁	露筋锈蚀	距 1#墩 5.0 m, $S = 4 \times 0.1 \times 0.1$ m^2

此外,该桥支座主要病害为两侧桥台支座老化,中间墩支座良好。下部结构桥台主要病害为渗水,桥墩主要病害为剥落露筋,混凝土离析。墩台基础状况良好,无明显病害。

混凝土构件强度及碳化深度检测状况良好,钢筋锈蚀检测表明测区内钢筋目前有锈蚀活动性,但锈蚀状态不确定,可能坑蚀。

桥面线形测量结果来看,桥面基本平整,纵坡明显,左右侧标高基本一致。

(四)桥梁技术状况评定

根据《公路桥梁技术状况评定标准》(JTG/T H21—2011)的相关规定,对该桥的桥面、上部结构、下部结构和全桥进行技术状况评分。

桥面系技术状况 BDCI 评分如表 4-21 所示。

表 4-21 桥面系技术状况 BDCI 评分表

构件名称	构件数	损坏类型	标度	病害描述	扣分值 DP_{ij}
桥面铺装	2	裂缝	2 类	K1、K2 桥面铺装层横向裂缝,共 4 条	25
		磨损露骨	2 类	K1,K2 桥面铺装层露骨	25
伸缩缝	1	堵塞	1 类	1#墩伸缩缝堵塞	0
栏杆、护栏	2	—	1 类	护栏无明显病害	0
防排水系统	1	—	1 类	防排水系统无明显病害	0
照明、标志	1	磨损	2 类	标线磨损严重	20
桥面铺装评分				$DCCI_1 = 57.9$	
伸缩缝评分				$DCCI_2 = 100$	
栏杆、护栏评分				$DCCI_3 = 100$	
防排水系统评分				$DCCI_4 = 100$	
照明、标志评分				$DCCI_5 = 80$	
桥面系评分				$BDCI = 0.44 \times 57.9 + 0.28 \times 100 + 0.11 \times 100 + 0.11 \times 100 + 0.06 \times 80 = 80.3$	

根据《公路桥梁技术状况评定标准》(JTG/T H21—2011)的规定，计算出桥面系技术状况评分 BDCI 值。由表 4-21 可以得出桥面系技术状况 BDCI 值为 80.3 分，桥面系的技术状况等级为 2 类。

上部结构技术状况 SPCI 评分如表 4-22 所示。

表 4-22 上部结构状况 SPCI 评分表

构件名称	构件数	损坏类型	标度	病害描述	扣分值 DP_{ij}
上部承重构件	3	开裂	2 类	K1-1#梁、K1-2#、K2-1#梁开裂且伴渗水钙化现象	35
	1	露筋锈蚀	2 类	K2-2#梁 2 处露筋锈蚀	25
		开裂	2 类	K2-2#梁开裂且伴渗水钙化现象	35
支座	4	老化	2 类	0#台、2#台支座老化	25
	4	—	1 类	1#墩支座未见明显病害	0
上部承重构件评分				$PCCI_1 = 55.5$	
上部一般构件评分				$PCCI_2 = 100.0$	
支座评分				$PCCI_3 = 84.6$	
上部结构评分				$SPCI = 0.70 \times 55.5 + 0.18 \times 100.0 + 0.12 \times 84.6 = 67.0$	

根据《公路桥梁技术状况评定标准》(JTG/T H21—2011)的规定，计算出本桥上部结构技术状况评分 SPCI 值。由表 4-22 可以得出上部结构的技术状况 SPCI 值为 67.0 分，上部结构的技术状况等级为 3 类。

下部结构技术状况 SBCI 评分如表 4-23 所示。

表 4-23 下部结构状况指数 SBCI 评定表

部件名称	构件数	损坏类型	标度	病害描述	扣分值 DP_{ij}
桥台	2	渗水	2 类	0#台、2#台台帽均被雨水侵蚀	25
	2	—	1 类	台身无明显病害	0
桥墩	1	破损露筋	2 类	1#墩破损露筋，$S = 1.2 \times 0.3$ m²	25
	1	离析	2 类	1-2#立柱离析，$S = 0.2 \times 0.1$ m²	25
	2	—	1 类	1-1#、1-3#立柱未见明显病害	0
墩台基础	3	—	1 类	无明显病害	0
河床	1	—	1 类	无明显病害	0
锥坡、护坡	2	—	1 类	无明显病害	0
桥台评分				$BCCI_1 = 84.9$	
桥墩评分				$BCCI_2 = 84.9$	
墩台基础评分				$BCCI_3 = 100$	
河床评分				$BCCI_4 = 100$	
锥坡、护坡评分				$BCCI_5 = 100$	
下部结构评分				$SBCI = 0.31 \times 84.9 + 0.31 \times 84.9 + 0.29 \times 100 + 0.07 \times 100 + 0.02 \times 100 = 90.6$	

根据《公路桥梁技术状况评定标准》（JTG/T H21—2011）的规定，计算出该桥下部结构技术状况评分 SBCI 值。由表 4-23 可以得出下部结构的技术状况 SBCI 值为 90.6 分，下部结构的技术状况等级为 2 类。

桥梁总体的技术状况 D_r 评分如表 4-24 所示，桥梁技术状况评分为 79.1 分，有中等缺损，尚能维持正常使用功能，按照《公路桥梁技术状况评定标准》（JTG/T H21—2011）4.1.8 条的规定，将其评定为 3 类。

表 4-24　桥梁总体技术状况 D_r 评分计算表

D_r 计算值	技术状况等级	技术状况描述
$D_r = 67.0 \times 0.40 + 90.6 \times 0.40 + 80.3 \times 0.20 = 79.1$	3 类	有中等缺损，尚能维持正常使用功能

第三节　桥梁承载能力的鉴定

随着我国公路运输业的迅猛发展，为满足国家大型工程项目和国防建设的需求，一些超大型不可解体设备必须经过公路运输到达指定工地，因此就出现了超限运输车辆。超限车辆能否安全通行，取决于通行线路的道路和桥梁的技术状况。桥梁由于设计荷载等级的限制，特别是早期修建的桥梁，荷载等级均不能满足超重设备运输的需要；另一方面，现有桥梁由于设计、施工和养护等各个方面的原因，存在不同程度的缺损，同时一些老旧桥梁由于设计标准偏低、年代较久、长期超负荷运营等原因造成承载能力严重不足。超限车辆通行将会引起桥梁出现一定程度的损坏，甚至发生重大安全事故。

判断桥梁承载力是组织大件运输，特别是运输百吨以上的货物工作中的关键性问题。现有桥梁承载力不够的，若加固或新建，需要较长的工程期限，甚至长达 1~2 年。判断桥梁承载力在大件运输准备工作之始，首先要加以解决。比如通过现场实地对质量、外观变形的检查，分析原始设计、施工技术资料，选定平板车并验算运输荷载等，通过综合分析，做出基本判断。

实际工作中遇到的难以判断其承载力的桥梁是：结构情况不明的旧桥、施工质量有缺陷的、有显著变形、裂缝等情况的、承载力有疑问的。比如，某板式桥在施工中，上部混凝土试件强度低于设计要求甚多，另如，灌注桩施工中发生过断桩等的事故。这类桥梁在通行超重车辆前，都必须对其承载能力进行评定。

一、桥梁承载能力评估方法

运输线路选定后，确定大件运输车辆能否通过桥梁的关键是由专业技术人员对沿线桥梁结构、目前的技术状况进行详细的检查和评价。评价应主要针对桥梁的主要承重构件进行检查，了解桥梁的损伤与病害状况，从而为下一步进行的结构计算及结构数据分析提供一定依据。其内容应包括：主要受力构件的材质、裂缝状况与分布、受力钢筋锈蚀状况、支座工作状况、桥面铺装状况等。

为了减小大件运输车辆通行时对桥梁造成的损伤,保证桥梁安全、高效地完成运输任务,必须实现对桥梁结构承载能力的快速评估,以决定是否需要采取临时加固或其他补强措施。多年来,国内外的桥梁工作者们一直致力于研究既有桥梁承载能力的评定方法,在各自的工程实践和研究中提出了各种评定方法,主要包括基于实桥调查的经验方法、荷载试验方法、设计理论法、实际荷载验算法、等代荷载判别法、非线性理论法等。其中实际荷载验算法、等代荷载判别法由于其快速、简便的特性,在大件运输中应用得最为广泛。

(一) 实际荷载检算法

在我国规范方法的基础上,大件运输车辆过桥承载能力的检算多采用实际荷载检算法(内力效应比较分析法)进行。"内力效应比较法"计算采用三种荷载模式:第一是大件运输车辆荷载,由于运输车辆过桥时原则上都会靠桥梁中线慢速通行,而且车辆在桥上不得制动、停留或启动,因此计算荷载效应时可不计冲击系数;第二是桥梁设计时所采用的汽车设计荷载标准,按照规范的规定,汽车车队荷载需计算其冲击系数;第三是桥梁设计时所采用的挂车或履带车的设计验算荷载标准,按照规范的规定,挂车荷载只需计算偏载系数。

由于上述三种荷载出现的概率不同,应采用不同的荷载效应系数,并且要在考虑了各自荷载效应系数后再进行荷载效应的比较。当大件运输车辆计算的荷载效应小于或等于后两种荷载计算效应较大者时,表示大件运输车辆可以在规定方式下通过桥梁;反之,则不能通过,需对桥梁采取加固措施。采用这种方法时只需了解大件运输车辆选择通行的公路等级,其修建年代及其设计时所采用的荷载标准,而这些简单的信息一般可以从公路管理部门获得。因此"内力效应比较法"具有便于计算、易于操作、实用可靠的优点,但此方法只适用于按有关标准规范正常设计、正常施工和养护的桥梁。

实际荷载检算法就是利用超重车辆产生的构件最不利内力组合与标准荷载作用下的最不利内力组合进行比较判别的方法。在此方法检算中,应考虑超重车过桥时的各种管制措施,主要考虑行驶的横向位置及不允许其他荷载同时作用。由于超重车过桥时不变速、不制动及限速 5 km/h 的要求,因此,在计算时可不计入冲击力影响。

为此,要验算判定桥梁能否通过超重车辆,须按超重车辆的纵向最不利位置算出结构的最不利内力值,并考虑横向分布的影响,然后再与桥梁标准荷载产生的内力进行比较判别。

如某桥上部结构跨径组合为 20 m + 27 m + 27 m + 20 m 的预应力混凝土箱梁,设计荷载等级为汽-20、挂-100,需通行载质量 118 t 的 12 轴组合 800 t 平板车,后经验算,27 m 主梁通行重车时梁钢筋最大拉应力为 σ_{max} = 551.5 MPa,而梁底混凝土下缘最大拉应力 σ_{max} = −0.04 MPa,因此其钢筋应力已接近容许应力 562.5 MPa,而梁底混凝土应力已小于零,说明出现拉应力。对预应力混凝土梁来说,这是不允许的。所以,通行重车前必须对桥梁采取加固措施,方能满足重车安全通行的要求。

(二) 等代荷载判别法

采用等代荷载判别法可比较迅速地判别超重车辆过桥的可能性,是一种比较实用的方法。这一方法就是在同一跨径(或荷载长度)用同一种影响线分别计算出超重车和标准车的等代荷载,将两者进行比较,以判别超重车辆能否安全通过桥梁或桥梁是否需要进行加固。在超重车运输要求时间紧、计算量大的情况下，可采用此法进行粗略判断。这要求在检算时应对桥梁的实际载重能力作切合实际的评价，并用一定的标准荷载等级表示其承载能力。

对不同形式的荷载以及各种类型的桥梁，虽然其结构体系（静定或超静定）、影响线形状、结构评定的荷载标准均不相同，但只要按照相同跨径（或荷载长度）和相同影响线线形转化成均布荷载，就可直接进行比较。

三角形影响线是最简单的影响线线形，当加载长度和三角形顶点位置相同时，不论最大纵坐标数值的大小，两个三角形的性质彼此相同。而利用三角形影响线的等代荷载来计算其他线形影响线的等代荷载时，其换算系数在同一荷载长度是不变的，所以，比较同一荷载长度的两个其他线形影响线等代荷载的大小时，只要直接比较同一荷载长度的两个三角形等代荷载的大小就可以判别。

二、桥梁通过能力的判别原则

超重车辆能否安全通过桥梁，首先对其通过能力进行判别，以便为桥梁的加固处理提供可行的方案。一般情况下，当对桥梁承载能力做出评价后，可采用下式对其通行能力进行判别：

$$\eta = \frac{S_{大件} - S_{标准}}{S_{标准}} \times 100\%$$

其中：$S_{大件}$ ——大件车辆产生的截面内力（或大件车辆等代荷载）；

$S_{标准}$ ——标准荷载产生的截面内力（或标准荷载等代荷载）。

其判别标准为：

当 $\eta \leqslant 0$ 时，大件车辆可以安全通过桥梁；

当 $0 < \eta \leqslant 5\%$ 时，大件车辆容许通过桥梁；

当 $\eta > 5\%$ 时，大件车辆不能安全通过桥梁。

当 $\eta \leqslant 0$ 时，考虑到桥梁设计时结构安全系数带来的冗余承载能力，需对桥梁进一步进行承载能力验算，以准确判断桥梁的承载力。得到结构抗力后，需根据桥梁的实际状况，对结构的抗力进行折减或提高。

第四节 梁桥加固方法

若超限车辆不能安全通过桥梁，就必须采取可行的加固措施来保障大件运输车辆安全通过。大件运输桥梁加固，应从实际出发，根据原有桥梁结构损坏程度和承载能力的不同，采取相应的加固措施。由于大件运输车辆通行次数相对较少，且加固具有特殊性，因此应尽量采用临时加固措施，同时也要考虑加固构件的回收利用，降低加固成本。

一、粘贴钢板加固

（一）钢板制作

（1）钢板下料宜采用工厂自动、半自动切割方法，切割边缘表面光滑，无毛刺、咬口及翘曲等缺陷。

（2）钢板粘合面可用喷砂或平砂轮打磨直至露出金属光泽，打磨纹路应与钢板受力方向垂直，钢板粘结面应有一定的粗糙度；钢板外露面必须除锈至呈现金属光泽并保持干燥。

（3）按锚栓设计位置对钢板钻孔，孔的边缘应清除毛刺。

（二）胶粘剂

胶粘剂应满足设计要求的各项力学指标和耐久性要求。其质量应符合现行《公路桥梁加固设计规范》（JTG/T J22—2008）第 4 章的相关规定。

（三）植螺栓

（1）采用植筋法安装螺栓时，应采用与螺栓直径配套的钻头进行钻孔。螺栓的成孔直径参照桥梁施工技术规范确定。

（2）在钻孔前应探明钢筋位置，并作标记，当钻孔与钢筋位置冲突时，适当调整孔位，并按调整的孔位安装钢板。

（3）钻孔应清理干净，保持干燥，不得有油污。

（4）植螺栓的施工工艺参照桥梁施工技术规范附录 B 执行。

（四）钢板的安装与锚固

（1）钢板粘贴应选择在干燥环境下进行。

（2）将配好的胶粘剂均匀地涂抹在清洁的混凝土和钢板条粘结面上。立面涂胶应自上而下地进行。

（3）钢板条粘结面上的抹胶可中间厚两边薄，板的中央涂抹胶的厚度为 3～5 mm。将钢板平稳对准螺栓孔并迅速拧紧螺帽，使钢板与混凝土紧密粘合，清除挤出的多余胶粘剂。钢板加压的顺序应由中间向两边对称进行。

（4）钢板厚度大于 5 mm 时，采用压力注胶粘结，先用封边胶将钢板周围封闭，留出排气孔，在钢板低端粘贴注浆嘴并通气试漏后，以不小于 0.1 MPa 的压力压入胶粘剂，当排气孔出现浆液后停止加压，并用封边胶封堵，再以较低压力维持 10 min 以上。

（五）表面防护

加固所用的钢板应按设计要求进行涂装防护处理。

二、粘贴纤维复合材料加固

（一）底层处理

（1）用裂缝修补胶灌注结构裂缝，其施工工艺应符合桥梁施工技术规范第 5 章第 2 节的相关规定。

（2）将混凝土表面剥落、疏松、蜂窝、腐蚀等劣化部分清除，并进行清洗、打磨，待表面干燥后，用修补材料将混凝土表面凹凸部位修复平整。如果有毛刺，应用砂纸打磨。找平面用手触摸感觉干燥后，才能进行下一工序的施工。

（3）粘贴处阳角应打磨成圆弧状，阴角以修补材料填补成圆弧倒角，圆弧半径不应小于 25 mm。

（二）涂刷底胶

（1）调制好的底胶应及时使用，用一次性软毛刷或特制滚筒将底胶均匀涂抹于混凝土表面，不得漏刷、流淌或有气泡。待底胶固化后检查涂胶面，如涂胶面上有毛刺，应用砂纸打磨平顺，如胶层被磨损，应重新涂刷，固化后方可进行下一道工序。

（2）底胶固化后应尽快进行下一道工序，若涂刷时间超过 7 天，应清除原底胶，用砂轮机磨除，重新涂抹。

（三）粘贴纤维复合材料

（1）雨天或空气潮湿条件下不宜施工。使用玻璃纤维复合材料时，相对湿度不宜大于80%。如确需在潮湿的构件上施工，必须烘干构件表面或采用专门的胶粘剂。

（2）纤维复合材料的粘贴工作宜在 5~35 ℃ 环境温度条件下进行，胶粘剂的选用应满足使用环境温度的要求。

（3）在待加固的混凝土表面按照设计图纸放样，确定纤维复合材料各层的位置。

（4）按照设计尺寸裁剪纤维复合材料，纤维复合材料的搭接长度不宜小于 100 mm，搭接位置宜避开主要受力区。裁剪的纤维布材必须呈卷状妥善摆放并编号。已裁剪的纤维复合材料应尽快使用。

（5）粘贴纤维复合材料前应对混凝土表面再次拭擦，确保粘贴面无粉尘。混凝土表面涂刷胶粘剂时应做到胶体不流淌，胶体涂刷不出控制线，涂刷均匀。

（6）粘贴立面纤维复合材料时应按照由上到下的顺序进行。用滚筒将纤维复合材料从一端向另一端滚压，除去胶体与纤维复合材料之间的气泡，让胶体渗透到纤维复合材料，浸润饱满。选用的滚筒应在滚压过程中不产生静电作用。

（7）当采用多条或多层纤维复合材料加固时，在前一层纤维布表面用手指触摸感到干燥后要立即涂胶粘剂粘贴后一层纤维复合材料。

（8）最后一层纤维复合材料施工结束后，在其表面均匀涂抹一层浸渍树脂（面层防护），自然风干。

（9）对于受弯构件，宜在受拉区沿轴向平直粘贴纤维复合材料进行加固补强，并在主纤维方向的断面端部进行锚固处理。

（10）当采用碳纤维板加固时，不宜搭接，应按设计尺寸一次完成下料。

三、改变结构体系加固

(一) 增加支点

1．增加支座

按设计位置修建新桥墩，并对支点处梁体进行加固补强。在墩台帽上用千斤顶同步顶升主梁，安放支座，然后撤出千斤顶。顶升梁体安装支座的技术要求应符合《公路桥涵施工技术规范》(JTG/T 3650—2020) 第 6 章第 11 节的规定。

2．支点固结

新建桥墩与梁体固结，应按设计布置钢筋或预应力筋。固结部位与梁的接触面均应进行凿毛，清除浮渣，洒水湿润，并用干硬性混凝土浇筑。其施工技术要求应符合现行《公路桥涵施工技术规范》(JTG/T 3650—2020) 的规定。

(二) 简支变连续

(1) 凿除原桥面铺装和梁端部混凝土，使主筋外露。连接梁端钢筋并在梁顶增设受力钢筋，如采用植筋工艺，可参照桥梁施工技术规范附录 A 的要求执行。采用挤压套筒连接钢筋时，应按照《钢筋机械连接技术规程》(JGJ 107—2016) 相关要求执行。

(2) 简支变连续采用预应力时，可在梁顶凿槽布设波纹管道，按设计要求焊接梁端的连接钢筋，安装预应力束和锚具，待连接混凝土达到设计强度后进行张拉。

(3) 当双支座改为单支座时，墩顶新支座安装一般与接缝底模安装同时进行，其施工技术要求应符合现行《公路桥涵施工技术规范》(JTG/T 3650—2020) 的规定。

(4) 浇筑连接缝处混凝土。混凝土骨料粒径不宜大于 20 mm。混凝土浇筑宜选择在温度较低时间段进行。

(三) 改变结构

通过增加构件变原结构为组合结构，其施工技术要求应符合现行《公路桥涵施工技术规范》(JTG/T 3650—2020) 的相关规定。

四、"桥上桥"加固法

桥上桥是采用组合钢架在原有的桥梁上再架一座桥的方法。该技术一方面通过组合钢架两端的支垫将荷载直接传给公路路面，另一方面利用原有桥梁基础和上部结构部分地参与受力，既将原有桥梁受力控制在安全范围以内，又满足了通过能力。桥上桥根据跨径不同有着不同的结构形式，安装方便，适应性强，是重大件运输中比较常用的一种桥梁加固方法。

"桥上桥"技术在目前众多旧桥加固方法中是速度最快、施工最简便、投资最少的一种方法，特别适合于大型设备公路运输中对承载力不足的低等级或破损桥梁的临时加固，也适合于铁路建设中重型设备运输、重型施工车辆通过低等级或破损桥梁的临时加固。

"桥上桥"的技术原理是：对于承载力不足的桥梁，通过在原有桥梁上架设新的桥梁结构来承受车辆荷载，确保车辆通行前后不对原桥产生损害。传统的"桥上桥"加固方法是直接利用新桥来承受车辆荷载，这种方法没有利用原桥的剩余承载力，造成新桥设计尺寸偏大，加固代价高，若在"桥上桥"加固时在原桥与新桥梁结构之间设置一定的荷载传递方式，让原桥分担一部分车辆荷载，既能降低新桥的造价，又能提高"桥上桥"结构整体的承载能力极限值。原桥与新建桥梁结构之间最便捷的荷载传递模式是通过临时支点传递，临时支点减小了新建桥梁的活载跨径，将部分活载传递给原桥，这种方法造价低，施工方便，可根据实际情况随时调整。

桥上桥主要的跨越方式包括以下两种。

（一）两端简支桥上桥

采用两端简支，直接跨越受损主梁：适用于跨径较小的桥梁，即在原桥危险跨两端牢固处（一般为桥墩或桥台的位置）设置支座即可架设临时梁，如图4-34所示。计算时只要考虑在钢梁自重和大件荷载作用下，桥梁的跨中挠度是否超过支座高度和规范要求即可。

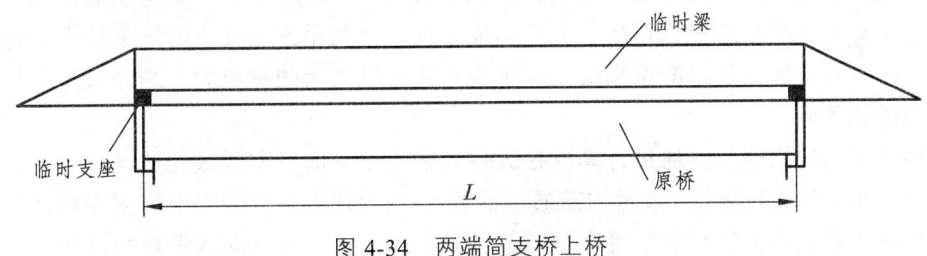

图4-34　两端简支桥上桥

（二）加临时支座桥上桥

在简支方式的基础上，在跨中桥面上加设几个临时支座，形成连续梁，以减小跨径，并可利用原桥主梁的承载能力，如图4-35所示。适用于跨径较大的桥梁，或简支方式无法满足要求的小跨径桥梁。一般加设的支座为1~2个，如果加设过多的支座，其中一些在实际受力过程中可能并不参与工作，还会增加检算的难度。这种跨越方式，又可分为下面两种具体的情况。

1. 全部承载连续梁法

即$\delta=0$时，利用全部的临时支座，一次直接架设成连续梁桥。此法跨中临时支座处将产生较大的支座反力，有可能超过原桥设计荷载。

2. 部分承载连续梁法

即$\delta \neq 0$时，由于中间临时支座低于端支座，所以开始时是由两端支座承载临时梁自重和活载，为简支状态，而当受荷载达到一定的临界状态，挠度达到设定的临界值时，临时梁才与中间的临时支座接触，形成连续梁，来承担剩余的活载。此法较安全，设计合理时能较充分地发挥原桥的承载能力。在以上各种分类的基础上，还可以根据需要利用在临时梁上加预应力筋，施加预应力增加临时梁的承载能力等方法来完善和改进桥上桥方法。

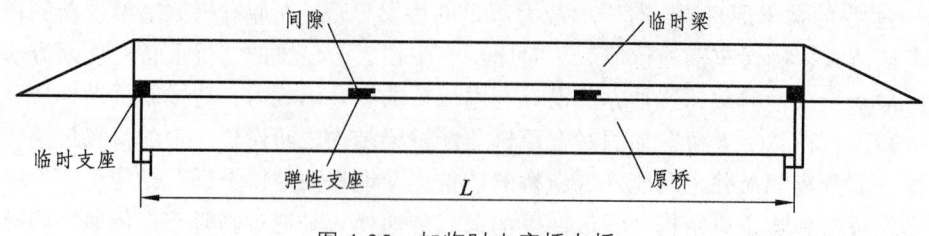

图 4-35　加临时支座桥上桥

五、平衡配重法

平衡配重法根据桥梁结构型式的不同，分为以下两种情况。

（一）连续梁桥

营运期的连续梁桥在自身重力恒载和汽车活载的共同作用下，发生竖向弯曲，跨中截面承受正弯矩，中间支点截面承受负弯矩，而且通常负弯矩绝对值大于正弯矩绝对值，支点负弯矩的存在有利于减小跨中正弯矩。大件运输中往往就利用连续梁桥的这个特性，通过在中间支点截面负弯矩区段进行配重来减小跨中正弯矩区段截面的拉应力，继而减少大件运输车辆引起的荷载效应。

现场实际处理措施是：通过计算，在大件运输车车辆前后方区域的适当位置配置适当数量的普通汽车（车辆的荷载、数量均需通过计算）。当大件车辆行驶至中间支点截面负弯矩区段时，大件车辆前后方区域的配置车辆需行驶到中间支点两边纵向的正弯矩区段；当大件车辆行驶到桥跨正弯矩区段时，配置车辆需行驶到中间支点负弯矩区段，如此的叠加效应，抵消了大件车辆单独过桥时所引起车载效应，使大件运输车辆顺利过桥。配重平衡法原理清晰，能充分发挥桥梁自身的承载能力，成本低，保证了大件运输过桥任务的快速便捷完成。然而，该方法在连续梁桥上的应用受到大件运输车辆的长度及桥梁跨径的影响，其普遍适用性有待提高。

（二）拱　桥

拱桥往往对称布置，桥拱顶弯矩影响线如图 4-36 所示。

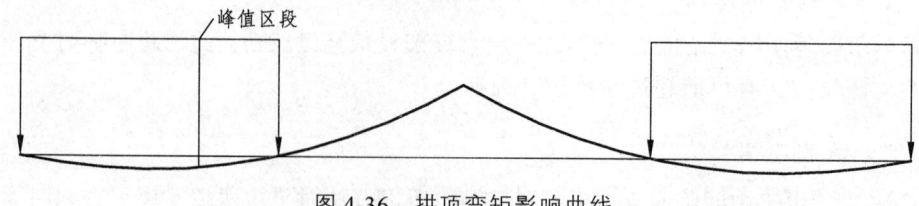

图 4-36　拱顶弯矩影响曲线

对图 4-36 的拱顶弯矩影响线进行分析，根据结构力学影响线原理，如果在拱脚负弯矩区段增加临时荷载，就可减小拱顶的正弯矩从而减少其截面拉应力。大件运输车辆过桥时，有时就利用这个原理来提高车辆过桥的能力,这也是配重平衡方法在拱桥上的一种应用。

具体方法为:当大件运输车辆经过拱桥拱脚负弯矩部位时,用一定数量的临时车辆荷载在拱顶正弯矩区进行压重,以减小拱脚负弯矩;当大件运输车辆经过拱顶正弯矩区域时,用一定数量的临时车辆荷载在拱桥两个拱脚负弯矩部位进行压重,以减小拱顶正弯矩。通常临时配重对大件运输车辆通行拱顶来说是安全的,对拱脚可能不能满足要求,此时可以对拱脚采取临时加固措施。拱脚相对于拱顶更便于加固施工,可节约时间,同时还能改善拱桥的受力特性,有利于提高拱桥的承载能力。该方法的应用,同样受到大件运输车辆的长度及桥梁跨径的影响,且车辆行驶过程中,工况变化较多,实际操作多有不便,其普遍适用性有待提高。

第五节 拱桥加固

桥梁分类方式很多。按用途可以分为公路桥、铁路桥、公铁两用桥、农桥、人行桥、运水桥及其他专用桥梁(如通过管路、电缆等)。按照桥梁结构体系分,可以分为梁式桥、拱式桥、刚架桥、悬索桥、组合体系桥等。拱桥分类方式也很多,按照建筑材料的不同可分为:圬工桥、混凝土拱桥、钢拱桥。我国拱桥数量众多,大件运输在途运输时常要通过拱桥,所以对拱桥的加固就显得尤为重要。

一、圬工拱桥加固

以砖、石、混凝土,圬工材料作为主要建造材料的桥梁。其取材方便且价格低廉,相较于钢筋混凝土结构,节约了水泥和钢材,且一般不用模板,故可节省木材。另外其具有良好的耐久性,维修养护工作量小,抗冲击能力强,振动小。但也具有自重大,强度低,截面尺寸大,砌筑工作繁重,费工费时的缺点。

(一)拱腹增设钢筋混凝土拱圈(套拱)加固

用该种方法进行圬工桥加固时,首先要凿除拱圈剥落、松散、风化表层。套拱施工前应对拱圈的其他缺陷,如砌缝砂浆脱落、裂缝、掉块、空洞等进行修补。

严格按照设计进行原拱腹及拱座植筋,套拱新增钢筋应通过植筋与原拱圈连接牢固。植筋深度按设计确定。植筋与主筋焊接时,应在植筋外露长度15d外施焊;采用搭接时其长度应满足设计要求。

浇筑套拱混凝土前应充分湿润原拱腹面。按设计程序浇筑混凝土,设计程序无明确规定时应按对称、均衡原则进行浇筑。同时,应采取有效措施保证新浇混凝土密实以及与原结构密贴。

(二)拱背增大截面加固

采用拱背增大截面加固法时应按照以下流程进行:

第一，应对拆除拱上建筑后的拱背进行清理，清除掉松散砂浆或已经破损的砌体。

第二，对拱圈缺陷进行修补。拱圈裂缝处理的技术标准要满足桥梁施工相关技术规范要求。

第三，应按照设计进行原拱背及拱座植筋，新拱圈新增钢筋应与原拱圈连接牢固。

第四，混凝土浇筑。浇筑混凝土前应充分湿润原拱背面。施工时，应按设计程序浇筑混凝土，设计无规定时，宜由两拱脚向拱顶对称浇筑。对跨径或宽度较大的拱桥，必要时可沿横向由拱圈中线向两侧对称、分环浇筑。

第五，应按设计要求恢复拱上建筑。

第六，应特别注意的是，施工期间应采取有力措施加快施工进度，做好交通分流工作。

（三）更换砌块

更换砌块是常用的圬工桥修复加固方式。清理破损的砌块后应及时进行修补，必要时应采用临时支撑。更换破损的砌块应逐个或小批量分次进行，修补砌块的材质、色泽与原拱应尽量统一，且修补用砌块强度指标不应低于原砌块。

新砌块就位后应用楔子固定，并用干硬性砂浆砌筑，砂浆标号应高于原砂浆一级。

二、钢筋混凝土拱桥加固

钢筋混凝土拱桥是我国公路桥梁上非常重要的桥型之一，并且随着交通建设的进一步发展，钢筋混凝土拱桥的建设数量将会不断增加。然而伴随着交通事业的发展，交通量也在迅速增大，车辆荷载也在不断增大。既有钢筋混凝土拱桥由于"服役"时间长或者早期的设计标准低等问题长期处于超负荷的运营状态，很大一部分都出现了不同程度的病害，桥梁的病害会直接影响结构的承载能力和耐久性，甚至威胁使用安全，因此及时对存在问题的桥梁进行维修加固是非常重要的。

桁架拱、刚架拱等采用增大截面、粘贴钢板、粘贴纤维复合材料、体外预应力等方法加固时，施工技术要求应符合《公路桥涵施工技术规范》第6章规定。双曲拱、箱板（肋）拱增大混凝土截面加固时，其施工技术要求应符合《公路桥涵施工技术规范》7.2节规定。

增设拱肋加固应当注意，在安装新拱肋时，需要在原拱肋拱顶部位等处设临时横向联系，保证施工过程的横向稳定。支架现浇拱肋时，主筋应埋入墩台帽内，埋入深度按受拉钢筋计算确定。预埋钢筋与主筋焊接时，应在外露长度 $15d$（d 为钢筋直径）外施焊；采用搭接时要满足搭接长度要求。预制安装拱肋应在墩台帽凿出预留槽，深度与原拱肋预留槽一致。

横向连接加固，拱肋与横系梁或横隔板结合面应凿毛至露出粗骨料，凹凸差不小于 6 mm。横系梁或横隔板底面钢筋应通长设置，其余横向主筋应与拱肋主筋可靠连接。

三、钢管混凝土拱桥加固

钢管混凝土拱桥属于钢-混凝土组合结构中的一种，由于钢管的径向约束而限制受压混凝土的膨胀，使混凝土处于三向受压的状态，从而显著提高混凝土的抗压强度，该桥型具有造型优美,跨越能力比普通拱桥强的特点,因此较受欢迎。根据不同情况,钢管混凝土拱桥主要通过以下方式进行加固。

管内混凝土存在空洞时,通过钻孔浇筑聚合物混凝土进行处理。处理后应复原封口,打磨平整,并涂油漆,油漆颜色应与原涂料基本一致。

管内混凝土脱空时,应用无收缩灌浆料填充。首先在管内脱空段按 1 m 左右间距钻孔,孔径为 10 mm,在孔中插入长约 100 mm 的钢管作注浆管,用环氧树脂封口固定;其次,开始注浆,注浆压力应控制在 0.2~0.6 MPa,注浆应按自下而上顺序进行;最后,待灌浆料固化 3 天后,应用超声波及人工敲击检测,脱空部分填充饱满后,应复原封口,打磨平整,并涂油漆。

增设构件加固时,加固构件与主拱圈应采用高强螺栓连接,当需要焊接时,应进行工艺试验,并应采取有效措施避免高温损伤混凝土。栓接和焊接的施工技术要求应符合《公路桥涵施工技术规范》第 9 章规定。

第六节　桥梁下部结构加固

桥梁的承载能力是否满足大件运输通行的需求,不仅与上部结构有关,也与桥梁重要组成部分的下部结构有关。墩台和基础,将直接承受上部结构的作用(包括恒载和活载)传递给地基。下部结构的状况,也直接影响承载能力的正常使用,部分桥梁承载能力的降低和主要病害的产生,是由于下部结构的病害引起的。因此,在桥梁加固改造工作中,下部结构的加固改造工作应引起高度重视。

桥梁的下部结构包括桥墩、桥台、基础。

桥墩连接上部结构,并将荷载传递给地基。荷载包括上部结构的恒载、活载,风力,流水压力,冰压力,浮力,船舶、漂浮物等的撞击力等。

桥台连接桥梁与路堤,强度、刚度变化大,应力集中。荷载包括上部结构的恒载、活载及填土压力等。

基础部分负担整个桥梁结构的恒载、活载,以及洪水冲刷、地震的作用等。

一、盖梁及墩柱加固

盖梁加固方法有施加体外预应力加固、增大截面加固、粘贴钢板或纤维复合材料加固等。墩柱加固方法有钢筋砼套箍或护套加固法、围带加固法、粘贴纤维复合材料或钢板法以及增大截面、钢套管内灌注混凝土法等。下面对钢筋混凝土盖梁及墩柱的加固施工进行简要介绍。

盖梁加固按《公路桥涵施工技术规范》第 6 章相关规定执行外,用钢筋混凝土接长或加宽盖梁还应满足以下要求:接长盖梁时应凿除连接部位的混凝土保护层,露出钢筋,新接长的钢筋应与原主筋焊接。新旧混凝土连接表面应粗糙,宜做剪力槽。加宽盖梁应植筋。

外包钢加固墩柱应符合以下规定：钢板应进行防锈涂装。采用注浆法外包钢加固时，构件表面应打磨粗糙无油污，其注浆压力应不低于 0.1 MPa，灌浆后禁止再对型钢进行锤击、焊接。采用干式外包型钢加固时，型钢与构件之间应用水泥砂浆填实。施焊钢板（缀条）时，应用夹具夹紧型钢。用螺栓套箍时，拧紧螺帽后可将螺母与垫板进行点焊。

二、墩、台身套箍加固

桥墩加固方法有钢筋混凝土套箍加固、粘贴（钢板、碳纤维等）加固、加桩（柱）加固等。用钢筋混凝土套箍加固墩台、台身应当符合要求：一是钢套箍施工应按《公路桥涵施工技术规范》第 10.1.3 节相关规定执行；二是对于墩台身裂缝应压浆封闭处理，其缺陷部分应凿除并清理干净；三是应将墩台身表面凿毛，凹凸差不宜小于 6 mm，清除松散颗粒，浇注混凝土前，用水洗净凿毛的连接表面，并使其充分湿润。

三、桥台加固

桥台加固方法有台后加孔减载加固、台后增设拉杆、撑墙或挡土墙加固、钢筋混凝土围带或钢箍加固等。通常对桥台加固时应遵循以下规定和要求：

（1）浆砌片石桥台采用注浆加固的施工技术要求可参照桥梁施工技术规范第 10.7.1 条的有关规定。

（2）侧墙及台身前缘采用现浇钢筋混凝土补强，在原石砌台身内植入连接钢筋。施工技术要求应符第 6 章的相关规定。

（3）基础因不均匀沉降产生裂缝，应先加固地基基础，再封闭裂缝，必要时根据设计要求加固上、下部结构。

（4）台后填土不密实时，可采用换填、注浆等方法进行处理。换填施工应重做台后防排水系统。其施工技术要求应符合现行《公路桥涵施工技术规范》（JTG/T 3650—2020）规定。

（5）桥台加固时应观测台身的稳定性，必要时通过增加临时支撑来防止滑移或倾覆。

四、增大基础加固

对基础加固的方法有增大基础加固、增补桩基加固、水泥灌浆加固、钢筋混凝土套箍加固。增大基础加固法应当按照以下要求执行：

第一，基坑应严格按设计要求开挖，不得超深、超宽，避免基坑坍塌。

第二，应采取措施保护原基础，不受基坑开挖、抽排水的影响。

第三，基坑开挖至设计高程后，应检测基底承载力，如达不到设计要求时，应对地基进行加固处理。

第四，增大基础时，应将原基础存在的缺陷清理至密实部位，将结合面凿毛，按设计要求植筋，并与新增的钢筋骨架连成整体，确保新旧混凝土结合牢固。

五、承台加固

根据《公路桥梁加固施工技术规范》(JTJ/T J23—2008)规定,承台加固应当遵循如下规定和要求。

(1)水中承台的加固方案应综合考虑河宽、桥下净空、原桥永久性结构物、航道等因素,确保技术的可行性及施工的安全性。宜采用围堰施工。

(2)地面承台加固开挖时应严格控制开挖范围,确保周围土体的稳定。

(3)结构水下部分加固施工应符合下列要求:

① 加固材料宜采用水下环氧砂浆、水下不离析混凝土以及其他水下混凝。

② 加固前应对原结构结合面进行清理。

③ 加固宜采用立模灌浆法。

(4)承台增大截面施工应符合下列要求。

① 应先处理原承台存在的缺陷。

② 混凝土表面凿毛处理后,应冲洗干净,浇注混凝土前应保持湿润清洁。

③ 对原有钢筋应进行除锈处理,并应逐根分区分层进行焊接。

六、桩基加固

根据《公路桥梁加固施工技术规范》(JTJ/T J23—2008)规定,桩基加固应当遵循如下规定和要求。

(1)增补桩基(灌注桩、静压桩)施工应考虑新增桩基施工过程中对原桩基的影响。

(2)增补灌注桩施工时应符合下列要求:

① 灌注桩成孔方法的选择应综合考虑原桩基深度,地基类型,原桥结构高度等因素,减少施工对原结构的破坏。

② 在清孔排渣时,必须保持孔内水头高度,防止坍孔。

③ 施工过程中应对原桥的沉降、位移进行观测。

④ 灌注桩施工应按现行《公路桥涵施工技术规范》(JTG/T 3650—2020)执行。

(3)增补静压桩施工时应符合下列要求:

① 压桩架应保持竖直,锚固螺栓的紧固应均衡,并应一直保持紧固状态。

② 就位的桩节应保持竖直,使千斤顶、桩节及压桩孔轴线重合,不得偏心加压。

③ 整根桩应一次连续压到设计标高,当中途必须停止时,桩端应停留在软弱土层中,且停压的时间间隔不宜超过 24 h。

④ 同一基础压桩施工应对称进行,不应数台压桩机在一个独立基础上同时加压。

⑤ 压桩应以压力控制为主,桩长控制为辅。压桩达到设计荷载后应持压稳定 30 min。

七、人工地基加固

根据《公路桥梁加固施工技术规范》(JTJ/T J23—2008)规定,人工地基加固应当遵循如下规定和要求。

（一）注浆加固施工应符合的规定

（1）施工时应对原桥梁及其邻近建筑物、地下管线和地面的沉降、倾斜、位移和裂缝进行监测。并应采取多孔间隔注浆和缩短浆液凝固时间等措施，减少原桥梁基础因注浆而产生的附加沉降。

（2）浆体应充分搅拌均匀后才能开始压注，并应在注浆过程中缓慢连续搅拌，搅拌时间应小于浆液初凝时间。浆液在泵送前应经过筛网过滤。

（3）日平均温度低于 5 ℃或最低温度低于 -3 ℃的条件下注浆时，应在施工现场采取保温措施，防止浆液冻结。

（4）对渗透系数相同的土层，首先应注浆封顶，然后由下向上进行注浆，防止浆液上冒。如土层的渗透系数随深度而增大，则应自下向上注浆。对于互层地层，首先应对渗透性或孔隙率大的地层进行注浆。

（5）对桥梁的沉降、开裂等的情况进行检测。

（二）旋喷桩加固施工应符合的规定

（1）在制定旋喷施工方案时，应搜集相关工程地质、邻近建筑物、地下埋设物等资料。旋喷方案确定后应结合工程情况进行现场试验，根据工程经验确定施工工艺参数。

（2）旋喷桩施工前应检查高压设备和管路系统，其压力和流量必须满足设计要求。注浆管及喷嘴内不得有杂物，注浆管接头的密封圈使用情况应良好。

（3）垂直施工时，钻孔的倾斜度不应大于 1.5%。

（4）旋喷时，应做好压力、流量和喷浆量的量测工作，并按要求逐项记录。

（5）钻杆的旋转和提升应连续，不得中断。

（6）拆卸钻杆继续旋喷时，应保持钻杆有 0.1 m 的搭接长度，不得使旋喷固结体脱节。

（7）应采用速凝浆液、跳孔喷射和冒浆回灌等措施，以防喷射过程中地基产生附加变形和地基与基础间出现脱空现象。同时，应对桥梁进行变位监测。

（8）对桥梁的沉降、开裂等进行检测。

八、基础冲刷加固

（1）抛石防护。

一般用于深水墩台，施工前时应测量水流流速、流向，以确定抛石的位置。石笼用铅丝、型钢或钢筋相互连接。抛石结束后，应按设计要求进行理坡。

（2）板桩防护。

板桩顶面标高不应高于河床。

（3）采用双层或单层块（片）石做平面防护时，当河床面有淤泥杂物时，应清除淤泥回填砂砾，夯实后再砌石。

（4）护坦加固。

排干冲坑积水，清理坑内杂物，用圬工砌体或混凝土充填，其表面铺钢筋网、浇注混凝土护坦，其施工技术要求应符合现行《公路桥涵施工技术规范》（JTG/T 3650-2020）的规定。

九、下部结构加固案例

某两跨预应力混凝土简支 T 梁桥,桥墩桩基础冲刷严重,墩底承台和桩基础外露,需要对墩台下的桩基础进行加固。加固采用先在桩基础周围制作钢围堰,然后浇筑混凝土的方法进行施工。待加固桥墩的两跨简支 T 梁桥如图 4-37 所示。

图 4-37 待加固桥墩的两跨简支 T 梁桥

根据桥下的情况,拟采用钢板桩围堰的办法进行加固施工。钢板桩围堰的施工注意事项如下。

(一)主桥桩基础钢板桩围堰顶标高

根据当地河流的水文资料确定围堰顶部的标高。钢板桩采用组桩插打的方式施工,插打过程中设置导梁作为钢板桩的导向设施。

(二)钢板桩围堰型号、结构尺寸及入土深度的确定

根据桩基础下的地质情况来确定结构尺寸及入土深度。

(三)钢板桩的整修及组桩

钢板桩运至现场后,对其进行检查、分类、编号及登记。钢板桩有弯曲、破碎、锁口不合等情况,分别用冷弯、热敲(温度在 800~1 000 ℃)、焊补铆补、割除或接长。钢板桩长度不够时,用同类型的钢板桩等强度焊接接长,焊接时先对焊,再加焊加固板。

(四)钢板桩的打入

每插下一组钢板桩即用沉桩锤打至设计标高。为使钢板桩在流水中插下时有准确方向,在导框四周设置导向木,第一组钢板桩即顺此导向木插下。钢板桩从上游开始,由两侧对称向下游依次插入,到下游合拢。每组钢板桩插完以后,用短钢筋头点焊固定在顶层钢导梁上。

(五)钢板桩围堰内清基及封底砼垫层浇注

钢板桩施工完毕后,挖除钢板桩围堰内的土方,准备封底。围堰封底使用厚度为 30 cm

的混凝土。首先利用挖掘机挖土至承台底标高或围堰封底所需标高，然后再清理基底，进行承台基底的处理或浇筑封底砼。如果围堰在水压力作用下变形而发生渗漏，可用棉絮在内侧嵌塞，同时在漏缝外侧撒大量的木屑或谷糠，使其由水夹带至漏水处自行堵塞。

十、大件运输车辆经过桥梁加固设计及咨询案例

贵州某电站因建设需要，委托四川省某大件运输公司承运发电机组，须从S302线某段经过，途经十座桥梁，大件运输车设备与车的总重为308 t。为保证重车过桥时桥梁结构的安全，对这十座桥梁进行技术状况和承载能力的评定，对不满足通行要求的桥梁进行维修加固设计。

表4-25 S302线10座桥梁大件运输车通行桥梁表   单位：m

桥梁名称	目前荷载	桥面宽度	桥梁全长	桥跨组合	主桥上结构
大水小桥	公路Ⅰ级	13.00	28.00	6.6×2	钢筋混凝土/上承/简支/空心桥板
新大水中桥	公路Ⅰ级	8.50	48.00	30×1	石/上承/无绞/拱桥
踏水小桥	公路Ⅰ级	9.00	26.00	16×1	钢筋混凝土/上承/简支/空心板梁
桥上小桥	公路Ⅰ级	9.80	18.00	8×1	钢筋混凝土/上承/简支/空心板梁
梅溪河大桥	公路Ⅰ级	9.50	70.00	45×1	石/上承/无绞/拱桥
斑竹林大桥	公路Ⅰ级	9.00	104.00	7×2+60×1+8×3	混凝土/上承/无绞/箱型拱
木场湾小桥	公路Ⅰ级	10.50	35.00	13×1	石/上承/无绞/拱桥
小沟子1号桥	公路Ⅰ级	9.50	20.00	8×1	钢筋混凝土/上承/简支/空心板梁
官渡河中桥	公路Ⅰ级	9.00	48.00	35×1	石/上承/无绞/拱桥
草莲坝一号桥	公路Ⅰ级	25.00	20.00	6×2	钢筋混凝土/上承/简支/空心板梁

大件运输单位委托有资质的咨询公司对加固设计进行设计咨询，得出结果如下：
（1）大水小桥。
根据设计图纸和通过比较，重件车辆和公路Ⅰ级的荷载效应相当，重车可安全通行。
（2）新大水中桥。
重件运输车过桥时采用临时支撑，设计单位补充方案图纸。
（3）踏水小桥。
经核算，重件运输车过桥时承载力满足规范要求，鉴于调查时发现有施工缝，可采用临时支撑代替粘贴钢板加固法，请设计单位补充临时支撑相关图纸。
（4）桥上小桥。
重件运输车可通过。
（5）梅溪河大桥。
经核算，重件运输车过桥时主拱图拱脚区段承软能力不足，建议设计单位采取加固措施。

（6）斑竹林大桥。

重件运输车过桥时承载力满足规范要求，鉴于检测调查中发现的桥梁病害，同意设计单位的加固方案。

（7）必木场湾小桥。

重件运输车过桥时承载力满足规范要求，建议设计单位优化临时支撑方案。

（8）小沟子1号桥。

重件运输车可通过。

（9）官渡河中桥。

重件运输车可通过。

（10）草莲坝1号桥。

根据设计图纸，通过对比，重件车辆和公路I级的载荷效应相当，重车可安全通行。

按照设计咨询结果对施工图设计补充完善，对大件运输经过的桥梁进行维修加固，最后安全完成大件运输任务。

第七节　过桥安全管理

根据相关规范，按照相关规程，依据既有技术资料对桥梁技术状况进行检测，并对桥梁承载能力和通过能力进行鉴定，依据鉴定结论对桥梁采取适当的加固措施后，可以对大件运输重车组放行。大件运输重车组在通过桥梁的过程中，应遵循相关注意事项，确保安全通行。

一、桥梁安全管理工作现状

如何管理好现有桥梁，保持桥梁的完好工作状态，保障桥梁的行车安全，是各级公路管理部门常抓常新的大事。通过对历年桥梁事故的研究分析，发现在桥梁安全管理工作中主要存在以下问题。

（一）超负荷运行

一方面，随着我国国民经济的迅速增长，公路年平均日交通量剧增，使桥梁老化、破损日趋严重；另一方面，超重车、集装箱车、大吨位车的出现加重了桥梁的负荷，致使许多公路、桥梁刚刚投入使用不久，就出现裂缝、桥面板断裂等现象，加速了桥梁的损坏。特别是一些原设计荷载标准采用的低标准设计的桥梁，难以适应重载车辆日益增多的需要，甚至出现超载车辆压垮桥梁的现象。

（二）设计理念落后或存在设计缺陷

人们对自然规律的认知受生产力水平、自身能力的制约，使得桥梁设计理论和设计规范完善和更新较为缓慢甚至滞后。有些桥梁设计欠缺合理，结构构造处理不尽科学完善，桥梁在早期运营时其缺陷并不明显，运营一定时间后，病害逐渐显现出来。另外，设计时由于缺乏法治观念和科学管理与风险投资意识，使桥梁寿命周期设计与养护管理脱节；设计时没有认真考虑不可预见的飓风、地震、洪水等自然灾害，也会使桥梁的安全存在重大的隐患等。

（三）材料使用不当或存在施工缺陷

有些桥梁由于受施工质量、施工技术、施工手段等影响，存在一定的技术缺陷，随着运营时间的增加，其危害也逐渐在发展。施工措施不力或工艺程序不当，也包括偷工减料、制造工艺不当及落后、新材料的使用寿命预期不当以及有建筑质量隐患等。

（四）日常养护不力

由于受传统养护观念的影响较深，各级养护部门特别是一线养护部门对于桥梁养护还不够重视。不能做到抓早抓小，防微杜渐，诸如引道路面与桥衔接处不够平整，导致桥头跳车、桥栏杆损坏，伸缩缝填塞损坏，桥面保洁问题、泄水孔堵塞问题以及由于施工和交付使用出现的变位、沉陷空洞、裂缝等毛病，在日常养护中得不到及时修补、造成混凝土剥落、钢筋外露锈蚀、活动支座失去活动能力等等病害。这不仅降低交通安全舒适水平，任其发展将直接影响桥梁的服务水平和使用寿命。

（五）养护人员专业素质参差不齐

桥梁是一种专业性、技术性较复杂的建筑物，由于目前公路养护管理单位在桥梁养护方面大多缺乏专门的技术人员和技术工人，特别是基层养护单位，即使配有负责管理的人员，其桥梁养护管理方面的知识、专业技术也是比较缺乏的；另一方面，近几年来各地在桥梁管理方面反映出的问题表明，由于没有很好地进行总结交流，也妨碍了桥梁安全管理水平的提高。

二、安全管理的对策

（一）加强组织领导，完善组织机构

各级交通主管部门应牢固树立"以人为本"的服务理念，切实加强领导，强化管理，高度重视公路桥梁特别是国省干线公路上危桥的安全管理工作。基层管理部门必须将桥梁管理认识提高到新的高度，要加强桥梁管理，应根据养护里程、辖区内桥梁数量设立若干名专职桥梁养护工程师，并保证其工作性质的相对稳定，不能随意换动。由桥梁养护工程师主持辖区内桥梁的养护、检测、维修、改造工作，考核桥梁日常管理质量，收集、整理辖区桥梁的技术档案、提出年度大、中修以及改造计划，负责监督落实和质量控制。只有责任到人，分工明确，才能从机制上扭转目前的"重路况轻桥况，重管路轻管桥"的误区。

（二）更新观念，加强设计、施工阶段的安全管理

树立设计创新理念，及时修订设计标准规范，增大科技含量，吸收国外桥梁设计的先进

经验，增强桥梁抗载荷、抗灾能力。在施工阶段一是抓好桥梁建设工程质量，对于桥梁改造工程各级公路管理机构应引入竞争机制，应当实行招投标制度，工程监理制度和合同管理制度，严格质量管理，把好材料质量关，加大工程建设中的监理力度，严格按照设计图纸进行施工，从而保证桥梁建设质量，减少使用期间的后顾之忧；二是合理安排工期，严格质量监督管理，从工艺上严格把关，杜绝事故的出现；三是对于跨度大、结构受力复杂、施工难度大的桥梁要进行试验研究和施工控制。通过试验和施工控制，保证结构在施工的各阶段受力合理、结构安全。

（三）规范日常管理，严格落实各项规章制度

一是加强桥梁的安全运营管理。广大公路管理部门应按照国家行业有关标准，加大超载车辆过桥的治理力度，严禁超载车辆通过桥梁，配合公安机关开展专项整治活动，从治理超限超载到运营安全，全过程实施交通安全监控，以杜绝对桥梁的严重损坏，确保桥梁的安全。

二是严格桥梁检查制度。各级管理部门应安排专人具体负责，承担起桥梁日常管理工作。有条件的地方可设立专门机构。加强桥梁检查和检验力度，必须按照《公路桥涵养护规范》（JTG H11—2004）的要求对桥梁开展经常性检查、定期检查和特殊检查，并做好记录，以便系统地掌握桥梁技术状况，较早地发现缺损和异常情况，提出养护措施，保证行车安全，延长养护桥梁的使用寿命。要有针对性地开展"精细化管理"，实现养护质量"零缺陷"。夏季做好主桥面的降温工作，以减少高温对桥面性能的影响；冬季做好防雪、防冰工作，及时清除冰雪障碍，减少冰雪天气对大桥交通的影响。

三是根据各地的实际情况，提出切实可行的公路桥梁养护管理的目标与措施，全面促进桥梁改建、检测维修与加固工作。加强对桥梁检查检测设备的配备工作。尤其对于定期检查和特殊检查需要的设备、仪器要尽快配备，使检查的手段现代化、科学化，才能得到客观科学的数据。尽量采用国内外有关科研成果，推广使用有关新技术、新材料、新设备、新经验，注意科学养护与经济效益相结合。大力推广和发展养护机械化，实行大中小结合，以小型为主，逐步实现桥梁养护机械装备标准化、系统化，以保障养护质量，提高养护生产效率，降低劳动强度。

（四）加强各级各类人员培训，提高管理效能

桥梁安全管理是一项技术性很强的工作，它要求桥梁管理人员必须掌握桥梁的基本理论知识和养护管理方面的知识。可以通过实行岗位轮训、集训的方式，分期分批送他们到大中专院校学习深造，系统学习桥梁理论知识；聘请既有较高理论水平又有丰富实践经验的桥梁专家到本地区讲授桥梁的基本理论知识，介绍国内外桥梁安全管理的动态和发展趋势，了解当前和今后一段时期内桥梁安全管理工作的首要内容及各种先进技术的应用；有计划地组织开展桥梁养护管理现场交流活动，到桥梁安全管理先进的地区参观学习；开展岗位练兵，技术比武等活动，使他们在业务知识，管理经验方面得到提高。桥管人员的业务素质和技术水平提高了，桥梁的安全管理水平也就大大提高了。

三、超重车辆过桥的基本要求

《超限运输车辆行驶公路管理规定》(交通运输部令 2016 年第 62 号)将符合下列条件之一的货物运输车辆认定为超限运输车辆,符合条件(4)~(8)中任何一条的为超重车辆。

(1)车货总高度从地面算起超过 4 m。

(2)车货总宽度超过 2.55 m。

(3)车货总长度超过 18.1 m。

(4)二轴货车,其车货总质量超过 18 000 kg。

(5)三轴货车,其车货总质量超过 25 000 kg;三轴汽车列车,其车货总质量超过 27 000 kg。

(6)四轴货车,其车货总质量超过 31 000 kg;四轴汽车列车,其车货总质量超过 36 000 kg。

(7)五轴汽车列车,其车货总质量超过 43 000 kg。

(8)六轴及六轴以上汽车列车,其车货总质量超过 49 000 kg,其中牵引车驱动轴为单轴的,其车货总质量超过 46 000 kg。

超重车辆通过桥梁前,除应掌握车辆的有关技术数据以外,重点要注意两个问题:一是注意超重车辆过桥前要对桥梁结构进行必要的检查,二是注意对超重车辆过桥的实时监控与记录。

超重车过桥前,应查找桥梁的设计文件(或竣工文件)及其他技术档案材料。并依据实桥资料对超重车荷载进行简算。同时还要对桥梁现状进行现场调查,并与技术资料进行比较、核实。如无资料或资料不全,应通过访问调查、必要的测试、钻探等方式弄清桥梁的基本情况,并记录必要的数据,为检算打好基础。基本数据包括各部尺寸、材料性质、内部构造,这些资料不仅要反映历史的情况,而且是反映当前的情况及隐蔽工程结构的完好程度等。

在确定桥梁是否能通过超重车辆以前,应对桥梁结构的各个部位详细地进行检查并记录下任何可能影响桥梁结构功能的因素,特别要注意上、下部结构中混凝土的恶化、钢筋的锈蚀、混凝土的开裂以及支座的沉陷和恶化等。

这些检查必须与桥梁的结构分析相结合,以评定其承受所要求的荷载的能力,而更为重要的是,要将这些能够反映结构现状的数据用于结构分析。桥梁的检查及承载力分析必须在超重车辆过桥之前的相当时间里进行,以便有足够的时间进行必要的维修和加固工作,以确保重车安全过桥。

超重车辆过桥时,每座桥梁应派人进行检查,观察是否有位移、形变、裂缝扩展等情况并予以记录。同时,还应根据不同桥型,进行关键截面挠度、应力、应变值、桥梁的沉降值等的测试工作。

必须对超重车辆过桥时的情况进行实时监控与记录。首先是通过观察检查的方式,对于一些有疑问的桥梁,可以得到桥梁结构恶化或损坏的先兆,从而可及时采取相应的措施。其次,通过测试,可以了解重车过桥时桥梁的实际工作状态,以便积累数据和资料,为今后旧桥加固或超重车辆过桥的限载措施提供依据。

四、超重车辆过桥的现场管理

为确保超重车辆安全过桥,应加强超重车辆过桥的管理工作。通过加强管理,可尽量减少过桥车辆的载重或偏载，减轻桥梁的受力；可通过控制车辆的行驶位置、速度，使其在最有利的交通条件下行驶，以减轻桥梁的负担。需要过桥的货主单位应事先将运送货物的品名、质量、体积及装载车辆型号，平面尺寸、自重、轴数、轴距、轴重、轮数、轮距、单位压力、发送地点、途经线路等情况汇总后，向公路管理部门提交超重车运行申请表并落实安全措施。然后公路部门再根据货运单位提出的荷载参数，进行必要的应力验算，确定其是否可以过桥。同时，审查超重车辆过桥的通行管理措施或加固措施是否可行。

超重车过桥，应对车辆及荷载采取相应管理措施，运输实践中采用的管理措施主要如下。

（1）车辆装载的货物尽量减少，尽可能拆散分车装运，并使质量尽量分布在较大的长度范围内，以便减少单位长度的压力。

（2）牵引车与平板挂车分别过桥，为此，可于桥头引道上设置牵引车或另行设置卷扬机，将平板挂车牵引过桥。

（3）车上货物装置平衡、适中，避免产生偏载。在超重车辆过桥前，应进一步核查车辆的总质量和轴重，以免出现总质量虽然未超过原来货主提出的荷载，但却由于偏载造成局部轴重超过验算荷载的情况。

（4）超重车辆单车过桥。超重车辆过桥时，不得有其他车辆过桥，也不得有人群荷载，以减轻桥梁的负担，确保安全过桥。

（5）超重车辆沿桥而中心线行驶。《公路桥涵设计通用规范》（JTG D60—2015）规定：履带车履带的中线或平板挂车外侧车轮的中线离人行道或安全带边缘的距离不得小于 1 m。计算表明，最靠边的位置常是荷载横向分布的最不利位置，而靠中对称行驶常是最有利的横向位置，也就是说靠中对称行驶可使桥梁结构横向各部分受力比较平均，不致使某一部分（或某一根梁）受力过大而首先引起破坏。

（6）超重车辆过桥时要低速行驶，限速 5 km/h 的同时，严禁在桥上变速、制动。超重车辆在桥梁上进行变速、制动或快速行驶都将增大对桥梁的冲击和震动作用，使荷载效应增加。而缓慢的匀速行驶，就可使行驶荷载比较接近静载，从而减少对桥梁的动载作用。

（7）超重车辆在指定位置上行驶。当桥梁加宽或其他原因导致桥梁结构在横向部件上存在质量差异时，应使超重车辆在指定位置上行驶，使其对桥梁的受力处于有利状态。

（8）超重车辆过桥应选择在交通量较小的时间里进行。同时，通过主要干线要事前通告，运行中要商请公安、监理部门配台，以确保安全。

第五章 大件运输组织

本章涉及的大件运输组织，包括从大件设备运输承接开始，以在途运输组织的技术内容为主，同时也包括前端的招投标过程和后端的运输护送规范。主要包括公路大件运输招投标、大件运输资质及运输组织框架、大件运输线路选择、货物的吊装及装载、捆绑加固、重型车组通过能力计算与判定、车组道路运输稳定分析等内容。

第一节　公路大件运输招投标

招投标，是招标投标的简称。招标和投标是一种商品交易行为，是交易过程的两个方面。招标投标是一种国际惯例，是商品经济高度发展的产物，是应用技术、经济的方法和市场经济的竞争机制的作用，有组织开展的一种择优成交的交易方式。这种方式是在货物、工程和服务的采购行为中，招标人通过事先公布的采购和要求，吸引众多的投标人按照同等条件进行平等竞争，按照规定程序并组织技术、经济和法律等方面的专家对众多的投标人进行综合评审，从中择优选定项目的中标人的行为过程。其实质是以合理的价格获得最优的货物、工程和服务。

一、公路大件运输招投标的定义

《中华人民共和国招标投标法》明确规定招标分为公开招标和邀请招标两种方式。公开招标是不限定范围，通过发布招标信息向全社会的企业进行的招标；邀请招标是向特定的某些企业发出邀请进行的招标。按照邀请投标人的地域划分，招标方式可分为国内招标和国际招标。企业进行公路大件运输项目招标，是为了以较低的成本得到其需要的运输服务。为了使运输项目目标得以实现，需要招投标双方充分交换信息、相互信任、共同协作。在运输服务项目进行的过程中，应对服务的每一阶段进行监督，看运输项目每一阶段的目标是否实现，是否满足需求，是否存在有待改进之处。双方应本着共赢的原则，积极理顺沟通渠道，妥善解决出现的问题，这样才能使大件运输项目的目标最终得以实现。

投标是与招标相对应的概念,它是指投标人应招标人特定或不特定的邀请,按照招标文件规定的要求,在规定的时间和地点主动向招标人递交投标文件并以中标为目的的行为。

二、公路大件运输招投标的基本流程

公路大件运输招投标的基本流程满足《中华人民共和国招标投标法》的基本规定,根据公路大件运输招投标的实际情况,一般情况下公路大件运输的招投标应包括以下流程。

(一)招 标

1. 制订招标方案

招标方案是指招标人通过分析和掌握招标项目的技术、经济、管理的特征,以及招标项目的功能、规模、质量、价格、进度、服务等需求目标,依据有关法律法规、技术标准,结合市场竞争状况,针对一次招标组织实施工作的总体策划,招标方案包括合理确定招标组织形式、依法确定项目招标内容范围和选择招标方式等,是科学、规范、有效地组织实施招标采购工作的必要基础和主要依据。

2. 组织资格预审

为了保证潜在投标人能够公平获取公开招标项目的投标竞争机会,并确保投标人满足招标项目的资格条件,避免招标人和投标人的资源浪费,招标人可以对潜在投标人组织资格预审。资格预审是招标人根据招标方案,编制发布资格预审公告,向不特定的潜在投标人发出资格预审文件,潜在投标人据此编制提交资格预审申请文件,招标人或者由其依法组建的资格审查委员会按照资格预审文件确定的资格审查方法、资格审查因素和标准,对申请人资格能力进行评审,确定通过资格预审的申请人。未通过资格预审的申请人,不具有投标资格。

3. 编制发售招标文件

招标人应结合招标项目需求的技术经济特点和招标方案确定市场竞争状况,根据有关法律法规、标准文本编制招标文件。依法必须进行招标的项目的招标文件,应当使用国家发展改革部门会同有关行政监督部门制定的标准文本。招标文件应按照投标邀请书或招标公告规定的时间、地点发售。

4. 踏勘现场

招标人可以根据招标项目的特点和招标文件的规定,集体组织潜在投标人实地踏勘了解项目现场的地形地质、项目周边交通环境等并介绍有关情况。潜在投标人应自行负责据此踏勘作出的分析判断和投标决策。工程设计、监理、施工和工程总承包以及特许经营等项目招标一般需要组织踏勘现场。

(二)投 标

1. 投标预备会

投标预备会是招标人为了澄清、解答潜在投标人在阅读招标文件或现场踏勘后提出的疑问，按照招标文件规定时间组织的投标答疑会。所有的澄清、解答均应当以书面方式发给所有获取招标文件的潜在投标人，并属于招标文件的组成部分。招标人同时可以利用投标预备会对招标文件中有关重点、难点的内容主动作出说明。

2．编制提交投标文件

（1）潜在投标人在阅读招标文件过程中产生疑问和异议的，可以按照招标文件规定的时间以书面的方式提出澄清要求，招标人应当及时书面答复澄清。潜在投标人或其他利害人如果对招标文件的内容有异议，应当在投标截止时间10天前向招标人提出。

（2）潜在投标人应依据招标文件要求的格式和内容，编制、签署、装订、密封、标识投标文件，按照规定的时间、地点、方式提交投标文件，并根据招标文件的要求提交投标保证金。

（3）投标截止时间之前，投标人可以撤回、补充或者修改已提交的投标文件。投标人撤回已提交的投标文件时，应当以书面形式通知招标人。

（三）开　标

招标人或其招标代理机构应按招标文件规定的时间、地点组织开标，邀请所有投标人代表参加，并通知监督部门，如实记录开标情况。除招标文件有特别规定或相关法律法规有规定外，投标人不参加开标会议、不影响其投标文件的有效性。投标人少于3个的，招标人不得开标。依法必须进行招标的项目，招标人应分析失败原因并采取相应措施，按照有关法律法规要求重新招标。重新招标后投标人仍不足3个的，按国家有关规定需要履行审批、核准手续的依法必须进行招标的项目，报项目审批、核准部门审批、核准后可以不再进行招标。

（四）评　标

组建评标委员会。招标人一般应当在开标前依法组建评标委员会。依法必须进行招标的项目，评标委员会由招标人代表和不少于成员总数三分之二，且5人以上成员数量为单数的技术经济专家组成。依法必须进行招标项目的评标专家从依法组建的评标专家库内相关专业的专家名单中以随机抽取方式确定；技术复杂、专业性强或者国家有特殊要求，采取随机抽取的方式确定的专家难以保证胜任评标工作的招标项目，可以由招标人直接确定。

机电产品国际招标项目确定评标专家的时间应不早于开标前3个工作日，政府采购项目评标专家的抽取时间原则上应当在开标前半天或前一天进行，特殊情况不得超过2天。

评标由招标人依法组建的评标委员会负责。评标委员会应当在充分熟悉、掌握招标项目的需求特点，认真阅读研究招标文件及其相关技术资料，依据招标文件规定的评标方法、评标因素和标准、合同条款、技术规范等，对投标文件进行技术经济分析、比较和评审，向招标人提交书面评标报告并推荐中标候选人。

（五）中　标

1．中标候选人公示

依法必须进行招标项目的招标人应当自收到评标报告之日起3日内在指定的招标公告

发布媒体公示中标候选人，公示期不得少于 3 日。中标候选人不止 1 个的，应将所有中标候选人一并公示。投标人或者其他利害关系人对依法必须进行招标项目的评标结果有异议的，应当在中标候选人公示期间提出。招标人应当自收到异议之日起 3 日内作出答复；作出答复前，应当暂停招标投标活动。

2．履约能力审查

中标候选人的经营、财务状况发生较大变化或者存在违法行为，招标人认为可能影响其履约能力的，应当在发出中标通知书前由原评标委员会按照招标文件规定的标准和方法审查确认。

3．确定中标人

招标人按照评标委员会提交的评标报告和推荐的中标候选人以及公示结果，根据法律法规和招标文件规定的定标原则确定中标人。

4．发出中标通知书

招标人确定中标人后，向中标人发出中标通知书，同时将中标结果通知所有未中标的投标人。

5．提交招标投标情况书面报告

依法必须招标的项目，招标人在确定中标人的 15 日内应该将项目招标投标情况以书面报告的形式提交招标投标有关行政监督部门。

（六）签订合同

招标人和中标人应当自中标通知书发出之日起 30 日内，按照中标通知书、招标文件和中标人的投标文件签订合同。签订合同时，中标人应按招标文件要求向招标人提交履约保证金，并依法进行合同备案。

三、公路大件运输招投标的基本内容

公路大件运输招投标的基本内容根据项目的不同略有差异，下面以某大件运输公司的某一典型项目为例说明公路大件运输招投标的基本内容。

（一）招标的基本内容

招标的基本内容是发布招标文件，招标文件主要包括：投标人须知前附表，投标人须知，投标文件的编制和提交，开标、评标、定标，合同，投标文件格式［法定代表人授权书、投标函、投标报价书（《运输工程清单综合单价报价表》)、运输设备配置清单］。

（二）投标的基本内容

投标包括投技术标和投商务标，故投标文件包括商务标书和技术标书。商务标书主要包括：投标函，投标分项报价表，商务结构和付款信息，报价承诺书，投标保证金银行保函，法定代表人资格证明书，法定代表人授权委托书，投标人情况简介（投标人公司简介、综合能力及信誉等），资格证明文件（营业执照正副本、税务登记证、组织机构代码证等），银行资信证明，税务状况和审计报告，商务偏离表，项目业绩等。

一般情况下公路大件运输的技术标书应包括如下内容：项目概况（项目的概况、方案编制原则、方案编制依据），组织框架（组织框架图、组织部门的定位及职能），项目进度，运输方案（运输配车、绑扎加固、运输路线、道路勘察报告），动态跟踪与回报，应急预案，质量安全控制等。

四、公路大件运输招投标的作用和意义

招投标制度是为合理分配招标、投标双方的权利、义务和责任建立的管理制度，加强招投标制度的建设是市场经济的要求。实行招标投标制度的作用和意义主要体现在以下四个方面。

（一）通过招标投标提高经济效益和社会效益

我国社会主义市场经济的基本特点是要充分发挥竞争机制作用，使市场主体在平等条件下公平竞争，优胜劣汰，从而实现资源的优化配置。招标投标是市场竞争的一种重要方式，最大优点就是能够充分体现"公开、公平、公正"的市场竞争原则，通过招标采购，让众多投标人进行公平竞争，以最低或较低的价格获得最优的货物、工程或服务，从而达到提高经济效益和社会效益、提高招标项目的质量、提高国有资金使用效率、推动投融资管理体制和各行业管理体制的改革的目的。

（二）通过招标投标提升企业竞争力

促进企业转变经营机制，提高企业的创新活力，积极引进先进技术和管理理念，提高企业生产、服务的质量和效率，不断提升企业市场信誉和竞争力。

（三）通过招标投标健全市场经济体系

维护和规范市场竞争秩序，保护当事人的合法权益，提高市场交易的公平、满意度和可信度，促进社会和企业的法治、信用建设，促进政府职能的转变，提高行政效率，建立健全现代市场经济体系。

（四）通过招标投标打击贪污腐败现象

有利于保护国家和社会公共利益，保障合理、有效使用国有资金和其他公共资金，防止其浪费和流失，构建从源头预防腐败交易的社会监督制约体系。在世界各国的公共采购制度建设初期，招标投标制度由于其程序的规范性和公开性，往往能对打击贪污腐败起到立竿见影的效果。然而，随着腐败与反腐败博弈的深入，腐败活动会以更加隐蔽的形式存在，给招标投标制度的设计者提出了新的挑战。

第二节　大件运输资质、组织框架、技术措施和应急预案

运输资质是运输企业依法合规开展各类业务经营的先决条件，是企业胜任某项服务角色的能力证明。部分运营资质甚至会对业务活动构成限制，"有"即是通道，"无"便为鸿沟。《中华人民共和国公司法》第十二条规定，公司的经营范围中属于法律、行政法规规定须经批准的项目，应当依法经过批准。即持有合法、有效的资质许可证照、备案、认证等是开展相关经营活动的必备项，并在大件运输企业经营活动中扮演重要角色。

公路大件运输资质，经历了一个从无到有，由繁及简，逐步完善的漫长过程。但公路大件运输组织框架变化不大，都是实施基于项目管理的项目经理负责制。

一、公路大件运输资质

为加强道路大型物件运输管理，提高运输质量，保证运输安全，保护合法经营，维护运输市场秩序，满足国民经济发展对道路大型物件运输的需要，1995年11月4日交通部颁发了《道路大型物件运输管理办法》（交通部交公路发〔1995〕1154号），对大型物件按其外形尺寸和质量（含包装和支承架）分为四级，大型物件的级别，按其长、宽、高及质量四个条件中级别最高的确定。

该办法中，对营业性道路大型物件运输业户，按其设备、人员条件，分为四类：一类能承运一级大型物件；二类能承运一、二级大型物件；三类能承运一、二、三级大型物件；四类能承运一、二、三、四级大型物件。

交通运输部于2016年5月25日经第10次部务会议通过了《交通运输部关于废止20件交通运输规章的决定》（2016年第57号部令），该决定自2016年5月30日起施行。其中废止的交通运输规章包括自1996年3月1日起施行的《道路大型物件运输管理办法》和自2000年1月1日起施行的《汽车货物运输规则》。

（一）狭义视角的运输资质

狭义视角下，运输资质是指为参与某项运输活动而取得的业务资质。一般以本企业营业执照所列经营范围为限，通过交通运输主管机构或部门前置或后置审批获取从业许可。

目前，从物流全行业的业务资质情况来看，主要按服务板块分为水运类（代表资质：国际班轮运输经营资格登记证、国内水路运输许可证）、陆运类（代表资质：道路运输经营许可证）、货代类（代表资质：无船承运业务备案、国际货运代理企业备案）、船代类〔（代表资质：国际船舶代理企业备案）、仓储类（代表资质：海关保税仓库注册登记证）〕、报关类（代表资质：海关报关单位注册登记证）、快递类（代表资质：快递业务经营许可证）等。

对公路大件运输企业来说，必须取得交通运输部门颁发的道路运输经营许可证，而且必须注明具体的从业范围。比如注明经营范围为：大型物件运输，货物专用运输（集装箱）或者普通货运等。依法依规取得运输资质是大件运输企业经营相应业务的先决条件，尤其是纳入行政许可事项清单的审批项目。大件运输企业不允许经营超出其经营范围的业务，比如国际船舶代理企业的备案前提是其经营项目包括"国际船舶代理业务"。

（二）广义视角的运输资质

广义视角下，除了那些为满足运输企业正常开展经营活动而持有的各类业务资质以外，还包括为赋能企业服务形象而持有的各类认证、评级等。例如海关企业信用认证（一般企业、高级企业）、企业合同信用等级评估、守合同重信用企业评定等。狭义视角的运输资质通常被视为消除限制、进入门槛的"规定动作"，广义视角的运输资质更多地起到为企业彰显实力、树立品牌的"锦上添花"的作用。

有别于狭义业务资质呈现的必要性、针对性、相关性等特征，广义的运营资质不受政策法规等硬性约束，故这部分资质的颁发及认定机构不限于各级行政主管机关或部门，而会由行业协会、商会、第三方专业评估认证机构等多方的参与。此外，广义的运营资质用途更为宽泛，更多情况下，不只作为满足企业开展某项运输服务的敲门砖，还成为竞争市场（如物流项目招投标）中体现服务综合实力的加分项，因而越来越受到物流企业的青睐。比如，中国水利电力物资流通协会负责就考核和颁发电力大件运输企业资质证书，证书上注明的信息包括但不限于：企业名称、企业法人、资质等级（如，总承包甲级）、业务范围等，在业内得到普遍认可，是进行商务谈判竞争的有力加分项。

二、大件运输组织框架

为了实现"完整无损、万无一失"的大件运输目标，针对具体项目工程，大件运输公司应成立项目部，作为运输项目的专设机构组织和管理运输工程的实施。以"安全第一、预防为主"为项目指导方针，把安全放在整个项目的首位，严格执行交通运输部《超限运输车辆行驶公路管理规定》62号令等的相关规定，严格落实"大件运输公司安全运输管理规定"等内控要求，严格实施"运输组织方案"。

（一）运输调度指挥系统

为保证设备"科学、安全、可靠、准时"地在运输周期内被运送到目的地，根据运输换装、装卸调度工作原则并结合大件设备运输的特点，构建调度指挥系统。以大件设备运输总调度为主，公司各部门负责人按相关工作项目执行调度命令，对设备公路运输的各项工作进行统一的计划、指挥、调度、检查、并向工程领导小组汇报。设备运输调度指挥系统流程图如图5-1所示。

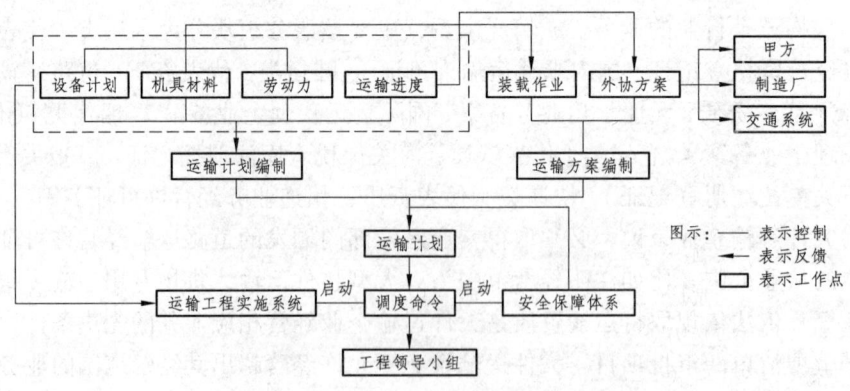

图 5-1 设备运输调度指挥系统流程图

大件设备运输从签订合同开始到运输完成的所有工作，以重点工作为结点按科学的运输计划排序，从调度命令发出控制运输任务的全过程，并通过检查和反馈完成调度任务。

运输小组每个成员都有所有人员的联络电话。运输中各项工作的主要负责人员与护送人员间配备同频道的对讲机，保证随时通信。

承运方应保证业主的监督职权，定期、定时向业主报告运输行程、状况，落实业主对大件设备运输中任何时候的知情权以及全过程的监督。

（二）项目部

针对项目运输的复杂性，按照"顶层设计、层级管理、项目负责"成立项目部，实行项目经理负责制。项目部下设多层次的平行版块，各版块由负责人指定骨干人员组成专业技术队伍，做到任务明确、责任清晰、措施有效、执行有力、保障到位，确保项目质量、工期、成本的全面把控。

公司任命项目负责人，下设协调、运输、装卸、路桥整治等分项目部，协调分项目部的项目联络人，负责收集整理项目有关资料、通报情况、与业主沟通等工作。项目部应集思广益，分工负责，熟悉和全面掌握运输过程的相关环节，协调解决项目中遇到的问题，按时按要求向业主汇报项目的进度情况。项目组织总结构如图 5-2 所示。

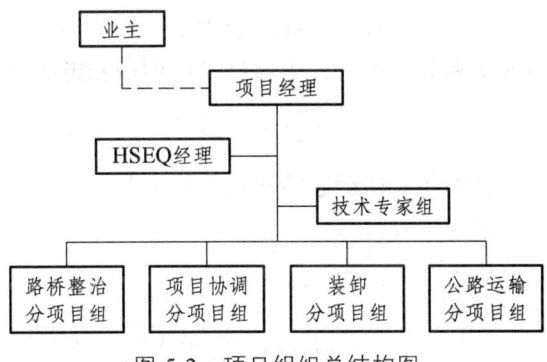

图 5-2 项目组织总结构图

（三）项目组职责分工

1. 项目经理

项目经理是整个项目的总负责人，直接对总公司负责。

（1）总体监督项目执行，监控项目运作进程并对项目执行过程中的重大事件做决策。

（2）组织调动公司内部的资源，服务该项目。

（3）对项目实施方案进行最终审核，保障与监督项目部对安全、控制、质量、实效的目标的实现。

（4）组织调动运输所需的各项资源服务于本项目。

（5）对操作中所需协调资源进行指示、批准。

（6）对项目进行全方位的管理控制，确保项目按照合同规定顺利执行。

（7）处理与项目相关的紧急事宜。

(8) 制定项目操作手册和操作流程。

(9) 负责项目进程控制并与业主对接。

(10) 负责项目中须临时协调事宜的决策并与业主对接，并总体控制项目部各小组展开工作。

2. HSEQ 经理

HSEQ 经理的职责，就是按照 ISO 系列控制标准展开工作，保障大件运输过程中的健康、安全、环境与质量。

(1) 在项目经理的领导下指定项目安全工作计划，确保货物的安全操作，确保人员健康安全，确保项目执行的时效与质量。

(2) 树立"预防为主"的工作意识，与项目经理、安全、技术、质管负责人、换装、装卸分项目部经理、公路运输分项目部经理保持良好的沟通，及时发现并消除项目进展过程中潜在的不安全因素；指定项目各部门的安全培训计划，参与安全培训，强化项目操作人员在工作中的安全观念和时间观念。

(3) 及时协调和处理项目执行过程中影响操作安全、人员安全的紧急事宜；改进操作过程中不符合安全质保要求的工作方法、运输设备和工具。

(4) 提醒和监督工作人员严格遵守质保手册，及时修整影响项目安全与质量的行为，警告违反操作纪律的工作人员，撤换不符合 HSEQ 要求的工作人员。

(5) 与业主相关部门保持有效的沟通，为项目操作创造和谐的外部环境。

3. 技术专家组

技术专家组是专家辅助决策在大件运输的体现，其主要负责大件运输全过程中的技术措施与安全管控策略的编制、审查和放行。

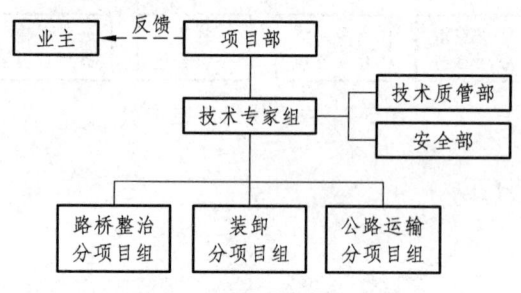

图 5-3 技术专家组示意图

(1) 负责道路考察、换装方案和运输实施方案的编制及作业全过程、全方位的安全技术措施审查。

(2) 负责处理运输过程中的所有技术问题，使运输的安全质量得到保证。

(3) 对从准备到实施的全过程作业进行安全检查，运输过程中重点观察运输设备的运行状态，发现问题提出改进，并有权停止危险操作。

(4) 负责作业指导书的完善和修订。

(5) 负责对业主提出的运输业务要求进行分析，并向项目运输部经理提交合理的运输解决方案。

（6）负责对业主提出的技术疑问进行解释。

（7）负责对分包商提供的业务技术方案进行审核。

（8）负责监督技术部业务信息的收集、登记、整理及归档工作。

（9）监督技术部完成运输技术方案的编制，协助项目经理完成运输技术方案的审核工作。

（10）负责指定车组的拼装工艺和检验规范，配合质量质管理部进行检查或试验，负责本岗位以及下属部门的业务和文件保密工作。

4．协调分项目组

协调分项目组经理全面负责协调办的工作，负责大件运输前期的道路勘察、桥梁检测、验算、加固等相关部门的协调工作，组织召开协调会议及运输时相关证件的办理等工作，负责与业主及各分项目部的联系协调工作和工程完工后的设备交接信息反馈意见，负责车站的衔接，负责收集气象资料，负责协调大件设备运输过程中交警路政进行的交通管制等工作。协调分项目组示意图如图5-4所示。

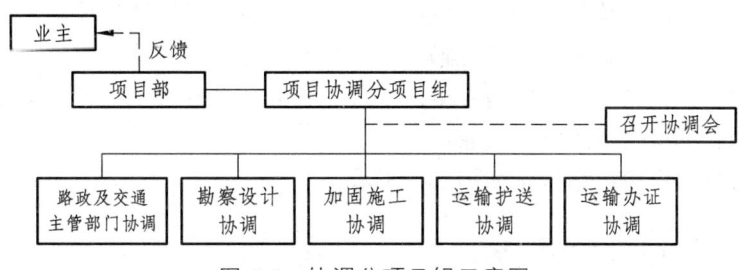

图5-4　协调分项目组示意图

5．路桥整治分项目组

设计院、路桥公司、项目部主要人员担任分项目组负责人。负责联系勘察设计单位前期考察验算工作，道路桥梁的改造及加固的方案的设计工作，施工队的联络组织工作，以及施工过程中的监理工作。具体协调处理好勘察检测、设计、加固、施工、监理各环节的工作，确保工程质量。路桥分项目组示意图如图5-5所示。

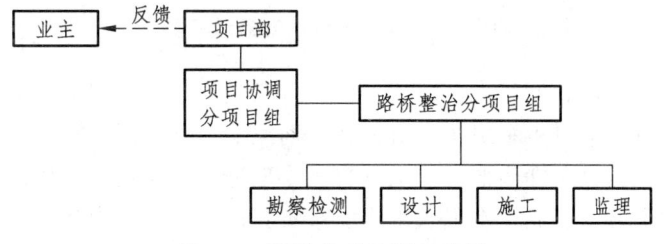

图5-5　路桥分项目组示意图

6．装卸分项目组

主要负责大件货物吊装过程的现场组织和具体实施工作。负责运输工程项目的技术组织及工艺设计，协助安排各方的准备工作。督促运输人员、操作人员对运输起重工具、钢丝绳、卷扬机、千斤顶进行检查准备工作。装卸分项目组应进行必要的前期勘察，如设备的名称、重量及重心、外廓尺寸、包装情况、装卸地点、运输距离、运输线路。

装卸分项目部在换装时,应与项目协调分项目组衔接,提前腾挪出换装场地,并进行道路警戒,必要时与交警、路政沟通,进行临时交通管制。装卸分项目组示意图如图 5-6 所示。

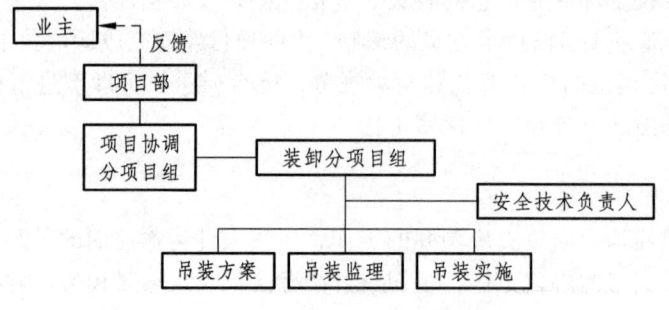

图 5-6　装卸分项目组示意图

7．公路运输分项目组

公路运输分项目组是项目成功的关键所在,具体负责安排公路运输的车辆、人员调动、后勤保障和组织协调工作,全面掌握运输动态。所有参运人员应统一着装,下属各小组负责人应配备对讲机,方便联络,同时做好组织动员工作和安全教育工作,明确职责。安全技术负责人由整个项目的安全技术负责人兼任。

公路运输分项目组组织结构图如图 5-7 所示。

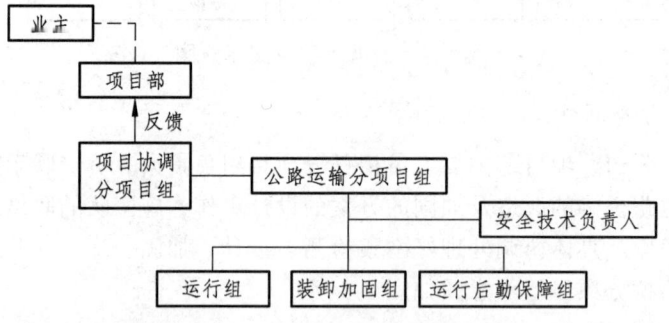

图 5-7　公路运输项目组示意图

运行组由主车驾驶员和操作人员组成。主车驾驶员由具有丰富大件运输经验的高级驾驶员担任。主车驾驶员负责对主牵引车进行操作;对运输道路情况进行详细了解,现场勘察路面、转弯半径等是否符合大件运输的要求;行驶中应遵守相关规定,服从现场指挥。操作人员由大件操作经验丰富的专业技术工人承担。负责具体的机具、设备和材料的准备工作,检查机具设备的安全可靠性;当换装、装卸和车辆机具出现紧急状况时,及时投入修理和处理;作业时严格按大型设备运输操作规程进行作业,并随时仔细观察机具设备及所作业的对象设备的运行状态,做到及时调整,从操作过程保证运输质量。

装卸加固组由责任心强、技术娴熟、经验丰富的运输装卸人员组成,负责具体卸货装车的组织和指挥工作,明确责任,确保安全,负责按施工进度、质量以及施工安全,确保工程安全圆满地完成。

后勤保障组的首要职责是提前进行道路踏勘,无论空障、路障问题是否圆满解决,在运输前必须对通行道路全程进行实地踏勘，看其有无妨碍大件通过的临时障碍，如有障碍必须提前清理。其次是提前安排途中的停车位置，提前联系用餐地点，保证在车队到达 10 min 内就餐。最后是安排途中的住宿，保证参运人员得到充分休息。

三、主要技术措施

大件运输组织中，必须制定安全、环保保障技术措施，质量保障技术措施和吊装保障措施，这是公路大件运输组织全过程能够顺利实施的保证。

（一）安全、环保保障技术措施的基本内容

（1）坚持"安全第一、预防为主"的方针，把安全放在一切工作的首位，确保设备运输"完整无损、万无一失""按时交货"。

（2）严格按"安全保障系统"中各程序进行准备、施工，各施工作业重要步骤和项目执行施工作业签发制度，由总调度签发施工作业票，作业票必须明确施工负责人、指挥人员、技术人员、安全监护人、施工人员、无作业票不得施工。

（3）运输中，明确专人指挥、口令手势统一，安全监护到位，做到"令必行、禁必止"。

（4）运输参与者，必须佩戴"工作人员"标志、戴好安全帽、穿上防护服装，方能进入施工现场，保证现场的秩序。

（5）安全监督、安全监护、甲方监理必须贯穿工程始终，脱离安全监督、监护不得施工，安全监督具有一票否决权。

（6）实施该工程时，各项准备工作必须充分，包括方案、措施、设备、备件及人员，每项单项工作必须有相应的技术措施、安全措施、应急方案及措施，将三个措施传达每位运输参与者。

（7）向全体运输参与者交代交通管制方案及措施，准备临时停车标志和隔离用具。

（8）在运输中，技术人员、司驾人员、监护人员必须坚持"行车前，车辆加固、牵引检查；行驶中，车辆检查；停车后，车辆检查"，使车辆保持良好的技术状况，装载加固牢固可靠。

（9）施工中，全体运输参与者必须遵守有关"安规"和"条例"，严格按照"大件运输操作规程"施工，不得违章作业，禁止习惯性违章。

（10）施工作业时，严格按方案和措施执行，如需更改必须经总调度、技术负责人、安全监督同意后才能进行更改。

（11）装载加固时，加固点需经甲方监理同意后才能施工，注意保护设备外观，运输时随时检查。

（12）排除空障，须在车辆到达前完成。支撑架空线路，须事前进行观察验电，检查支撑器材是否牢固和绝缘，提前排除临时路障。

（13）运输时，注意全过程的防火、防盗、防意外事故，专人进行设备保卫工作，保证设备的完好无损，准备适量的消防器材。

（14）提出应急措施，制订应急预案，如出现突发情况，应及时妥善处理。

（15）原则上下雨、雾天、夜间不准进行运输换装、装卸作业。
（16）严禁酒后和疲劳作业，参工人员必须佩戴安全帽，服装统一，文明施工。
（17）随车携带废油桶、垃圾桶，专人负责收集废油、生活垃圾，投放到指定地点。
（18）全程注意防尘、降尘，遇灰尘土较多路段，减速慢行。
（19）在通过场镇、学校、医院等人群聚集地时，严禁鸣笛，防止噪声污染。
（20）由专人填写《每日安全运输检查表》《每日巡查表》《质量跟踪表》。

（二）质量保障技术措施

1．交通管制

道路较窄，加上设备超宽、超重、超高，为尽量减少对通行人员及环境的损害，提高通行效率，部分路段需要提前实施交通管制。必要时，封闭交通，保证大件运输车辆顺利、安全地通行。

2．桥梁通行

（1）通行检查。

车辆启动前，对牵引车、平板车组、货物捆扎加固情况进行全面检查，做好记录。确保无误后，由总指挥下达启运命令。在经过桥梁前，检查车组、车组液压系统的状态，保证车辆处于正常运行状态。

（2）桥面清扫。

清空桥梁上的其他任何车辆，保证过桥时，除大件车组外，无其他车辆。

（3）居中行驶。

车组通过桥梁时，重型车组应沿桥的中心线行驶。

（4）匀速前进。

车组在通过桥梁时匀速行驶，不中途加速，不制动，不中途换挡。

（5）低速通行。

车组匀速通过桥梁，平均速度不超过 5 km/h。

（6）单车放行。

第一辆大件运输车完全通过桥梁后，第二辆大件运输车才能通行，保证桥上单车通行。

3．夜间停运

为确保运行安全，运输计划采用全程白天行驶，原则上不夜间行车。因为设备超长、超宽、超高，夜间行驶视线不好，驾驶员难以准确判断道路状况，行车困难。

4．限速行驶

为保证设备运输安全，大件运输车队必须限速行驶。大件运输车辆限速规定如下：

最高行驶速度：< 30 km/h。

道路不平路段：< 10 km/h。

通过弯道：< 5 km/h。

通过桥梁：< 5 km/h。

5．运行检查

运行中的车辆检查主要包括横坡检查、纵坡检查、弯道检查、坡道检查、常规检查等。

（1）横坡检查。

通过有横坡的路段时，操作挂车进行横坡校正，以确保运行时挂车承载面处于水平状态。

（2）纵坡检查。

通过较大纵坡时，操作挂车进行纵坡校正，随时调整挂车前后的运行幅度，以保证挂车承载面始终处于水平状态。

（3）弯道检查。

车组通常采用牵引车自动控制转向，但通过较急弯道时，必须将挂车转向连接装置脱开，改用手控挂车控制转向。

（4）坡道检查。

当上下坡度大于3%时，须变更挂车三点支承，上坡时一点在前，两点在后。下坡时两点在前，一点在后，其三点支承油压表两两之间的读数差不超过20%，以保证挂车行驶的稳定性。

（5）常规检查。

为确保运行中车辆处于完好的技术状态，消除安全隐患，每日运行途中，要停车两次对重型车组进行必要的检查。

（三）吊装保障措施

吊装作业受到设备状况、天气条件、人员素质等因素影响，操作过程中极易发生事故，应引起高度重视。

货物装载前，做好配载图表，对重大件的装载做出定位图，划好定位线。对车辆的紧固设施、备件、油布清洁进行检查，并书面报告上级。设备运达前，人先到现场，对重要设备进行审查，做好交接记录，如遇残损物，划清责任范围（包括拍照录像取证），并做出书面报告报上级（包括补救措施）。

会同安全、技术、调度人员，对所选定的卸货点、通信联络方式、负责人名单、起重设备的吊装能力进行调查，并做出评价报业主方及上级领导。

选择好货物的起吊点，防止在装卸过程中对外观造成损坏，并提前做好放置货物处的垫料准备工作。

在作业过程中，必须保证货物的稳定性，防止在装卸作业过程中"碰、撞"。严禁野蛮装卸作业。

如遇恶劣天气，应立即停止吊装作业计划。天气状况好转后再进行货物的中转吊装作业，并同时做好对货物的遮盖及再次加固捆扎工作。

四、应急预案

近年来，交通运输部通过发布《交通运输部突发事件信息报告和处理办法》（交应急发〔2010〕84号）、《交通运输突发事件信息处理程序》（交搜救发〔2012〕89号）、《交通部防抗台风等极端天气应急预案》及相关备忘录等，初步形成了社会管理机制、风险防范机制、应急准备机制、宣传教育培训机制、社会动员机制、事件监测机制、事件研判机制、事件预警机制、国际合作机制、先期处置机制、快速评估机制、决策指挥机制、协调联动机制、信息发布机制、恢复重建机制、心理救援机制、调查评估机制和责任追究机制。应急管理机制涵盖了突发事件事前、事发、事中和事后整个过程中，各部门如何更好地组织和协调各方面的资源和能力来有效防范与处置突发事件。

应急预案即预先制定的紧急行动方案，指根据国家和地方的法律、法规和各项规章制度，综合本部门的历史经验、实践积累和特殊的地域、政治等实际情况，针对各种突发事件而事先制订的一套能切实迅速、有效、有序解决突发事件的行动计划或方案，从而使政府应急管理工作更为程序化、制度化，做到有法可依、有据可查。根据《突发事件应急预案管理办法》（国办发〔2013〕101号），应急预案按照制定主体划分，分为政府及其部门应急预案、单位和基层组织应急预案两大类。要求大型企业集团等根据实际情况，制定相关实施办法，并纳入日常培训内容。

为保证设备运输的"完整无损、万无一失"，安全、顺利地完成运输任务。确保运输中发生意外、紧急情况时，能迅速、有效地采取措施，组织处置意外情况，最大限度地减少对设备运输的影响，大件运输项目一般应制定大件运输应急预案，并相应成立应急小组。

一般地，应急小组组长为运输项目负责人。副组长为安全负责人。组员由经验丰富、实操能力强的技术人员、操作人员和后勤人员等组成。

应急处置预案包含天气、道路、车辆、人员、临时施工、二次加固等各方面的影响因素。

（1）天气因素。

如遇雷电天气，应停车支垫，设置警戒线，安放警示标志及示宽灯，所有人员撤离至安全地带。如遇大风，出现吹倒路旁房屋、树木，阻断道路的情况，立即联系当地路政部门处理。

（2）道路情况。

如发生爆管或其他路基沉降、塌陷，但不直接影响运输时，应在指挥人员的指挥下，迅速驶离危险地带。如在运行时发生路面沉降、塌陷，应立即停车，对平板进行保护性支垫后，在沉陷路面侧用枕木按"#"字型搭设千斤座，在千斤座上放置厚的钢板，用千斤顶顶升后，并挖土填平压实后铺设钢板后才能通过。如发现路面沉降、塌陷，应对沉陷路面填平压实后铺设钢板通过。如运输时正值夏季洪水、泥石流、塌方等自然灾害，由运输负责人通知公司，由公司协调交通部门，由交通部门出面协调当地部门采取应急处置办法，及时清理道路障碍保证设备及时安全通过。

（3）车辆情况。

牵引车头发生故障，及时通知负责人，短时间能修复的立即修复，不能短时间修复的立即向公司调用备用车。为应对轮胎破损，要准备足够的备胎；为应对平板车发生故障，要准备足够配件；为应对车辆发生火情，要准备足够数量、相应型号的灭火器。运行时如发生其他意外情况，应及时通知运输负责人，由运输负责人召集协调人员、技术人员、安全人员共同制定救援处置方案。

（4）人员情况。

配备驾驶经验丰富的牵引车主、副驾驶员各一名，如有驾驶员生病，可临时调配。配备专门的医疗人员和保证有足够药品、车辆,如发生人员伤病,对不能现场处置的,送当地就近医疗部门,或拨打 120 急救电话。

(5)道路紧急施工。

项目部对大件设备运输经过的公路路线进行反复勘察,并在设备起运前一天再次确认道路状况,掌握运输路线的详细资料。尽管如此,仍难以完全避免因道路紧急开挖施工导致的通行受阻情况。遇到此类情况,项目经理应及时采取补救措施,如难度较大项目经理要亲赴现场,协调内外部资源,及时提出运输路线整改方案,在施工部门配合下在最短的时间内完成对施工道路的整改,确保设备运输顺利通行。

(6)加固松动。

运输过程中,因客观原因导致捆扎松动时,由随行的质量监控人员及专家认真分析松动的原因,重新制定切实可行的加固方案,对大件设备进行重新绑扎加固。

(7)不可抗力。

在运输过程中有不可抗力的情况发生时,首先将运输设备置于相对安全的地带、妥善保管,利用一切可以利用的条件将事件及动态通知业主,并按照业主的授权开展工作。如果基本的通信条件不具备,则做好相关记录和设备的保管工作,直到与业主取得联系或者不可抗力事件解除。不可抗力的影响消除后,如果具备继续承运的条件,项目部将在确保设备以及运输人员安全的前提下,继续实施运输计划。

第三节 公路大件运输线路选择

大件运输线路的选择是公路大件运输组织的核心工作之一。当运输大型设备的车辆通过道路时,会占用道路空间资源,对道路交通产生影响,如加固桥梁、拓宽和戒严道路等情况对道路交通的影响,同时其运输过程的安全稳定性也会受道路条件的影响。选择合理的运输线路对于减少运输成本、增加运输过程的安全稳定性、减少对道路周围交通的影响而言是至关重要的。

一、国内外大件运输线路选择现状

长期以来,大件运输公司或企业在实际运作过程中主要从影响运输的各种障碍因素来考虑以确定运输线路,或凭借经验选线,在理论上欠缺支持。目前,对公路大件运输线路选择的理论研究成果相对较少,主要集中在以下几个方面:大件运输线路选择主要依靠经验和反复的道路踏勘;采用线路选择模糊综合评价等方法进行线路选择;大件运输线路选择在程序上的改进工作。

国内对于大件运输路线的选择,通常是采取人工选线的方式,依靠人工经验对路线进行勘探。但是这种方式具有很大的主观性,耗时长、效率低,并且成本也偏高。

随着国家重点工程的不断增加,大件运输为了适应经济发展的需要,其各个方面也在不断地发展完善。一些大件运输企业根据目前的发展状况,研究开发了科学的大件运输决策系统,并且相关研究者也针对大件运输的特点,取得了一定的理论研究成果,具体理论成果涉及公路大件运输线路的选择原则、要求、影响因素等方面。

国外公路大件运输起步相对较早,并且也经过了较长时间的发展,在运输方案制定、服务模式选取等方面都较国内具有一定优势。部分发达国家用于大件运输的平板车包括了各种全挂车、半挂车和自行式液压平板车,种类齐全,功能先进。用于大件货物装卸的起重设备也比国内更加发达,例如在美国、德国等发达国家普遍使用的组合式可行走液压起重门架。在公路大件运输线路的选择上,国外已广泛使用电子地图、GPS定位系统以及计算机辅助系统,根据大件货物的质量、尺寸、车辆类型等可以得到多种线路选择方案。并且国外众多学者也根据大件运输的特点做了相关线路限制因素、地理障碍、线路选择步骤等方面的研究工作,形成了比较系统的理论体系。

二、线路选择一般原则及影响因素

(一) 选线原则

根据大件货物公路运输的特殊要求,影响线路选择的一般原则主要有技术性原则、安全性原则、经济性原则、时效性原则和专业性原则。

1. 技术性原则

技术性原则主要是指运送大件货物的车辆或车组在运输过程中要受到多种技术条件或者技术障碍的限制。这些限制主要包括道路的净空限制、路面通过性限制以及行政管理限制。其中净空限制主要指天桥桥梁、道路管线、隧道和收费站等道路设施在道路净高和净宽方面的限制;路面限制主要指车辆或车组在运输过程中通过道路的最小曲线半径、坡度以及道路区段上桥梁和涵洞的承重限制;行政管理限制指大件运输车辆或车组在运输过程中要受当地运输管理部门相关运输条例的限制。

目前关于我国公路净空的规定是:高速公路、一级公路的净空 5 m,其他等级公路净空 4.5 m;超宽方面,由于二级三级公路一般为双向双车道公路,不适合超宽车辆行驶;超长方面,高等级公路一般曲线半径较大。综合上述要求,确定在大件运输通道选择上优先考虑高速公路和一级公路这两种类型的公路。

2. 安全性原则

大件货物一般是国家重点建设工程的大型设备,大多属于货值高昂的订做货物,工程建设作用大,确保运输安全至关重要。因此,选线时在兼顾人车路安全的基础上,深入研究道路条件对运输过程中货物安全的影响,要充分考虑其运输过程的安全性,务必保证大件货物运输过程中运输人员、运输车辆以及货物的安全,使货物能安全、准时地到达目的地。

3. 经济性原则

在大件运输线路选择过程中,必须做到经济上合理,而且要尽量在可控的范围内达到效益最大化。大件运输产生的主要费用包括运输费、燃油费、道路使用费、线路方案制定费、与相关部门的协议费、技术咨询费以及其他相关费用。

运输距离是最佳运输线路的主要决定因子，它直接决定燃料、劳动力和维修保养等变动成本，运输距离越短，运输成本就越小。

4．时效性原则

大件货物在很大程度上会影响到基础设施和重大项目建设的进程，所以，必须在保证运输安全的前提下，尽量缩短运输时间。运输的总时间受运输线路里程以及道路通行条件的影响较大。运输时间可分为行驶时间、停留时间和装卸整修等其他作业时间，停留时间包括排障时间和协调时间、意外事故发生延误时间等。为了保证生产过程的顺利进行，并有效减少运输成本，公路大件运输路线的选择必须遵循一定时效性的原则。运输线路是否最佳也是运输时间的重要决定因子，当业主在时间方面有较高要求或非常紧急，承运人为了在客户要求的时间内将货运送至目的地，往往比平时配备更多的人手，也由于时间的紧逼，运输路线的重新规划、运输车辆的重新选择，对成本产生影响。

5．专业性原则

公路大件运输相较于其他运输过程具有一定的特殊性，在运输前期的道路勘察、货物吊装搬运、障碍排除等方面的专业要求都较高。所以在进行公路大件运输线路选择时，必须对路况、车辆、货物情况等进行综合性的分析，并且在运输组织、运输技术、运输人员等方面也必须体现专业性原则。设备专业、人员专业、管理专业、指挥调度等专业，也会对大件运输线路选择产生重大影响。

（二）影响因素

公路大件运输线路选择是一个运输车队与路线状况相互适应的反复过程，路线选择的一般过程是：根据历史资料和其他手段初步选取一条或几条运输路线，并对所运大件设备进行初步配车运输方案设计，得出运输车队的极限运输参数；对初选线路进行踏勘，根据道路信息对路线的安全通过性、经济性及时效性进行分析，并对设备配车运输方案进行修正改进，进而对路线进行筛选，最终确定运输路线及配车运输方案。影响公路大件运输线路选择的主要因素，包括但不限于如下内容。

1．运输车队的极限运输参数及对道路的要求

运输车队的极限运输参数及对道路的参数要求由大件设备的结构参数及重量和所选运输车辆的结构及性能参数确定，主要包括车队运行宽度、高度、转弯半径、车货总重及轴压等。

2．运输路线的通行参数

包括运输路线的通行宽度、转弯半径、纵坡及横坡、道路平整度、路线高空障碍等对大件运输通行的限制因素。

也包括因运输道路限制因素导致的运输作业环节的增加及风险的增加等。

3．运输路线排障

包括为满足大件运输要求所需要做的排障量、排障周期及排障协调难度等排障相关因素。

4．运输路线途经地区行政影响

包括途经区域行政法律法规的要求、行政部门执法水平等行政因素。

5．运输路线通行费用

包括大件设备通过该路线所需的排障费用、通行费用、协调费用、行政费用、运输过程中直接运行费用等。

6．桥梁通行能力

根据《公路工程技术标准》中规定的桥梁设计与验算荷载，运用载荷比较法、载荷效应比较法和结构验算法，并依据桥梁现状确定运输过程中桥梁的通过能力。

7．外形尺寸通过能力

根据《公路工程技术标准》中规定的公路设计的限界标准尺寸，综合车辆本身的外形尺寸以及运输货物的外形尺寸，即可判定是否可以安全通过。

8．弯道通过能力

弯道通过能力主要采用的是道路参数比较法。通过弯道数据，与车组最小转弯半径等数据进行比较，以确定车辆是否能安全通过。

9．横坡和纵坡通过能力

在车辆稳定性中，可以计算出货物在各种捆扎方式下的最大横向和纵向倾斜角，如果这个角度小于标准规定的角度，则认为可以安全通过横坡和纵坡。

10．路面负载能力

重大件运输的载重吨位一般较大，必须考虑运输过程中路面的负载能力。如果影响道路弯沉的各主要参数均小于许用值，则视为可以安全通过。

三、最优线路的确定

上面探讨了公路大件运输线路选择的一般原则和影响因素，在实际路线的确定中，可能存在多种可行线路，这种情况下，就会进行多方案比选，确定最优路线。大件运输最优线路选择方法多样，其一般步骤如下：

（1）参考、类比大件运输企业历史运输方案。

（2）选择公路大件运输路线模型，并确定有关模型算法。

（3）分析和确定可行线路方案。

（4）进行现场勘探，综合考虑线路桥梁、隧道、收费站、弯道、道路等方面对运输过程的影响，调整运输方案。

第一步排除明显存在损坏较严重的桥梁、承载力不足且跨径较大的大桥，路基不稳或存在安全隐患的危险路段；第二步沿线收集当地路段水文天气状况，以便及时应对突发天气情况，排除易发生地质灾害的路段；第三步检算沿线结构承载能力，对已知承载力不足的桥梁，如果加固费用较高，且附近有其他可选的道路则绕过该桥，反之则选择合适的加固方案来加固桥梁。对于承载力能够基本满足，但相对运输载荷安全储备不高的桥梁以及加固后的桥梁进行现场载荷试验，确定其实际承载能力（见第四章）。

（5）根据考察具体情况，制定科学合理的排障措施。如果有不可排除的障碍或者排除障碍花费过高，则应调整运输方案。

（6）结合公路大件运输系统提供的可行路线和实地考察结果，最终形成最具有合理性的方案。

（7）根据评价理论挑选较优的运输路线。

公路大件运输最优线路选择流程如图 5-8 所示。

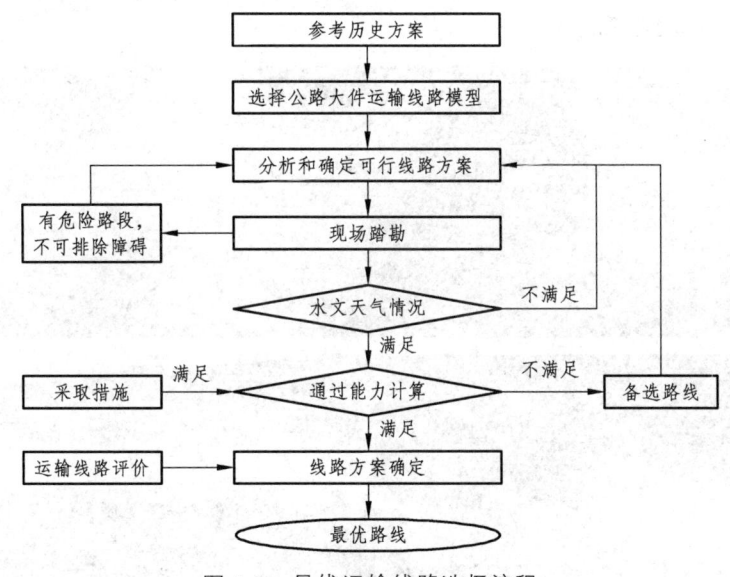

图 5-8　最优运输线路选择流程

四、货物勘探

货物勘探的主要任务是确认配车方案、路线选择、装载加固方案可行性，在实践中要突出四个符合度。一是确认货物的轮廓尺寸与设备运输图纸是否相符；二是确认绑扎加固及吊点与装载方案是否相符；三是确认装载方案与道路通行条件是否相符；四是确定货物的完好性与提货单是否相符。

其基本内容可以用"四个确定"来囊括。一是确定设备的尺寸（长、宽、高）；二是确定设备的吊点位置，需要根据吊点位置选择合适的吊装方式；三是确定设备的绑扎位置，除了吊点之外是否有适合加固的位置用于装车、装船；四是确定设备的重心及受力情况，是否影响装车位置，是否需要进行局部处理。

下面以某定子运输为例介绍货物勘探流程。

（一）查验设备清单

某定子运输设备清单表如表 5-1 所示。

表 5-1　某定子运输设备清单表　　　　　　　　　　单位：mm

箱号	箱描述	箱长	箱宽	箱高	总质量	包装类型
BLS40C000005	定子	12 480	5 460	4 910	510 000	裸装
BLLOT40B1132	#2 低压内缸 I（上半）	6 700	2 250	3 400	40 000	木箱
BLLOT40B1133	#2 低压内缸 II（上半）	8 000	6 400	4 050	84 000	托架
BLLOT40B1134	#2 低压内缸（下半）	15 900	6 250	6 000	170 000	支架

（二）现场勘察设备

定子货勘图如图 5-9 所示。

图 5-9　定子货勘图

经勘察，定子的尺寸与清单一致，底部运输盖板的高度较设备中间的隔板的低了 22.5 cm，装车、装船时的衬垫需要特别注意；定子两个封头，距底板较近，需要注意保护；定子底部中央隔板，可辅助受力。低压内缸货勘图如图 5-10 ~ 5-12 所示。

图 5-10　低压内缸 I（上半）货勘图

 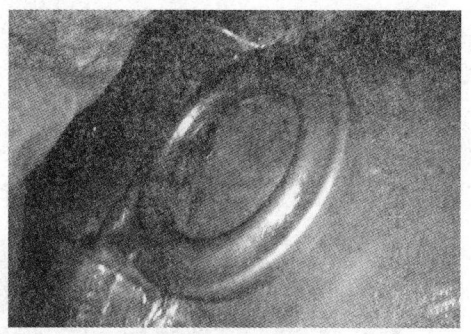

图 5-11　低压内缸Ⅱ（上半）货勘图

图 5-12　低压内缸（下半）货勘图

经勘察，低压内缸的尺寸与清单一致，低压内缸Ⅱ（上半）底部为枕木，装车装船时无需衬垫；低压内缸（下半）底部为金属支座，装车、装船时需要准备充分的衬垫材料。

五、道路勘探

根据大件设备的尺寸、质量特征，选用合适的配车方案，由此得出车辆的通行需求（路面宽度、限高、转弯半径、横纵坡坡度、路面承载力等）。但是，在实际运输组织过程中，必须要经过道路勘探，获取线路的第一手资料。道路勘探的主要任务就是发现大件运输线路的通行障碍，并采取有效措施予以规避。

在道路勘探过程中的主要障碍类型有以下几种。

空障是由于设备高度或扫空通行受限的障碍，主要有：桥、电力线、通信线、红绿灯、道路指示牌、摄像监控灯杆、广告牌、限高架等。

路障主要有护栏和路灯等灯杆、占道杂物、转弯半径受限等。

桥、涵、道路承载力不足。有些桥涵和道路的建造标准低，不适合大件设备通行。一般通过桥涵加固、压力分载、桥上桥等措施来解决。

(一)道路清障

1．净高清障

(1)为提高线路净高,交通标志牌可以临时拆除或转向,通常是设备通行的前一天或提前半天安排作业,通过后及时复位。标志牌拆除如图5-13所示。

图 5-13　标志牌拆除

(2)线路上方的管廊、支线管廊可以提前拆除、抬高或重新布设走向.若管廊集中分布,拆除或移动会带来破坏性后果,则只能新建道路。

(3)线路上方通常还会有一些通信线路横跨道路两侧,对于通信线路的清障,常采取两个措施:一是设备通行前将通信线路架高;二是在设备通行过程中,利用云梯、竹竿等玩具将线架高。通信线路清障如图5-14所示。

图 5-14　通信线路清障

(4)桥梁、高压线与干线管廊不易拆除,可考虑在障碍物下降低路面高度。路面下降后将形成凹型坡道,为保证运输设备的车辆通过,应在坡道处形成缓冲坡道,此方法不适用于地下管网密布处及交叉路口处。下挖道路如图5-15所示。

图 5-15　下挖道路

2. 净宽的清障

运输线路的净宽分为两部分：一是道路路面自身的宽度，能满足车辆通行的要求；二是道路两侧空间宽度，能满足设备运行中扫空区域的要求。

道路两侧空间宽度主要受限于道路两旁的树木、灯杆、交通标志牌、建筑物等因素。为确保设备运行所需的最小道路净宽，树木可以修剪、移植、砍伐，交通标志牌可以临时移位、拆除，灯杆和临时建筑物可以临时拆除。

3. 弯道拓宽

进行超长大型设备的运输时，车辆通常利用道路的最大转弯半径来实现转弯。当道路的最小转弯半径不符合要求时，应考虑进行拓宽。弯道拓宽如图 5-16 所示。

图 5-16　弯道拓宽

4. 载荷强度的提高

为防止设备在运行过程中发生道路凹陷、坍塌，运输线路的载荷强度校核必不可少。校对的重点区域是泥土或碎石路段、桥梁和涵洞、线路弯道处、地下管网铺设处等。

当车辆选定后，可以根据设备的质量计算出轮胎的胎压，以核定道路载荷强度是否满足要求。对于不能满足要求的局部泥土与碎石路段，可以通过铺设 8～12 mm 厚的钢板。大范围不能满足运行要求的路段，则需要重新修建。线路弯道处，由于设备体积大，车辆需要反复移位，因此要求的路面载荷能力更高。

运输线路选定后，还要查看线路下面管网的铺设情况。在弯道处、地下管网上方铺设钢板是提高道路载荷强度较为简单有效的方法。

（二）道路的宽度及转角测量

根据人民交通出版社出版的《公路几何线形检测技术》一书可知，公路平面线形的三个基本组成部分为：直线、圆曲线、缓和曲线，即公路应该满足线形连续圆滑（曲率及曲率变化连续）的几何条件。在进行平面线形设计时应遵循原则如下：各级公路不论转角大小均设定圆曲线，用较大的圆曲线半径；两同向曲线间设长的直线，不得用短直线；两反向曲线间夹短直线，应调整线形或运用回旋线组成 S 型曲线；曲线线形应避免出现连续急弯的情况，应插入足够长的直线或回旋线。在进行直线与圆曲线组合的单曲线计算时，涉及的参数众多。路圆曲线测量图如图 5-17 所示。

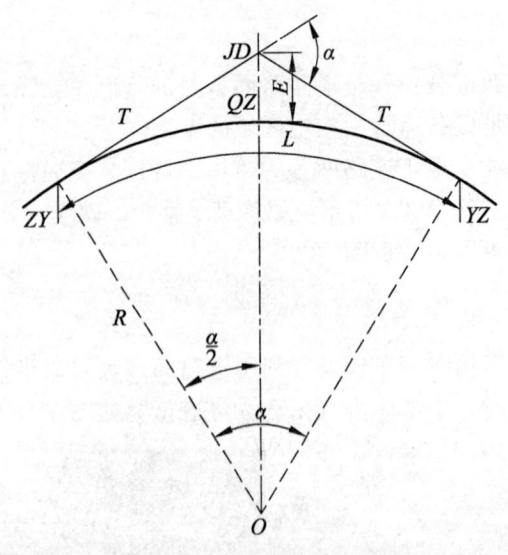

图 5-17 道路圆曲线测量图

在进行直线和圆曲线组合的单曲线组合计算时,已知偏角 α、半径 R 时,可求得曲线元素切线长 T、曲线长 L、外距 E、切曲差(切线与圆曲线长的差值)D。

$$T = R \times \tan\frac{\alpha}{2} \tag{1}$$

$$L = \alpha \times R \times \frac{\pi}{180} \tag{2}$$

$$E = R \times \left(\sec\frac{\alpha}{2} - 1\right) \tag{3}$$

$$D = 2T - L \tag{4}$$

里程计算:

$$ZY_{里程} = JD_{里程} - T \tag{5}$$

$$YZ_{里程} = ZY_{里程} + L \tag{6}$$

$$QZ_{里程} = YZ_{里程} - \frac{T}{2} \tag{7}$$

$$JD_{里程} = YZ_{里程} - \frac{D}{2} \tag{8}$$

在进行直线、回旋线和圆曲线组合的单曲线计算时,道路平曲线测量图如图 5-18 所示,已知偏角 α、半径 R 和缓和曲线 l_s,则有:

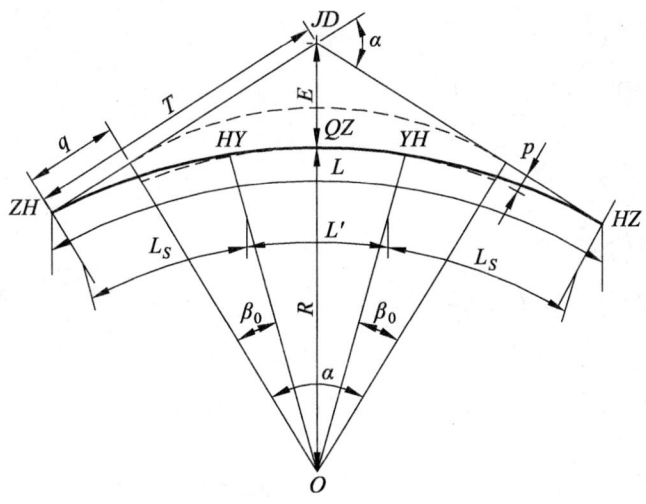

图 5-18 道路平曲线测量图

切线角: $\beta = \dfrac{l^2}{2Rl_s}$; $\beta_0 = \dfrac{l^2}{2R}$ （9）

切线增长值: $q = X - R\sin\beta_0 = \dfrac{l_s}{2} - \dfrac{l_s^3}{240R^2}$ （10）

内移值: $P = Y + R\cos\beta_0 - R = \dfrac{l_s^2}{24R}$ （11）

坐标计算公式:

$$x = l - \dfrac{l^5}{40R^2l_s^2} + \dfrac{l^9}{3\,456R^2l_s^4}, \quad y = \dfrac{l^3}{6Rl_s} - \dfrac{l^7}{336R^3l_s^3}$$ （12）

$$X = l_s - \dfrac{l_s^3}{40R^2} + \dfrac{l_s^5}{3\,456R^4}, \quad Y = \dfrac{l_s^2}{6R} - \dfrac{l_s^4}{336R^3}$$ （13）

其中: x——缓和曲线上任意点处的横坐标,m;

y——缓和曲线上任意点处的纵坐标,m;

X——缓和曲线终点处的横坐标,m;

Y——缓和曲线终点处的纵坐标,m。

元素计算公式:

$$T_H = (R+p) \times \tan\dfrac{\alpha}{2} + q$$ （14）

$$L_H = (\alpha - 2\beta_0) \times R \times \dfrac{\pi}{180} - 2l_s = L_Y + 2l_s$$ （15）

$$E_H = (R+p) \times \sec\dfrac{\alpha}{2} - R$$ （16）

$$D_H = 2T_H - L_H$$ （17）

里程计算公式:

$$ZH_{里程} = JD_{里程} - T_H \tag{18}$$

$$HY_{里程} = ZH_{里程} + l_s \tag{19}$$

$$QZ_{里程} = HY_{里程} - \frac{T_y}{2} \tag{20}$$

$$YH_{里程} = HY_{里程} + L_Y \tag{21}$$

$$HZ_{里程} = YH_{里程} + l_s \tag{22}$$

图 5-19 为路平面线形图,是道路中心线在平面上的投影线,反映沿线道路方向的转折变化,由直线和曲线组合而成,曲线包括圆曲线和缓和曲线。

实际大件运输中的车辆基本上都采用了液压平板挂车,或者以液压平板挂车为基础再加装一些构件来承载货物的其他车组形式。大件运输对所通行的道路条件要求较高,弯道需要更大的道路平曲线半径,道路不平则需要更大的竖曲线半径或较小的路面平面度。通过圆形弯道时有很多限制,车组绝大多数需要一次通过,没有倒车余地。

图 5-19 路平面线形图

1. 圆弧弯道的内圆弧、外圆弧曲线半径

测量方法:一般用转弯半径 R 和通道宽度 W 来校核弯道的通过能力。以汽车最外侧车轮的轨迹半径 R 作为汽车的转弯半径,以最外侧车轮和最内侧车轮轨迹半径的差 W 作为汽车的通道宽度,一般可直接量取圆弧弯道测量如图 5-20 所示。在弯道的外圆弧上任意选取一段曲线,测量该曲线段的弦长 l 和旋高 h,则外圆弧曲线的半径为:

$$R = \frac{4h^2 + l^2}{8h} \tag{5-1a}$$

内圆弧曲线的半径为:

$$r = R - W \tag{5-1b}$$

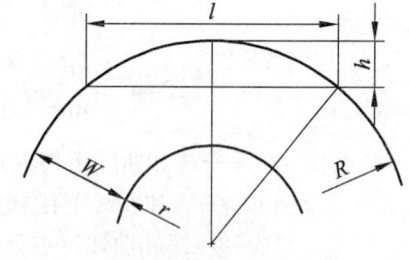

图 5-20 圆弧弯道测量

2. 直交弯道道路夹角和内圆角半径

如图 5-21 所示,把两条直线道路相交形成的弯道称为直线相交弯道,简称直交弯道。其特点是弯道外侧边缘均为直线。弯道的主要参数有入口宽度 W_1、出口宽度 W_2,内圆角半径 r,道路夹角 δ。当 $\delta = 90°$ 时,称其为直角弯道,如常见的十字路口、丁字路口。当道路夹角小于或大于 90°时,则需要通过测量来确定夹角。当现场测量没有经纬仪等直接量取路线夹角的仪器时,可利用直尺通过间接测量方法取得。

测量方法:在道路交叉口处便于测量的任意位置上确

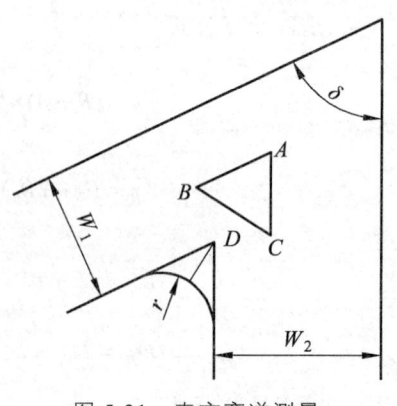

图 5-21 直交弯道测量

定出 A 点，通过 A 点画出与道路入口、出口中线平行的直线 AB 和 AC，使 $AB = AC = a$，AB、AC 平行于弯道两边，直交弯道测量如图 5-21 所示。连接 BC，$BC = b$，根据余弦定理得出道路夹角公式为：

$$\delta = \arccos\left(1 - \frac{b^2}{2a^2}\right) \tag{5-2a}$$

通过测量弯道入口、出口的内缘延长线交点 D 至内圆弧的距离 t，则

$$r = \frac{t\sin\frac{\delta}{2}}{1 - \sin\frac{\delta}{2}} \tag{5-2b}$$

对于夹角为 90 度的直角弯道，$r \approx 2.414t$。

（三）道路纵向参数测量

由于挂车液压悬架升降幅度有限，通过竖曲线曲率较大的道路时，挂车的通过能力可能会受到影响。挂车行驶在竖曲线曲率半径为 R 的路面上时，会造成两端悬架行程量加长和中间悬架行程量缩短，当行程量超出了悬架液压缸的调节范围时，两端悬架有可能悬空，中间悬架有可能因失去正常的液压支撑作用而超载，从而使挂车的受力状态发生变化。为此，当道路上竖直曲线曲率较大时，需要对纵向通过能力进行校核。在道路勘探中，常常需要现场测量对道路纵向通过能力产生影响的道路参数。

1. 道路竖曲线半径的测量

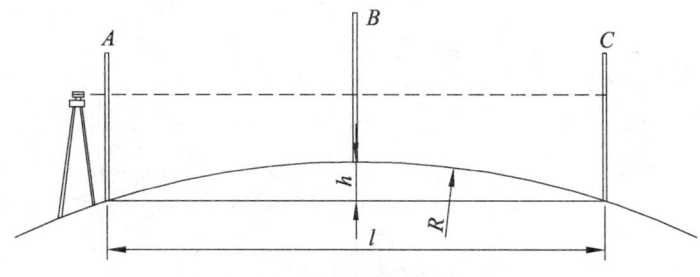

图 5-22 道路竖曲线半径测量

测量方法：如图 5-22 所示，l 为挂车第一轴至最后一轴的距离，h 为悬架的极限收缩量，则 h_p 为挂车悬架的安全伸缩量，挂车通过凸竖曲线时半径的允许值为：

$$R_p = \frac{4h_p^2 + l^2}{8h_p} \tag{5-3}$$

其中，

$$h_p = h - 2c \tag{5-4}$$

$2c$ 为悬架伸缩时上、下应留的安全距离。但是挂车承载后，主纵梁常常有一定的变形。

设挂车主纵梁中部在承载状态下相对于两端的变形量为 f，则挂车可以通过的凸竖曲线半径的允许值为：

$$R_p = \frac{l^2 + 4(h_p - f)^2}{8(h_p - f)} \qquad (5\text{-}5)$$

当挂车中部为向下的变形量，即 f 为正值时，所需的道路凸竖曲线半径 R 值增大，降低了挂车的通过能力。故，在挂车装载前需为挂车主纵梁设置与变形量 f 值相等的预拱，使挂车装载后主纵梁的形状尽量接近直线。

2．道路折角测量

把两条直线路面相交形成的纵坡变化角称为道路折角。对于承载后主纵梁保持直线形状的挂车，可以通过的凸道路折角允许值为：

$$\alpha_p = 2\arctan\left(\frac{2h_p}{l}\right) \qquad (5\text{-}6)$$

对于承载后主纵梁都有一定变形的挂车，可以通过的凸道路折角所具有的允许值为：

$$\alpha_p = 2\arctan\left[\frac{2(h_p - f)}{l}\right] \qquad (5\text{-}7)$$

可以通过调整空车预拱的方式使挂车承载后变平，以获得尽可能大的允许道路折角。对于凹道路折角，与凹竖曲线半径的产生原因相同，对于挂车悬架降至最低时，挂车主梁离地间隙为零的情况，l 值应取挂车主纵梁的长度或前后端牵引座之间的长度，之后计算凹道路折角允许值，道路折角测量如图 5-23 所示。

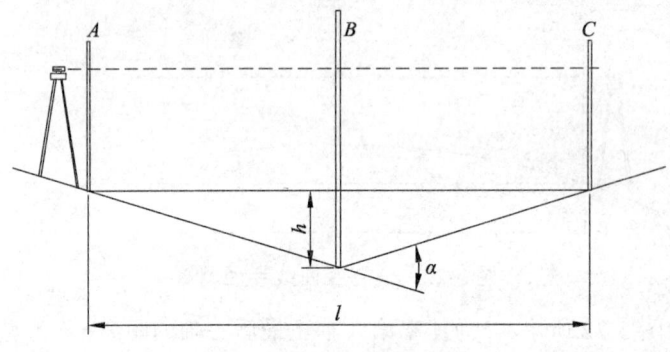

图 5-23　道路折角测量

3．路面不平度测量

对于路线曲率不断变化的路面，其通过能力校核可以采用控制车长范围内路面平面度的方法。该方法可为：在道路上的车长范围内，路面的平面度应小于挂车悬架的允许升降量 h_p，该允许升降量应计入悬架伸缩时上下应留有的安全距离 c，并考虑挂车主纵梁变形 f 的影响，可表示为：

$$h_p = h - 2c - f \qquad (5\text{-}8)$$

其中，h 为挂车悬架的极限伸缩量。对于整体形状为上凸或下凹的路面，平面度为车长范围内最高点到两个最低点连线的距离，或最低点到两个最高点连线的距离。对于整体形状平坦，但局部凹凸不平的路面，平面度为最凸点到最凹点的距离。

测量方法：将 A、B 杆和 M 杆立于车长范围内的两个最高点和一个最低点，或两个最低点和一个最高点，确定出 M 杆上视线经过的位置，并标记，求出的 A、M 杆标记高度之间的差 h 则为路面不平度，路面不平度测量如图 5-24 所示。

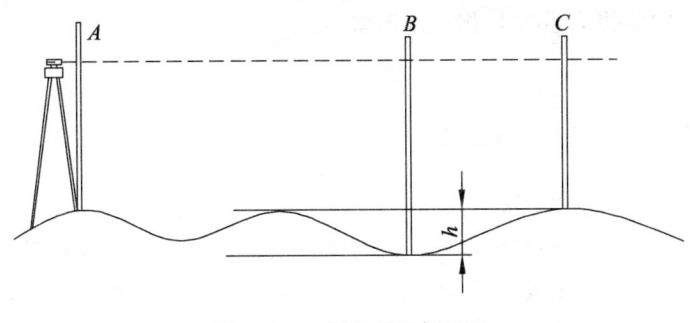

图 5-24　路面不平度测量

第四节　货物的吊装

对货物进行装载加固是两个不同的过程，装载是使用适当的工具将货物放在一个正确的位置，加固则是使货物保持在这个正确的位置。货物的装载是加固的前提，若装载的位置不合理，即使做了加固也没法确保车货的安全。

大件货物常用的装载方式有三种：吊装、自装与顶推滑移。大件运输中，必须首先通过适当方式将货物装在大件运输车辆车板的相应位置，完成货物的装载程序。

一、吊装方式和吊点选择

大件货物吊装装车是指通过一台或多台吊装工具（汽车吊、履带吊、环轨吊）将货物吊起并放置在车板的相应位置。该种装载方案一般适用于外形尺寸较小，质量相对较轻的货物。

（一）吊装方式选择的影响因素

1．吊装作业的性质

不同的吊装阶段，如在建筑开工阶段、续建阶段、改扩建等，对作业半径、地面荷载等的要求是不一样的，会影响到吊装方式的选择。

2．作业现场自然环境

包括室内作业、露天作业，其影响因素有场地开阔或狭小、作业区附近有无影响吊装工作的障碍物，在作业空间范围内有无架空的管线，架空的高低压输电线路、进出场道路情况、作业现场地形和地耐力等。

3．吊物的物理特征

吊物的体积大小、质量大小、体形特征（细高、粗短或扁平）、重心位置等。

4．吊物的数量

吊物是单台、同规格多台或是相近规格多台。

5．工艺方法

采用整体吊装还是分段、分节吊装，现场单件组装是选用正装法还是选用倒装法。

6．机具状况

在现场都是根据实际情况安排作业，没有固定模式，如根据现场机具情况，选择合适的吊机、合适的吊具（卸扣、尼龙、钢丝绳、分载梁等），有时需新增大中型起吊设备，有时可以组合或改制可用的起吊机具，或者就近租赁需要的起吊设备。

7．人员素质

工程技术人员、指挥吊装人员以及操作工人的技术素养和吊装技能。

8．吊装工期

机械化吊装程度高低，决定吊装工期的长短。

9．经济效益

吊装方式的选用，应保证吊装费用合理，施工成本可控。

10．安全性

吊装方式的选用必须安全第一，确保起重吊装安全可靠。

（二）吊点选择的要求

（1）吊点一般均应位于吊件的重心以上。

（2）选用的吊点位置应能保证吊件的稳定与平衡。

（3）如设备已设有吊点，则应利用，一般不可再另设吊点。

（4）所选的吊点位置应确保不会因吊件的自重而引起塑性变形。

（5）选择吊点时应尽量避开设备的精加工表面。

（6）在吊件起吊过程中，受力变化的吊点，应按其最大受力进行设计。

（7）细长吊件利用多吊点法吊装时，各吊点间应设有平衡滑轮等装置，使各吊点间自动平衡。

（8）吊装前，首先必须确认设备上已有的吊耳、吊钩、板眼和吊环螺钉等是为吊装设备整体而设的，还是为吊装部分而设或仅为吊装某零部件而设。确认完毕后，选择合适的吊点起吊。

二、吊装方式和吊具受力

大型物件的吊装方案设计应当科学，吊装方法必须安全可靠。在充分利用已有的吊装机械机具的基础上，尽量提高机械化吊装程度。一般应当综合各种因素，拟订多种吊装方案，对吊装工期、吊装费用进行综合评估，从中选取经济合理，工期正常的最佳方案。

根据吊具和吊物的相对位置和起吊方法，大致可把吊装方式分为如图 5-25 所示的 7 种。

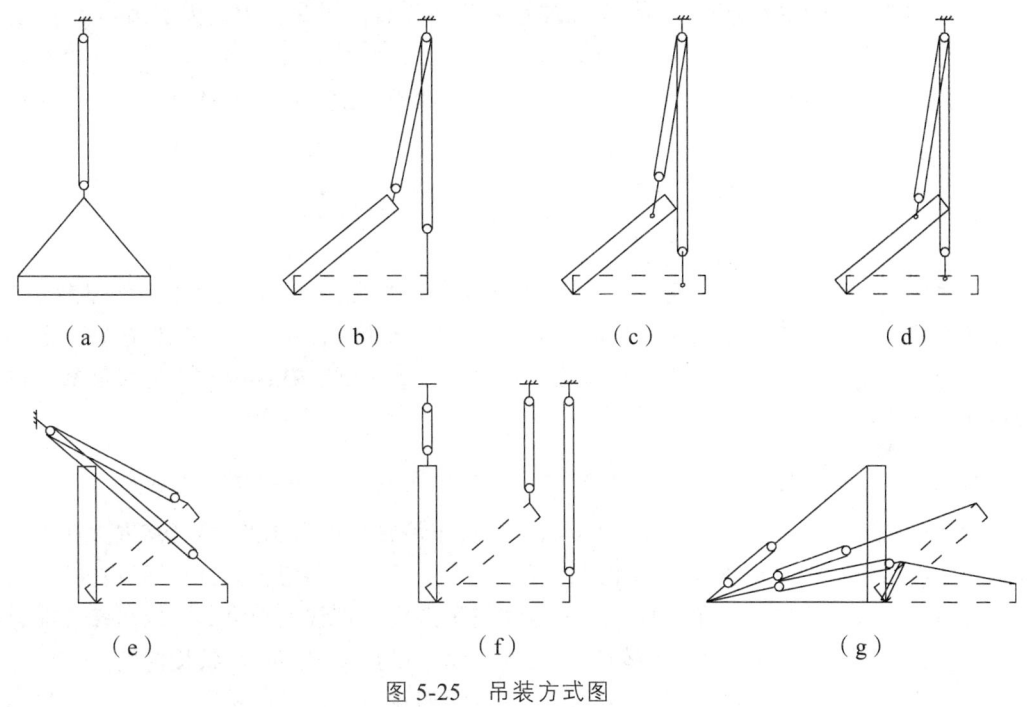

图 5-25　吊装方式图

（一）吊具位置固定的吊装方式

1．吊具通过吊物重心

吊具在吊装吊物时，吊具和吊物重心在一条铅垂线上，如图 5-25（a）所示，则吊物起吊过程平稳，吊具受力等于或略大于吊物质量（因要考虑动载荷的影响）。

2．吊物平卧，吊具吊于吊物一端中心处

在吊起过程中，吊物一端接触地面并因其摩擦力而使吊具微偏离铅垂状态，致使吊具所受力大于吊物质量的一半，继而吊具受力渐小，到快立直时，吊具受力迅速加大，到完全吊离地面后，吊具受力则略大于吊物质量，如图 5-25（b）所示。

3．吊物平卧，吊具吊于吊物重心上方某点纵向中心处

具体如图 5-25（c）所示，在吊装过程中吊具受力远大于吊物质量的一半，其受力大小取决于吊点距吊物重心的距离。距离愈小则吊具受力愈大，反之则小。继而吊具受力渐小，到吊物快立直时，吊具受力迅速加大，到完全吊离地面后，吊具受力则略大于吊物质量。

4．吊物平卧吊具吊于吊物重心上方一侧面处

具体如图 5-25（d）所示，其吊装过程中吊具受力与上面的方式相似，那条但吊具偏斜略有加大，则受力也略大。在吊物吊离地面后吊物呈倾斜状态，其倾角达到吊具与吊物重心重合于一条铅垂线上后平衡。此方式要达到吊物立直，尚需在吊物上施加另一作用力。

5．吊物平卧，吊具吊于吊物一端，吊物另一端铰接于固定处

具体如图 5-25（e）所示，用扳吊法使吊物旋转立直。吊具受力远大于吊物质量的一半，而且随吊点位置而变化，吊点越高，越接近铰接上方，则吊具受力越小。另外，此种吊装方式在吊物刚抬头吊起时，对铰接处水平推力最大，随着逐渐吊起立直此推力渐小。

（二）吊具位置移动的吊装方式

1．吊物平卧，吊具吊于吊物一端中心处

具体如图 5-25（f）所示，刚吊起时吊具受力为吊物质量的一半，随着吊物逐渐立直，吊具亦随之移动，始终保持吊具呈垂直状态，其受力亦渐小。此种方式可确保吊物在起吊过程中始终处于稳定状态，吊具受力状态也优于吊具固定的方式，在吊物立直并吊起后，吊具受力略大于吊物质量。

2．吊物平卧，吊具斜立于吊物上方，吊具与吊物共用一铰接点为回转轴

具体如图 5-25（g）所示，一般吊具高度应大于吊物长度的 1/3，吊具高度大些则扳吊力减小。在扳吊过程中，吊物与吊具相对位置不变，保持一定夹角，只是一同以铰接轴为中心回转，当吊物被扳吊到一定角度后，吊绳地铺与吊点成一直线，则吊具完成吊装功能，由吊绳继续受力把吊物扳起并立直。双转法扳吊为吊物与吊具不共用一个铰接回转点，此方式与上述扳吊法的差别在于吊物与吊具不共用一个铰接回转点，吊具回转点向吊点方向移动一个距离，此方法可适当减小吊具高度，并可使吊具受力减小一些。

三、吊索的绑挂方式

吊装方式和吊索在吊点处的绑挂方法是由吊件的形状特征、质量大小、有无吊耳和吊装目的来决定的。对设备自身已带有吊耳的，应根据吊耳的种类，可用吊索直接挂于吊耳、通过卸扣连接吊索与吊耳、用圆钢将吊索卡挂在吊耳上等方法实现吊耳与吊索的连接。

无吊耳的吊装方式多样，现列举以下几种最常见的吊装方式和吊索绑挂方法。

（一）由圆柱体组成的轴、辊类运输件的吊装

此类运输件一般无吊耳，需用吊索绑挂方式吊装。图 5-26（a）为两根吊索捆绑在轴两端粗加工面处，吊索与水平夹角 α 一般应大于 45°。图 5-25（b）中两根吊索活套在圆柱表面上，两吊索要在重心两侧平均布置，它们间隔距离 b 大小要合适，以保证吊起后两吊索不会互相滑动靠近，保持吊件稳定。两根吊索要等长，其与水平方向的夹角 α 一般应在 60° 以上。图 5-26（c）为轧辊类零件，其特点是中间部分与两端直径相差较大，可用两根等长吊索活

套在两端圆柱上，其吊索应有足够的长度，如图 5-26 所示，吊起后吊索应以不接触中间直径较大部分为宜。图 5-26（d）为用吊装横梁吊装轴、辊类零件的方法。

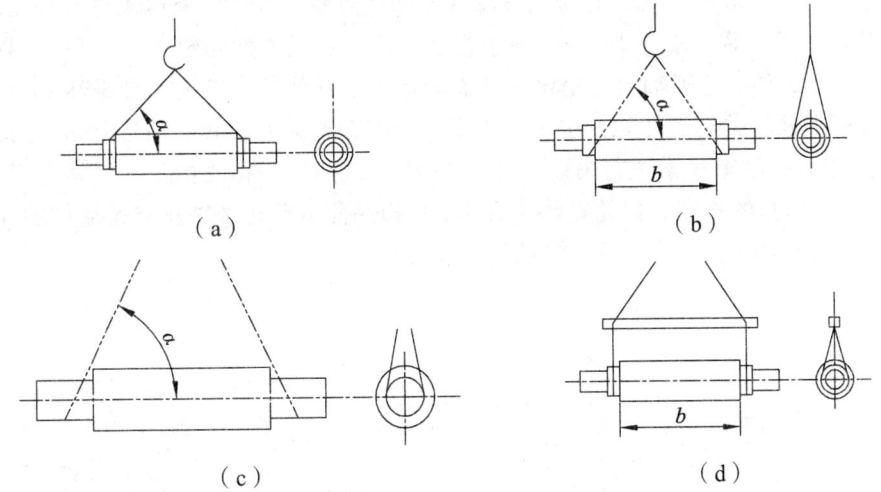

图 5-26　圆柱体运输件吊装图

（二）矩形断面的圆圈、轮带、大齿圈类运输件的吊装

此类运输件一般无吊耳，常需用吊索绑挂方式吊装。图 5-27（a）为轮带运输件需套入另一圆筒形物件的吊装方法。视运输件质量大小，可用一根或数根吊索捆绑于轮带外表面进行吊装。图 5-27（b）为用一根吊索穿套于圆圈中吊装，其内圆棱角处应用方木等保护吊索和运输件免受损伤。图 5-27（c）为用两根等长的吊索穿套于圆圈中吊装。此方法更便于调整运输件的平衡和铅垂度。图 5-27（d）亦为需将此运输件套入另一圆筒形物件的吊装方法。可在物件两侧面焊接两个吊耳，用两等长吊索挂于吊耳上进行吊装，此法虽是安全可靠的方法，但增加了焊接吊耳，以及在吊装就位后再切去吊耳的工作。

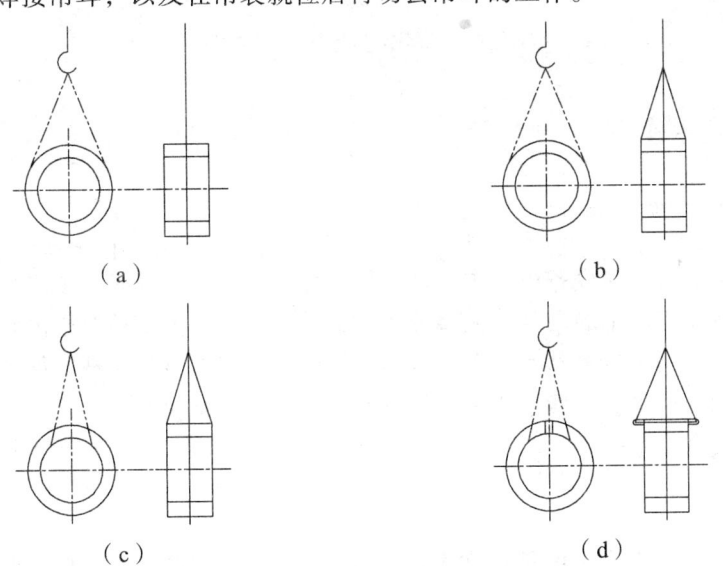

图 5-27　矩形断面吊装图

(三)带轴轮类运输件的吊装

在吊装作业中常有带轴齿轮、链轮、飞轮等零部件需要吊装。此类运输件自身无吊耳,均需用吊索绑挂方式吊装。图 5-28(a)中吊索从一侧套在运输件轮辐上,从另一侧穿出挂于吊钩上,用此方法如欲达到轴完全呈水平状态尚需采取其他辅助措施。图 5-28(b)中用 4 根吊索吊装大型带轴轮类运输件的方法,吊索下端捆绑在轮辐上,其上端每侧两个吊索挂于同一个吊钩上用两吊钩 4 吊索进行吊装。图 5-28(c)为用一横担支撑于两吊索之间的吊装方法,此方法所用横担的长度只比轮宽略大即可,横担底面可贴在带轴轮类运输件的外圆上。图 5-28(d)为用横梁吊装带轴轮类运输件的吊装方法。

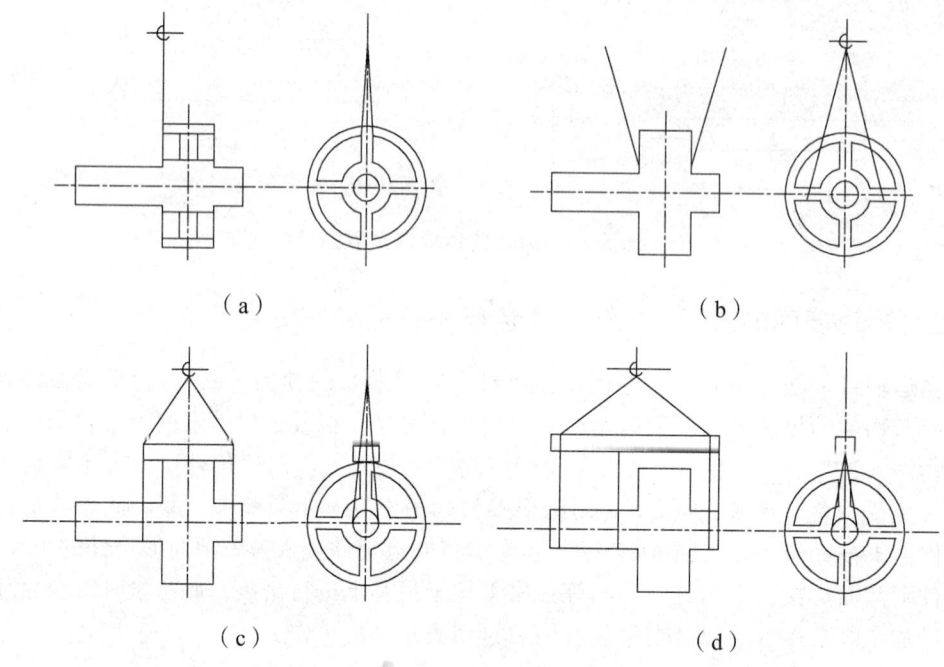

图 5-28 带轴轮类运输件吊装图

四、吊件的平衡

(一)吊件的平衡方法

因安装工艺的需要,在设备吊装中,常须使吊件达到平衡,有时还须将吊件调整至精确的水平状态。如汽轮机转子的吊装,大型分体式电动机转子向定子的穿心吊装,大型桥梁分段吊装定位等。为使吊件达到基本平衡,可利用吊索的不同绑结来实现。如可用三根吊索串联法吊装,也可用两根等长吊索吊装等。但要使吊件能达到精确的水平状态,还需借助可以进行微调的工具实现。

1. 手拉葫芦

用手拉葫芦调节吊件水平度是最常用的方法之一。如图 5-29(a)所示为吊装带轴齿轮的方法,一根吊索绑在轴上,另一根吊索通过手拉葫芦绑于联轴器上,可调整吊件水平及吊装力。而图 5-29（b）则不同，吊装力基本上由吊索承担，手拉葫芦主要起调整吊件水平度的作用。图 5-29（c）为球磨机耳轴端盖的吊装方法，主吊索连接在固定于衬板螺柱孔上的专用吊具上，主要承受吊装力，副吊索间串联手拉葫芦吊挂于端头法兰上，主要起调整吊件水平的作用。图 5-29（d）为用手拉葫芦吊装并调整轴、辊类零件水平度的吊装方法。图 5-29（e）是用索具螺旋扣（花篮螺丝）串联于一根吊索之中，用以调整吊件的水平度。

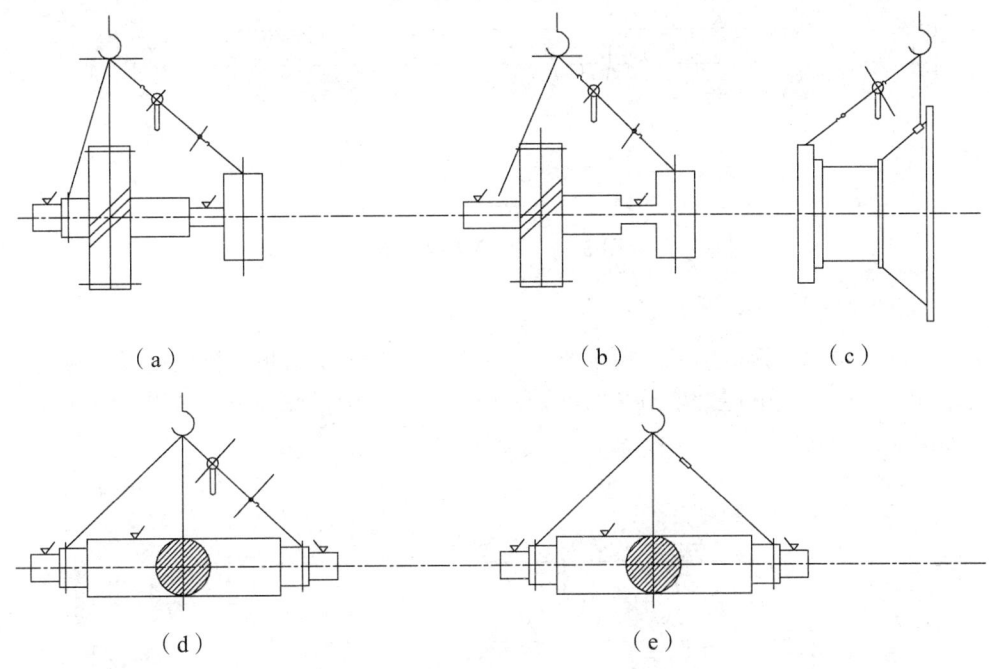

图 5-29　手拉葫芦调节吊件水平度示意图

2．横梁和索具螺旋扣

此方法如图 5-30 所示，一根吊索中串联有索具螺旋扣，用其调节横梁的水平度，横梁下两根等长的吊索绑挂在吊件两端。

（二）平衡梁与抬吊梁

在设备吊装中常需用平衡梁方法将吊件调整成水平状态，有时也用双机抬吊法完成一些设备的吊装工作，这就需要平衡梁和抬吊梁。平衡梁用于单机吊装，而抬吊梁则用于双机抬吊，它们虽然用途不同，但梁本身的结构却相似，均可简称为吊梁。吊梁应按吊件的形状特征、尺寸和质量大小、吊装机械的性能以及吊装方法等条件进行设计，可用无缝钢管、型钢、钢板箱形结构等制作而成，其具体结构可多种多样。现列举有代表性的结构如下。

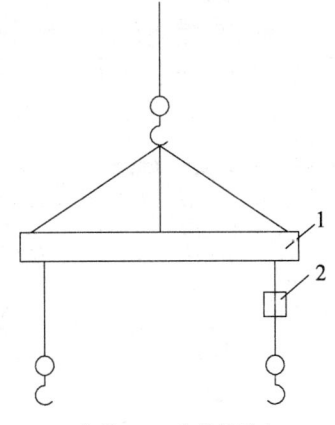

1—吊梁；2—索具螺旋扣。

图 5-30　横梁和索具螺旋扣调节吊件水平度示意图

1．用无缝钢管制作的吊梁

无缝钢管两端焊有端板，上下吊耳用一块钢板制成，吊耳圆孔边焊有圆钢圈,既起加强作用,又可保护吊索免受损伤,吊梁采用全焊接结构,此种吊梁常用于吊件质量不大的吊装中如图 5-31 所示。

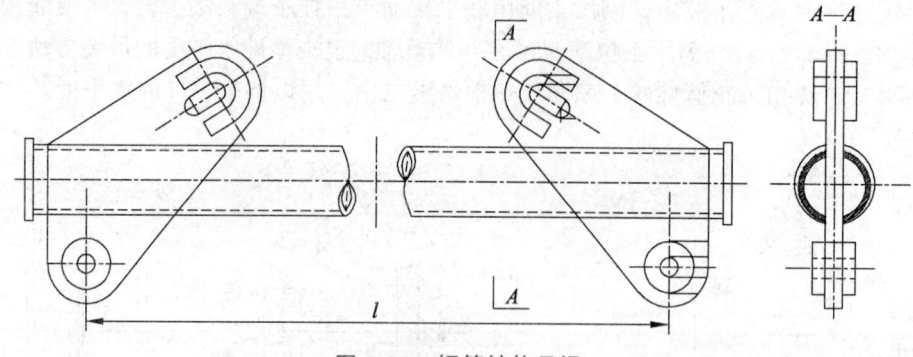

图 5-31　钢管结构吊梁

2．用双槽钢制作的吊梁

上、下吊耳均用厚钢板制成,夹于两槽钢之间,通过上下盖板与槽钢连接,两吊点距离按需要设计。此梁属上下均为单吊耳的吊梁,用全焊接结构,此种吊梁多用于中等质量吊件的吊装如图 5-32 所示。

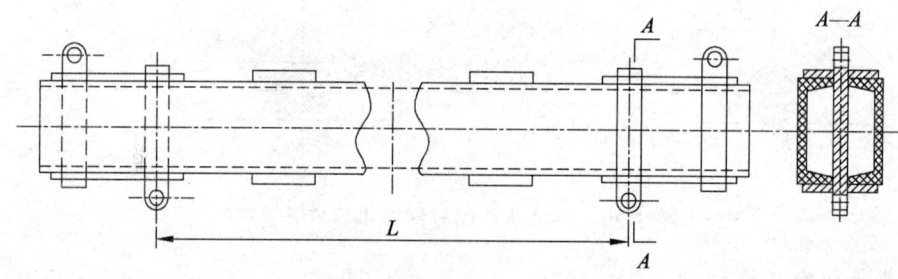

图 5-32　双槽钢结构吊梁

3．用工字钢制作的吊梁

用工字钢制作的吊梁如图 5-33 所示,上、下两种结构均为双吊耳吊梁,其上吊耳焊接在工字钢上,而下吊耳则铰接于工字钢腹板上,下部有 4 对吊耳。此种吊梁全长 L 的数值可大到 10 m 左右,吊装质量可达 100 余吨。

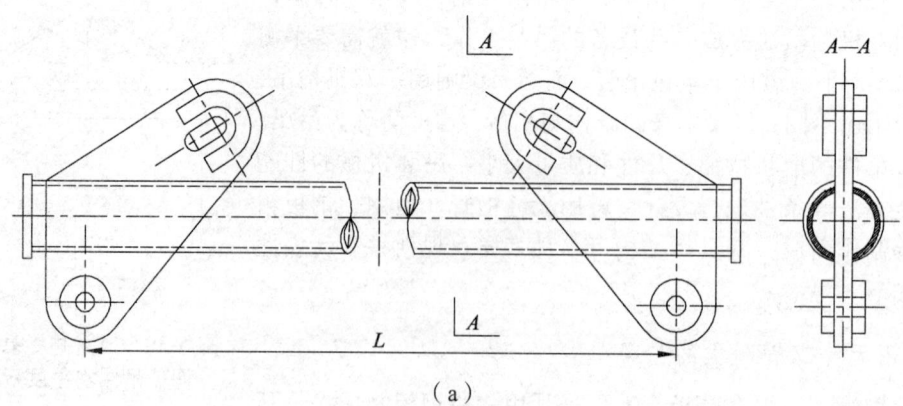

（a）

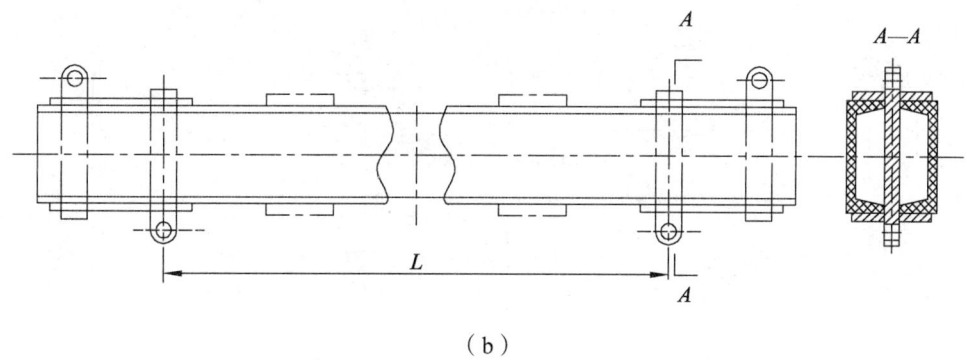

(b)

图 5-33 工字钢结构吊梁

4．用钢板制成的箱形结构吊梁

用钢板制成的箱形结构吊梁如图 5-34 所示，吊梁由钢板焊接成箱形结构，其箱形断面为立边大于横边的矩形，采用全焊接结构。此种吊梁可根据需要设计成尺寸和吊重能力均大的大型吊梁。

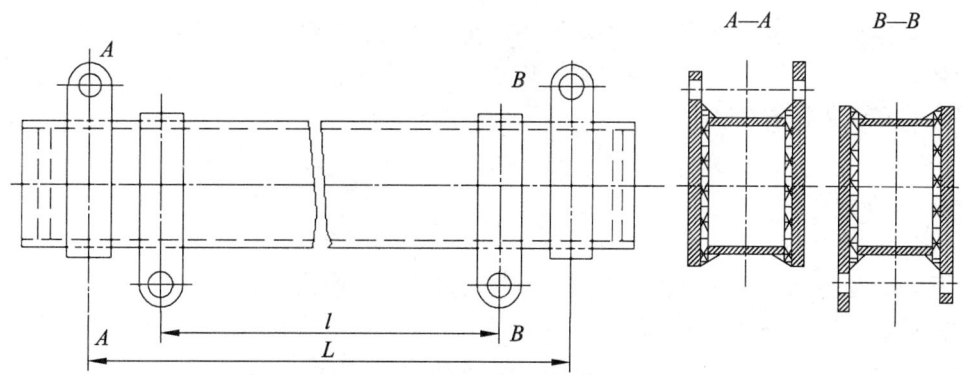

图 5-34 钢板箱型结构吊梁

5．吊点可调节的吊梁

将吊梁的吊点做成可以调节的形式，使用起来会更加灵活方便。如图 5-35 所示，可用钢管、型钢或钢板焊成吊梁，其下设两个可调距离的吊点。图 5-35（a）和 5-35（b），吊点可在吊梁上移动，而图 5-35（c）的吊点钢板与吊梁用螺栓连接。

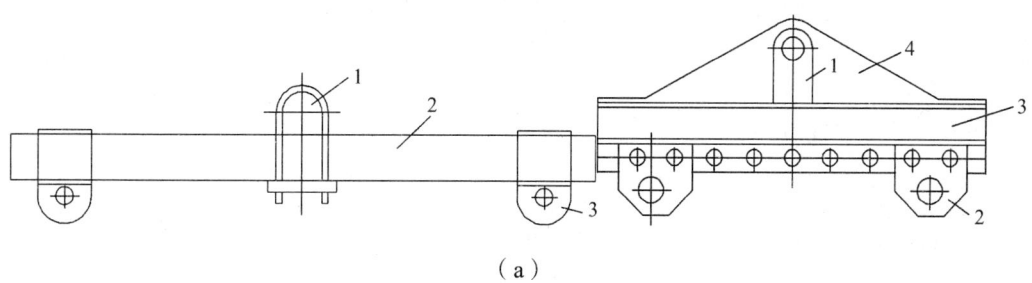

(a)

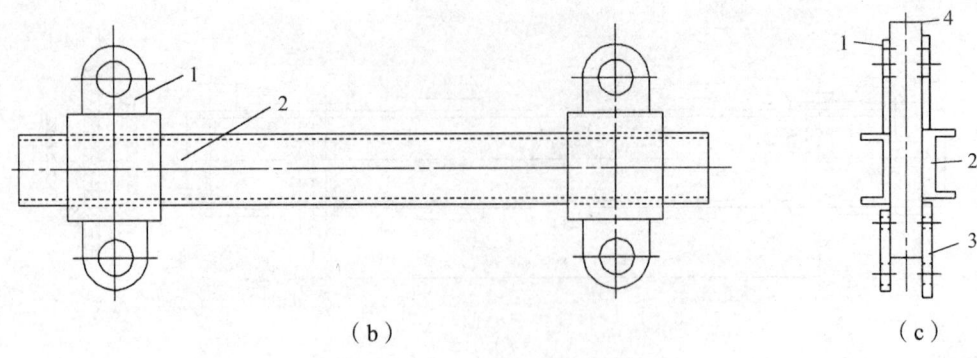

1—上吊耳;2—吊梁;3—下吊耳;4—钢板。

图 5-35 吊点可调节吊梁

第五节 货物的其他装载方式

大件运输货物的装载方式与其外廓尺寸、几何形状、质量大小、作业环境和现有的机械机具密切相关。除了第四节介绍的常用吊装方式以外,还可以利用千斤顶、货物自装、货物滑移等方式实现货物的装载。

一、千斤顶

千斤顶,是用钢性顶举件作为工作装置,通过顶部托座或底部托爪在行程内顶升重物的轻小起重设备,也是一种最简单的起重设备。千斤顶分机械式和液压式两种,大件运输行业中主要使用液压千斤顶,其结构轻巧坚固、灵活可靠。

(一)千斤顶的工作原理

千斤顶分为机械千斤顶和液压千斤顶两种。从原理上来说,液压千斤顶遵循帕斯卡原理,即液体各处的压强是一致的,这样,在平衡的系统中,比较小的活塞上面施加的压力比较小,而大的活塞上施加的压力也比较大,这样能够保持液体的静止。所以通过液体的传递,可以得到不同端上的不同的压力。我们所常见到的液压千斤顶就是利用了这个原理来实现力的传递。机械千斤顶采用机械原理,以往复扳动手柄,拔爪即推动棘轮间隙回转,小伞齿轮带动大伞齿轮、使举重螺杆旋转,从而使升降套筒获得起升或下降,从而达到起重的功能。

(二)工程上常用的千斤顶类型

1.塔式千斤顶

内部设计为塔式结构,通过添加垫片,可将物件支撑到 9 m,如图 5-36 所示。

图 5-36　内部为塔式结构的千斤顶

2．千吨级起重能力的千斤顶

千吨级千斤顶如图 5-37 所示。

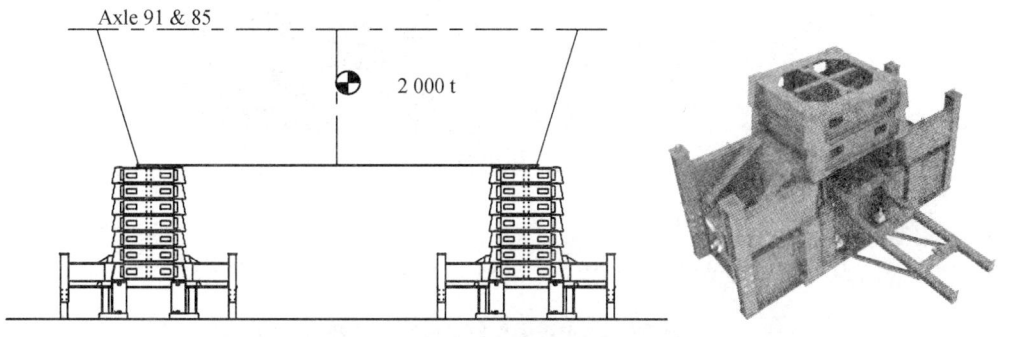

图 5-37　1 000 t 千斤顶

顶升开始时从底部填充，填充物填充托盘，便于填充物进入塔内进行顶升，填充物尺寸为 2 m×2 m×0.5 m，每个塔式系统具有 1 000 t 起重力。

图 5-38 所示千斤顶最高支撑可达 20 m，通过电脑同步控制可以顶升超过 30 000 t 重的模块。

图 5-38　5 000 t 千斤顶

3．钢绞绳千斤顶

钢绞绳千斤顶如图 5-39 所示。主要用于重型负载精确提升、下降或水平运动。一般采用 PLC 控制运行，一泵一顶，连接方便，位置灵活，多台泵可通过通信线缆互联。

图 5-39　钢绞绳千斤顶

4．滑动装置

工程上常用内置千斤顶来实现定位，优化受力分布。如图 5-40 所示。

图 5-40　滑动装置

（三）千斤顶使用注意事项

千斤顶在使用前必须检查各部分是否正常，使用时尽量避免在有酸碱或腐蚀性气体的工作场所使用，应根据使用情况定期检查和保养。

（1）使用时应严格遵守主要参数中的规定，切忌超高超载，否则当起重高度或起重吨位超过规定时，油缸顶部会发生严重漏油。电动泵的使用请参照电动泵使用说明书。

（2）手动泵体的油量不足时，需先向泵中加入经充分过滤后的 N33#液压油才能工作。

（3）重物重心要选择适中，合理选择千斤顶的着力点，底面要垫平，同时要考虑到地面软硬条件，是否要衬垫坚韧的木材，放置是否平稳，以免负重下陷或倾斜。

（4）千斤顶将重物顶升后，应及时用支撑物将重物支撑牢固，禁止将千斤顶作为支撑物使用。

（5）如需几台千斤顶同时起重时，除应正确安放千斤顶外，应使用多顶分流阀，且每台千斤顶的负荷应均衡，注意起升速度应保持同步。还必须考虑因质量不均地面可能下陷的情况，防止被举重物产生倾斜而发生危险。

（6）使用时先将手动泵的快速接头与顶对接，然后选好位置，将油泵上的放油螺钉旋紧，即可工作。欲使活塞杆下降，将手动油泵手轮按逆时针方向微微旋松，油缸卸荷，活塞杆即逐渐下降。否则下降速度过快将产生危险。

（7）分离式千斤顶系弹簧复位结构，起重完后，即可快速取出，但不可用连接的软管来拉动千斤顶。

（8）千斤顶起重行程较小，使用时千万不要超过额定行程，以免损坏千斤顶。

（9）使用过程中应避免千斤顶出现剧烈振动。

二、货物自装

公路大件运输货物自装的装载方式是指运用大件运输车辆车板高度可调的特殊性，不借助吊装工具来自行装车。这种装车方案一般适用于外形尺寸大、质量比较大、用普通的吊装方案无法完成的货物，如大型海工模块、石油化工反应罐等。货物自装方案一定要做好前期准备，在货物生产前期或在正式装车以前用相应的工装（如支墩等）将货物顶起至一定高度，使货物的离地高度大于液压平板车车板的最低离地高度，确保液压平板车能进入货物的下方。国内常用的三种液压板车车板高度相关数据如表5-3所示。

表5-3 常用的三种液压板车车板高度相关数据　　　　　　　　单位：mm

项　目	神骏	尼古拉斯	索埃勒
正常行驶高度	1 060	1 075	1 500
最高车板高度	1 320	1 400	1 850
最低车板高度	800	750	1 075
油缸行程	520	650	700

下面介绍货物自装的一般步骤。

首先，对于某些大型海工模块，生产前期便考虑其装车方案，生产前用支墩将其支起一定的高度；或者对于某些石油化工模块，在装车前用液压千斤顶将其顶升至一定高度，再用支墩支起，以确保液压板车能进入货物下方。

其次，调整车辆行驶姿态，让车辆驶入货物的正下方。

再次，操纵液压板车的顶升系统，将货物顶起距离支墩一定高度，确保车货能顺利驶出。

最后，操纵液压板车的行驶机构，将货物驶离支墩，完成装车过程。

货物自装流程图如图5-41所示。

图 5-41　货物自装流程图

三、货物滑移装卸车

公路大件运输滑移装卸车，是指运用液压千斤顶，配合滑移轨道将货物滑移上或滑移下液压板车的方式。这种方案一般是在前两种装车方案条件较难满足时采用。大件货物不能直接在滑轨上进行滑移，而要借助一定的支架，以免货物受损。滑移装车示意图如图 5-42 所示。

图 5-42　滑移装车示意图

（一）工艺原理

在进行设备装车时，采用多组千斤顶为所运输设备做极限降位或升位，确保设备高度与车板高度一致，利用聚四氟乙烯块作为滑移面介质，减小阻力，选用液压动力千斤顶为滑移动力，使用槽式轨道为承载结构实施滑移来完成装车目的。

1．升降位部分

在设备、构件两侧为支点进行升降位，即只占用两侧水平空间，而不占用立面空间，可将设备、构件的通过能力发挥到极限水平。

采用降位动力千斤顶群"逐次交替降位法"卸车降位,可以保证安全和解决狭窄空间大吊车无法卸车的问题。

2. 滑移部分

以分载梁接触地面达到对涵、洞路面的保护,防止滑移时破坏涵、洞结构及路面。发挥聚四氟乙烯块之间和与钢摩擦系数小的特点,采用聚四氟乙烯块作为滑移介质,降低滑移阻力。以液压千斤顶及液压泵站为滑移动力,仅采用系统内力达到滑移目的,可以减小操作界面,避免对外围另设锚点及引用临时动力电源的依赖。

(二)工艺流程及要点

滑移装车流程如图 5-43 所示。

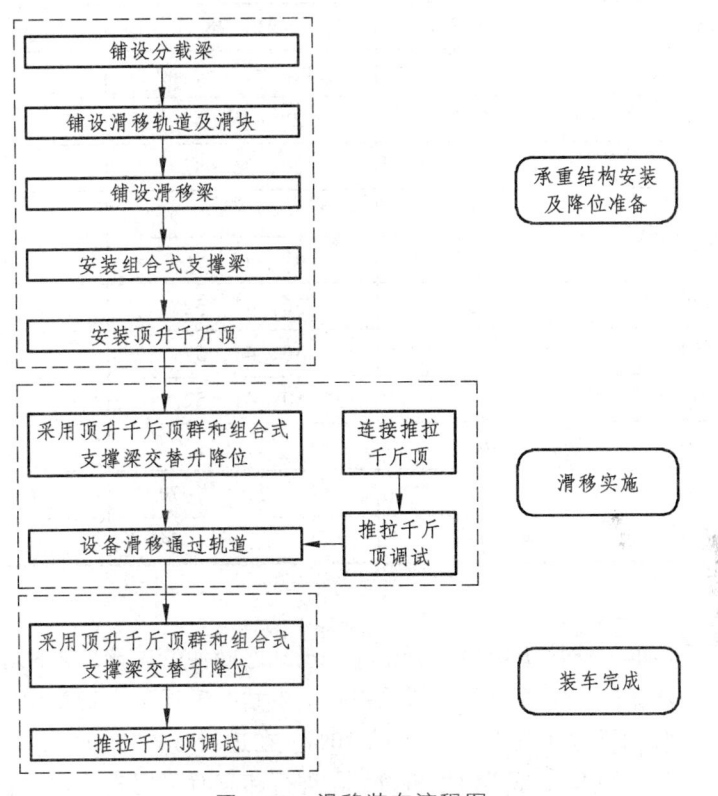

图 5-43 滑移装车流程图

1. 承重结构安装

在运输车梁两侧依次铺设分载梁、滑移轨道、滑移梁及聚四氟乙烯块。铺设时需注意:
(1)承重支点应设置在分载梁的中间位置,或通过式(5-9)计算偏移量。

$$S \leqslant 1/6L \tag{5-9}$$

式中:S——承重支点相对于分载梁偏移量,mm;
L——分载梁的宽度,mm。

（2）轨道铺设应确保直线度≤15 mm；轨道平行度±10 mm。

（3）滑移梁下方聚四氟乙烯垫块最小数量，需根据单块聚四氟乙烯承载能力确定：

$$n \geqslant 1.2G/N \tag{5-10}$$

式中：n——单个滑移梁下聚四氟乙烯块的数量，个；

G——单个滑移梁面下正压力，kN；

N——单块聚四氟乙烯块理论承载能力，kN。

表 5-4 聚四氟乙烯块承载能力值表

聚四氟乙烯垫块规格 La× Lb/mm×mm	承载力/kN	GJZ 系列/δ，厚度/mm	GJZF 系列/δ，厚度/mm
100×100	101	21, 28	23, 30
100×200	137	21, 28	23, 30
150×150	196	21, 28, 35, 42	23, 30, 37, 44
150×250	266	28, 35, 42	30, 37, 44
150×300	336	28, 35, 42	30, 37, 44
200×200	361	35, 42, 49, 56	37, 44, 51, 58
200×250	456	42, 49, 56	44, 51, 58
200×300	551	30, 41, 52	32, 43, 54
200×350	648	30, 41, 52	32, 43, 54
200×400	741	30, 41, 52	32, 43, 54
250×300	696	41, 52, 63, 74	43, 54, 65, 76
250×350	816	41, 52, 63, 74	43, 54, 65, 76
250×400	936	41, 52, 63, 74	43, 54, 65, 76

2．升、降位

首先安装千斤顶群，连接千斤顶与分压阀、泵站之间油管连接，考虑设备或构件在降位时各千斤顶之间必须保持一致性原则，需采用一个泵站对千斤顶进行集中控制。千斤顶群的使用率应不超过千斤顶群总额定顶升能力的 70%。在进行逐次降位时，单次降位高度应≤100 mm，防止降位过快引起支撑架坍塌事故。在进行卸车时采用千斤顶群和组合式支撑架交替进行卸车，直至将设备或构件降低至所需高度。

3．滑　移

安装推拉千斤顶和动力包，然后连接好千斤顶和动力包之间的油管。考虑滑移距离有时会较大，可以将动力包安放在活动的车或滑排上，避免了过程中不断搬运动力包和造成油管意外损坏。在滑移过程中，由于推拉千斤顶需克服滑移梁和聚四氟乙烯块之间的最大静摩擦力才能移动，故此，在确定滑移千斤顶拉力大小时，阻力大小应该按照滑移梁和聚四氟乙烯块之间的静摩擦力来考虑。滑移原理图如图 5-44 所示。

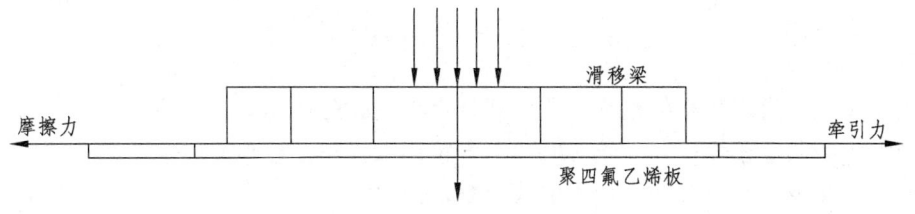

图 5-44　滑移原理图

滑移梁和聚四氟乙烯块之间静摩擦力的计算采用式（5-11）。

$$f = \mu s \times G \tag{5-11}$$

式中：f ——静摩擦力，N；
　　　μs ——静摩擦力系数；
　　　G ——聚四氟乙烯块上所承受所有重量之和，N。

静摩擦系数 μs 的大小取决于接触面上的介质材料。常见几种介质材料之间的摩擦系数如表 5-5 所示。

表 5-5　材料摩擦系数表

下滑移面	上滑移面	摩擦系/μs	滑动摩擦系数/μk
聚四氟乙烯快	钢	0.1	0.03

考虑推拉千斤顶的使用系数，则推拉千斤顶群使用系数应小于额定拉力的 70%，动力包选型需根据千斤顶的流量和油压选择合适的动力包。穿越涵、洞的滑移时间计算公式如式（5-12）所示。

$$T = 2\phi A L n / q \tag{5-12}$$

式中：T ——滑移时间，s；
　　　ϕ ——动力包动作切换时间系数（一般取 $\phi = 1.3$）；
　　　A ——推拉千斤顶液压油缸活塞截面积，mm^2；
　　　L ——滑移距离，mm；
　　　q ——动力包液压油流量，ml/s；
　　　n ——推拉千斤顶台数，台。

第六节　货物的装载位置

货物的装载，就是将货物置于运输挂车上的一个正确位置，这个位置的正确与否直接影响到挂车车板的承载能力、使用寿命以及运输过程中挂车及货物的稳定性、安全性。

一、重心位置

一般情况下,货物装载的正确位置应满足货物重心落在挂车承载中心位置,此时,两转向架承载的货物质量相等,同一轮对的两个车轮轮压相同,挂车的稳定性最好、承载能力最强。倘若货物装载重心位置偏移挂车承载中心,会导致运输过程中挂车受力分布不均,主梁将承受很大的动载荷,进而对其产生严重疲劳破坏。

货物装车后的重心位置是保证运输稳定性的重要条件,故货物的重心应与挂车中心线对正,以防止偏载。

以十五轴为例,当货物重心与挂车中心重合时,挂车的承载能力为 15 × 35 = 525(t),而当重心纵向向后或向前偏离挂车中心时,其承载能力将按图 5-43 中上部的左侧曲线或右侧曲线之一递减。假使在图 5-45 中当有效荷载重心向后偏离挂车最佳有效荷载中心 2 m 时,承载能力递减为 400 t,远低于理论承载能力 525 t。

国内某品牌液压板车货物装载位置与承载能力如图 5-45 所示。

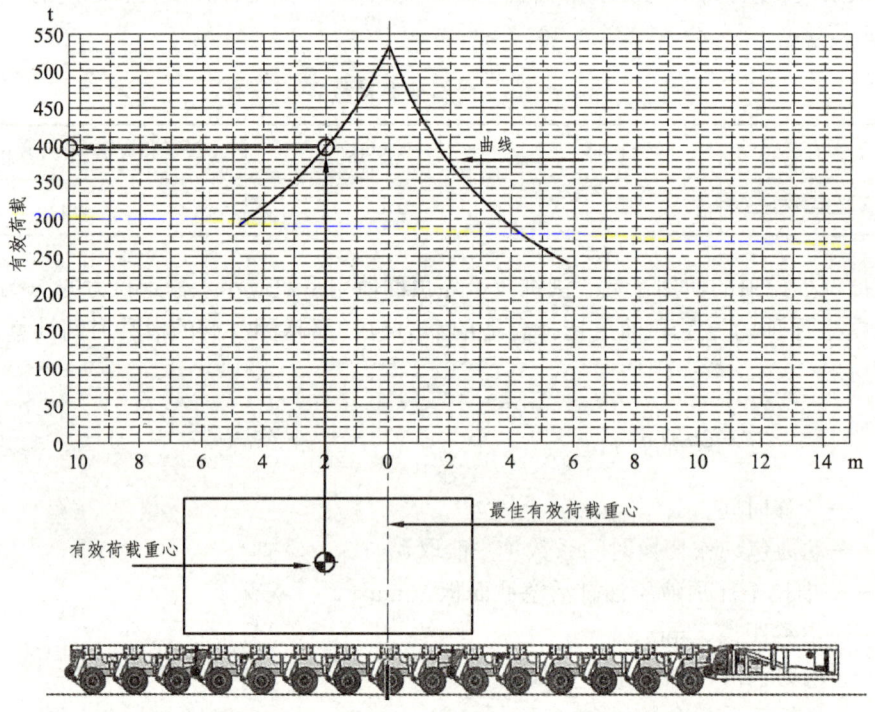

图 5-45　国内某品牌液压板车货物装载位置与承载能力示意图

二、支点位置

当运输车辆的挂车承载超重货物在公路上运行时,必须要满足道路和桥梁承载能力的要求,而桥架结构通常要求挂车要有较低的轴载,这势必要选用足够多的挂车轴数。挂车轴数增多,挂车受力一般会出现以下三种不利情况。

一种情况是:为满足桥梁的承载能力,需要增加挂车轴数时,会使挂车长度变长,如果承载的货物长度小,且作用在挂车上的荷载支点距离较小时,将会使挂车纵向产生较大的内力和下挠弯曲变形，主纵梁的应力可能超限。如图 5-46（a）所示。

另一种情况，货物很长而且托架之间的距离很大，但挂车相对较短，货物的支点作用在挂车两端，则可能使挂车纵向产生较大的上挠弯曲变形，同样，主纵梁应力可能超限，如图 5-46（b）所示。

再一种情况，挂车轴数很多且货物质量很大，还可能出现不论货物托架之间的距离是多少，挂车的应力、变形都超限的情况，如图 5-46（c）所示。

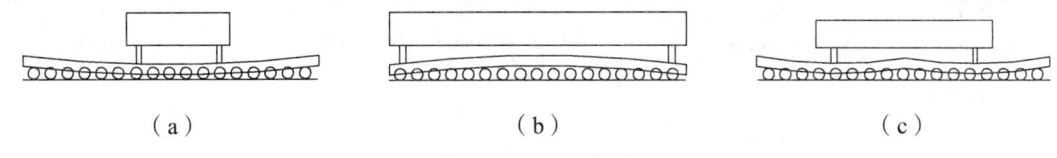

图 5-46　鞍座位置与车板变形示意图

对以上情况的正确处置将涉及支点位置、支点数量与车架承载能力及其变形等方面的问题。下面就两点支撑及多点支撑分别说明。

（一）两点支撑

对两点支撑的挂车纵向强度进行校核，方法之一是采用货物支点位置的承载力校核法。该校核方法是为了保证挂车在使用过程中主纵梁强度和限制其变形超限，以挂车上沿纵向中心对称布置为条件，使只有两个纵向受力支点的受力相等，计算出不同支点间距和距挂车中心的不同距离情况下的最大承载力，作为挂车装载时货物支点的允许力。

图 5-47 为某挂车使用手册中提供的支点位置——承载力曲线，使用时可依据货物两个支

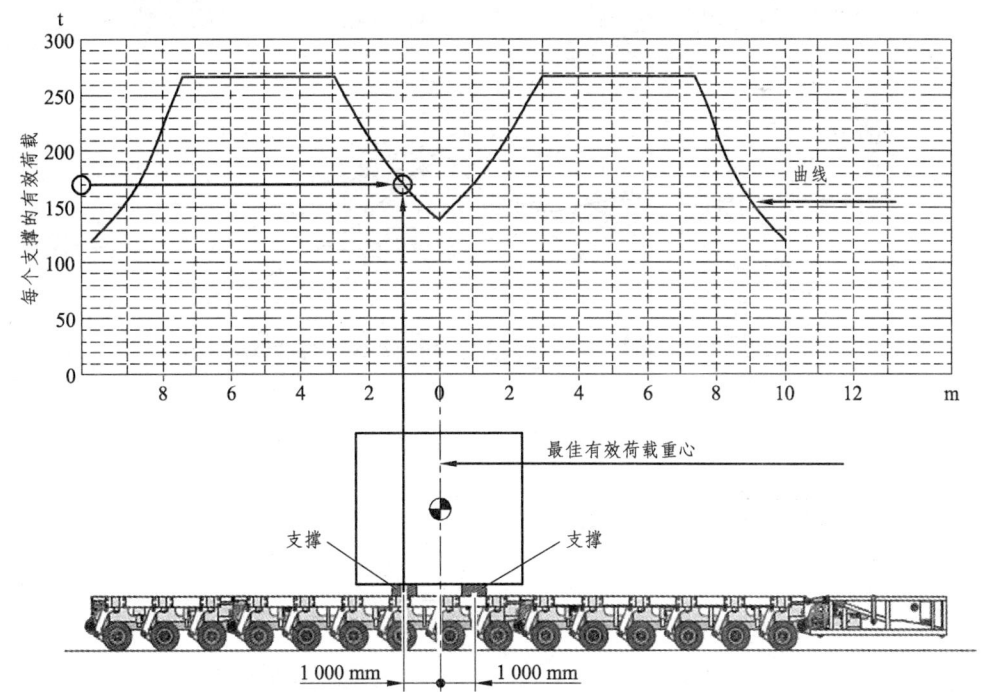

图 5-47　国内某品牌液压板车鞍座位置与车板承载能力示意图

点距离挂车中心（假设货物重心已经与车板中心重合）的距离，从图 5-47 中查出对应一个支点的允许承载力 F_p，货物的实际支点力 F 应不大于 F_p，否则挂车将会出现严重变形，该方法不需要很多计算，简单明了，便于现场控制，多为挂车制造商所采用。

应当注意，当遇货物两个支点位置不对称、力不相等、受力支点数量多于两个的情况时，无法采用此方法。因为制作支点位置——承载力曲线所依据的条件不具备。另外，当挂车轴数与资料中曲线的挂车轴数不相同时也无法采用此方法，而实际应用中这类情况是大量存在的。

图 5-47 摘自某型号挂车的使用手册，下面进行简单的力学分析。挂车的主纵梁受力简图如图 5-48 所示。

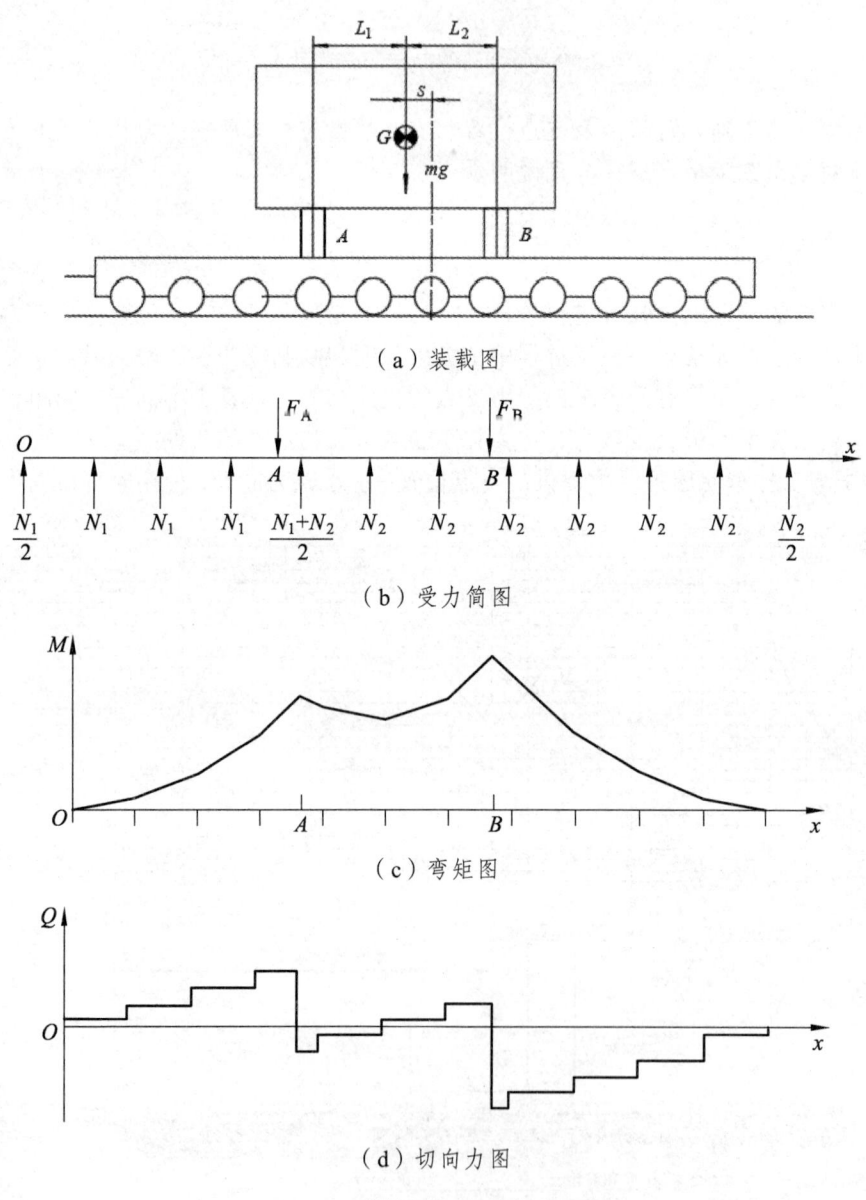

图 5-48 货物两支点受力分析图

1．货物的位置与支点受力

参看图 5-48（a），当货物重力为用 mg，支点距货物重心的距离为 L_1、L_2，货物重心与挂车纵中心距离为 s（重心在挂车纵中前取正值、后取负值），则利用刚体的力与力矩平衡原理可求出货物两个支点的力和位置分别为：

$$\begin{cases} F_A = \dfrac{mgL_2}{L_1+L_2} \\ x_A = \dfrac{na}{2} - s - L_1 \end{cases} \tag{5-13}$$

$$\begin{cases} F_B = \dfrac{mgL_1}{L_1+L_2} \\ x_B = \dfrac{na}{2} - s - L_2 \end{cases} \tag{5-14}$$

式中：F_A、F_B——货物 A、B 支点处的作用力；

x_A、x_B——货物 A、B 支点处的 X 坐标；

n——挂车轴数；

a——挂车轴距。

2．挂车主梁截面弯矩

某截面的弯矩值即为该截面一侧所有外力对该截面力矩之和。设截面位置坐标为 X，则该截面的弯矩公式可表示为：

$$M = \sum_{i=1}^{k}[R_i(x-x_i)] - F_A c_1 - F_B c_2 \tag{5-15}$$

式中：

$$C_1 = \begin{cases} x - x_A & (当 x > x_A 时) \\ 0 & (当 x \leq x_A 时) \end{cases}$$

$$C_2 = \begin{cases} x - x_B & (当 x > x_B 时) \\ 0 & (当 x \leq x_B 时) \end{cases}$$

$$k = \mathrm{int}\left(\dfrac{x}{a}+1\right)$$

式中：k——x 截面左侧横梁的数目；

R_i——左右横梁作用力的合力；

int( )——取整函数，即将括号中的值去掉小数点后的尾数后返回；

a——挂车轴距。

对于挂车轴载重相等的特例，则有：

$$M = \dfrac{N_x}{2} + N(k-1)\left(x - \dfrac{ka}{2}\right) - F_A c_1 - F_B c_2 \tag{5-16}$$

式中：N——挂车轴载重。

利用式（5-13）或式（5-14）将 x 从左到右取纵梁上的所有力点位置，包括横梁作用力和货物支点作用力，即可求出挂车在各力点处的弯矩。根据点荷载弯矩图特点，即两个相邻点之间的弯矩图为直线，即可绘制出整个主纵梁的弯矩图，如图 5-48（c）所示。再对各截面弯矩进行比较，可求出最大弯矩和最小弯矩。

以某挂车为例，挂车轴数 18，轴距 1 500 mm，货物质量 300 t，重心纵向与挂车横中心线对正，货物纵向有两个受力支点，两支点沿货物重心对称，分别计算了支点距为 7 000 mm 和 18 000 mm 时，挂车主纵梁各截面的弯矩，并画出弯矩图分别如图 5-49（a）、5-49（b）所示，a 为轴距，鞍座位置分别为图 5-49 中 X 轴上的两个黑色矩形。从图 5-49 中可以看出，货物的支点距不同，会形成不同的弯矩图形状：当支点距较小时，最大正弯矩突出，当支点距较大时，最大负弯矩突出。

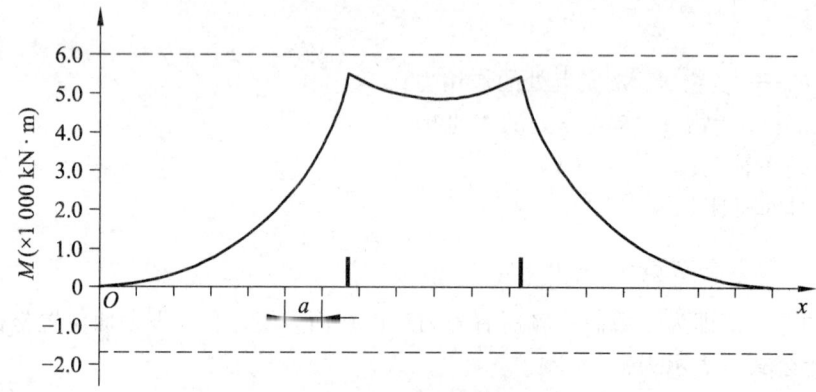

（a）货物鞍座距离为 7 m 弯矩图

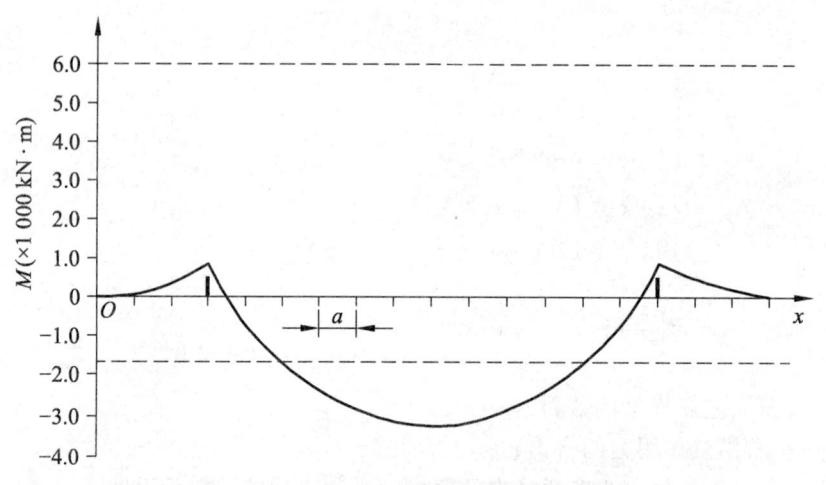

（b）货物鞍座距离为 18 m 弯矩图

图 5-49　货物两鞍座时车板弯矩图

3．挂车主梁变形分析

通过计算，当货物有两个支点时，挂车主纵梁变形常常会有图 5-50 所示的 3 种形式。

(1) 主纵梁中部下挠，且变形曲线均为正曲率，如图 5-50（a）所示，这常产生于挂车轴数较多，但货物支点距较小的情况。

(2) 挂车大梁中部上挠，且变形曲线均为负曲率，如图 5-50（b）所示，这常产生于货物支点距较大，货物支点作用于挂车两端的情况。

(3) 挂车既存在正曲率变形，又存在负曲率变形，如图 5-50（c）所示，这常常产生于挂车轴数很多、货物两支点分别作用于挂车前后部 1/2 附近位置时的情况。

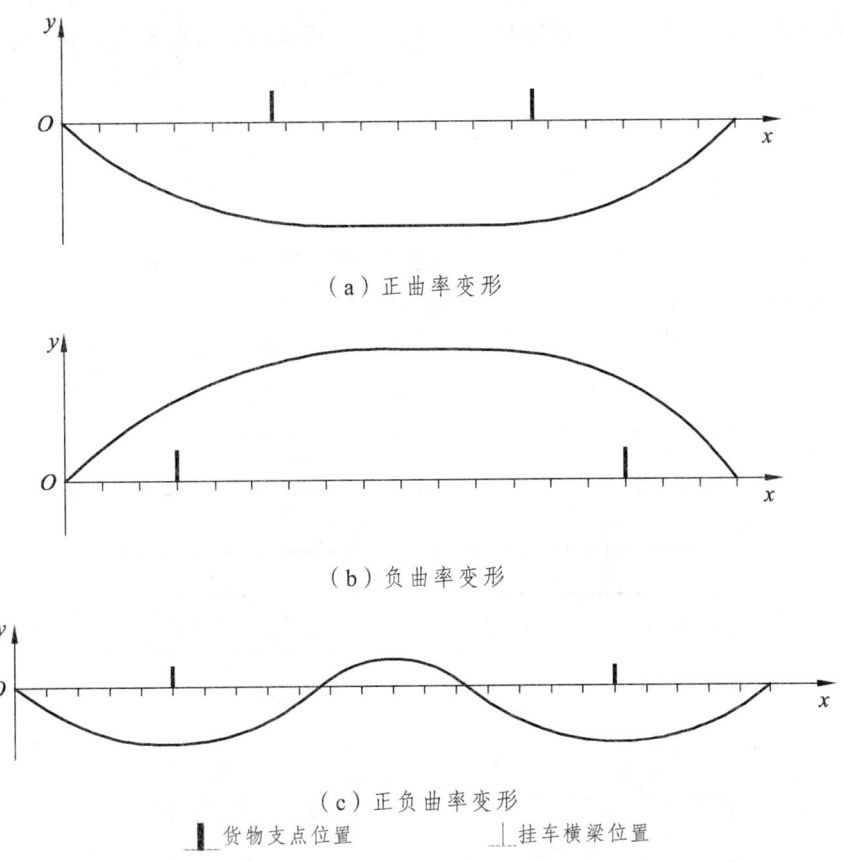

（a）正曲率变形

（b）负曲率变形

（c）正负曲率变形

■ 货物支点位置　　　｜ 挂车横梁位置

图 5-50　两个鞍座时鞍座位置与主纵梁变形示意图

由于主纵梁最大变形可能并不在挂车中部，因此通常需要计算出主梁各截面变形量，并绘制出完整的变形曲线进行分析。通过计算机程序是比较容易实现的，变形量过大，将使挂车液压悬架调节能力降低，影响挂车的纵向通过能力。在一定情况下，可采取措施克服变形过大问题。

(1) 当变形为图 5-50（a）所示的正曲率时，可采用在空车时给挂车纵拼缝上部加调整垫片，使挂车预先产生上挠变形（也称预拱）的方法解决，如图 5-51 所示。

(2) 当变形为图 5-50（b）所示的负曲率时，可采用在货物中部增加支点，或将货物支点距减小的方法解决。

(3) 当变形图为图 5-50（c）所示的正负曲率形状时，可采用既在挂车两端增加预拱、又在中部增加货物支点的方法。

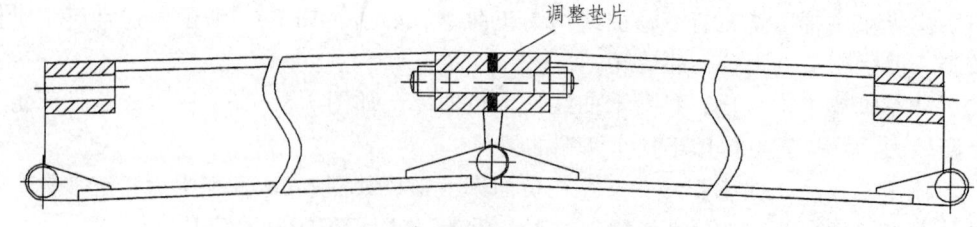

图 5-51 加垫片调整主纵梁预拱

理想的状态是经过上述方法的调整后,将挂车装载后主纵梁变形控制在一定平面度内,一般控制变形量应为悬架极限伸缩量的 1/4~1/3,当采取上述措施仍不能解决时,则应更换车型或加装分载机构。

(二) 多点支撑

当货物的支点多于两个时,各支点力的大小不仅与货物的重量和支点位置有关,还与货物和挂车承载后的变形有关。受力系统为超静定结构,多支点作用下挂车主纵梁的受力结构可简化为以货物支点位置为支座、以挂车主纵梁为梁、以横梁对主纵梁的作用力为荷载的受力简图。

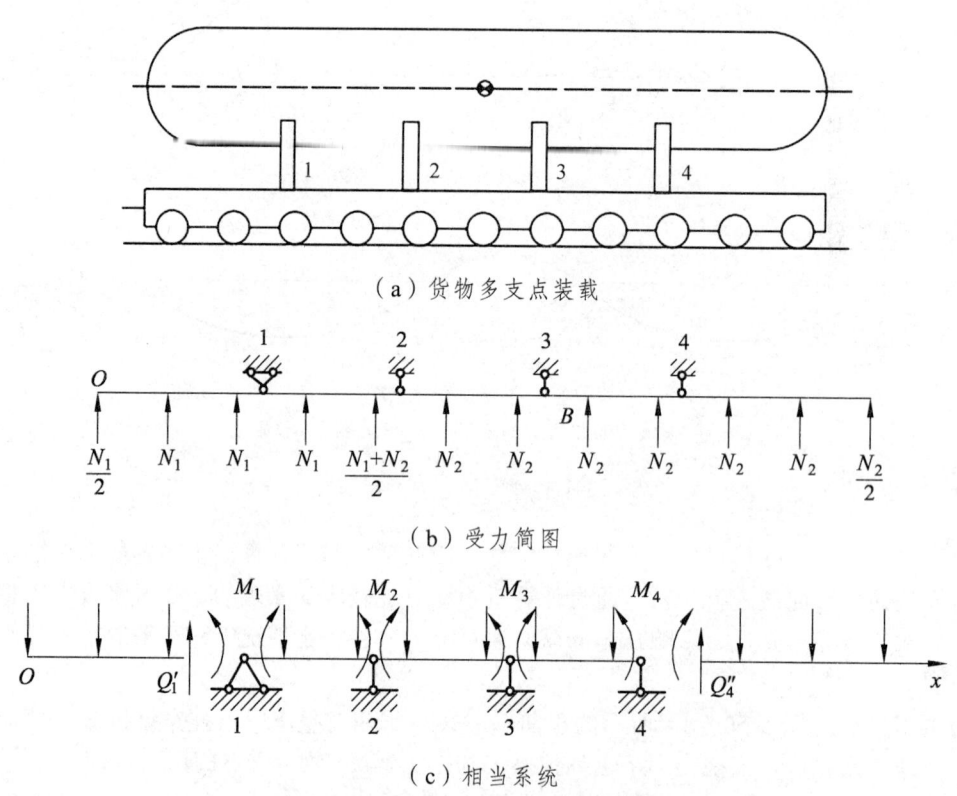

图 5-52 多个鞍座时支点受力分析图

在一个梁上有 2 个以上支座称为连续梁,可采用材料力学中连续梁的三弯矩方程求解各截面的弯矩。

对于图 5-52（b）所示的连续梁，可转化为图 5-52（c）所示的三弯矩方程的相当系统。图中 Q_1'、Q_4' 分别为两端的外伸梁在支座处截面的切向力，$M_1 \sim M_4$ 分别为梁在各支座处的截面弯矩。取其中连续两跨研究，相当系统如图 5-53（d）所示，图中未标注的力为各横梁对主纵梁的作用力，n 为支座编号。挂车主纵梁为等截面梁，则三弯矩方程式为：

$$M_{n-1}L_n + 2M_n(L_n + L_{n+1}) + M_{n+1}L_{n+1} = \frac{6\omega_n a_n}{L_n} - \frac{6\omega_{n+1}b_{n+1}}{L_{n+1}} \qquad (5\text{-}17)$$

式中：M_{n-1}、M_n、M_{n+1}——分别为各跨梁端截面的弯矩；
　　　ω_n、ω_{n+1}——分别为各跨在跨内荷载作用下的弯矩图面积，如图 5-53（e）所示；
　　　a_n、b_{n+1}——分别为弯矩图面积形心到支座的距离。

当货物有 s 个支点时，则有 $(s-1)$ 个连续梁跨，并可组成 $(s-2)$ 个三弯矩方程，由此解出 $(s-2)$ 个弯矩。对于最前、最后两个支座处的截面弯矩，则可采用将最前、最后两端的外伸梁上的各力对支座取矩的方法求出，如图 5-53（f）中的 M。

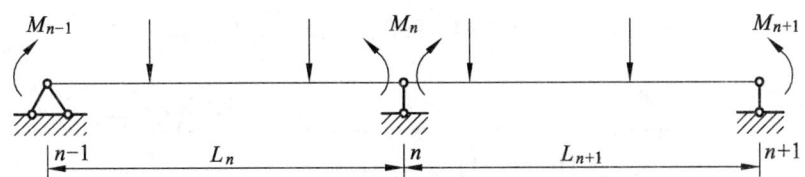

（d）各跨梁的端界面弯矩

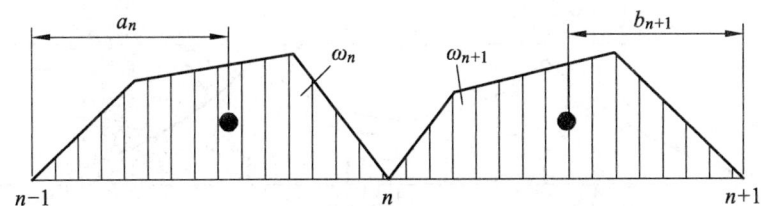

（e）各跨梁在跨内荷载作用下的弯矩图面积

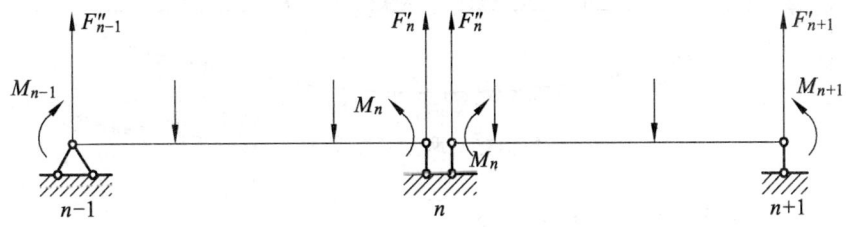

（f）连续梁在各支座处的支反力

图 5-53　三弯矩方程的相当系统

图 5-52 和图 5-53 所示为货物 4 个托架在不同支点距离时的弯矩图和受力图，图 5-54 所示为 4 个托架距离较大、各托架均受力时的状态。图 5-55 所示为 4 个托架距离较小、中部的托架在实际中并不受力时的状态，应为多余托架。

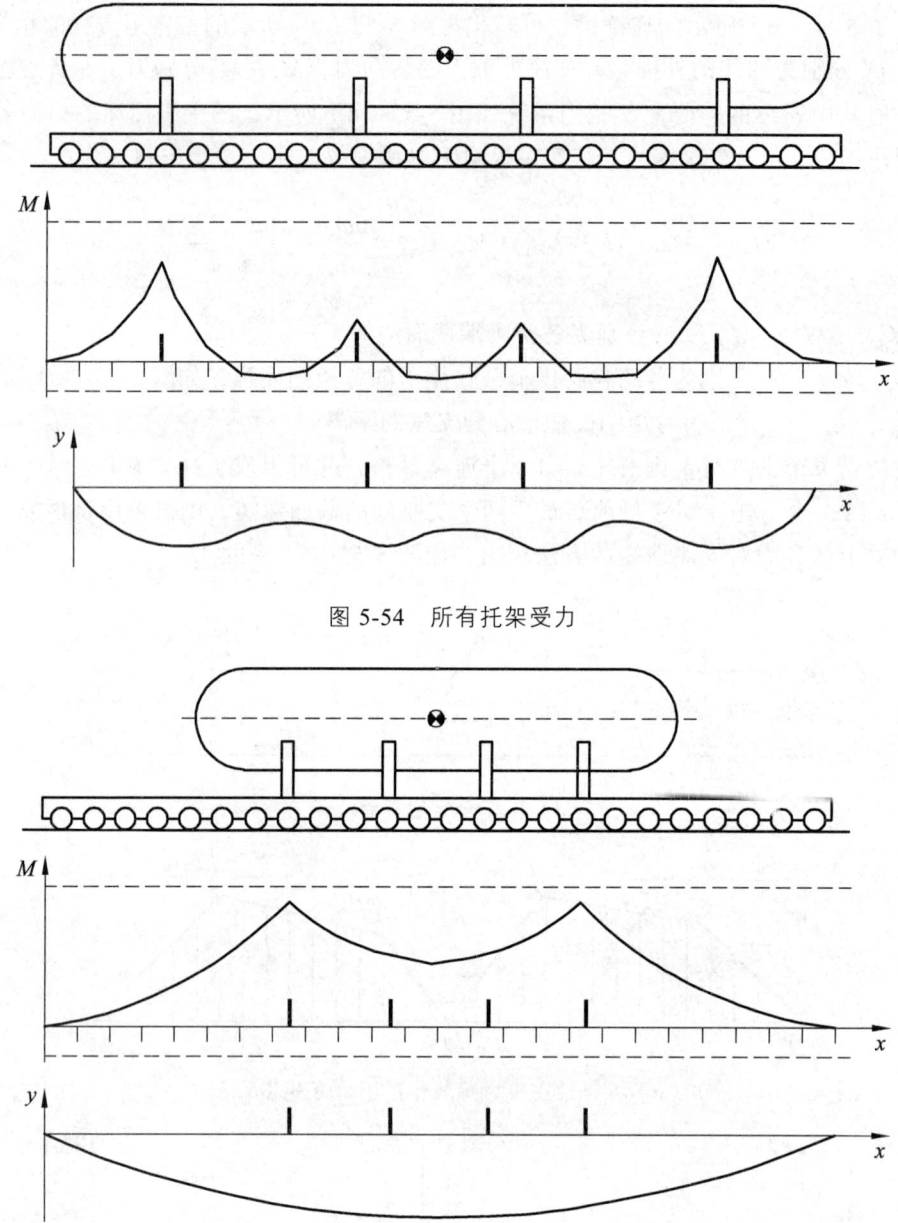

图 5-54 所有托架受力

图 5-55 两个托架受力

(三) 挂车纵向强度增强措施

当挂车的纵向强度不足时，通常采用在挂车上加装纵向钢梁的方法进行加强，根据弯矩图显示的不同形状，可采用不同的加强方法。

当挂车主纵梁中部的弯矩超限时，可采用加装一整体钢梁的方法解决，如图 5-56 所示。当挂车主纵梁分两段弯矩超限时，可采用分两段加装钢梁的方法解决，如图 5-57 所示。

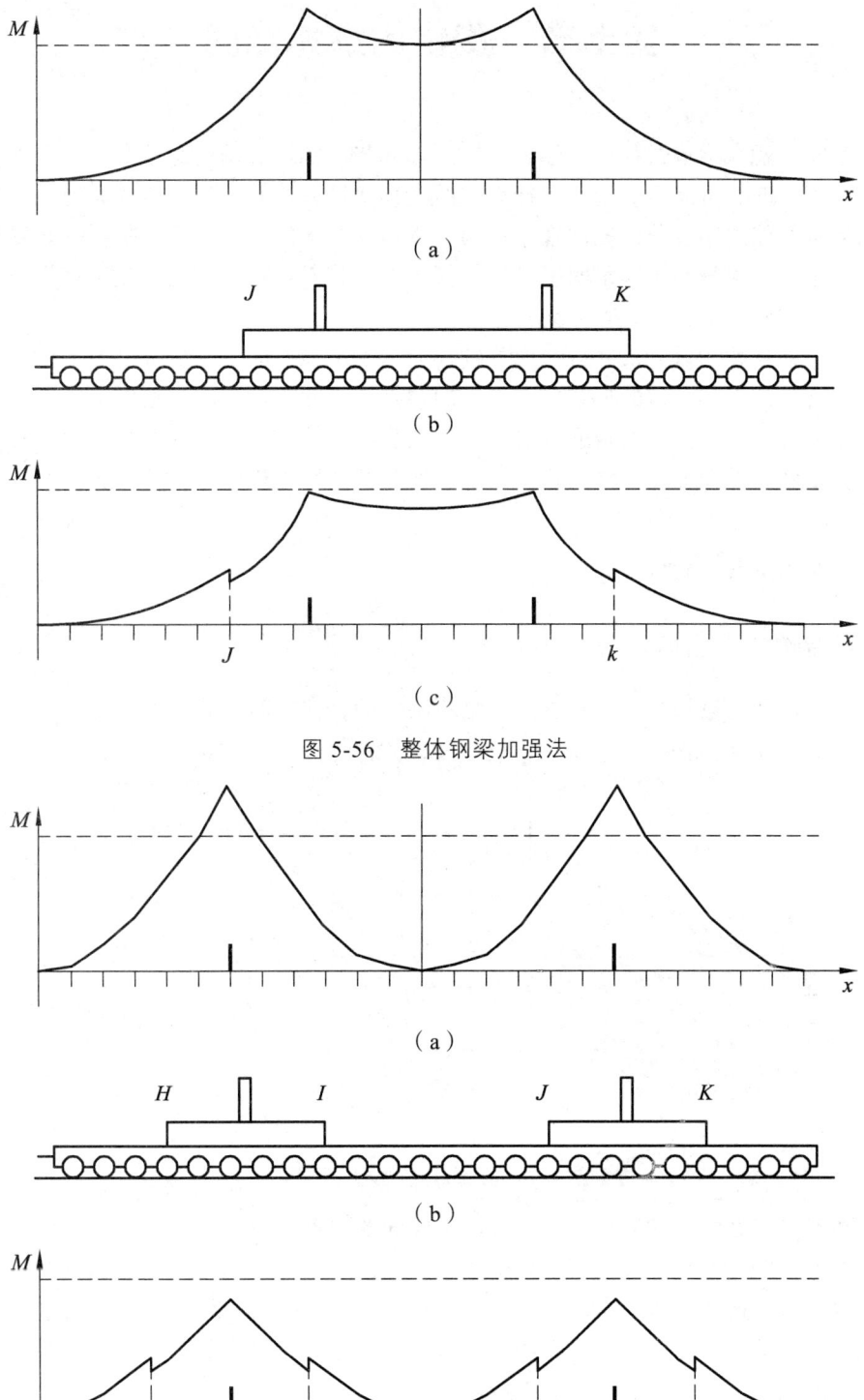

图 5-56 整体钢梁加强法

图 5-57 分段钢梁加强法

第七节 货物的绑扎加固

大件运输车辆在运输过程中,经常会遇到如起步、加速、制动、转弯、上下坡、摇摆、颠簸、倾斜等工况,可能造成货物在挂车上的滑移和倾覆或者车辆整体的失稳。一般把由于外力作用使货物偏离原装载位置的现象称为货物在挂车上的失效,为了防止失效发生,确保在正常运输条件下货物与车体之间不发生任何形式的相对位移,应在装载后将货物与挂车进行可靠的绑扎加固。

大件运输的货物质量、尺寸、外形差别很大,每次经历的道路情况也各不相同,导致货物在挂车上失效的力和失效的形式也有很大的差别。因此,常常需要根据每次运输的不同情况进行专门的绑扎设计。本章将通过对可能导致货物在挂车上失效的力和失效形式的分析,解决绑扎方案和绑扎强度校核等问题,为货物的装载加固工作建立一种程式化的方法。

一、绑扎加固准则

(一) 货物的自由度

任何一个没受约束的物体,其位置都是不固定的,在空间都具有六个自由度,即沿三个坐标轴的移动 $\vec{X}\vec{Y}\vec{Z}$ 和围绕三个坐标轴的转动 $X_{转}$、$Y_{转}$、$Z_{转}$,如图 5-58 所示。

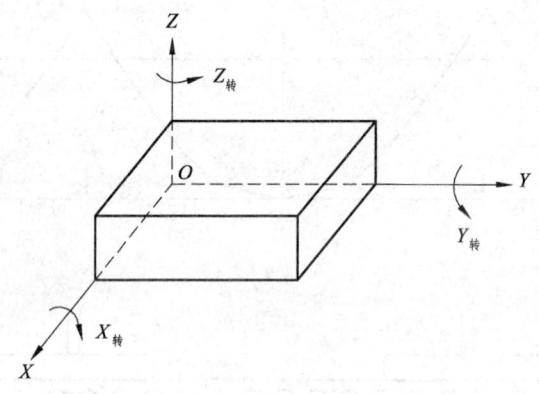

图 5-58 货物六自由度示意图

假设在经过正确的装载后,货物与车辆形成的新的重心为 O,车辆的前进方向为 X 轴的正方向且 X 轴对应车货的纵中心线、Y 轴对应车货的横中心线、Z 轴对应车货的垂直中心线,则车辆在启动、加速、减速、停车、调头以及在曲线上运行等,都改变了车辆原来的运动状态,由此便产生了惯性力。相应的货物在运输过程中也会产生沿上述六个自由度中的一个或几个方向上的运动,对应的货物的捆绑加固失效方式如表 5-6 所示。

表 5-6 货物六自由度对应的捆绑加固失效方式表

自由度	$\vec{X}$	$\vec{Y}$	$\vec{Z}$	$X_{转}$	$Y_{转}$	$Z_{转}$
失效方式	纵向滑动	横向滑动	垂直跳动	横向滚动或倾覆	纵向滚动或倾覆	横向摆动

（二）六自由度绑扎加固准则

运输件在空间直角坐标系中具有六个自由度，装载后我们要想保持运输件相对车辆的正确位置，就至少应增加六个相应的约束来加以限制，即为运输件的六自由度捆绑加固准则。虽然大件运输件的几何形状和尺寸各不相同，但是经过简化和抽象后，根据物件和车体的接触形式大致可以分为三大类，即平面几何体、圆柱体、圆盘几何体。圆柱体容易滚动，绑扎加固相对较困难，必须要用鞍座转化成平面几何体。本书会就绑扎加固相对困难的大型圆柱体做简要分析。

二、绑扎加固工具的选择

选择正确的捆绑加固工具可保证货物的运输安全。有时工具选择和使用不当，如绳索道数或强度不够会造成货物和车辆的损坏，所以要了解捆绑加固工具的性能和特点，并进行合理的选择和使用。

（一）工具分类及应用场景

常用的捆绑加固工具可分为拉牵、衬垫、掩挡及其他辅助类等四大类。公路大件运输常用的绑扎加固工具如表 5-7 所示。

1．拉牵捆绑工具

拉牵捆绑工具包括镀锌铁线、盘条、钢丝绳和钢丝绳夹，固定捆绑铁索、绳索、螺旋式紧线器、84 型紧固器、腰箍等。

镀锌铁线、盘条和钢丝绳及钢丝绳夹的一些力学性能指标类似，许用拉力为破断拉力的 1/2。镀锌铁线、盘条、钢丝绳和钢丝绳夹的拉牵加固的方式也大体相同，主要有：八字形、倒八字形、交叉、又字形或反又字形等。各种拉牵方式可单独使用，也可两种和两种以上组合使用。拉牵应尽可能对称，同时应合理选择货物上的拉牵位置。用于防止货物水平移动时，拉牵位置应尽量低些；用于防止货物倾覆时，拉牵位置可适当高些。

2．衬垫工具

衬垫工具包括垫木和隔木、条形草支垫、稻草绳把、稻草垫、橡胶垫等。橡胶垫用作衬垫、防滑材料时，要求抗压强度高，硬度适中，一般置于货物与车板间或货物层间；橡胶垫用作防磨材料时，要求抗拉强度高，置于拉牵加固材料与货物、车辆棱角接触处。

3．掩挡工具

掩挡工具包括支柱，挡木、钢挡、锅炉挡铁，掩挡（三角挡、掩木、方木、凹木），铁泥塑料挡、围挡及挡板（壁）等。支柱一般分为木支柱、钢管支柱和竹支柱三种。挡木、钢挡一般采用铆钉固定或螺栓连接的方式固定，钢挡还可通过直接焊接的方式固定。

4．其他辅助类工具

其他类工具包括绳网、焦炭网、绞棍、圆钢钉、扒锔钉、U 形钉、U 形夹、钢板夹等。

绳网一般用于加固起脊装运的成件包装货物或袋装货物；圆钢钉在用于固定物件时应交错布置、垂直钉入；钢板夹主要用于钢板的整体加固。公路大件运输的过程中常用的绑扎加固工具如表 5-7 所示。

表 5-7 公路大件运输的过程中常用的绑扎加固工具

序号	工具名	工具规格	工具图片
1	倒链	5-10T	
2	花篮螺丝 Screw	5-10T	
3	钢丝绳	10-12M Φ21.5	
4	U 型卸扣	5-10T	
5	梯子	5m	
6	全身式安全带		

续表

序号	工具名	工具规格	工具图片
7	橡胶管 Rubber tube	套到钢丝绳上保护设备	
8	橡胶板	增加车板与货物之间的摩擦力	

（二）工具选择及分析计算的注意事项

（1）捆绑加固工具选用材料的强度，按材料许用应力（kg/cm²）计算。

（2）横垫木的长度一般应和车底板宽度相等，并使货物能够均匀分布在车辆的中梁和侧梁上。

（3）装车用的纵垫木很重要，要选择抗压力较大的硬质木做垫木，如柏木、柞木、桦木和落叶松等。

（4）纵横垫木断面尺寸，取决于所承受的压应力和弯曲应力的大小，当货物重量较大，车底板与接触面较小时，则垫木断面尺寸应通过计算来确定。垫木支撑面积 S 的计算公式如下：

$$S = \frac{Q_{总}}{\delta_{压}} \tag{5-18}$$

$$Q_{总} = Q + Q_{垂} \tag{5-19}$$

式中：Q——货物质量，kg；

$Q_{垂}$——货物垂直惯性力，kg；

$\delta_{压}$——垫木的容许应力，kg/cm²。

（5）垫木高度与货物外形尺寸大小、装载方式和车型有关，要根据具体情况来确定。

（6）铁线在捆绑加固工具中应用得最广泛，注意事项如下：

① 拉牵用镀锌铁线直径不得小于 4 mm，捆绑用镀锌铁线直径不得小于 2.6 mm。

② 镀锌铁线不得用作腰箍下压式加固，一般不用作整体捆绑。

③ 绞紧时不得损伤镀锌铁线。

④ 禁止使用两股以上镀锌铁线一次性缠绕的操作方法。

⑤ 禁止使用受损、使用过的镀锌铁线。

（三）工具选择实例

在进行绑扎加固工具的选取时，要充分考虑货物的外形结构，确保能以最少的工序及材料完全限制货物的六个自由度，保证货物被完全固定。下面以某大件运输公司承运的 1 000 万吨/年炼油项目中 $\phi 5\ 200 \times 15\ 500$ (mm×mm)、800 t 的原料油缓冲罐为例，进行绑扎加固工具的选取工作。

原料油缓冲罐易滚动，宜选取适当尺寸的鞍座这一掩、挡类工具来防止其滚动。为了方便装车和卸车，同时又保证能有很好的接触条件，选用的鞍座尺寸如图 5-59 所示。其中 $\phi_{鞍} - \phi_{货} = 10$ mm。

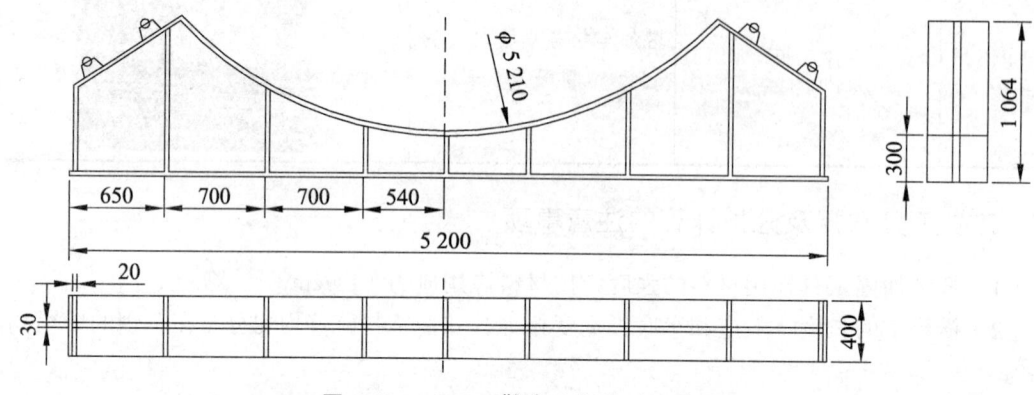

图 5-59　$\phi 5\ 210$ 鞍座几何尺寸示意图

原料油缓冲罐无拴结点也不允许焊拴结点，不能直接施加捆绑力，故将捆绑力转换成摩擦力，选取钢丝绳、钢丝绳夹和橡胶垫作为衬垫工具。橡胶垫可增加货物与鞍座及鞍座与车板间的摩擦系数，钢丝绳牵引货物防止其移动，施加一定的预应力以增加正压力，使同等大小的预紧力转化成更大的摩擦力。

三、钢丝绳的选用

钢丝绳是起重机上应用最广泛的挠性构件，也是起重机械安全生产三大重要构件（制动器、钢丝绳和吊钩）之一。钢丝绳具有重量轻、挠性好、使用灵活、韧性强、能承受冲击载荷、高速运行中没有噪音、破断前有断丝预兆等优点。但钢丝绳频繁用于各种作业场所，有易磨损、易腐蚀等隐患。如果钢丝绳的选择、维护、保养和使用不当，容易发生钢丝绳断裂，造成伤亡事故或重大险情。同时，钢丝绳也是捆绑加固中常见的工具，因此正确掌握使用钢丝绳的方法是十分重要的。

（一）钢丝绳的种类

钢丝绳主要是由钢丝、绳股、绳芯、绳用油脂所组成。钢丝绳是把很多根直径为 0.3~3 mm 的高强度碳素钢钢丝先拧成股，再把若干股围绕着绳芯拧成绳的。

钢丝绳种类很多，钢丝绳除密封型钢丝绳外，均为多股钢丝绳。

按绕捻方法不同可分为左同向捻、右同向捻、左交互捻、右交互捻四种。大件运输起重作业中常用右交互捻钢丝绳。同向捻的钢丝绳耐疲劳性和耐磨性比交互捻的钢丝绳好，但同向捻钢丝绳的抗旋转性能差，捆绑加固用的钢丝绳一般不容易缠到一起，应该是交互的。

按钢丝绳芯材料不同可分为麻芯、石棉芯和金属绳芯三种，起重作业中常采用麻芯钢丝绳，麻芯中浸有润滑油，起减小绳股及钢丝之间的摩擦和防腐蚀的作用。

按钢丝绳绳股及丝数不同可分为 6×19、6×37 和 6×61 三种。最常用的是 6×19 和 6×37 钢丝绳。

按钢丝表面处理不同又可分为光面和镀锌两种，起重作业中常用光面钢丝绳。

按钢丝绳股结构分类，又可分为点接触绳、线接触绳和面接触绳。

点接触绳的各层钢丝直径相同，但各层螺距不等，所以钢丝互相交叉形成点接触，在工作中接触应力很高，钢丝易磨损折断，但其制造工艺简单。

线接触绳的股内钢丝粗细不同，将细钢丝置于粗钢丝的沟槽内，粗细钢丝间成线接触状态。由于线接触钢丝绳接触应力较小，钢丝绳寿命长，同时挠性增加。由于线接触钢丝绳较为密实，所以相同直径的钢丝绳，线接触绳破断拉力大些。绳股内钢丝直径相同的同向捻钢丝绳也属线接触绳。

面接触绳的股内钢丝形状特殊，采用异形断面钢丝，钢丝间呈面状接触。其优点是外表光滑，抗腐蚀和耐磨性好，能承受较大的横向力。但价格昂贵，故只能在特殊场合下使用。

钢丝绳的完整标记格式，可以参照《钢丝绳 术语、标记和分类》（GB/T 8706—2017）。

（二）钢丝绳绳端固定连接方式

钢丝绳与其他零构件的连接或固定应注意两个问题。一是连接或固定方式与使用要求相符；二是连接或固定部位要达到相应的强度和安全要求。

常用的连接和固定方式有以下几种，如图 5-60 所示。

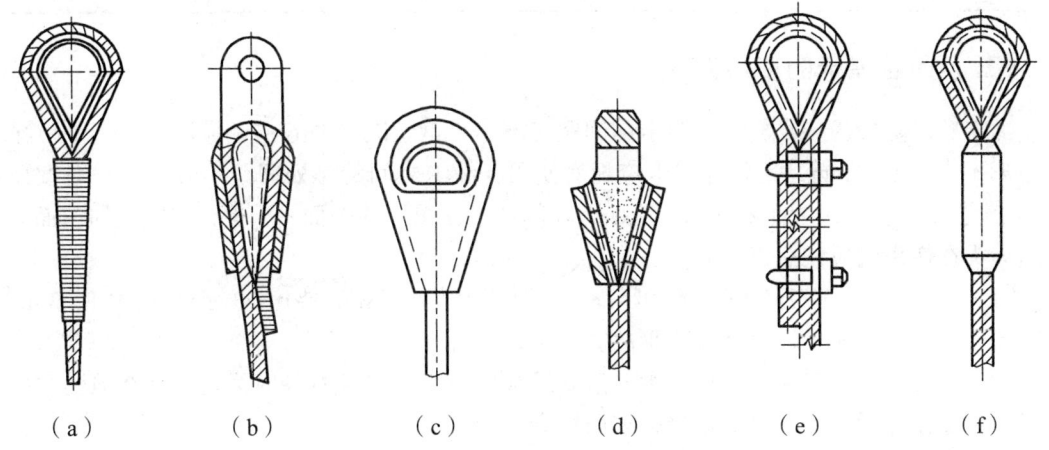

(a)　　　(b)　　　(c)　　　(d)　　　(e)　　　(f)

图 5-60　钢丝绳端常用的连接和固定方式图

1. 编结连接

编结长度不应小于钢丝绳直径的 15 倍，且不应小于 300 mm；连接强度不小于钢丝绳破断拉力的 75%。如图 5-60（a）所示。

2．楔块、楔套连接

钢丝绳一端绕过楔，利用楔在套筒内的锁紧作用使钢丝绳固定。固定处的强度约为绳自身强度的 75%～85%。楔套应该用钢材制造，连接强度不小于 75% 钢丝绳破断拉力。如图 5-60（b）所示。

3．锥形套浇铸法和铝合金套压缩法等的连接

钢丝绳末端穿过锥形套筒后松散钢丝，将头部钢丝弯成小钩，浇入金属液凝固而成。其连接应满足相应的工艺要求，固定处的强度与钢丝绳自身的强度大致相同。如图 5-60（c）所示。

4．绳卡连接

绳卡连接简单、可靠，得到广泛的应用。如图 5-60（d）所示。用绳卡固定时，应注意绳卡数量、绳卡间距、绳卡的方向和固定处的强度：

（1）连接强度不小于钢丝绳破断拉力的 85%。

（2）绳卡数量应根据钢丝绳直径满足表 5-8 的要求。

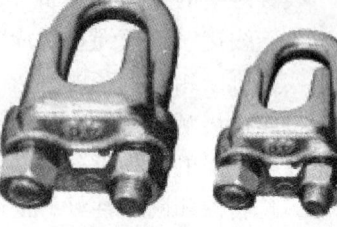

图 5-61　绳卡实体图

（3）绳卡压板应在钢丝绳长头一边，绳卡间距不应小于钢丝绳直径的 6 倍。

表 5-8　钢丝绳的使用数量规范表

钢丝绳直径/mm	7～16	19～27	26～37	38～45
绳卡数量/个	3	4	5	6

（三）钢丝绳卡的使用方法

绳卡数目一般为 3～5 个，绳卡的间距应不小于钢丝绳径的 6 倍，最后一个卡子距绳头的距离不小于 140 mm，钢丝绳绳卡应配套使用，绳卡之间的排列间距一般为钢丝绳直径的 6～8 倍左右，绳卡要一顺排列，应将 U 形环部分卡在绳头的一面，压板放在主绳的一面。钢丝绳夹头在使用时应注意以下几点：

（1）卡子的大小要适合钢丝绳的粗细，U 形环的内侧净距，要比钢丝绳直径大 1～3 mm，净距太大不易卡紧绳子，容易发生事故。

（2）上夹头时一定要将螺栓拧紧，直到绳被压扁 1/3～1/4 直径时为止，并在绳受力后，再将夹头螺栓拧紧一次，以保证接头牢固可靠。

（3）夹头要一顺排列，U 形部分与绳头接触，不能与主绳接触，如图 5-62（a）所示。如果 U 形部分与主绳接触，则主绳被压扁后，受力时容易断丝。

（4）为了便于检查接头是否可靠和发现钢丝绳是否滑动，可在最后一个夹头后面大约 500 mm 处再安一个夹头，并将绳头放出一个"安全弯"，如图 5-62（b）所示。这样，当接头的钢丝绳发生滑动时，"安全弯"首先被拉直，这时就应该立即采取措施处理。

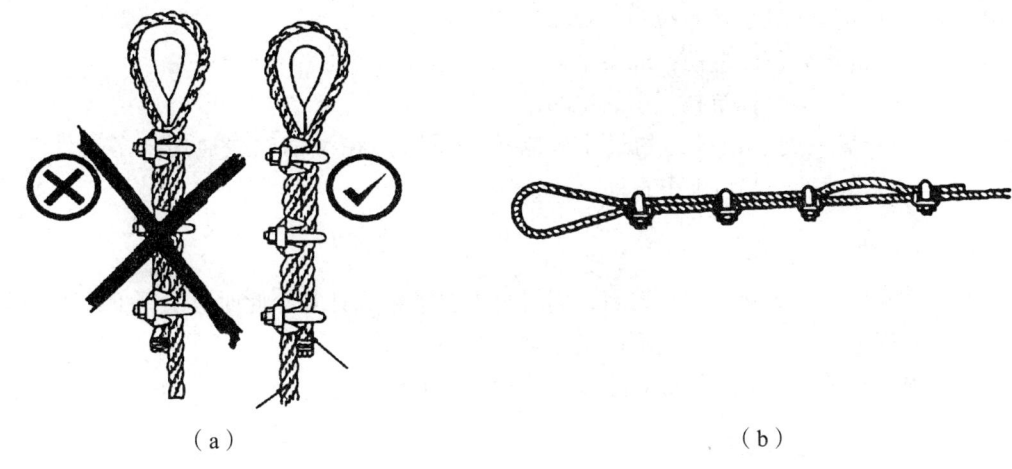

(a)　　　　　　　　　　　　(b)

图 5-62　钢丝绳夹的使用方法图

（四）钢丝绳分类及选用

相同直径的钢丝绳，每股绳内钢丝越多，钢丝直径越细，公称抗拉强度越低，则绳的挠性越好，但钢丝绳易磨损。反之，每股绳内钢丝直径越粗，则钢丝绳挠性越差，钢丝绳耐磨损。不同型号的钢丝绳，使用范围也不同。根据起重吊装作业的实际需要，一般情况下，钢丝绳的选用可考虑以下原则：

（1）6×19钢丝绳用作缆风绳、拉索及制作起重索具，一般用于受弯曲载荷较小或易遭受磨损的地方。

（2）6×37钢丝绳用于起重作业中捆扎各种物件、设备及穿绕滑车组和制作起重用索具，适用于绳索受弯曲时。

（3）6×61钢丝绳用于绑扎各类物件。绳刚性较小，易于弯曲，用于受力不大的地方。

同向捻的钢丝绳，表面较平整、柔软，具有良好的抗弯曲疲劳性能，比较耐用。其缺点是绳头断开处绳股易松散，悬吊重物时容易出现旋转，易卷曲扭结，因此在吊装中不宜单独采用。起重吊装作业常用交互捻钢丝绳。

（五）钢丝绳的破断拉力计算

不同规格的钢丝绳允许承受的最大拉力各不相同。为保证使用安全，必须对钢丝绳的受力进行计算。钢丝绳的破断拉力计算通常有公式计算法、查表法、估算法。

1. 查表法

根据钢丝绳的规格型号在《钢丝绳通用技术条件》（GB/T 20118—2017）中查询。

2. 公式法

钢丝绳最小破断拉力，用 kN 表示，并按下式计算：

$$F_0 = K'D^2R_0/1\,000$$

式中：F_0——钢丝绳最小破断拉力，kN；

D——钢丝绳公称直径，mm；

R_0——钢丝绳公称抗拉强度，MPa；

K'——某一类别钢丝绳的最小破断拉力系数，在《钢丝绳通用技术条件》(GB/T 20118—2017) 中查询。

3．估算法

在工作现场，一般缺少图表资料，同时也不要求精确计算，此时可采用下式（仅为数据估算用，非规范公式）估算钢丝绳的最小破断拉力。

钢丝绳最小破断拉力，用 kN 表示，并按下式计算：

$$F_0 = 0.5D^2$$

式中：F_0——钢丝绳最小破断拉力，kN；

D——钢丝绳公称直径，mm。

（六）钢丝绳的许用拉力计算

为保证钢丝绳的使用寿命，钢丝绳的工作拉力要小于钢丝绳的许用拉力 P。

$$P = \frac{F_0}{K} \tag{5-20}$$

式中：F_0——钢丝绳最小破断拉力，kN；

K——钢丝绳的安全系数。

为了保证起重作业的安全，钢丝绳许用拉力只是其破断拉力的几分之一。破断拉力与许用拉力之比为安全系数。表 5-9 列出了不同用途钢丝绳的安全系数。

表 5-9　不同用途钢丝绳安全系数表

使用情况	安全系数	使用情况	安全系数
用做缆风绳、拖拉绳	3.5	机械驱动起重设备	5~6
人力驱动起重设备	4.5	用作吊索（无弯曲）	6~7
用作捆绑吊索	8~10	用作载人升降机	14

例如，型号 6×37-26 的钢丝绳，用作捆绑绳时（取 $K=10$）其许用拉力为：

$$P = 0.5 \times 26^2 / 10 = 33.8 \text{ (kN)}$$

四、钢丝绳的运行维护

钢丝绳使用频繁，使用前必须进行安全检查，使用过程中应正确使用、维护和保养，该报废的必须报废。

(一)钢丝绳安全检查

钢丝绳的检查可分为日常检验、定期检验和特殊检验,日常检验就是自检;定期检验根据装置形式、使用率、环境以及上次检验的结果,可确定采用月检、季检还是年检。钢丝绳的检查内容及要求如表 5-10 所示,具体检验方法如下。

1．断丝检查

在一个捻距统计断丝数,包括外部和内部的断丝。即使在同一根钢丝上有 2 处断丝,统计时也应按 2 根断丝数统计。钢丝断裂部分超过本身半径者,应以断丝统计。

检查断丝的位置(如距末端多远)和断丝的集中程度,以决定处理方法。

检查断丝的部位和形态,即断丝发生在绳股的凸出部位,还是凹入部位。根据断丝的形态,可以判断出断丝的原因。

表 5-10 不同钢丝绳的部位及形态检查

项 目		日常检验	定期检验与特殊检验
动绳	起重机起升、变幅、牵引用钢丝绳	微速运转观察全部钢丝绳,特别注意下列部位: ① 末端固定部位 ② 通过滑轮的部分	微速运转作全面检验外,特别注意下列部位: ① 在卷筒上的固接部位 ② 绕在卷筒上的绳 ③ 通过滑轮的钢丝绳 ④ 平衡轮处钢丝绳 ⑤ 其他固定连接部位
	缆索起重机钢丝绳	除通常能观察到的部分外,特别注意末端固定部位	全长仔细检验
静绳	缆风绳	除通常能观察到的部分外,特别注意末端固定部位	全长仔细检验
	捆绑绳	除全长观察外,特别注意下列部位: ① 编结部分 ② 与吊具连接部分	

2．磨损检验

磨损检验的主要内容是磨损状态检查和直径的测量。

磨损的状态有两种,一种是同心磨损,另一种是偏心磨损。偏心磨损的钢丝绳多数发生在绳索移动量不大、吊具较重、拉力变化较大的场合。例如,电磁吸盘起重机的起升绳易发生这种磨损。偏心磨损和同心磨损同样会使钢丝绳强度降低。

3．腐蚀检验

腐蚀有外部腐蚀和内部腐蚀两种。

外部腐蚀的检验主要是通过目视查验钢丝绳生锈、点蚀和钢丝松弛状态。

内部腐蚀不易检验。如果是直径较细的钢丝绳(≤20mm),可以用手把钢丝绳弄弯进行检验；如果直径较大，可用钢丝绳插接纤子进行内部检验，检验后要把钢丝绳恢复原状，注意不要损伤绳芯，并加涂润滑油脂。

4．弯曲变形检查

对钢丝绳的打结、波浪、扁平等进行目检。钢丝绳不应发生扭结、死角、硬弯等弯曲现象，也不应有较大的波浪变形。

5．电弧及火烤的检查

目视钢丝绳，不应有回火包，也不应有焊伤。如有焊伤，应按断丝处理。

6．润滑检验

钢丝绳应处于良好的润滑状态。根据试验，润滑良好的钢丝绳在一个捻距内断丝达总丝数的10%，用疲劳试验和反复弯曲可达48 500次，而没有润滑的相同规格的钢丝绳仅为22 500次，可见润滑的重要性。

（二）钢丝绳的使用、维护和保养

（1）钢丝绳要正确开卷。钢丝绳开卷时，要避免钢丝绳扭结，强度降低以致损坏。钢丝绳切断时要扎紧以防止松散。

（2）钢丝绳不得超负荷使用，不能在冲击载荷下工作，工作时速度应平稳。

（3）在捆绑或吊运物件时，钢丝绳应避免和物体的尖角棱边直接接触，应在接触处垫以木块、麻布或其他衬垫物。

（4）严禁钢丝绳与电线接触，以免被打坏或发生触电。靠近高温物体时，要采取隔热措施。

（5）钢丝绳在使用中应避免扭结，一旦扭结，应立即抖直。使用中应尽量减少弯折次数，并尽量避免反向弯折。

（6）钢丝绳与卷筒或滑车配用时，卷筒或滑轮的直径至少比钢丝绳直径大16倍。钢丝绳不能穿过已经破损的滑轮，以免磨损钢丝绳或使绳脱出滑轮，造成事故。

（7）钢丝绳穿过滑轮时，滑轮槽的直径应比钢丝绳的直径大 1~2.5 mm。如滑轮槽的直径过大，则绳易被压扁；过小，则绳易磨损。

（8）钢丝绳应防止磨损、腐蚀或其他物理条件、化学条件造成的性能降低。吊运熔化及灼热金属的钢丝绳，要有防止高温损坏的措施。

（9）使用前要根据使用情况选择合适直径的钢丝绳；在使用过程中，要经常检查其负荷能力及破损情况；使用后及时保养，正确存放。

（三）钢丝绳的报废

根据《起重机钢丝绳 保养、维护、检验和报废》（GB/T 5972—2016），钢丝绳使用的安全程度由11个项目判定即：断丝的性质和数量、绳端断丝、断丝的局部聚集、断丝的增加率、绳股断裂、由于绳芯损坏而引起的绳径减小、弹性减小、外部及内部磨损、外部及内部腐蚀、变形、由于热或电弧造成的损坏、永久伸长的增加率。当达到报废标准时，必须报废换新。

所有的检验均应考虑以上各项因素并遵循各自的标准。然而，钢丝绳的损坏往往是由各个因素综合积累造成的，这就应由主管人员判别并决定钢丝绳是报废还是继续使用。

对于钢丝绳的损坏，检验人员应弄清钢丝绳的损坏是否由机构上的缺陷所致，如果是这样，应建议在换新钢丝绳之前消除这缺陷。

五、捆绑加固方案制定

捆绑加固是安全运输的重要环节，所有大件设备必须经过捆绑加固后方可起运。捆绑加固必须既要牢固可靠，又不能损伤设备和设备包装物。

大型圆柱形物件是公路大件运输常见的类型之一。它们的特点是体积大、质量大、支重平面小（或无）、装车后容易滚动、且一般无拴结点，也不允许焊拴结点，因此运输工作难度非常大。这类物件通常是国家重点建设项目的关键设备，它们能否安全到达目的地直接关系到整个项目的进度与成败，运输件捆绑加固是否合理又影响到整个运输过程当中的安全。

多数运输公司在制定捆绑加固方案时大多凭借先前的工作经验，在计算物件受到的各种惯性力确定捆绑加固强度时，大多基于公路大件运输与铁路阔大物件运输的相似性，运用经验公式来计算，该方法虽然考虑了较大质量惯性力的影响因素，却未能包含最能反映车辆运动状态的加速、减速、道路坡度、弯道等重要因素，这显然不够合理。而有些方法虽然在编拟公式时考虑到了各种因素，却忽略了钢丝绳预紧力对于摩擦力的影响，因此在钢丝绳的选取上难免存在不合理的情况。因而研制出一套针对该类物件的捆绑加固工作的程式化方法尤显必要。本书将以大型圆柱形物件为例进行重点讲解。

（一）工程上常用的绑扎加固方式

工程上常用的绑扎加固方式有八字交叉封刹、八字封刹、下压封刹、围捆、拉牵绑扎、焊接加固等。下面对这些常见的捆绑加固方式做一个简介。

1. 八字封刹

八字封刹是工程上常用的绑扎加固方式，这种绑扎方式具有很好的对称性，绑扎角度完全相同，构成绑扎的静定系统，避免绑扎超静定系统的出现。八字封刹示意图如图5-63所示。

图5-63 八字封刹示意图

2. 八字交叉封刹

这种绑扎方式除了具有上述八字封刹的优点外，还可减少绑扎场地的使用空间，在同等使用条件下增大绑扎的角度，确保绑扎锁具时能获取更大的拉牵力。八字交叉封刹示意图如图 5-64 所示。

图 5-64　八字交叉封刹示意图

3. 下压封刹

下压封刹多用于大型圆柱体物件，特别是那些无拴结点的大型圆柱体物件，通过该种方式可使物件与车板很好的接触，防止因车辆的震动等因素而使物件与车板分离。下压封刹示意图如图 5-65 所示。

图 5-65　下压封刹示意图

4. 围　捆

围捆除了具有下压封刹的绑扎效果外，还能提供一定的拉牵力。采取此类绑扎加固方式，必须要满足对绑扎空间的要求。围捆示意图如图 5-66 所示。

图 5-66　围捆示意图

5．拉牵封刹

拉牵封刹是大件运输使用较多的一类绑扎加固方式,可提供直接的拉牵力,以克服在运输过程中的不稳定因素(滑移、倾覆)。拉牵封刹如图 5-67 所示。

图 5-67　拉牵封刹

6．焊接加固

焊接加固属于刚性加固,加固强度比较大,加固效果比较好,多用于大型海运。但起运前的加固和到场后的解除加固比较麻烦费时,且焊接加固会对车板造成一定的伤害。焊接加固示意图如图 5-68 所示。

图 5-68　焊接加固示意图

(二) 捆绑加固准则、捆绑加固工具的选择

详情请参照本节第一、第二节有关内容。

(三) 捆绑加固三维模型

为增强大件设备运输决策的科学性,有必要在确定运输方案中的捆绑加固环节进行物理建模、数值仿真、三维模拟。

三维捆绑加固模型具有明显的优点。运用 SolidWorks 软件做成绑扎加固三维模型,展示效果清晰明了、视觉效果明显,一定程度上会增加公司商业谈判的竞争力。同时有了物件的三维模型,可以产生任意的二维视图,以代替传统的二维视图。

1. 捆绑加固方案的确定

根据大形圆柱形物件的特点及选取的捆绑加固工具，可制定出对物件围捆和对鞍座八字捆的捆绑加固方案。围捆和八字捆的三维视图如图 5-69、图 5-70 所示。

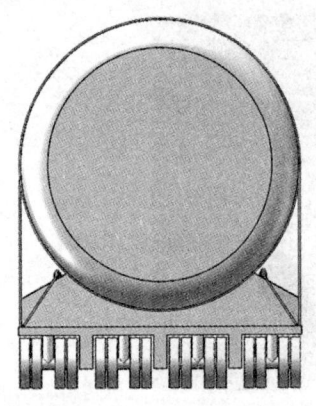

图 5-69　围捆示意图

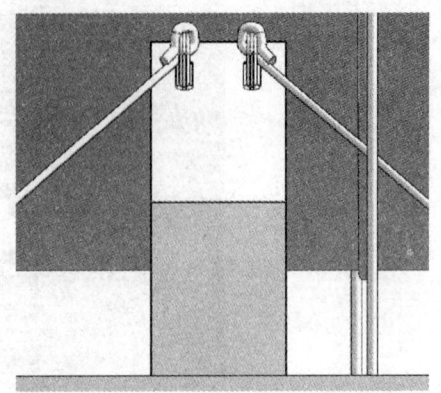

图 5-70　八字捆示意图

围捆使物件和鞍座成为一个整体，这样可有效限制 $X_{转}$、$Y_{转}$ 和 $Z_{转}$ 自由度，控制圆柱形物件最易出现的横向滚动、纵向滚动和横向摆动，同时围捆也限制了 $\vec{Z}$ 自由度，防止物件向上跳动而影响物件与鞍座之间的接触，而使物件在鞍座上滑动。

四个鞍座上的 8 个八字捆限制了物件鞍座整体的 $\vec{X}$、$\vec{Y}$ 自由度，可防止物件的纵向、横向对应的失效。在满足安全系数的条件下给钢丝绳适度的预紧力，通过绳子的直接拉力作用和相应摩擦力的作用即可有效限制物件的六自由度，使物件完全固定。

2. 捆绑加固三维模型的构建

三维模型的建立意在对捆绑加固方式进行示意，为了减少建模工作量并保证展示效果，经过处理后的物件和车辆捆绑加固示意图如图 5-71 所示。

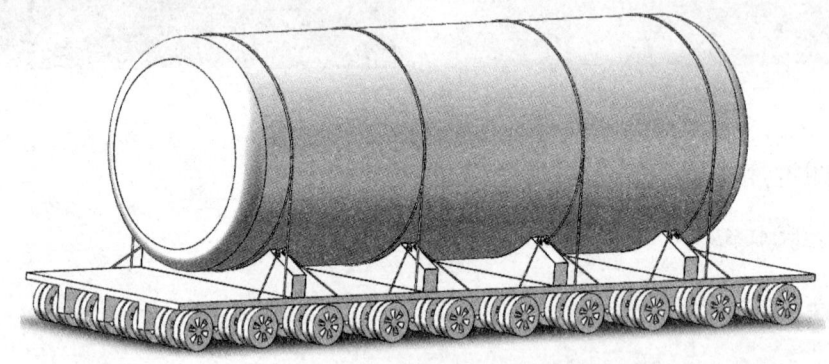

图 5-71　车、货捆绑加固三维模型示意图

为了方便查看车辆和物件的几何尺寸及捆绑绳索的相对位置，同时为捆绑加固相关强度的校核提供数据依据，通过 SolidWorks 工程图，可得到的相关几何尺寸如图 5-72 所示。

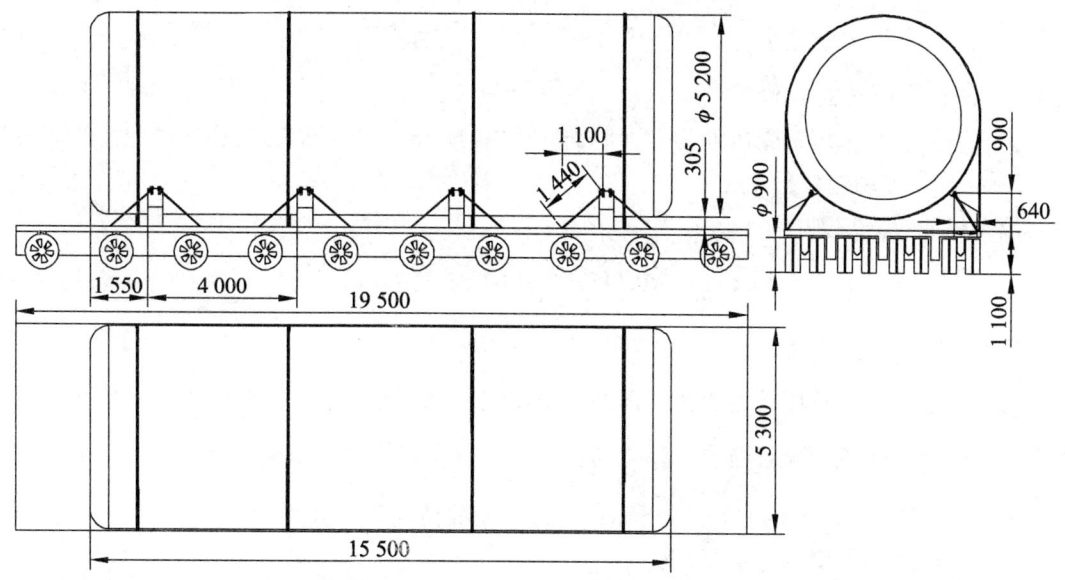

图 5-72　车、货捆绑加固工程图（单位：mm）

（四）捆绑加固相关强度的校核

为了保证行车的安全及物件的完整性，必须根据物件的外形、质量及装车后的受力情况，进行有针对性的捆绑加固和相应强度校核，确保物件能够经受正常作业而产生的各种力，最大限度地保证运输过程的安全。下面在总结文献的基础上就车辆在运行过程可能受到的各种惯性力及失效形式对围捆和"八字捆"所用的钢丝绳进行强度校核。

1．重心的计算

重车重心高度是影响车辆运行稳定性的重要因素，重车重心越高，稳定性越低，其倾覆、滚动的可能性就越大，重车在行驶过程中就越不安全。车辆装载物件后重车至地面起的中心高度 H 为：

$$H = \frac{h_{车} \cdot Q_{车} + h_{货} \cdot Q_{货}}{Q_{车} + Q_{货}} \tag{5-21}$$

式中　$Q_{车}$——车辆重量，t；

　　　$Q_{货}$——大件物件重量，t；

　　　$h_{车}$——车辆重心全地面高度，mm；

　　　$h_{货}$——大件物件装车后至地面起重心高度，mm。

带入相关数据，则：

$$H = \frac{0.75 \times 100 + 4.155 \times 800}{100 + 800} = 3\ 776\ (\text{mm})$$

2．风力的计算

圆柱形的大体积决定风力的作用不容忽视，风力的计算可参考式（5-22）：

$$T_{风} = SF_0 \tag{5-22}$$

式中：S——受风面积，m^2；

F_0——计算风压，受风面为平面时 $F_0 = 0.49 \text{ kN/m}^2$；受风面为圆柱体或球体的侧面时 $F_0 = 0.245 \text{ kN/m}^2$。

带入相关数据，则：

$$T_{风} = \pi \times 5.2 \times 15.5 \times 0.245 = 62 \text{ (kN)}$$

3．围捆钢丝绳强度校核

为了防止钢丝绳破坏设备表面，围捆用钢丝绳应套上橡胶管。比较各种失效情况下捆绑绳索需提供的总的最小预紧力 F_x，则 $\frac{1}{2n}\max(F_1, \cdots, F_m)$ 即为单根围捆用钢丝绳应满足的最小强度（n 为围捆用钢丝绳的根数）。下面针对每种失效情况逐一计算。

（1）纵向滑动失效。

车辆在启动、加速、减速时物件会受到纵向惯性力的作用，此时捆扎绳索需要提供的最小预紧力 F_1 应满足下式：

$$\mu(Q_{货}g + F_1) = S_1 Q_{货} a_{减} \tag{5-23}$$

$$则，F_1 = S_1 Q_{货} a_{减} / \mu - Q_{货} g \tag{5-24}$$

式中：μ——物件与鞍座间的摩擦系数。常见的摩擦副材料和相应的静摩擦系数如表 5-11 所示。

F_1——捆扎需要提供的最小抗滑力，kN；

$a_{减}$——车辆的加速度或减速度，m/s^2。假设紧急制动时，3 秒内车辆由 50 km/h 减为 0，即 $a_{减} = 4.63 \text{ m/s}^2$；

S_1——安全系数，根据相关参考文献，此处取 1.3~1.5 即可。

表 5-11　常用摩擦副材料及其摩擦系数

摩擦副材料	摩擦系数	
	无润滑	有润滑
钢-钢	0.15*	0.1~0.12*
钢-铸铁	0.2~0.3*	0.05~0.15
钢-青铜	0.15~0.18	0.1~0.15*
钢-夹布胶木	0.22	
钢-铝	0.17	0.02
钢-聚四氟乙烯	0.1*	
钢-聚全氟乙丙烯	0.25*	
钢-聚碳酸酯	0.6*	0.53

续表

摩擦副材料	摩擦系数	
	无润滑	有润滑
软钢-铸铁	0.18	0.05~0.15
软钢-青铜	0.18	0.07~0.15
铸铁-铸铁	0.15~0.16	0.07~0.12
木材-皮革	0.4~0.5*	
软木-铸铁或钢	0.30~0.50	0.15~0.25
硬木-铸铁或钢	0.2~0.35	0.12~0.16

注：1. 表中滑动摩擦系数只是试验数值，只能作为近似数值参考。
  2. 表中带"*"者为静摩擦系数。
  3. 本表数据源自《机械设计手册》2016 第六版第一卷。

带入相关数据，即 $F_1 = 1.5 \times 800 \times 4.63 \div 0.6 - 800 \times 9.8 = 1\,420$ (kN)。

此外，车辆在上坡（下坡）时，物件也可能纵向滑动。假设其他因素不变，车辆匀速上坡（下坡），则此时捆扎绳索需要提供的最小预紧力 F_2 应满足下式：

$$\mu(Q_{\text{货}}g\cos\theta + F_2) = S_1(Q_{\text{货}}g\sin\theta) \tag{5-25}$$

$$则，F_2 = (S_1 Q_{\text{货}} g \sin\theta) \div \mu - Q_{\text{货}} g \cos\theta \tag{5-26}$$

式中：θ——道路的坡度角，为了确保运输的安全性，此处可取大件运输过程中可能出现的最恶劣的四级公路山岭重丘区的相关数值来计算，即 $\tan\theta = 10\%$。

代入相关数据，即 $F_2 = 1.5 \times 800 \times 9.8 \times 0.1 \div 0.6 - 800 \times 9.8 \times 0.995 = -5\,840.8$ (kN)。
即无需钢丝绳加力，物件就不会滑动。

（2）纵向倾覆失效。

车辆在紧急制动时，过大的惯性力可能会造成物件沿鞍座的支点 A 倾覆。为了防止此种危险情况的发生，捆扎绳索需要提供的最小预紧力 F_3 应满足式（5-27）和（5-28）：

$$[Wgc + F_3(a+b+d-e)] = S_2(Ff) \tag{5-27}$$

$$则，F_3 = [S_2 Ff - Wgc] \div (a+b+d-e) \tag{5-28}$$

式中：W——为物件的质量 $Q_{\text{货}}$，kg；

   F_3——钢丝绳应提供的力，kN；

   S_2——安全系数；考虑到倾覆将会伴随更加严重的捆绑加固失效的发生，结合相关文献，取 2~4，又因本例中重心为 3 668 mm，相对较高，安全起见取 4。

$a = 12\,600$，$b = 8\,600$，$c = 6\,200$，$d = 3\,800$，$e = 200$，$f = 2\,600$，$g = 2\,905$，单位 mm。
F 为物件的制动惯性力 kN。同样取紧急制动时 $a = 4.63$ m/s^2，则 $F = 800 \times 4.63 = 3\,704$ (kN)。
运输件纵向倾覆示意图如图 5-73 所示。

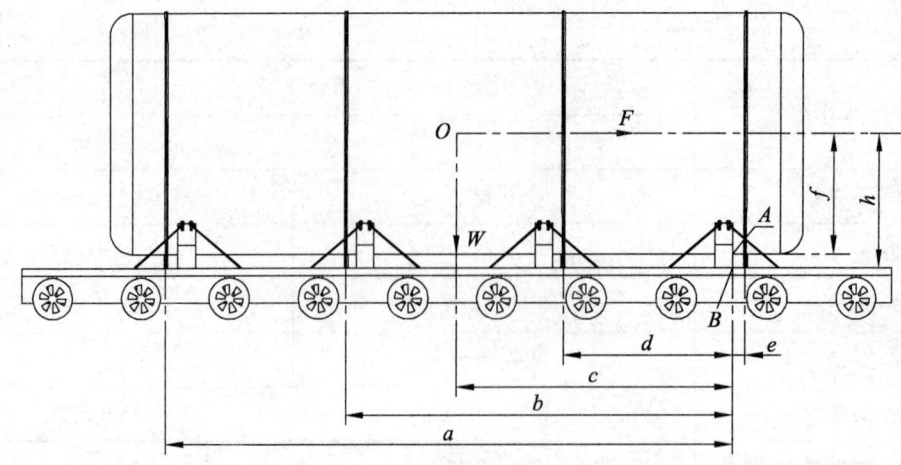

图 5-73 运输件纵向倾覆示意图

带入相关数据，有 $F_3 = (4 \times 3\,704 \times 2\,600 - 800 \times 9.8 \times 6\,200) \div (12\,600 + 8\,600 + 3\,800 - 200) =$ -406.7 (kN)。即无需钢丝绳加力，物件不会倾覆。

（3）横向倾覆失效。

车辆以某一速度通过弯道时，物件会产生离心惯性力，加上风力的作用，如果捆绑不力，物件就会有横向倾覆的危险。为了避免此危险情形的发生，围捆绳索应具有的最小预紧力 F_4 应满足下式：

$$(Q_{\text{货}}g + F_4) \cdot AB - S_2(T_{\text{风}} + N) \cdot OB \qquad (5\text{-}29)$$

则 $F_4 = S_2(T_{\text{风}} + N) \cdot OB / AB - Q_{\text{货}}g \qquad (5\text{-}30)$

式中：$OB = 1\,980$ mm， $AB = 1\,930$ mm；

F_4——防止横向倾覆绳索应提供的最小预紧力，kN；

$T_{\text{风}}$——侧向风力，kN；

N——离心惯性力，kN。

假设车辆以允许的最大速度通过三级公路山岭重丘区，则

$$N = \frac{V^2}{R}Q_{\text{货}} = \frac{(30 \div 3.6)^2}{30} \times 800 = 1\,389 \text{ (kN)}$$

带入相关数据，即 $F_4 = 4 \times (62 + 1\,389) \times 1\,980 \div 1\,930 - 600 \times 9.8 = 74.36$ (kN)。

运输件横向倾覆示意图如图 5-74 所示。

比较上述四个力，即可得到围捆用钢丝绳应满足的最小力为 $\frac{1}{2n} \times 1\,420$ (kN)，鉴于上述数据的得来过程中已经考虑了安全系数，故取钢丝绳的最小破断拉力即可，考虑到本大件运输公司经常使用的钢丝绳尺寸为 16 ~ 26 mm，同时参照表 5-11，此处 n 取 4 较为合适，即围捆用钢丝绳应提供的最小拉力不得小于 177.5 kN，也即选择围捆用钢丝绳的直径 ≥ 18.5 mm。

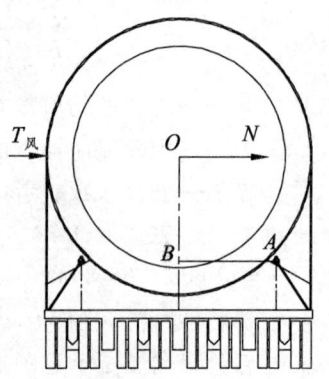

图 5-74 运输件横向倾覆示意图

4．八字捆钢丝绳强度校核

物件放在鞍座上经钢丝绳围捆可有效防止其滚动，但是车辆在运行过程中产生的各种惯性力可能会导致鞍座滑动或倾覆，因而需要用八字捆对鞍座进行固定。根据围捆时钢丝绳强度校核分析可知，鞍座最可能发生纵向倾覆及鞍座物件整体的横向倾覆。下面就这两种失效情况对八字捆钢丝绳应满足的最小强度进行校核。

假设八字捆的某一条钢丝绳 AC 与车板的各个夹角如图5-75所示，其中 OB 与车辆的纵轴中心线平行，OD 与车辆的横轴中心线平行，经过实测 $OA=990$，$OB=1100$，$OD=640$，则 $AC=1612$。单位：mm。

（1）鞍座纵向倾覆失效。

同样参照图5-75，则八字捆钢丝绳需要提供的最小力 T_1 应满足式（5-31）和（5-32）：

$$(Q_{整}g + T_1\sin\beta + F_N)L_{鞍}$$
$$= S_2(Q_{货}a_{减} - T_1\sin\beta\cot\alpha)L_{支} \quad (5\text{-}31)$$

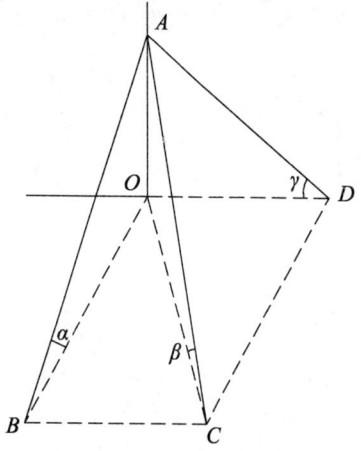

图5-75　某条钢丝绳 AC 与车辆地板的夹角示意图

则，$T_1 = (S_2 Q_{货} a_{减} L_{支} - Q_{整} g L_{鞍} - F_N L_{鞍})/\sin\beta(L_{鞍} + \cot\alpha L_{支})$ （5-32）

式中：F_N——围捆钢丝绳对鞍座向下的压力，kN；

$L_{鞍}$——鞍座的宽度，mm；

$L_{支}$——鞍座支点到车板的高度，mm。

带入相关数据，则 $T_1 = (4\times800\times4.63\times305 - 810\times9.8\times400 - 1420\times400)/\dfrac{990}{1612}\left(400 + 495\times\dfrac{1100}{990}\right) = 1328$ (kN)。

（2）整体横向倾覆失效。

整体的横向倾覆示意图如图5-76所示。为了防止横向倾覆失效，绳索整体需要提供的最小力 T_2 应满足式（5-33）和（5-34）：

$$(F_N + Q_{整}g)CE + T_2\sin\beta(BE + DE)$$
$$= S_2(T_{风} + N)\cdot OC - S_2 T_2 \sin\beta\cdot\cot\gamma\cdot AD \quad (5\text{-}33)$$

则 $T_2 = [S_2(T_{风} + N)\cdot OC - (F_N + Q_{整}g)CE]/[\sin\beta(BE + DE + S_2\cdot\cot\gamma\cdot AD)]$ （5-34）

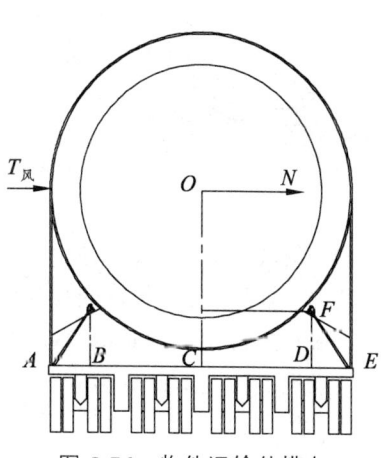

图5-76　物件运输件横向倾覆示意图

带入相关数据，$T_2 = [4\times(62+1389)\times2905 - (1420 + 810\times9.8)\times2600]\div\left[\dfrac{990}{1612}\times\left(5200 + 4\times\dfrac{640}{990}\times990\right)\right] = -1567.5$ (kN)。

即无需钢丝绳加力，整体不会发生横向倾覆。

比较上述两个力，即可得到八字捆钢丝绳需要满足的最小力为 $\frac{1}{n}1\,328(kN)$（n 为同一方向"八字捆"钢丝绳的根数，同理可推得此处 n 取 8），即围捆钢丝绳的预紧力不得小于 166 kN，也即围捆用钢丝绳的选择标准为直径 ≥ 18 mm。

第八节　公路平面线形分析

公路平面线形是公路中心线的空间线形。为研究方便和直观，对该空间线形进行三视图投影。路线在水平面上的投影称作路线的平面。沿中线竖直剖切并展开，构成纵断面线形。通过中线上任一点的法向切面构成横断面线形。

公路平面线形受社会经济、自然地理和技术条件等因素制约，不可能是一条直线，一般可分解为直线、圆曲线、缓和曲线。如图 5-77 所示。运输车组重心在平面线形道路上的行驶轨迹在几何性质上有三个特征。一是轨迹是连续的、圆滑的，任何一点不出现错头和破折。二是曲率是连续的，任何一点不出现两个曲率值。三是曲率变化是连续的，任何一点不会出现两个曲率变化率值。

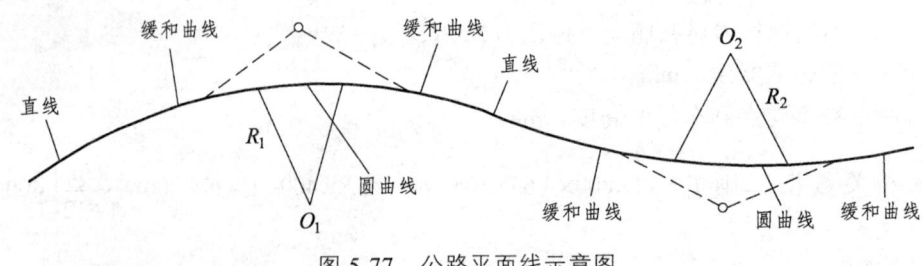

图 5-77　公路平面线示意图

一、直　线

（一）特　点

直线是大件运输车通过公路弯道所经历的起始和终结路段。普遍认为直线易于精确进行设计、计算，通过简单的测量工具，很容易得到起始直线路段和终结路段直线道路的宽度。运输车组行驶受力简单，方向明确，驾驶员操作简易，乘坐舒适性高。但直线单一无变化，对于地形和线形自身难以协调，过长的直线在交通量不大且景观缺乏变化时，容易使驾驶人员感到单调、疲倦。在直线纵坡路段，驾驶员容易错误估计车间距离、行车速度及上坡坡度，容易对长直线估计得过短或产生急躁情绪，超速行驶。

（二）直线的运用

直线的长度不宜过长，受地形条件或其他特殊情况限制而采用长直线时，应结合沿线具体情况采取相应的技术措施。主要适用路段包括：不受地形、地物限制的平坦地区或山间开阔谷地；市镇及其近郊，或规划方正的农耕区；长的桥梁、隧道等构造物路段；路线交叉点及其前后；双车道公路提供超车的路段。

（三）直线设计及计算

1. 实地定交点

选线人员根据道路等级和地形条件定出一系列直线，相邻两直线相交得到各个交点，通过测量交点的距离，确定各交点之间的关系；或通过测量交点与导线点的坐标关系，确定交点坐标，再根据相邻交点坐标算出偏角和距离。其中，偏角又称为转角，是指路线由一个方向偏向另一个方向时，偏转后的方向与原方向的夹角。偏转后的方向位于原方向左侧时，称左偏，位于原方向右侧时，称右偏。在路线测量中，一般规定测交点右角，由右角计算偏角。右角是指前进方向右侧夹角，一般用全测回法测量，右角的大小计算为：

$$右角 = 后视读数 - 前视读数 \tag{5-35}$$

当后视读数小于前视读数时，上式为：

$$右角 = 后视读数 + 360° - 前视读数 \tag{5-36}$$

偏角的计算公式为：

$$\alpha_{左} = \beta_{右} - 180°, \quad \alpha_{右} = 180° - \beta_{右} \tag{5-37}$$

2. 纸上定线

（1）以直线为主定交点。

主要用于平原、微丘区，是根据地形、地物条件，选设定作为线路基本轴线的直线，再根据两两直线相交得交点。

（2）以曲线为主定交点。

常用于互通立交匝道布线、定线或山岭、重丘区高速公路、一级公路选线、定线，是根据地形及环境条件和线路技术要求设置圆曲线（或圆曲线与缓和曲线组合）作为基本轴线，再把曲线的切线画出，延长各切线两两相交定出交点。当已知相邻两边方位角 θ_i 和 θ_{i+1}，计算该交点的偏角 α：

$$\alpha = \theta_{i+1} - \theta_i \tag{5-38}$$

当 $\alpha > 0$ 时，线路为右偏角 R；当 $\alpha < 0$ 时，线路为左偏角 L。

（四）直线的最大长度和最小长度

1. 直线的最大长度

《公路工程技术标准》（JTG B01—2014）和《公路路线设计规范》（JTG D20—2017）（简称《规范》）对直线的最大长度没有具体的规定，但原则上规定直线的最大长度应有所限制，避免长直线。通过查阅国内外文献及相关研究成果，直线最大长度在城镇附近或其他景色有变化的地点大于 20 V 是可接受的；在景色单调的地点最好控制在 20 V 以内；特殊地理环境下特殊处理。一般认为,最大直线长度为汽车按照设计速度行驶 70 s 左右的距离控制为宜。

2．直线的最小长度

相邻曲线间应有一定的直线长度,曲线间的直线长度就是指前一曲线的终点至后一曲线的起点之间的长度。

（1）同向曲线间的直线最小长度。

同向曲线是指两个转向相同的相邻曲线之间连以直线而成的平面线性。背向曲线是指同向曲线间连以短的直线。为保证线形的连续性,应在两同向曲线间插入长的直线段。《规范》中规定：当设计速度≥60 km/h,同向曲线间的直线最小长度数值（以 m 计）以不小于设计速度数值（以 km/h 计）的 6 倍为宜；当地形条件或其他特殊条件时,则不得小于设计速度数值的 3 倍。对于设计速度≤40 km/h 的情况,参考上述规定执行即可。在受到条件限制,宜将同向曲线改为大半径曲线或将两曲线作成复曲线、卵形曲线或者 C 形曲线。

（2）反向曲线间的直线最小长度。

反向曲线是两个转向相反的相邻曲线之间连以直线所形成的平面线形。对于反向曲线间直线的最小长度的规定,主要考虑超高和加宽缓和的需要以及驾驶员操作的方便。《规范》中规定：当设计速度≥60 km/h,反向曲线间的直线最小长度数值（以 m 计）以不小于设计速度数值（以 km/h 计）的 2 倍为宜。对于设计速度≤40 km/h,参考上述规定执行即可。当直线两端设置有缓和曲线时,也可以直接相连,构成 S 型曲线。

（3）相邻回头曲线间的直线最小长度

回头曲线是指山区公路为克服高差在同一坡面上回头展线时所采用的曲线。《规范》规定,在回头曲线之间,前一回头曲线的终点至后一回头曲线的起点的距离宜满足表 5-12 的要求。

表 5-12　回头曲线间最小直线长度　　　　　　　　　　　　单位：m

公路等级 \ 直线长度	一般值	低限值
二级公路	200	120
三级公路	150	100
四级公路	100	80

二、圆曲线

（一）特点

圆曲线是各等级公路的主体平面线形,路段转角处都必须设置圆曲线,以利于行车。其与车辆通过能力相关的主要特点是：

（1）圆曲线上的曲率为常数,测量和计算圆曲线比较简单；

（2）比直线更能适应地形的变化；

(3)在圆曲线上行驶要受到离心力的作用;
(4)要比在直线上行驶更多地占用道路宽度;
(5)对于高等级公路,圆曲线半径除满足上述要求外,还应满足视觉舒适的最小半径,以保证线形美观、协调和行车视觉舒适。

(二)运输车组行驶时的横向稳定性

1. 汽车在弯道上行驶所受的离心力

假定汽车在圆曲线上作匀速圆周运动,在弯道上,由于惯性产生离心力,作用点为汽车重心,方向为水平背离圆心,该力大小为:

$$F = \frac{GV^2}{gR} \quad (5-39)$$

离心力对汽车在平曲线上行驶的稳定性影响很大,可能产生横向滑移或横向倾覆。为了减少离心力的作用,保证汽车在平曲线上稳定行驶,必须将平曲线上的路面做成外侧高、内侧低呈单向横坡的形式,称为横向超高。

2. 曲线上汽车的受力分析

汽车受力示意图如图 5-78 所示。

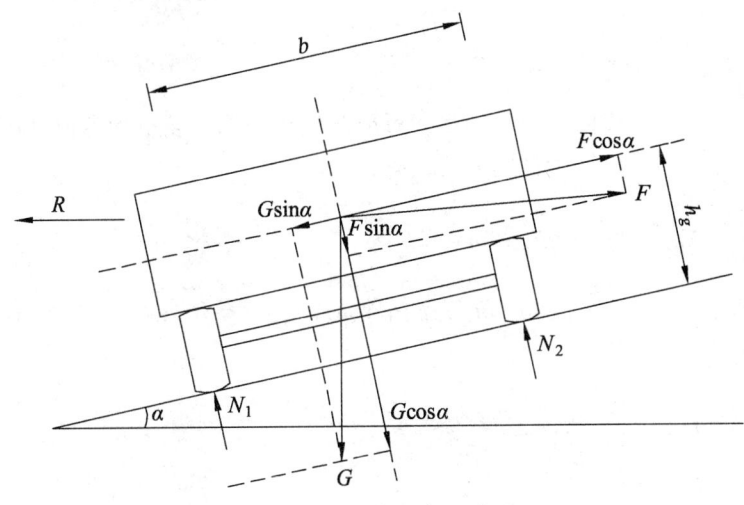

图 5-78 汽车受力示意图

将离心力 F 和车重 G 分解为平行于路面的横向力和垂直于路面的竖向力,即:

横向力: $\quad X = F\cos\alpha - G\sin\alpha \quad (5-40)$

竖向力: $\quad Y = F\sin\alpha + G\cos\alpha \quad (5-41)$

α 很小,可以认为 $\sin\alpha \approx \tan\alpha = i_h$,$\cos\alpha \approx 1$,$i_h$ 称为横向超高坡度,则有:

$$X = F - Gi_h = \frac{GV^2}{gR} - Gi_h = G\left(\frac{V^2}{gR} - i_h\right) \quad (5-42)$$

引入横向力系数 μ，作为衡量稳定性程度的指标，其含意为单位车重的横向力，即：

$$\mu = \frac{X}{G} = \frac{V^2}{gR} - i_h \tag{5-43}$$

其中，将车速 V（km/h）转化成 v（m/s），且 1 m/s = 3.6 km/h，g 取 9.8 m/s² 有：

$$\mu = \frac{v^2}{127R} - i_h \tag{5-44}$$

3．横向滑移条件分析

横向滑移是指汽车在横向力作用下，可能产生沿横向力方向的侧向滑移。稳定条件是指横向力大于或等于汽车与路面之间的横向附着力，即：

$$X \leqslant Y\varphi_h \approx G\varphi_h, \quad \mu = \frac{X}{G} \leqslant \varphi_h$$

其中，φ_h——横向附着系数，故有：

$$R \geqslant \frac{v^2}{127(\varphi_h + i_h)} \tag{5-45}$$

由上式可以得出汽车在平曲线上行驶时，不产生横向滑移的最小平曲线半径 R 或最大行驶速度 v。

4．横向倾覆条件分析

横向倾覆是指汽车在横向力的作用下，可能产生绕外侧车轮触地点向外倾覆的危险，其稳定条件即倾覆力矩小于或等于稳定力矩，有：

$$Xh_g \leqslant Y\frac{b}{2} = (Fi_h + G)\frac{b}{2} \tag{5-46}$$

其中，b 为汽车轮距，单位 m；h_g 为汽车重心高度，单位 m。由于 Fi_h 远小于 G，故可略去不计，则有：

$$R \geqslant \frac{v^2}{127\left(\dfrac{b}{2h_g} + i_h\right)} \tag{5-47}$$

汽车在平曲线上行驶时的横向稳定性主要取决于横向力系数值的大小。汽车在平曲线上行驶，在发生横向倾覆之前先产生横向滑移现象，故在道路设计中应保证汽车不产生横向滑移，同时也就保证了横向倾覆的稳定性。

（三）圆曲线半径

1．横向力系数

在指定车速 V 下，极限最小半径决定于容许的最大横向力系数和该曲线的最大超高。

由横向力系数 μ 的定义式：

$$\mu = \frac{Y}{G} = \frac{V^2}{gR} \pm i_h = \frac{v^2}{127R} \pm i_h \tag{5-48}$$

有：

$$R = \frac{v^2}{127(\mu \pm i_h)} \tag{5-49}$$

当设置超高时有：

$$R = \frac{v^2}{127(\mu + i_h)} \tag{5-50}$$

不设置超高时有：

$$R = \frac{v^2}{127(\mu - i_h)} \tag{5-51}$$

超高指汽车在圆曲线上行驶时，受横向力或离心力作用会产生滑移或倾覆，为抵消车辆在圆曲线路段上行驶时所产生的离心力，保证汽车安全、稳定、满足设计速度和经济、舒适地通过圆曲线，在该路段横断面上设置的外侧高于内侧的单向坡道。

为保证运输车组在最不利路面状况下产生横向滑移，横向力系数 μ 应小于 0.2。μ 的存在使车辆的燃油消耗和轮胎磨损增加，$\mu = 0.2$ 时，其燃料消耗与轮胎磨损分别比 $\mu = 0$ 时多 20%和 3 倍。当 μ 超过一定数值时，驾驶者在曲线行驶中驾驶紧张，当 $\mu < 0.1 \sim 0.15$，驾驶者的舒适性较高。故综合运输车组的安全、经济与舒适性方面的要求，最大横向力系数可采用表 5-13 中的值。

表 5-13 横向力系数值

设计速度/（km/h）	120	100	80	60	40	30	20
横向力系数	0.1	0.12	0.13	0.15	0.15	0.16	0.17

2．圆曲线最小半径计算

《标准》根据不同横向摩阻系数值，对于不同等级的公路，对极限最小半径、一般最小半径和不设超高的最小半径三个最小半径做出了不同规定。

（1）极限最小半径。

指各级公路在采用允许最大超高和允许的横向摩阻系数情况下，能保证汽车安全行驶的最小半径。其中，$i = 8\%$，$\varphi_h = 0.1 \sim 0.17$。该半径是在特殊困难条件下不得已才使用的，一般不轻易采用。

（2）一般最小半径。

指各级公路在采用允许最大超高和允许的横向摩阻系数的情况下，能保证汽车安全而且舒适行驶的最小半径。《标准》中，计算一般最小半径时，$i_h = 6\% \sim 8\%$，$\varphi_h = 0.05 \sim 0.06$。

该半径是在通常情况下推荐采用的最小半径,一方面考虑了汽车在这种曲线上以设计速度或接近设计速度行驶时,旅客有充分的舒适感;另一方面考虑到在地形比较复杂的情况下不会过多增加工程量。

（3）不设超高的最小半径。

不设超高的最小半径指平曲线半径较大,离心力较小时,汽车沿双向路拱（不设超高）外侧行驶的路面摩擦阻力足以保证汽车行驶安全稳定所采用的最小半径,此时,$i_h \leqslant 2\%$,$\mu = 0.035 \sim 0.040$,$i_h > 2\%$,$\mu = 0.040 \sim 0.050$。

三、缓和曲线

（一）特　点

缓和曲线指在直线与圆曲线或圆曲线与圆曲线之间设置的一种曲率连续变化的曲线,常采用回旋线（指曲率随着曲线长度成正比例增大的曲线）。缓和曲线具有如下特点。

一是曲率连续变化,便于车辆遵循。汽车从直线进入圆曲线,或从大半径圆曲线驶入小半径圆曲线时,插入缓和曲线,可使汽车前轮转向逐渐从 $0°$ 增至 $\alpha°$,有利于驾驶员操控,保证驾驶安全。

二是消减离心力突变,提高乘员舒适性。直线路段,离心力为零。圆曲线上,离心力最大。插入缓和曲线后,因为缓和曲线的曲率是逐渐变化的,可以消减离心力突变带来的驾驶不适感。

三是超高和加宽的过渡。当从直线线形上无超高及加宽过渡到圆曲线全超高及全加宽时,必须有一个缓和段,设置缓和曲线可以在缓和曲线完成超高及加宽的逐渐过渡。

四是与圆曲线配合,增加线形美观。圆曲线与直线径向连接处曲率突变,在视觉上有不平顺感,设置缓和曲线后,使线形连续圆滑,既增加线形美感,又具有良好的视觉效果和心理效果。

（二）缓和曲线的性质

汽车等速行驶,司机匀速转动方向盘时,当方向盘转动角度为 φ,前轮相应转动角度为 ϕ,它们之间的关系为:

$$\phi = k\varphi \tag{5-52}$$

其中,$\varphi = \omega t$,且 t 为行驶时间,单位为 s；ω 为方向盘转动的角速度,单位为 rad/s；k 为小于 1 的系数,汽车前轮的转向角为:

$$\phi = k\omega t \tag{5-53}$$

设汽车前后轮轴距为 d,前轮转动 ϕ 后,且 ϕ 值较小,汽车的行驶轨迹曲线半径 r 可近似为:

$$r = \frac{d}{\tan\phi} \approx \frac{d}{\phi} = \frac{d}{k\omega t} \tag{5-54}$$

汽车以 v（m/s）等速行驶，经时间 t 以后，其行驶距离（弧长）为 l：

$$l = vt, \quad t = \frac{d}{k\omega r} \tag{5-55}$$

$$l = \frac{vd}{k\omega r} \tag{5-56}$$

由于 v, d, k, ω 均为常数，令 $C = \frac{vd}{k\omega}$，则 $l = \frac{C}{r}$。

汽车匀速从直线进入圆曲线（或相反），其行驶轨迹的弧长与曲线的曲率半径之乘积为一常数，这一性质与数学上的回旋线正好相符。

（三）缓和曲线的采用形式

缓和曲线的形式较多，主要有：回旋线、三次抛物线、双纽线、n 次抛物线、正弦形曲线，我国《标准》推荐的缓和曲线是回旋线。

回旋线是指曲率随着曲线长度成比例变化的曲线，其基本公式为：

$$r \cdot l = A^2 \tag{5-57}$$

r 为回旋线上某点的曲率半径（m），l 为回旋线上某点到原点的曲线长（m），A 为回旋线的参数，表征回旋线曲率变化的缓急程度。

（四）缓和曲线的最小长度

影响缓和曲线最小长度的因素有乘客感觉舒适、超高渐变率适中、行驶时间不过短、视觉平顺性。

1．乘客感觉舒适（控制离心加速度的变化率），V 单位为 km/h

$$a_s = \frac{a}{t} = \frac{V^2}{Rt} \tag{5-58}$$

在等速行驶的情况下：

$$t = \frac{l_s}{V} \tag{5-59}$$

故将 V（km/h）转化为 v（m/s），换算公式为：1 m/s = 3.6 km/h，有：

$$a_s = \frac{V^3}{l_s R} = 0.0214 \frac{v^3}{l_s R} \tag{5-60}$$

得出满足乘车舒适感的缓和曲线最小长度公式：

$$l_{S\min} = 0.0214 \frac{v^3}{a_s R} \tag{5-61}$$

2. 超高渐变适中

由于缓和曲线上设有超高缓和段，如果缓和段太短，则会因路面急剧地由双坡变为单坡而形成一种扭曲的面，对行车和路容均不利。《规范》中规定了适中的超高渐变率，由此缓和段最小长度的公式为：

$$Ls_{\min} = \frac{B\Delta_i}{p} \qquad (5\text{-}62)$$

式中：B——旋转轴至行车道外侧边缘的宽度，m；

Δ_i——超高坡度与路拱坡度代数差；

p——超高渐变率，即旋转轴与行车道外侧缘线间的相对坡度。

3. 行驶时间不过短

缓和曲线不可使车辆在缓和曲线上的行驶时间过短而使司机驾驶操纵过于匆忙，一般认为汽车在缓和曲线上的行驶时间至少应有3S，则

$$Ls_{\min} = \frac{V}{1.2} \qquad (5\text{-}63)$$

《标准》按行驶时间不小于 3 s 的要求制定了各级公路缓和曲线最小长度值，如表 5-14 所示。

表 5-14 缓和曲线最小长度值

设计速度/（km/h）	120	100	80	60	40	30	20
缓和曲线最小长度/m	100	85	70	60	40	30	20

4. 视觉平顺性

在一般情况下，当圆曲线半径较大、车速较高，应使用更长的缓和曲线，回旋线参数表达式如式（5-64）所示：

$$A^2 = R \cdot l_s \qquad (5\text{-}64)$$

从视觉平顺性来考察司机的视觉，当回旋曲线很短，其回旋线切线角 β 在 3° 左右时，曲线极不明显，在视觉上容易被忽略。适宜的缓和曲线角 β 在 3°～29°，推导出合适的 A 值：

$$\beta_0 = 28.647\,9\frac{l_s}{R}, \quad l_s = \frac{R\beta_0}{28.647\,9} \qquad (5\text{-}65)$$

$$A = \sqrt{Rl_s} = R\sqrt{\frac{\beta_0}{28.647\,9}} \qquad (5\text{-}66)$$

将 $\beta_0 = 3°$ 和 $\beta_0 = 29°$ 分别代入上式，则 A 的取值范围为：$\frac{R}{3} \leqslant A \leqslant R$。设计中，一般当 R 小于 100 m 时，则取 A 等于或大于 R，在圆曲线较大时，可选择 A 在 $R/3$ 左右，如果 R 超过了 3 000 m，可取 A 小于 $R/3$。

四、公路平面线形的基本组合

平面线形应直捷、连续、顺适,并与地形、地物相适应,与周围环境相协调。

(一) 直线与曲线的组合

路线的行车平顺性要求直线与曲线批次协调而有比例地交错,路线直曲的变化应缓和匀顺。平面曲线的半径、长度与相邻的直线长度应相适应。过长的直线段会使司机感到疲倦,同时也是肇事的原因之一,只有在公路所指方向地平线处有明显目标时才允许采用长直线段。

(二) 曲线与曲线的组合

1. 圆曲线的组合

圆曲线是曲线组成的基本要素,它的组合有同向曲线、反向曲线、复曲线。对于相邻两同向曲线或反向曲线,应注意它们的协调和中间直线长度应满足相关规定。对于复曲线,应注意它的适用条件和要求。

2. 回头曲线

回头曲线指在山区公路为克服高差,在同一坡面上展线时所采用的,其圆心角一般接近或大于180°的曲线,如图5-79所示。

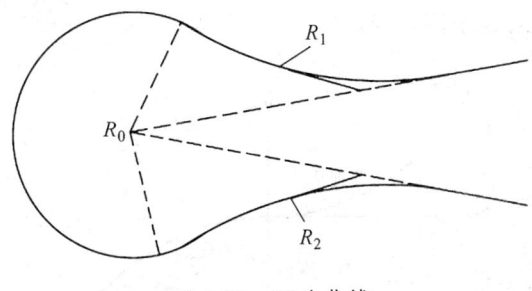

图 5-79 回头曲线

回头曲线转角大、半径小、线形差,多用于二、三、四级公路当自然展线无法争取需要的距离以克服高差时,或因地形、地质条件所限不能采取自然展线时,可采用回头曲线展示。

(三) 平面线形要素的组合类型

1. 基本型

基本型如图5-80所示。按直线-回旋线-圆曲线-回旋线-直线的顺序组合。基本型的前后两个回旋参数可根据地形条件作成不相等的非对称的曲线。同时,为了保证组合的均衡协调,确定的回旋线、圆曲线和回旋线的长度之比一般为:$L_s : L_y : L_s = 1:1:1$ 或 $1:2:1$,适用于交点间距不受限的场合。

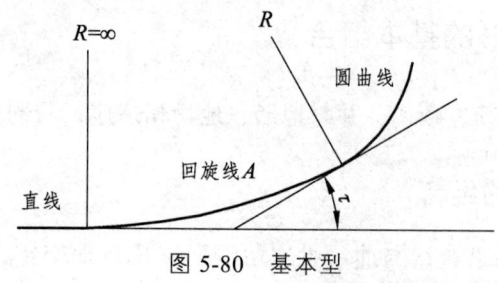

图 5-80 基本型

2. S 型

S 型如图 5-81 所示，是两段反向圆曲线之间用两段回旋线连接的组合形式，适用于交点间距受限的场所。一般情况，S 型相邻两段回旋线的参数 A_1 与 A_2 最好相等或相近，至少满足 $A_1/A_2=1.5-2.0$。另外，两段反向回旋线一般应径向相连。在 S 型曲线上，两个反向回旋线之间不设直线，不得已插入直线时，必须尽量短，其短直线的长度或重合段的长度应符合式（5-67）：

$$l \leqslant \frac{A_1+A_2}{40} \tag{5-67}$$

式中，l 为反向回旋线间短直线或重合段的长度，S 型两圆曲线半径之比不宜过大，宜为：

$$\frac{1}{3} \leqslant \frac{R_2}{R_1} \leqslant 1 \tag{5-68}$$

式中，R_1 为大圆半径，R_2 为小圆半径。

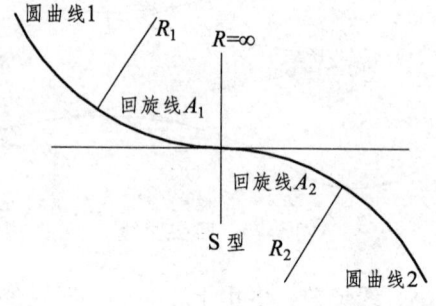

图 5-81 S 型

3. 卵 型

卵型如图 5-82 所示，是用一个回旋线连接两段同向圆曲线的组合，该类曲线适用于交点间距受限的场合。卵型上的回旋参数 A 不应小于该级公路关于回旋线最小参数的规定，同时宜在下列界限之内：

$$\frac{R_2}{2} \leqslant A \leqslant R_2 \tag{5-69}$$

式中，A 为回旋线参数，R_2 为小圆半径。两圆曲线半径之比宜在下列界限之内：

$$0.2 \leqslant \frac{R_2}{R_1} \leqslant 0.8 \tag{5-70}$$

两圆曲线的间距,宜在下列界限之内:

$$0.003 \leqslant \frac{D}{R_2} \leqslant 0.03 \tag{5-71}$$

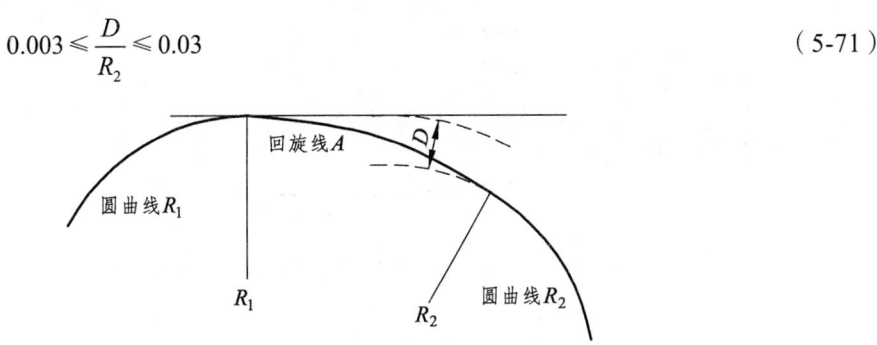

图 5-82 卵型

4. 凸 型

凸型如图 5-83 所示,是在两同向回旋线间不插入圆曲线而径向相连构成的组合形式,凸型的回旋线的参数及其连接点的曲率半径,应分别符合容许最小回旋线参数和圆曲线一般最小半径的规定。

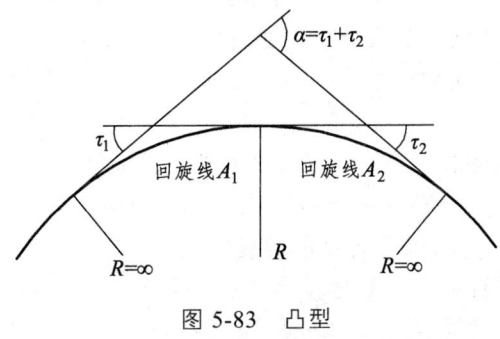

图 5-83 凸型

5. C 型

C 型如图 5-84 所示,是同向曲线的两回旋线在曲率为零处径向衔接(即连接处曲率为零,半径 $R = \infty$)的组合形式,使用于交点间距受限等特殊地形条件。

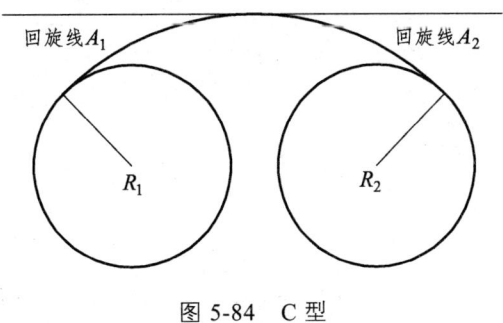

图 5-84 C 型

6. 复合型

复合型如图 5-87 所示，是两个以上的同向回旋线间在曲率相等处相互连接的组合形式，两个回旋线参数之比宜为：$A_2 : A_1 = 1 : 1.5$。复合型回旋线除了在受地形和其他特殊限制的地方外一般很少使用，多出现在互通式立体交叉的匝道线形设计中。

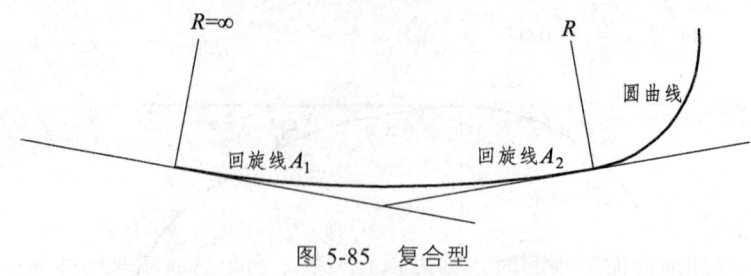

图 5-85 复合型

第九节 重型车组通过能力

汽车的通过性是指在一定车载质量下，汽车能以足够高的平均车速通过各种坏路及无路地带和克服各种障碍的能力。坏路及无路地带，是指松软土壤、沙漠、雪地、沼泽等松软地面及坎坷不平地段；各种障碍，是指陡坡、侧坡、台阶、壕沟等。车辆的通过性可分为轮廓通过性和牵引支承通过性。前者是表征车辆通过坎坷不平路段和障碍的能力，后者是指车辆顺利通过松软土壤、沙漠、雪地、冰面、沼泽等地面的能力。在大件运输作业中，一般研究的是轮廓通过性。

大件运输车辆由于其超长、超宽、超高的特性，决定了其在运输过程中不同于一般的车辆，要求其转弯半径、纵向通过半径尽可能要小，而接近角、离去角要尽可能大，在行驶中，如爬坡时，为保证发动机有充足的后备动力，应设计有 2 km/h 的低速挡位。为使发动机运转平稳，要求设置液力变矩器。为了提高低转速、高负荷下的传动效率，在变矩器内要设置闭锁离合器。要求采用全轮驱动以提高附着力，并安装桥间差速器和差速锁。采用较小接地比压的轮胎，并设置中央自动充放气机构，能随时调整轮胎的胎压，以提高通过性。

根据公路大件运输的特点和要求，总结起来，影响超重型车组的通过性的几个方面如图 5-86 所示。

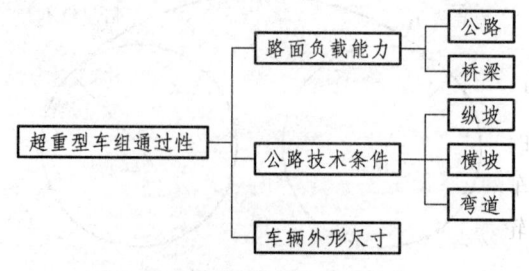

图 5-86 超重型车组通过性

一、通过性几何参数

为保证运输安全性，各国对公路运输车辆的外廓尺寸均有法规限制，使运输车辆的外扩尺寸符合本国的公路、桥梁、涵洞和铁路运输的标准。我国的公路均按照《公路工程技术标准》（JTG 1301-2014）设计与建设，该标准规定了各级公路设计的界限标准，可供车辆外形通过性检验时对照校核，综合车辆本身的外形尺寸以及运输货物的外形尺寸即可判断是否可以通过。

由于公路建设的年代和各地自然环境的限制及变化，有时公路的实际界限与标准有所差距，因此，应以实地道路考察结果为主，并针对特殊路段的通过性制定专门的通过预案。

由于车辆与地面间的间隙不足而被地面托起、无法通过的情况，称为间隙失效。当车辆中间底部的零件碰到地面而被顶起时，称为顶起失效。当车辆前端或尾部触及地面而不能通过时，则分别称为触头失效和托尾失效。

与间隙失效有关的汽车整车几何参数，称为车辆的通过性几何参数。这些参数主要包括最小离地间隙 h、接近角 γ_1、离去角 γ_2、纵向通过角 β、最小转弯直径等。

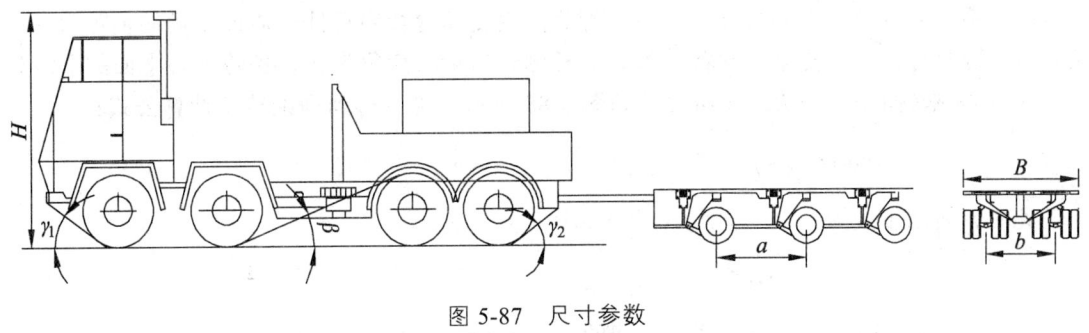

图 5-87　尺寸参数

（一）最小离地间隙 h

最小离地间隙 h 是汽车满载、静止时，支承平面与汽车上的中间区域最低点之间的距离，即除车轮之外的最低点与路面之间的距离。它反映了汽车无碰撞的通过地面凸起的能力。

（二）接近角 γ_1 与离去角 γ_2

接近角 γ_1 和离去角 γ_2 是指汽车满载、静止时，前、后突出点，向前、后车轮引切线时，切线与路面之间的夹角。它表征了车辆接近或离开障碍物时，不发生碰撞的能力。接近角和离去角越大，越不易发生触头失效和托尾失效的情况。

（三）纵向通过角 β

在汽车满载、静止时，分别通过车轮前、后轮胎外缘作垂直于汽车纵向对称平面的切平面，当两切平面交于车底下部较低部位时所夹的最小锐角。它表征车辆可无碰撞地通过小丘、拱桥等障碍物的轮廓尺寸。纵向通过角越大，顶起失效的可能性越小，车辆的通过性越好。

（四）最小转弯直径和转弯通道圆

当转向轮转到极限位置、车辆以最低稳定车速转向行驶时，外侧转向轮的中心平面在支承平面上滚过的轨迹圆直径，表征车辆能够通过狭窄弯曲地带或绕过不可越过的障碍物的能力。

转弯通道圆是指当转向轮转到极限位置、汽车以最低稳定车速转向行驶时，车体上所有点在支承平面上的投影均位于圆周以外的最大内圆，称为转弯通道内圆；车体上所有点在支承平面上的投影均位于圆周以内的最小外圆，称为转弯通道外圆。转弯通道内、外圆半径的差值为汽车极限转弯时所占空间的宽度，此值决定了汽车转弯时所需的最小空间。

二、转向轮理想转角关系

（一）阿克曼原理

车辆在转向的过程，为了使轮胎磨损达到最小，理想的情况是保证各车桥车轮转角保持一定的关系，并且转向中心线交于一点，即为阿克曼理论转向特性。假设车辆的轴距为 L，轮距 B。转向时，内侧转向轮的转角为 β，外侧转向轮的转角为 α，各轮中心平面的垂线相交于一点 O，转向半径为 R，几何关系如图 5-88 所示。可以得到理论转角计算公式：

$$\cot\alpha - \cot\beta = B/L$$

此时，转向半径为：

$$R = L/\sin\alpha$$

式中：B——两主销中心线与地面交点间的距离，mm；
　　　L——轴距，mm。

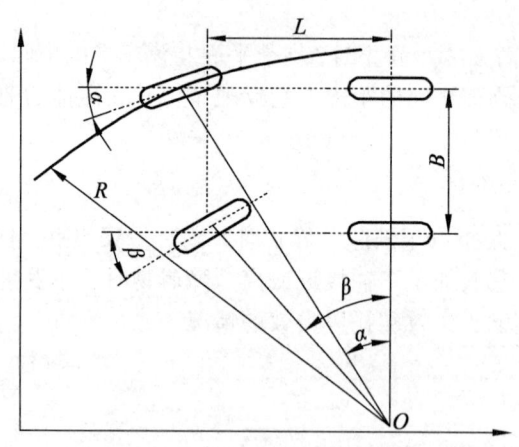

图 5-88　阿克曼理论转向特性

（二）多轴车理想转角关系

根据阿克曼原理，统一转向轴的内外轮转角关系如图 5-89 所示。

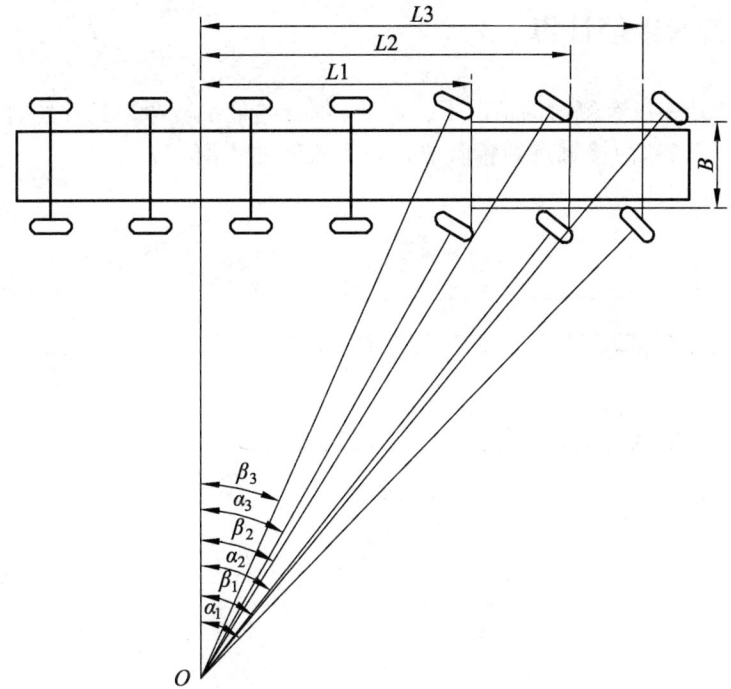

图 5-89 多轴车理想转角关系

$$\cot(\beta_i - \gamma_i) - \cot(\alpha_i - \gamma_i) = \frac{B}{L_i} \tag{5-72}$$

不同转向轴的同一侧车轮的转角关系应满足：

$$L_i \cot(\beta_i - \gamma_i) = L_j \cot(\beta_j - \gamma_j) \tag{5-73}$$

$$L_i \cot(\alpha_i - \gamma_i) = L_j \cot(\alpha_j - \gamma_j) \tag{5-74}$$

式中：β_i、β_j——车辆第 i、j 轴外侧轮转角（i、j = 1，2，3），°；

α_i、α_j——车辆第 i、j 轴内侧轮转角，mm；

L_i、L_j——第 i、j 轴到转向中心线的距离，mm；

B——两主销落地点间的距离，mm；

γ_i——第 i、j 轴车轮侧偏角，°。

由式（5-72）得：

$$\beta_i = f_1(\alpha_i, \gamma_i)$$

由式（5-73）、式（5-74）可得同侧车轮转角函数关系：

$$\theta_i = f_{s2}(\theta_j, \gamma_i, \gamma_j)$$

其中：θ_i——第 i 轴车轮转角（内侧或外侧）；

θ_j——第 j 轴车轮转角（内侧或外侧）。

$$\theta_2 = f_3(\theta_1)$$

三、最小转弯半径计算

转弯半径定义：在没有侧滑的情况下，车组各部分的最小转弯半径可分别表示为图 5-90、图 5-91 中的前外轮与地面接触点到转向中心 O 点之间的距离。

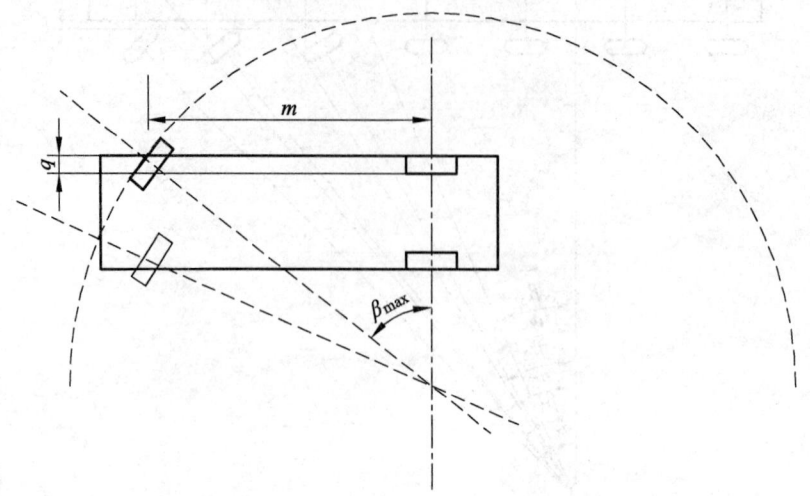

图 5-90　后轮不可转向车的最小转弯半径示意图

根据定义，后轮不可转向车最小转弯半径的理论算法为：

$$R_{\min} = \frac{m}{\sin \beta_{\max}} + q/2$$

式中：m——轴距，mm；
$\qquad$ q——轮胎宽度，mm；
$\qquad$ $\beta_{\max}$——轮胎面垂线与车体中线的夹角，°。

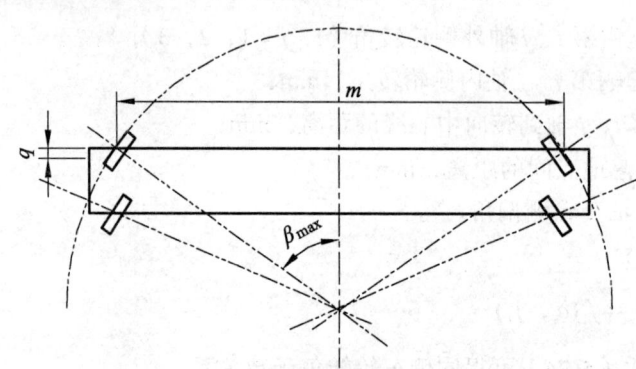

图 5-91　后轮可转向车的最小转弯半径示意图

后轮可转向车最小转弯半径的理论算法为：

$$R_{\min} = \frac{m}{2\sin \beta_{\max}} + q/2$$

式中：m——轴距，mm；

q——轮胎中心与车货边缘距离，mm；

β_{max}——轮胎面垂线与车体中线的夹角，°。

四、车辆转弯通道圆计算

通常情况下，车辆大部分模块均可在承载面上投影成长方形形状。因此以长方形车体为例，在没有侧滑的情况下，车组各部分的转弯通道圆可认为是车组的最外侧边顶点和内侧边沿线的中间点通过的轨迹分别是挂车所经过的通道的最外沿圆和最内沿圆，后轮不可转向车的转弯通道圆如图 5-92 所示。

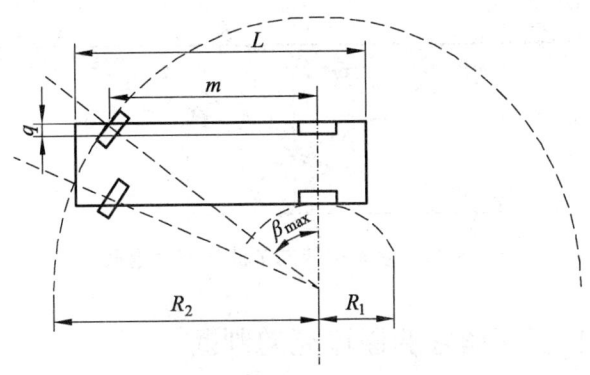

图 5-92　后轮不可转向车的转弯通道圆

因此，设运输平板（货）转弯外半径为 R_2，如图 5-92 所示则有：

$$R_2 = \sqrt{\left(\frac{m}{\tan\beta_{max}} + q\right)^2 + \left(\frac{L}{2}\right)^2}$$

式中：L、W——分别为模块边缘的长和宽，mm；

β_{max}——转向盘转至极限位置时，转心到外轮胎面垂线与车体中线的夹角，°；

q——轮胎中心与车辆货物边缘的距离，mm。

内侧中点到转心的距离，即转弯内半径为：

$$R_1 = \sqrt{R_2^2 - \left(\frac{L}{4}\right)^2} - W = \frac{m}{\tan\beta_{max}} - w$$

由于后轮可转向车一般在车辆设计时，都使车辆的转心在车辆中心线上，因此可认为车辆最外侧边两顶点经过的轨迹相同，因此可得后轮可转向车转弯通道圆如图 5-93 所示。

因此，设运输平板（货）转弯外半径为 R_2，如图 5-93 所示，则有：

$$R_2 = \sqrt{\left(\frac{m}{2\tan\beta_{max}} + q\right)^2 + \left(\frac{L}{2}\right)^2}$$

式中：L、W——分别为模块的边缘的长和宽，mm；

β_{max}——转向盘转至极限位置时，转心到外轮胎面垂线与车体中线的夹角，°；

q ——轮胎中心与车辆货物边缘的距离,mm;

内侧中点到转心的距离,即转弯内半径为:

$$R_1 = \sqrt{R_2^2 - \left(\frac{L}{4}\right)^2} - W = \frac{m}{2\tan\beta_{max}} - w$$

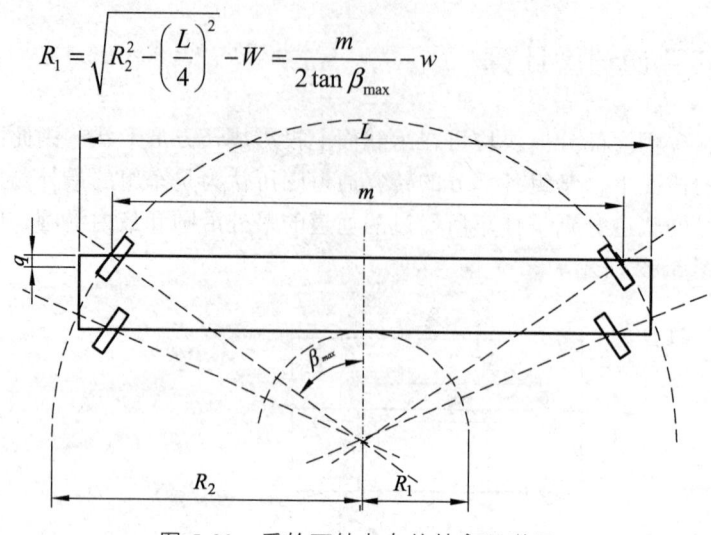

图 5-93 后轮可转向车的转弯通道圆

五、SPMT 在 L 型拐角处的通过能力判断

假设存在 L 型道路,道路两端足够长,要判断自行式液压平板车的通过能力,则可采用如下两个步骤。

首先,证明在带一定裕度条件下,自行式液压平板车形体能在整个弯道的各个位置都能摆放下。

然后,在都能摆放下的条件下,确定是否存在至少一条连贯的可供自行式液压平板车通过的路线。

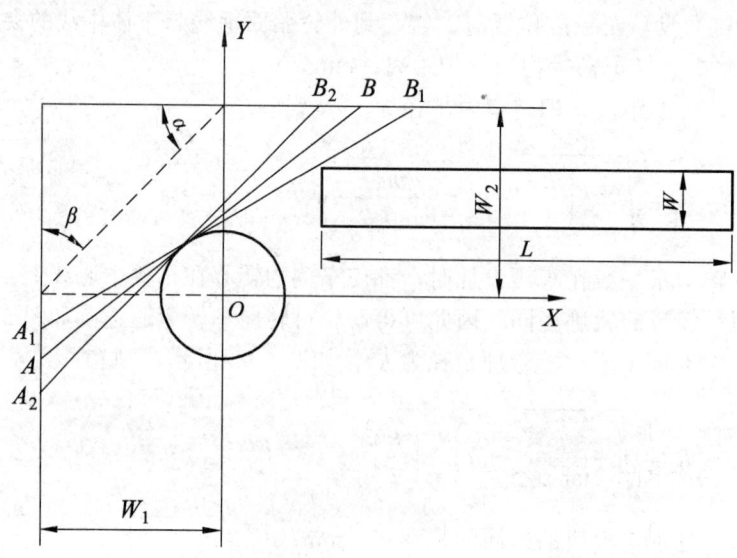

图 5-94 自行式液压平板车通过性判断

图 5-94 中，w_1、w_2、w——分别路段 1、路段 2、车辆宽度，mm；

L——自行式液压平板车长，mm；

α、β——分别为路内侧线延长线与外侧线交点的连线与外侧线的夹角，°；

m——裕度（未标出）。

如图 5-94 所示，自行式液压平板车通过能力的必要条件分析可简化成：

在图 5-94 中，以 O 点为圆心（同时也为原点），W 为半径作圆；取此圆上的 $0 \sim 270°$ 范围内的任意一点（x_0，y_0）作切线，只要所有切线中至少有一条与外侧路相交而成的线段长度小于自行平板车车长，即可说明自行式液压平板车不能通过此弯道，即：

$$\text{Min}(|A_iB_i|) < L$$

实际计算时，A_iB_i 为一个 6 次多项式，通过简化，可近似为：

$$\text{Min}(|A_iB_i|) = (w_1 + m - W\cos\alpha)/\sin\alpha + (w_2 + m - W\sin\alpha)/\cos\alpha$$

自行式液压平板车的通过条件为：

$$L \leqslant (w_1 + m - W\cos\alpha)/\sin\alpha + (w_2 + m - W\sin\alpha)/\cos\alpha$$

只有自行式液压平板车车长满足上述条件，自行式液压平板车才有通过的可能性。如果不满足，只有加宽道路通过。

大件运输车弯道通过能力除了取决于自行式液压平板车形体的通行性，还取决于货物的扫空和车轮的转弯角度限制。只有证明车组以最大转角度行驶时的转弯通道圆小于弯道所能提供的，才能保证在满足上述条件的情况下，自行式液压平板车在此 L 型弯道上存在可以连续行驶的路线。

六、SPMT 在弧形弯道处极限通过能力判断

根据公路设计标准和通行情况，本书研究的弧形弯道均指同心弧组成的弯道。基本思路是：可将自行式液压平板车任意起始位置在弧形弯道的通过性问题，简化成自行式液压平板车以某角度转弯时的通过区域内径与弧形路内径相切，而求通过区域外径与道路外径之间关系的问题。基于此，作图 5-95。

图 5-95 中，A、B 和 C、D 分别为弧 AB 与弧 CD 的两端点，G 为切点，θ 为弧形路中心角。R_1、R_2 和 R_1'、R_2' 分别为弧形路和自行式液压平板车行驶路径的内径与外径，R 为此时车辆转弯半径。由于相切，弧形路圆心 O_1 和自行式液压平板车通行转心 O_2 的连线与弧形路在切点 G 处相交，α 为 O_2G 和弧形路中心线夹角；E、F 分别为 O_1 向 CO_2、DO_2 作的垂线与 CO_2、DO_2 的交点；由于要求弧形路延长线方向与车辆进出时位置角度一致，CO_2、DO_2 分别与 AO_1、BO_1 平行。

由图 5-95 可知，问题可转化为自行式液压平板车存在符合要求的转弯半径（即：$R \geqslant R_{\min}$），从而满足条件：

$$\begin{cases} AO_1 + EO_2 \geqslant CO_2 \\ BO_1 + FO_2 \geqslant DO_2 \end{cases}$$

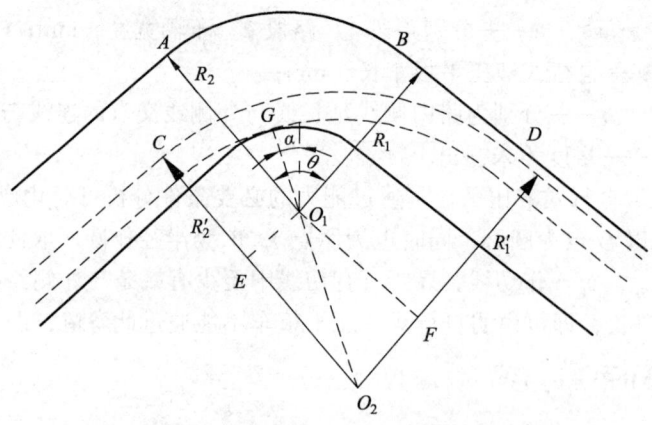

图 5-95 自行式液压平板车弧形弯道的极限通过能力判断

又有：

$$\begin{cases} AO_1 = BO_1 = R_2 \\ CO_2 = DO_2 = R_2' \\ EO_2 = (R_1' - R_1)\cos(\theta/2 - \alpha) \\ FO_2 = (R_1' - R_1)\cos(\theta/2 + \alpha) \end{cases}$$

因此，根据路形实际情况，为 $\alpha \in [-\theta/2,\ \theta/2]$ 和 $R \geqslant R_{\min}$ 选取适当的抽取精度，将上式代入条件即可得到误差较小的通过性结果。

此算法的特例是自行平板最小转弯半径小于弯道内弧半径的情况，此时应只取 $\alpha = 0$ 和 $R \geqslant R_{\min}$ 一种状态代入条件运算判断。

七、普通半挂车弯道通过能力

半挂式汽车列车在转弯时，各车轴的车轮处于纯滚动而无滑动状态时，在不考虑轮胎弹性变形的情况下，车轮只有沿着切线方向滚动才是纯滚动。所以理想的半挂式汽车列车的转弯中心，应是各车轴的交点，如图 5-96 所示（仅讨论转向外轮的最小半径）。

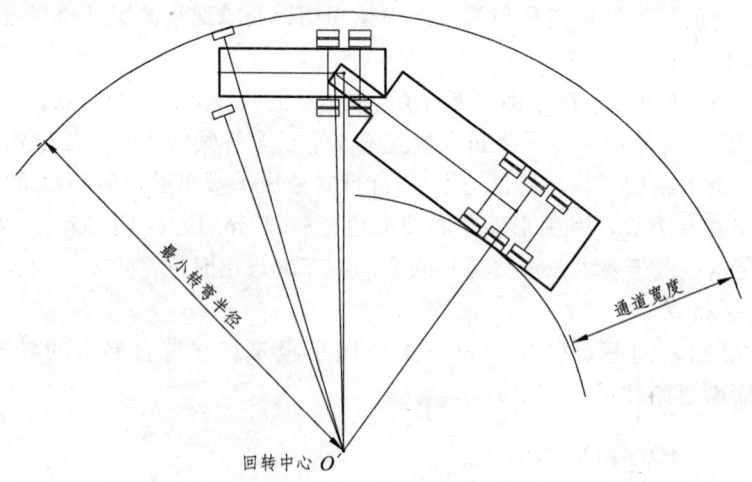

图 5-96 理想的半挂式汽车列车的转弯示意图

由图 5-96 可知，道路弯道影响半挂式汽车列车通行的两个因素为最小转弯半径、通道宽度。

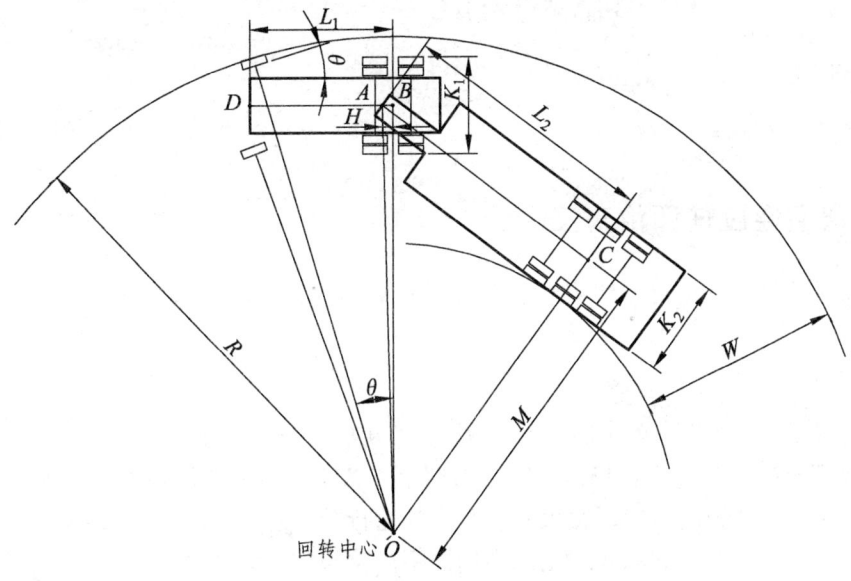

图 5-97 半挂式汽车列车的转弯计算

在图 5-97 中，O 点是转弯中心；A 点是牵引车铰接点；B 点在牵引车后轴中心线上；θ 为牵引车外轮最大转向角；L_1 是牵引车轴距；L_2 是半挂车后轴与牵引销距离；K_1 是牵引车外形宽度；K_2 是半挂车外形宽度；H 是牵引车后轴与索引销距离；M 是转弯中心与半挂车后轴中心间距；W 是通道宽度；R 是转弯半径。

由几何关系可知，半挂车转弯半径为：

$$R = \frac{L_1}{\sin\theta}$$

且有

$$OB = \frac{L_1}{\tan\theta} - \frac{1}{2}K_1$$

由 △OAB，△OAC 可知：

$$\begin{cases} OA^2 = AB^2 + OB^2 \\ OA^2 = AC^2 + OC^2 \end{cases}$$

则

$$AB^2 + OB^2 = AC^2 + OC^2$$

$$H^2 + \left(\frac{L_1}{\tan\theta} - \frac{1}{2}K_1\right)^2 = L_2^2 + M^2$$

转弯中心与半挂车后轴中心间距为：

$$M = \sqrt{H^2 + \left(\frac{L_1}{\tan\theta} - \frac{1}{2}K_1\right)^2 - L_2^2}$$

通道宽度为：

$$W = R - M$$

八、弯道通过性评价方法

弯道通过性可以利用对比法、现场模拟法、CAD制图模拟法、模拟运输等方法进行评价。

（一）对比法

按照所选择半挂式汽车列车的技术参数，计算出转弯半径和能够满足转弯时的通道宽度。

对需要评价的弯道进行现场测量（可参照第五章第三节道路勘探的相关内容）。现场主要是测量牵引车在弯道转弯时，最大转向角度外轮行驶圆弧轨迹的二分之一弦长和弦长与道路内侧的距离，如图 5-98 所示。

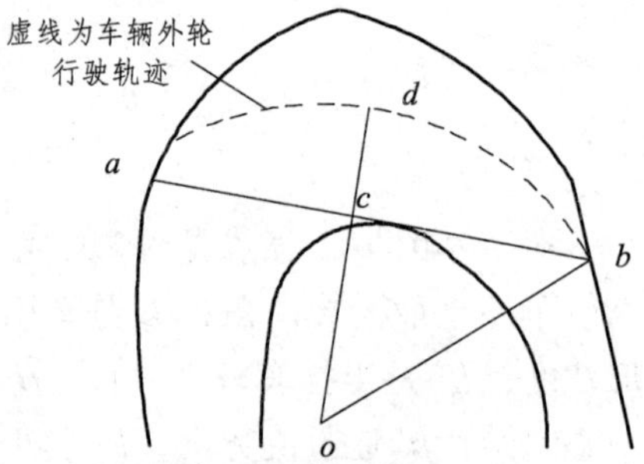

即测量出 cb 和 cd 的长度，由直角 $\triangle bco$ 可知，

$$ob = \frac{cb^2 + cd^2}{2cd}$$

ob 值为弯道的转弯半径。

通过测量和计算，将所得的弯道半径值、通道宽度值与所选择的半挂式汽车列车的最小转弯半径值、通道宽度值进行比较，如果半挂式汽车列车的最小转弯半径值、通道宽度值小于测量和计算的值，则弯道能够满足通行，反之，则无法满足通行。由于存在测量误差，在计算比较时应考虑裕度是否留足的问题。

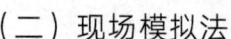

图 5-98 弯道测量

（二）现场模拟法

1．皮尺测量法

在现场可以利用皮尺作为测量工具，初步判断半挂式汽车列车在弯道的通过性。

（1）取牵引销至半挂车后轴长度。

（2）皮尺前端由一名熟悉牵引车的人员牵住，皮尺后端由其他人员牵住，始终保持皮尺呈在线状态。

（3）皮尺前端人员模拟牵引车左轮或右轮行驶轨迹前行，皮尺后端人员沿着皮尺直线方向前行。

（4）皮尺模拟半挂式汽车列车的左轮廓或右轮廓运动，观察皮尺是否在弯道上与其他障碍物发生干涉，以及皮尺后端人员的行走轨迹是否在道路范围以内。图 5-99 为皮尺模仿拖车左部在弯道运行的轨迹。

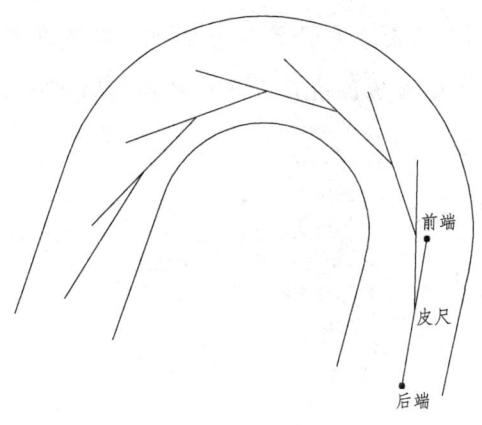

图 5-99 皮尺测量

2．模拟半挂车法

根据半挂车的主要尺寸，制作一个轮廓尺寸与半挂车完全相同并且具有移动功能的车架，由牵引车牵引车架通过弯道来评价同型号半挂车在弯道的通过性，这种评价方法的优点是准确、直观、有效，最大的优点是弯道不符合通行条件不能通行时，可以对模拟半挂车移动，而不会影响正常的交通秩序，但这种评价方法费用较高。

（三）CAD 制图模拟法

1．根据弯道评价半挂式汽车列车通过性

通过现场勘察，测量需要评价弯道的数据，根据测量的数据，利用 CAD 精确制图的特点，绘制出弯道的形状。然后根据半挂式汽车列车的主要技术参数绘制出外廓尺寸。将绘制的半挂式汽车列车外廓图形放入已绘制的弯道图形中，按照半挂式汽车列车在弯道的运行轨迹，运用 CAD 编辑项中的复制、移动功能，绘制出半挂式汽车列车在弯道的运动轨迹图形，通过运动轨迹图形来评价半挂式汽车列车在弯道的通过性。

图 5-100 为采用 CAD 制图法对半挂式拖车在某进场弯道的通过性评价方法。其中 k 为牵引销在弯道的运行轨迹，q 点为半挂车牵引销位置，a、b、c 分别为半挂车在弯道的位置。为了说明 CAD 制图模拟法的准确性，分别用模拟半挂车在现场场景进行验证。

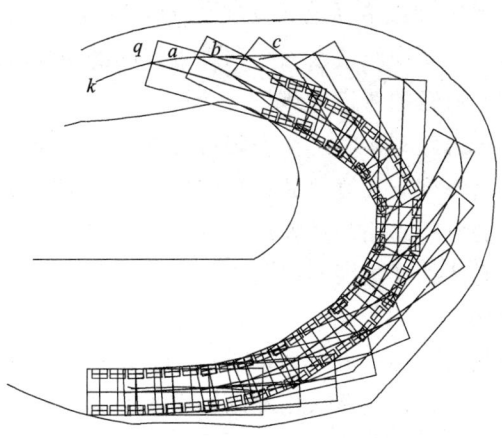

图 5-100　根据弯道评价半挂式汽车列车通过性的 CAD 作图模拟法

2．根据半挂式汽车列车主要参数评价转弯半径和通道宽度

根据半挂式汽车列车主要参数评价转弯半径和通道宽度的 CAD 作图模拟如图 5-101 所示。

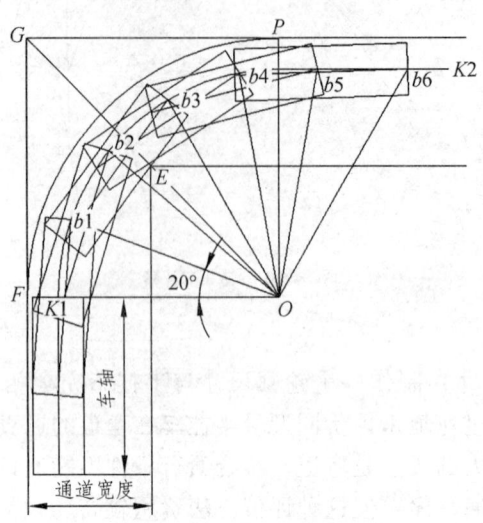

图 5-101　根据半挂式汽车列车主要参数评价转弯半径和通道宽度的 CAD 作图模拟

在图 5-101 中：

（1）过半挂车牵引销 k_1 作水平线，其长度取半挂式汽车列车最小弯半径于 O 点。

（2）以 O 点为圆心，k_1O 为半径画出四分之一圆弧，作圆弧的水平延长线于 k_2。

（3）以 k_1O 为起始边，画出 20°～30° 圆心角（根据所需要精度自定），圆心角度线与圆弧及延长线分别相交于 b_1、b_2、b_3、b_4、b_5 点。

（4）以 k_1 点为牵引销起始点，画出半挂车纵向中心线，纵向中心线距离为车轴距离，并按半挂车的实际尺寸画出外廓形状。按此方法，分别以 b_1、b_2、b_3、b_4、b_5 点作为半挂车牵引销在弯道运行的轨迹，做出半挂车外廓形状。

（5）以半挂式汽车列车最小转弯半径作圆弧，分别取半挂车在弯道的水平和垂直的最外点 P 和 F 点，过 P 和 F 点作水平线和垂直线交于 G 点，连接 GO 交半挂车外廓于 E 点，过 E 点分别作水平线和垂直线，在图中两条水平线和垂直线间的距离就是弯道的通道距离。其形状就是满足半挂式汽车列车通行的弯道形状。

以上的计算方法和分析思路在实际工作中是可行的，是比较理想化的通过性评价方法，但没有考虑侧滑对半挂式汽车列车在弯道通过性的影响，在实际评价和制定方案时，应考虑一定裕度。并且计算方法和分析思路是在理想二维平面内进行，在评价半挂式列车在弯道通过性时，还应考虑牵引车鞍座摆动角度与道路高差形成坡度之间的关系。这种影响主要表现为半挂车直梁与牵引车大梁之间的干涉。

在实际工作中，往往是对半挂式汽车列车在一段道路的通过性进行评价。因此首先是采用简单的皮尺测量方法进行初评，然后采用准确的 CAD 制图模拟方法进行重点评价，最后采用模拟半挂车方法进行全面评价和验证。

（四）模拟运输

在核电运输中常用到模拟运输法，该方法就是用车组运输通设备同尺寸同质量的沙袋（或其他代替物）在计划路线上实际走一圈，实地模拟该运输方案是否可靠。

九、地面承载能力

运载场地承载力的前期评估是关系到后期货物能否安全顺利运载的关键因素。随着大件运输业的发展，越来越多的大件运输公司参与到大件货物制造前期的场地设计、评估中。现阶段，我国大件运输行业没有统一的运输规范及技术标准对运输场地地基要求进行规定，各运输企业都是通过各自的经验方法进行粗略估算的。

（一）平板车重载时轮胎压载

大件运载作业场地特征不同于普通的道路特征。在对大件货物进行运载时速度相对很慢，一般小于 5 km/h，其对地压载可以以静态压载来考虑，顶升时只有平稳的垂直压载，也可以以静态压载来考虑。使用液压平板车进行大件设备运载或顶升时，其对地压载模型如图 5-102 所示。

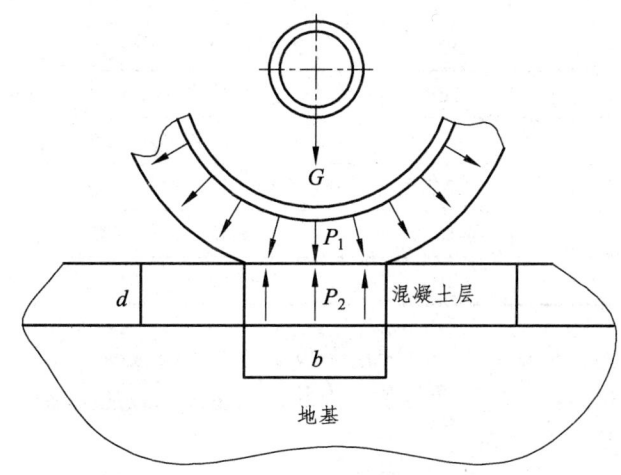

图 5-102 液压平板车轮胎对地压载模型

常见的运载场地由坚实地基上打造混凝土层形成，在轮轴对场地压载时，轮胎接地区域内的混凝土层 d 可定义为基础厚度，轮胎对地印痕区域尺寸 b 可定义为基础地面宽度。

在大件运载及顶升领域，一般用每平方米能承载的极限重力来表述地面的承载能力，根据力平衡原理，常以车货总重力对地有效压载来估算地面的承载能力，有

$$P_1 = P_2 = (M_1 + M_2)/S$$

式中：P_1——车货总重对地压载，t/m²；

P_2——地面承载能力，t/m²；

M_1——货物质量，t；

M_2 ——液压平板车总质重，t；

S ——车货对地压载有效区域面积，m^2。

实际估算中，取 $P_1 = P_2$ 来估算场地的承载能力。

（二）混凝土层及地基承载

在研究路面承载前先分清两个概念：轴载重、轴载。对于轴线车，轴载重 20 t 是指每轴能够最大承载 20 t。对于路面轴载是指公路上行驶的车辆种类繁杂，不同车型和不同作用次数对路面影响不同，为方便路面设计，需将不同车型组合而成的混合交通量换算成某种统一轴载的当量轴次。这种统一的轴载，称为标准轴载，这是两个不同概念。

混凝土层的抗压承载力主要取决于混凝土厚度，不同规格的混凝土层强度标准值如表 5-15 所示。

表 5-15 不同规格的混凝土层强度标准

混凝土强度等级	混凝土强度标准/MPa		混凝土强度等级	混凝土强度标准/MPa	
	圆柱体试件 ϕ150 mm × 300 mm	立方体试件 150 mm × 150 mm × 150 mm		圆柱体试件 ϕ150 mm × 300 mm	立方体试件 150 mm × 150 mm × 150 mm
C2/C2.5	2	2.5	C20/C25	20	25
C4/C5	4	5	C25/C30	25	30
C6/C7.5	6	7.5	C30/C35	30	35
C8/C10	8	10	C35/C40	35	40
C10/C12.5	10	12.5	C40/C45	40	45
C12/C15	12	15	C45/C50	45	50
C16/C20	16	20	C50/C55	50	55

结合实际操作经验，为保证安全，液压平板车单轴极限载荷一般控制在 30 t/轴左右，一般混凝土层强度能满足平板车的压载要求，因此，在场地承载能力估算中，主要的分析因素是混凝土层以下的地基土。

图 5-103 所示为假定的地基土在极限状态下滑动面形状，根据滑动土体的静力平衡可求解地基土的承载极限。图中区域 1 为弹性压密区，区域 2 为滑移过渡区，区域 3 为被动滑移区；P 为基础上的实际载荷，q 为基础两侧局部荷载等所产生的抗力；c 为滑裂面上粘聚力所产生的抗力，b 为基础底面宽度，d 为基础深度（厚度）。

根据图 5-103 地基滑动特点及相关规范确定地基承载力标准值公式如下：

$$f_a = f_{ka} + \eta_b \gamma(b-3) + \eta_d \gamma_0 (d-1.5)$$

式中：f_a ——修正后的地基承载力值，kPa；

f_{ka} ——地基承载力标准值，kPa；

η_b ——基础宽度的地基承载力修正系数；

η_d ——埋深的地基承载力修正系数；

b——基础地面宽度,当小于 3 m 时,取 3 m,大于 6 m 时,取 6 m;
γ——基础地面以下土的重度;
γ_0——基础地面以上土的加权平均重度;
d——基础埋深,小于 1.5 m 时按 1.5 m 考虑。

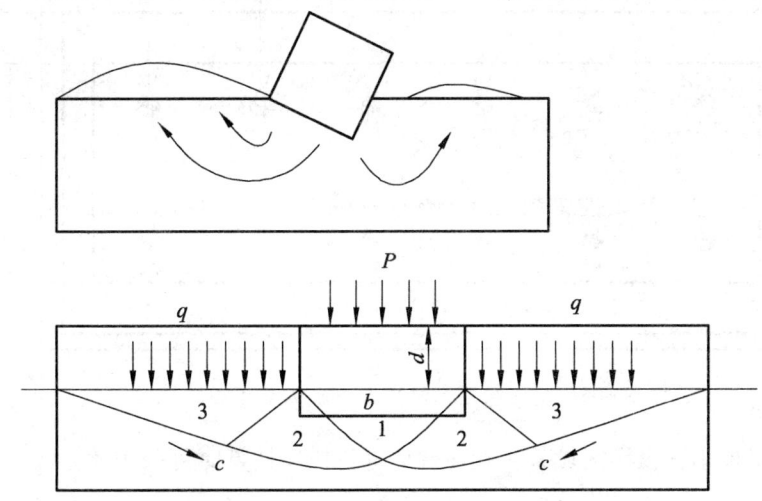

图 5-103 地基土极限受力滑动示意图

(三)地面承载能力计算

当轮胎重载时,轮胎的接地印迹近似为椭圆形,最大接地压力处于接地印迹中心。当载荷级别较小时,轮胎接地面积较小,其接地印迹形状逐渐变为矩形,最大接地压力出现在接地区域中心位置。单车轮重载,轮胎印痕为椭圆,其短径近似于轮胎端面的宽度。因车辆结构特征,每轴两轮胎间距很近,轮胎对地印痕可以近似等效为长方形区域。

结合上文地基承载力特征值公式,如图 5-104 所示,轮胎印痕矩形对应的混凝土层可等效为地基。其中液压平板车轮胎印痕尺寸小于 3 m,一般场地混凝土层厚度小于 1.5 m。所以,液压平板车单轴对地载荷有效计算区域 S 可等效为直径 3 m 的区域圆。

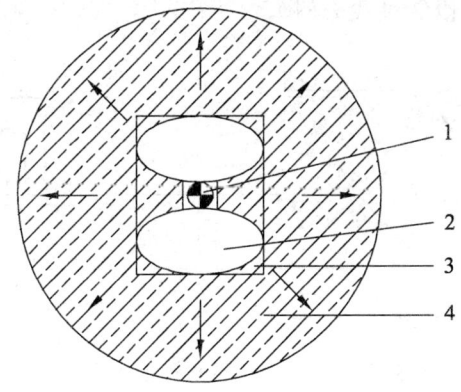

1—中间轴;2—轮胎重载近似印痕;3—单轴轮胎组对地压载近似印痕;
4—单轴压载右下扩散区域。

图 5-104 单轮轴对地压载有效区域示意图

通过分析，液压平板车的单悬挂有效压载区域等效为直径 3 m 的圆形区域。以尼古拉斯六轴线液压平板车车组为例进行分析，其压载区域如图 5-105 所示。

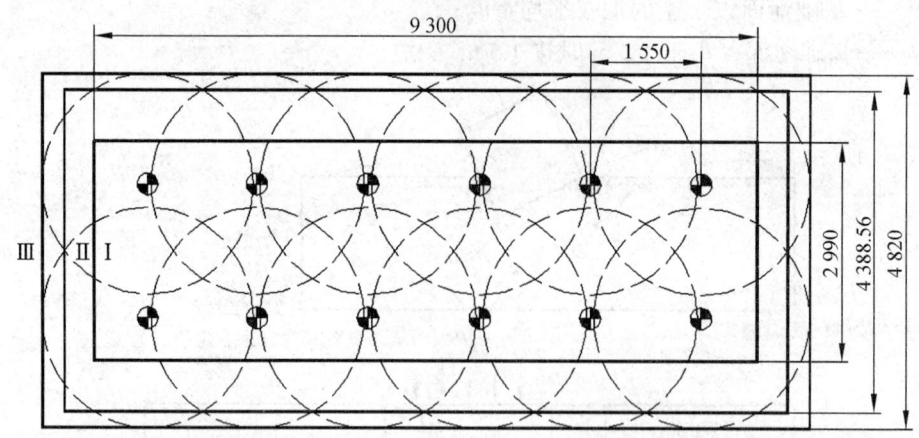

图 5-105　尼古拉斯六轴线液压平板车车组压载区域

区域 I 为平板车正投影区域，一般在现场进行快速估算时可采用此方法。

$$P_1 = P_2 = (M_1 + M_2)/S_{\mathrm{I}}$$

区域 II 所示轮轴有效压载面全部在 3 m 范围之内，故定义其为绝对安全有效压载区域。

$$P_1 = P_2 = (M_1 + M_2)/S_{\mathrm{II}}$$

区域 III 所示轮轴有效压载面部分在 3 m 范围之外，定义为相对安全区域。

$$P_1 = P_2 = (M_1 + M_2)/S_{\mathrm{III}}$$

通过 $P = (M_1 + M_2)/S$ 可知，S 越小对应场地压载 P 越大，越安全。

目前国内外大件运输行业确定有效压载面积 S 的主要经验方法是液压平板车 45°扩散投影面法，如图 5-106 所示（以 3 轴线为例）。

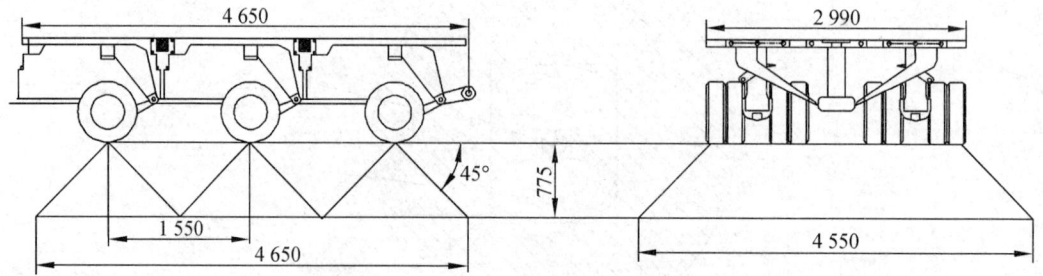

图 5-106　45°扩散投影面示意图

对于任何两纵列拼车车组（两纵列以上同理），根据 45°扩散投影法计算其有效压载区域面积。

第十节　车组道路运输稳定性

随着国家高速公路网的完善，公路运输条件得到极大改善，大件设备多采用汽车列车运输。汽车列车是一辆汽车（或牵引车）与挂车的组合，即运输车组。运输车组稳定性是安全运输的前提，一般包括运输中货物绑扎稳定性、行驶稳定性、液压系统稳定性和装载稳定性等。在第五章五~七节中，已经重点讨论了货物的绑扎加固和货物的装载，本节不再赘述。

一、行驶稳定性

为避免运输车组在行驶中发生翻车，保证大件设备运输安全，运输车组须有可靠的稳定性，爬坡时纵向稳定性和弯道行驶横向稳定性都需要考虑。

（一）爬坡时纵向稳定性

运输车组在坡道上行驶时，当车组的最大爬坡度小于道路坡道时，会使车辆前轮翘起离开地面，前轮与地面间没有附着力，从而使车辆纵向倾覆（翻车），如图 5-107 所示。

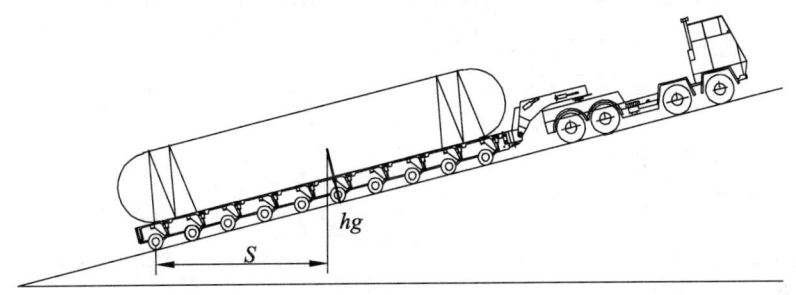

图 5-107　坡道角示意图

车组不产生纵向倾覆时应满足以下条件

$$\mu < \frac{S}{h_g}$$

式中：μ——路面附着系数；

S——车货质心至后轴的间接距离，m；

h_g——车货质心到路面的垂直距离，m。

运输设备用的平板挂车，一般 $S \geqslant h_g$，即：$\mu < 1 < \frac{S}{h_g}$，所以，车组不易产生纵向倾覆。

当 S 减小或 h_g 增大，被运设备靠近后轴或者设备的质心增高时，纵向稳定性的条件可能会改变。当车组的最大爬坡度小于道路坡道时，为避免前轮翘起导致车辆纵向失稳，牵引车上通常装有压重块，使质心整体前移，即通过增大 S 来保障车辆安全。

（二）弯道时横向稳定性

运输车组在弯道上行驶时，车组横向受到侧向风力和离心力作用。当运输车组高速转弯时，车轮受到运输车组离心力的影响将发生侧向滑移，导致横向失稳，严重时横向倾覆。车辆横向稳定性的影响因素体现在以下两方面。

1．行驶车速

当运输车组所受地面附着力和重力横向分力与运输车组所受侧向风力和离心力不平衡时，运输车辆会横向打滑，甚至倾覆。车组横向倾覆先于横向侧滑发生，但横向倾覆更加危险。当运输车组出现横向侧滑时，驾驶人员应警惕，降低车速，车组产生侧滑的条件为：

$$\frac{B}{2h_g} > \mu$$

式中：$\frac{B}{2h_g}$——横向稳定系数；

B——运输车辆的前轮轮距，m。

当运输车组是全挂车组时，需要分别验算挂车和牵引车。如上式计算出的横向稳定系数 μ 小于 0.7，说明该运输车组在路面附着系数 μ 为 0.7 的路面上在侧翻之前不会产生滑移。

保证运输车组安全，需要对车组的转弯速度进行限制要求，其计算式为：

$$v_{max} \leqslant \sqrt{\frac{g \cdot B \cdot R}{2h_g}}$$

式中：R——道路弯道半径；

g——重力加速度，9.8 m/s²。

2．临界倾覆角

当其他条件相同时，运输车组稳定性与其质心位置相关。质心高，稳定性差。当运输车组的倾覆角大于某一角度 θ_c 时，车辆就将发生倾覆。角度 θ_c 称为临界倾覆角。由图 5-108 可知其计算公式为：

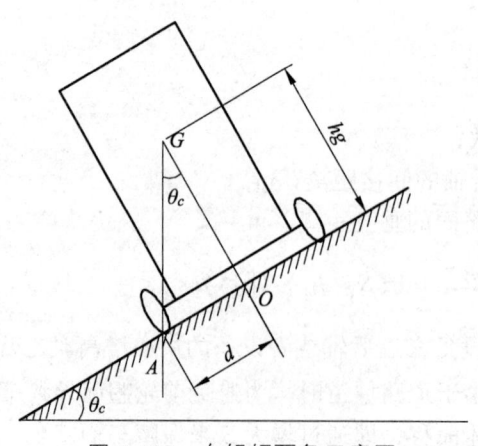

图 5-108　车组倾覆角示意图

$$\theta_c = \arctan\left(\frac{d}{h_g}\right)$$

式中：d——运输车辆质心到轮胎中心线的间接距离，m。

由上式可知，当其他条件相同时，运输车组的质心 h_g 愈大 θ_c 就愈小，车辆易发生倾覆。为保障运输车组在弯道行驶时不易发生倾覆，必须使运输车组在弯道上行驶时的倾覆角小于临界倾角 θ_c。

二、货物稳定性

挂车上的主纵梁承受轮胎的反作用力和货物载荷。当货物过于集中时，巨大的弯曲应力有使主纵梁破坏断裂的危险，而货物的装载位置决定了挂车主梁的受力和变形情况。全挂的质心位置不同于半挂平板车，对于过渡梁两侧的轴线数相同或不加过渡梁的全挂车，其质心就是中心位置。半挂车由于前端鹅颈的分载作用，其质心位置相对于全挂车要靠前。全挂车组的质心位置受过渡梁两侧轴线数的影响，若承载质量相同，质心偏向轴线数多的一侧。

（一）装载偏差

由于货物的制造、装配误差和车辆装载现场的测量条件，很难保证货物重心与挂车支撑中心绝对对正，从而导致重心偏移。如图 5-109 所示。

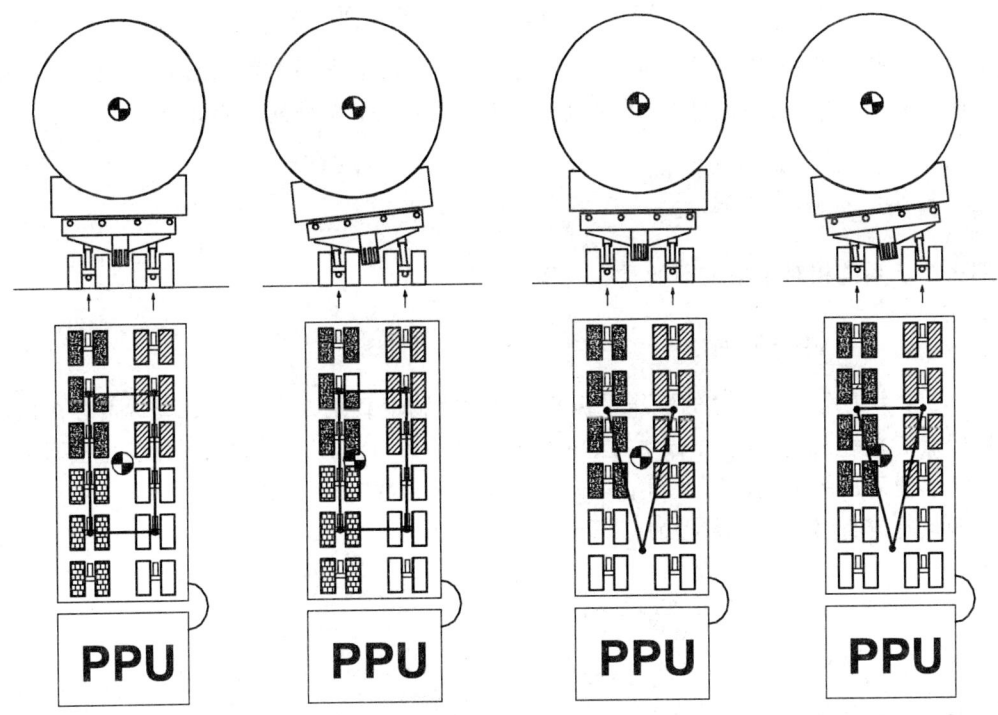

图 5-109 货物装载偏差

（二）横向稳定性计算

就液压平板车运输来说，对安全有较大影响的是横向稳定性。如图 5-110 所示，A、B 点为悬架摆臂纵轴所在的位置，AB 所在的与地面平行的平面称为稳定面。h_3 为稳定面高度，它与平板车轮胎规格有关，一般取值 270~300 mm。β_{1max}、β_{2max} 为车货系统左右最大稳定角，当货物重心位于液压平板车纵轴心线上时，左右稳定角相等。

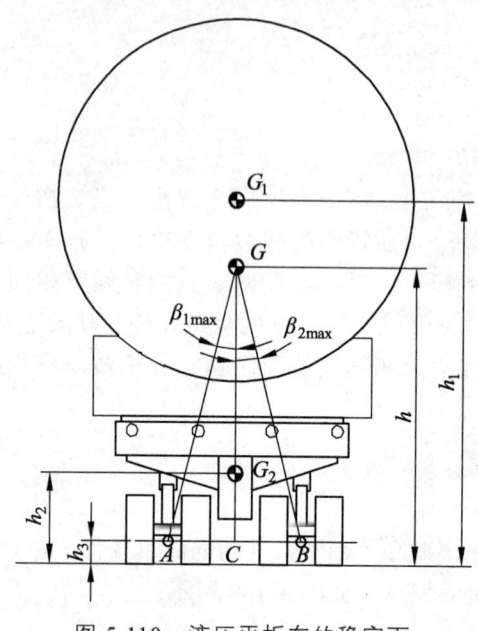

图 5-110　液压平板车的稳定面

图 5-110 中 G_1 为货物重心，其高度为 h_1；G_2 为平板车重心，其高度 h_2 受液压悬挂的影响，一般取液压平板车正常行驶时的高度；G 为车货重心，h 是其重心高度。

$$h = \frac{m_1 g h_1 + m_2 g h_2}{m_1 g + m_2 g} \tag{5-75a}$$

那么车货系统相对于稳定面的重心高度为：

$$GC = h - h_3 \tag{5-75b}$$

图 5-111 为采用三点支撑的液压平板车，已知货物偏载距为 x_0、y_0，车货重心在稳定面上的投影点 C 的坐标为（x_0、y_0），已知 $Z_1(x_1, y_1)$、$Z_2(x_2, y_2)$、$Z_3(x_3, y_3)$ 三点坐标值，此处为计算方便采用的是偶数纵列即 $y_1 = y_2$，当纵列为奇数时要注意 $y_1 \neq y_2$。

由两点确定直线 Z_3Z 的方程为：

$$y - y_0 = \frac{y_s - y_0}{x_s - x_0}(x - x_0) \tag{5-75c}$$

直线 Z_3Z 与直线 Z_1Z_2 的交点 Z 的坐标为：$\left[\left(\frac{y_1 - y_0}{y_s - y_0}(x_3 - x_0) + x_0 \right), y_1 \right]$

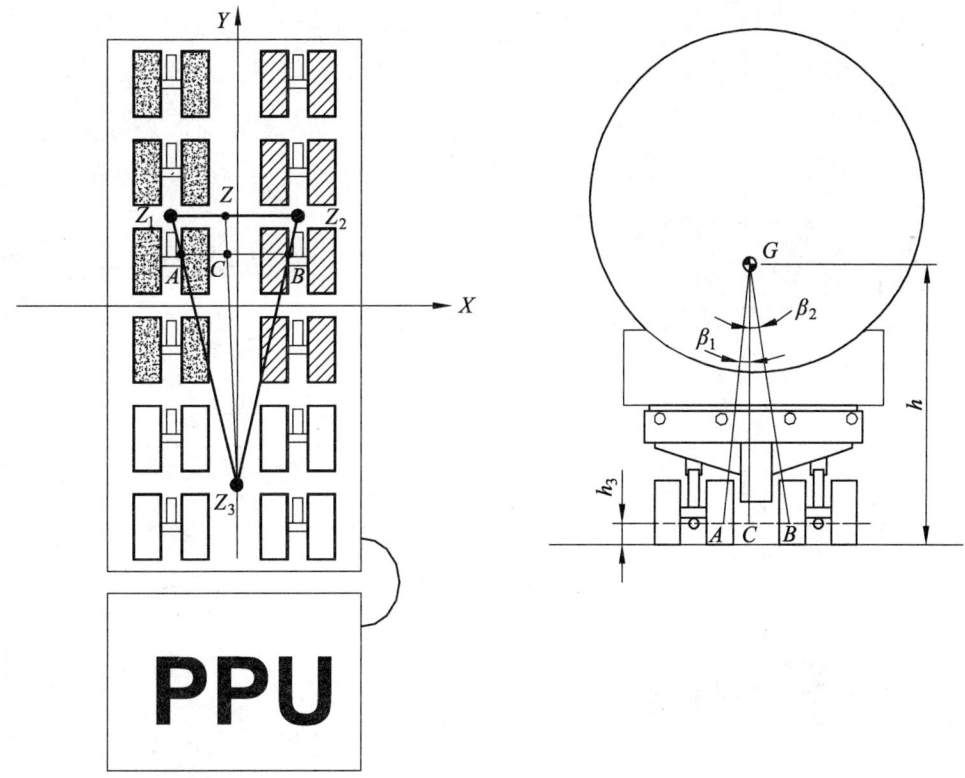

图 5-111 三点支撑货物偏载稳定性计算

由于稳定线 $AC < BC$，那么只求较小稳定角 β_1 即可判断其稳定性情况，在 $\Delta Z_3 Z Z_1$ 中有：

$$\frac{AC}{Z_1 Z} = \frac{Z_s C}{Z_s Z}，即 AC = \frac{Z_s C}{Z_s Z} \times Z_1 Z \tag{5-75d}$$

在 ΔACG 中可求出稳定角 β_1 为：

$$\beta_1 = \arctan\left(\frac{AC}{GC}\right) \tag{5-75e}$$

当货物重心刚好和坐标系原点重合时，即无装载偏差时，车货系统左右稳定角 $\beta_1 = \beta_2$，如图 5-112 所示。

在 $\Delta Z_3 Z Z_1$ 中可求出 AC 长度为：

$$AC = \frac{Z_3 C}{Z_3 Z} \times Z Z_1$$

在 ΔACG 中可求出稳定角 β_1 为：

$$\beta_1 = \arctan\left(\frac{AC}{GC}\right)$$

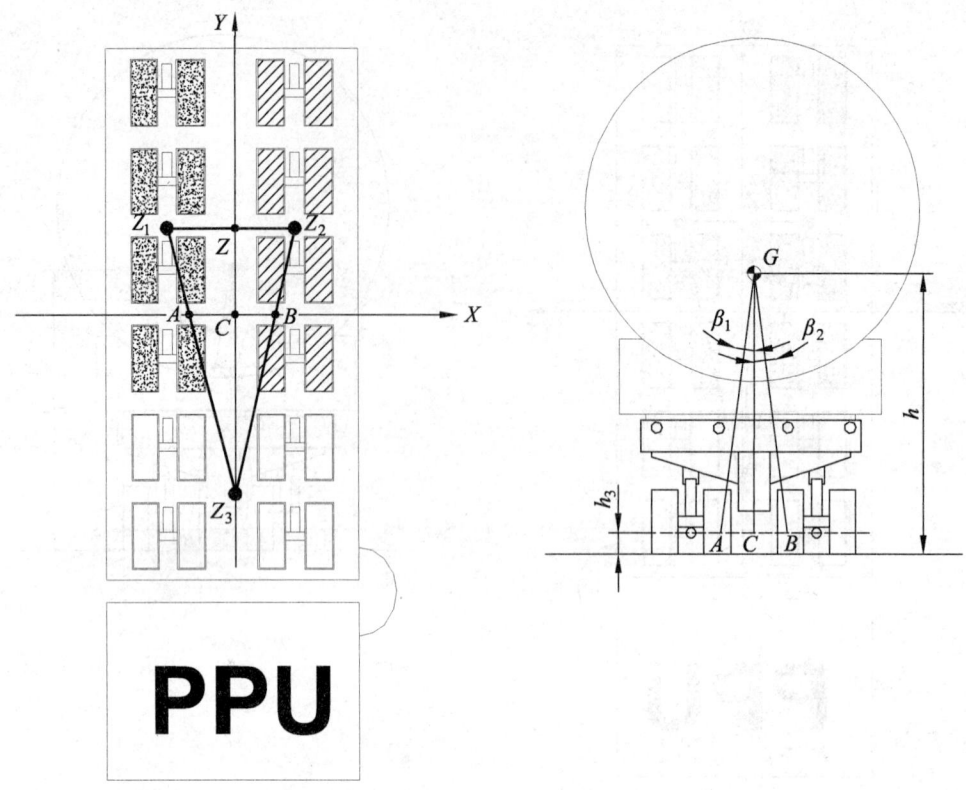

图 5-112 三点支撑货物无偏载稳定性计算

图 5-113 为采用四点支撑的液压平板车。已知货物偏载距为 x_0、y_0，车货重心在稳定面上的投影点 C 的坐标为（x_0、y_0），已知 $Z_1(x_1, y_1)$、$Z_2(x_2, y_2)$、$Z_3(x_3, y_3)$、$Z_4(x_4, y_4)$ 四点坐标值，此处为计算方便采用的是偶数纵列即 $y_1 = y_2$，$y_3 = y_4$，当纵列为奇数时要注意 $y_1 \neq y_2$，$y_3 \neq y_4$。

由于稳定线 $AC < BC$，那么只求较小稳定角 β_1 即可判断其稳定性情况。

$$AC = |y_1 - y_0|$$

在 $\triangle ACG$ 中可求出稳定角 β_1 为：

$$\beta_1 = \arctan\left(\frac{AC}{GC}\right)$$

当货物重心刚好和坐标系原点重合时，即无装载偏差时，车货系统左右稳定角 $\beta_1 = \beta_2$，将 $y_0 = 0$ 代入上式即可求出稳定角。

在运载超长货物时，大件货物的长度常会远远超过拼接式多轴半挂车的实际长度，传统的平板车运载方式无法满足运输货物的实际要求。使用多轴线拼接可以实现运输，但是如果多轴线同时使用，会造成整车的实际载重能力远超过货物的几倍甚至十几倍，造成了运输资源的浪费，导致运输效率低。因此，需要一种满足上述情况的设备来提高整车的运输效率，降低运营成本。在目前的实际运输中，主要是通过在平板车上安装两个液压转向盘来实现。使用过程中液压转盘中共有两个，分别安装在前后两个拼接式平板车上，两平板车的中间空

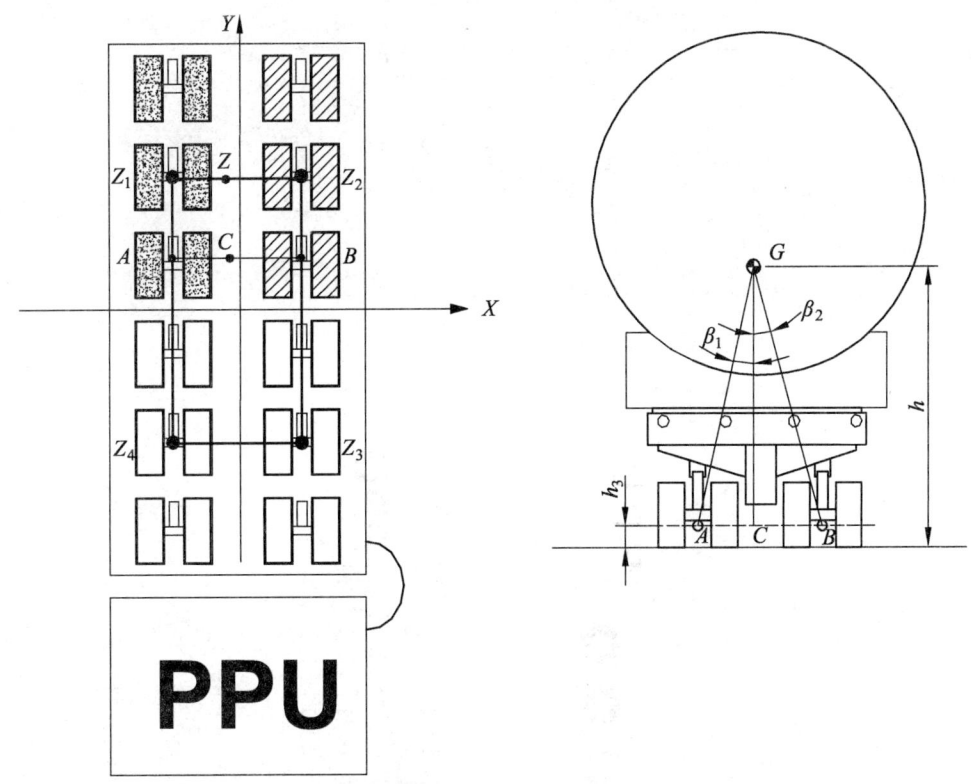

图 5-113　四点支撑货物偏载稳定性计算

位由大件货物连接。当前平板转向时，后平板车由于货物带动后转向盘旋转，后转向盘转向导致油缸伸缩，从而使后平板车联动产生转向。这种为使转向灵活而在前后平板车上加转向盘的方法，称作转盘运输。转盘主要由上承载面、基座、中心球销、滑靴、随动缸等结构组成。转盘运输多数情况使用前平板车自动转向，后平板车控制转向，特殊情况使用前后都控制转向。对转盘运输进行稳定性分析时转盘连接处可等效为两点支撑，如图 5-114 所示。

图 5-114 中，SPMT 车组采用三点支撑，已知三点支撑坐标值，车货重心在稳定面上的投影点 C；由公式（5-75a）、公式（5-75b）可计算出车货系统相对于稳定面的重心高度 GC。由公式（5-75c）、（5-75d）可求得 A_1、A_2、A_3、A_4 坐标值。由 A_1、A_3 两点确定直线 A_1A_3 方程；A_2、A_4 两点确定直线 A_2A_4。把 $x=0$ 代入两直线方程即可求得 A、B 两点坐标，由公式（5-75e）即可求得稳定角。对于四点支撑的情形，与三点支撑算法一样，在此不再赘述。

（三）纵向稳定性计算

一般情况下液压平板车都具有很好的纵向稳定性，但有时受货物装载位置或道路坡度的影响需校核计算纵向稳定角，必要时可调整各回路编点的悬架数量，改变支撑三角形或四边形形状，从而改变挂车的纵向稳定性。

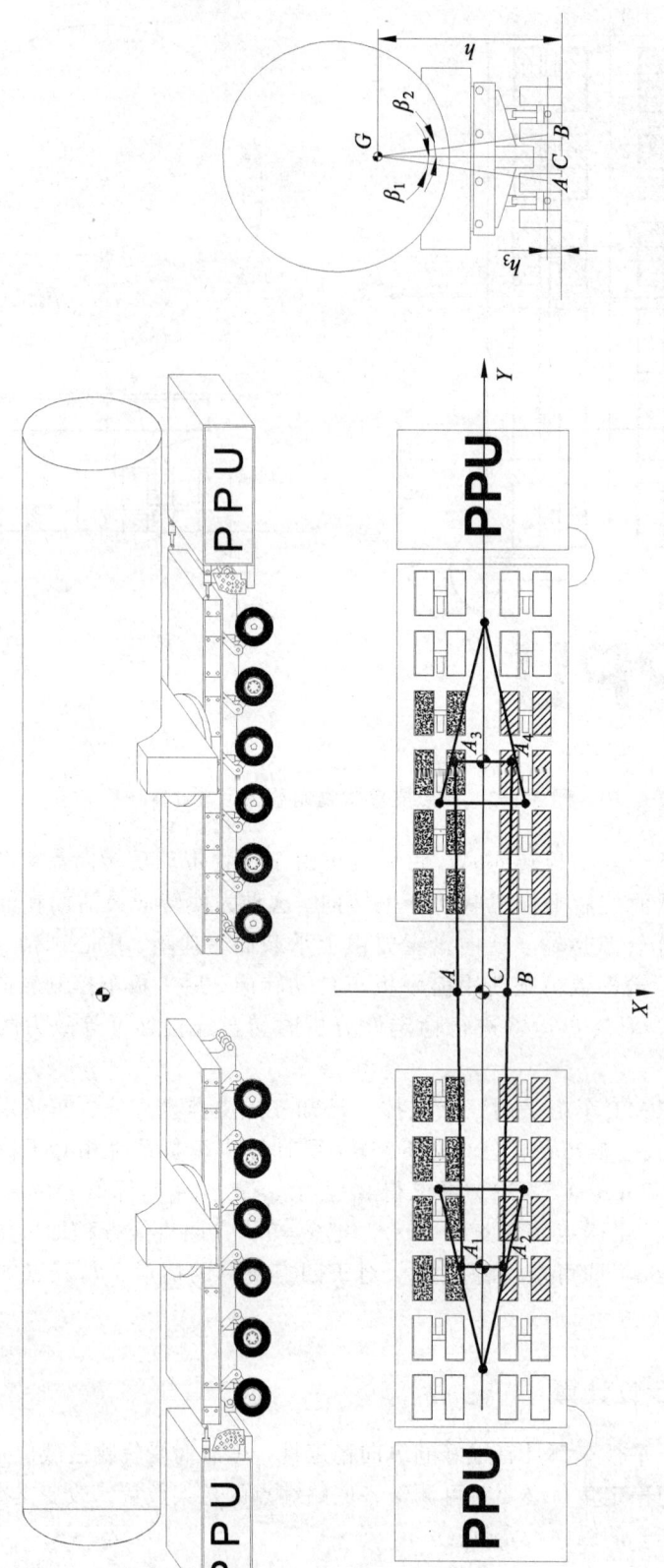

图 5-114 转盘运输货物稳定性计算

三、液压系统稳定性

为保证大件设备运输安全，避免翻车事故，挂车稳定性是运输车组安全行驶的前提。如果挂车的稳定性好，运输车组其他相关性能也会随之提高。挂车抗侧滑性和抗倾翻性是挂车稳定性的衡量指标。而挂车的稳定性，与液压系统在动力驱动过程中的控制技术、多轴平板车的转向技术、悬架的调平控制技术等密切相关。

现代重型挂车一般靠液压油缸承载质量，所有液压悬挂是串联的，属于液压独立悬挂。当道路不平使某一悬挂受力过大时，其他悬挂快速均衡受力，使所有悬挂受力相等，从而确保各轮胎受力均匀以及挂车的平面稳定，也降低了道路不平产生的摆动。模块组合液压挂车由于其能根据需要进行各种方式的拼接组合这一特性，目前在运输超长、超宽、超重装备中发挥着越来越重要的作用。液压悬挂系统作为其一项关键技术起主要的支承作用，控制整车的升降动作，影响着车辆的行驶平顺性和操纵稳定性等。

液压悬挂的另一主要技术是要保证动载荷的稳定性，稳定的动载荷能使车轮的轮胎附着力得到保障。过大的动载荷会使轮胎上下振动加剧，会影响车轮与地面的附着性，对制动力造成影响也会减小侧向力，对整车的性能会有很大的影响。

挂车在行驶过程中有很多种原因会产生动载荷，这里主要是考虑路面不平产生的动载荷。同组中的悬挂油缸连接在一起，静止时压力各处相等载荷均布在轮轴上，当行驶在不平整路面上时从侧面观察是车轮随着路面的情况上下运动的，悬挂油缸也不断地进行伸缩动作，从而造成液压油的不断流动。理论上，从流体动力学角度进行分析，这是流动液体由于惯性力和粘力等的影响，各点处在不同方向上的压力并不相等，从而悬挂油缸之间存在压力差导致液压油从高压处流向低压处很快使系统压力重新回到各处压力相等的状态。而在实际情况中这一过程需要一定时间，并且路面的状况也在随机地进行不断的变化，从而使整个系统在即将要达到稳定状态时又被外界所干扰实现不了重新的平衡。这样就导致压力的不断变化以及液压油的不断流动，如此循环冲击最终形成液压动载荷，这一情况通过液压悬挂系统传递到车架，形成车架的动载荷，这就是动载荷的成因。

第十一节　道路大件运输护送

道路大件运输护送是公路大件运输组织的重要环节，主要是指在大件运输过程中，进行运输的警示、引导、协调、监护通行、跟踪服务等行为。运输护送的目的是：实时监控运输车辆、运输对象、运输道路（特别是桥梁、隧道）的技术与安全状态，适时、完整、规范地记录和再现公路大件在途运输的各个场景，确保各项技术保障措施、安全管控措施落实到位，确保公路大件安全运达目的地。

大件运输护送应当遵循国家有关法律法规规定，遵守有关技术标准的约束，遵照途经地交通主管部门的有关行政规章，并制定翔实周密的护送作业实施方案。道路大件运输护送执行方应当是具有独立承担法律责任的法人组织，其经营范围应包括"大型物件运输"或"大型物件运输护送服务",具有健全的管理机构、完善的管理制度、专业的安全保障队伍,自有或租赁有满足道路大件运输护送需求的专用车辆,并具备道路大件护送方案编制能力、异常情况处理能力和应急预案处置能力。

本节参考了中国水利电力物资流通协会发布的《道路大件运输护送规范》团体标准(T/APD 0001—2019),以期介绍道路大件运输护送的一般规范性要求。

一、道路大件运输护送人员、车辆要求

(一)道路大件运输护送人员要求

护送人员根据岗位分为指挥员、疏导员、驾驶员。护送人员应具备一定的道路大件运输护送经验,熟悉道路大件运输业务流程及相关法律法规。指挥员应能编制道路大件运输护送方案,具有较强的协调沟通能力,熟悉各种道路情况下的道路大件运输护送要求,具有应对复杂运输状况的临场管理和现场处置能力。疏导员应熟悉各种道路大件运输护送设备的使用,熟练掌握各种道路情况下的交通协助指挥疏导的技能。驾驶员应持有级别不低于C1的驾驶证,具有不少于三年的驾龄或安全驾驶十万千米以上驾驶经历。

(二)道路大件运输护送车辆要求

道路大件运输护送车辆应符合交通运输主管部门和公安机关交通管理部门规定的车型要求,应牢固安装布局合理、合法合规的警示标识、示警灯、车用电子警报器、卫星定位系统、行车记录仪等可靠的信号传递、通信联络采集装备。车身颜色及文字标识应符合《漆膜颜色标准》(GB/T 3181—2008)的规定。示警灯应符合《警车、消防车、救护车、工程救险车标志灯具》(GB 13954—2009)的相关要求。车用电子警报器应符合《车用电子警报器》(GB 8108—2014)的相关要求。

二、道路大件运输护送过程管理

道路大件运输护送过程管理分为事前准备工作、事中在途管理、事后护送完毕三个阶段。

准备工作包括但不限于如下内容:护送执行方应查看道路大件运输护送委托方出具的《超限运输车辆通行证》;实地勘察通行线路,熟悉委托方运输通行方案和应急预案内容,及时关注路况和环境变化,确保安全通行;配备数量足够、状态完好的护送车辆,落实护送人员;进行必要的护送演练及专门培训,明确岗位职责。

在途管理包括但不限于如下内容:按照既定的道路大件运输护送方案全程护送;道路大件运输护送车辆应全程开启示警灯,适时使用车用电子警报器,并与大件运输专用车辆形成整体车队,通过对讲机、电话、车载通信设备等通信设备,保持实时畅通的通讯联系;道路大件运输护送车辆应全程开启行车记录仪,全程记录护送过程影像,过程影像应连续、清晰,一些关键节点(桥梁、隧道、限高、限宽、上下坡道、弯道通行、收费公路出入口、人口密集区等)应多角度记录并备份;需要实施交通管制时,应按有关规定请求公安机关交通管理

部门，配备相应警力保障道路通行；在通行公路桥梁时，或者通过采取了加固、改造措施的公路设施时，应指挥道路大件运输专用车辆依次通行，前车完全通过后，后车方可启动通行。

护送完毕后，护送执行方应当对护送过程中形成的文件、音频、视频等资料进行整理并归档，档案整理规范按《归档文件整理规则》（DA/T 22—2015）执行。归档范围及保存期限遵照 2012 年国家档案局发布第 10 号令《企业文件材料归档范围和档案保管期限规定》。一般来说，道路大件运输护送方案、护送车辆卫星定位行驶轨迹图、关键节点影像资料等应当归档，留存期限不低于 10 年。

三、道路大件运输护送方案制定要求

护送方案一般包括车辆配置方案、人员配备方案、护送路线说明、操作规程、异常及应急情况处理等。

护送车辆配置方案应包括：大件运输护送车辆数量、大件运输专用车辆与大件运输护送车辆行驶顺序、大件运输护送职责、相关设备配置等。护送执行方一般需要配备安全警示设备（如反光三角警示标志、反光警示隔离带、反光锥、手持闪光指挥棒等）、简易消防及医疗急救设备、车载及移动通信设备以及其他必要的防护和应急装备。

护送人员配备方案应包括：大件运输护送人员数量、岗位设置和职责分工等。

护送路线情况说明应包括：全程线路图（或分省线路图）、起点、途经站点、中途拟停车休息站点、终点等。

护送操作规程应包括：一级和高速公路护送细则（包括桥梁、隧道、上下坡道、限高、限宽、桥梁限载，收费公路进出口限宽与限高情况等）；二级以下公路护送细则（包括桥梁、隧道、上下坡道、限高、限宽、桥梁限载、繁华城镇）等。

异常及应急情况处理方案，如突发交通事故、自然灾害、大件运输车辆故障，运输对象捆扎松动或移位等。

第六章 大件运输安全管理

安全性、经济性和便捷性是大件运输最重要的三个方面,"安全性第一、经济性第二、便捷性第三"是大件运输的基本原则。因此,如何使得大件设备能够安全、经济、准时到达目的地就是大件运输的关键。大件运输安全管理的重要前提是有效实施风险管控,通过识别风险、控制风险和规避风险,有效降低安全风险发生概率,确保公路大件运输可控在控,确保人员、设备、车辆安全,是大件运输安全管理的重要内容。

第一节 大件运输安全管理现状

我国公路大件运输行业因其兴起时间短、发展速度慢、技术不够成熟而导致运输过程中常有安全事故发生。而当前我国对这一领域的管理仍存在法律法规缺失以及协调管理混乱的问题,严重阻碍了其发展。我国公路大件运输的发展难在统筹管理,难在运输标准,难在行业门槛等,对于国家来说,法律法规较少,缺乏统筹管理,对于政府来说,不仅制度缺,而且收费高,通行难,对于企业来说,准入制度缺乏,管理乱,相关制度规范缺乏。从而导致公路大件运输没有很好的运输操作规范可依照,事故频发在所难免,而又因为公路大件运输企业资质不一,使得很多企业为了维持生计、保证信誉而对公路大件运输事故瞒天过海,没有彻底调查事故原因,也没有制定相应的改进措施。

公路大件运输的运输对象往往是国家重点工程项目设备,如电力、石化、冶金等行业的大型工业设备等,运输过程中任一环节出现差错,不仅造成巨大的经济损失,更会对人民生命财产造成伤害,对周边的交通环境产生影响,最重要的是直接阻碍国家重点项目的推进,制约我国经济建设发展的脚步,因此安全性成为公路大件运输需要保证的关键因素。要保证公路大件运输过程中的安全性,企业不仅要有充足的财力和人力保障,而且要有抵抗和防控风险的能力,因为在风险管理中,风险控制是最为重要的。但是公路大件运输作业具有运行环境复杂、事故原因多样、事故影响面大等特点,其安全事故成因更具有动态性、隐蔽性、综合性和因果连带性,因此保证公路大件运输过程的安全性已成为整个大件运输行业面临的难题和制约我国交通运输业发展的瓶颈。

一、国内大件运输安全管理现状

早在 1995 年我国就制定了《道路大型物件运输管理办法》，以加强公路大件运输管理，提高运输质量，保证运输安全，保护合法经营，维护运输市场秩序，满足国民经济发展对公路大件运输的需要。在 2000 年、2016 年先后发布的《超限运输车辆行驶公路管理规定》（交通部令 2000 年第 2 号、交通运输部令 2016 年第 62 号）中，也有针对公路大件运输的相关规定。但是由于我国公路大件运输起步晚，发展慢，相应的法律法规和管理办法仍然不完善，企业安全意识淡薄，从业人员安全意识差，运输车辆技术水平差，运输安全组织不严等还直接导致公路大件运输的安全运输形势持续严峻。当前，国内许多相关企业与高校研究学者合作对公路大件运输安全影响因素进行研究，并使用计算机对其进行信息化处理，以期实现公路大件运输的信息化，提高运输的安全性。为了促进我国大件运输行业的快速发展，国内一些学者也对大件运输的安全管理做了针对性的研究。

周爱莲等人研究了大件产品公路运输的安全影响因素，因素主要包括车辆的可靠性、稳定性及通过性，并通过数学建模，开发出了公路大件运输计算机决策系统，该成果弥补了国内在大件产品公路运输领域中辅助决策系统研究的空缺。

许少白等人主要对公路大件运输的途经道路安全、运输所碰到的高空障碍问题及大件货物的吊装问题进行了安全研究，并详细论述了安全评定过程及安全标准。从本质上讲，文献中的具体研究问题只是大件货物运输过程安全问题中几个具体的问题。

董晶晶对大件货物的物流组织及运营过程进行了详细的研究，在分析大件货物的物流组织及运营时，对大件货物在运输过程中的安全问题有一定的描述，在分析大件货物的具体运营时，从实例出发，就大件货物在运输过程中应注意的安全事项、大件货物在运输过程中的具体操作细节进行了详细论述。

申世杰等人对公路大件货物运输过程中的可靠性、稳定性、通过性进行全面的分析，首先研究了公路大件货物运输过程中可靠性、稳定性及通过性的安全影响因素，其次对大件货物运输的可靠性、稳定性及通过性进行理论的算法研究，在此基础上进行计算机仿真，开发出安全管理系统。

袁雪莉对公路大件运输过程中沿途弯道、横坡、纵坡、桥梁等复杂的道路状况，设计并开发了一种基于 C/S 架构的公路大件运输安全管理系统，以保障公路大件运输的安全性和可靠性。在分析系统体系结构特点的基础上对系统数据库和客户端软件分别进行设计，并采用 VB 开发工具进行开发，实现系统各项功能。最后通过在公路大件运输企业的实际运用，证明了该系统的科学性与有效性。

黄贺云等以影响公路大件运输安全的五个关键因素和影响运输安全的主要因素集为基础，构建公路大件运输安全影响因素的评价指标体系，建立基于灰色模糊理论的安全评价模型，应用灰色模糊综合评价法对运输安全进行综合评价；将理论与评价模型应用到实际项目的运输安全评价中，结果表明此安全评价模型及方法能对公路大件运输安全进行有效的评估，具有一定的工程应用价值。

综上可以看出目前国内公路大件运输安全的研究主要集中在运输对策采用和运输线路安全确定上，其中包括运输的安全注意事项、通行能力评估、运输安全分析、运输环境仿真和运输安全管理系统开发等方面内容。总体来说，理论研究较多，工程应用研究偏少，计算机技术在公路大件运输方案制定中的应用偏弱，没有运输管理和决策的信息化，且相关应用研究主要集中在公路大件运输的可靠性、稳定性与通过性方面。

在风险分析方面，菲律宾大学的一位学者 Corazon Pe Benito Claudio 在 1985 年曾撰文指出其熟悉的定量风险评估过程在发展中国家几乎不存在。说明风险分析在发展中国家还未很好地实践，主要原因是很难筹集到研究资金，缺乏训练有素的风险分析专业人员，与风险有关的信息相当缺乏，特别是在说明许多自然或技术的偶然意外时，风险信息资源非常有限。风险分析是一个关于项目规划和实施的基本工具，其成熟的方法在美国和欧洲发达国家已经使用普遍，但为了使其更有效，风险分析方法必须适应发展中国家。

二、国外大件运输安全管理现状

国外公路大件运输业经过长期发展，已经取得很大成就，在运输设备、服务模式及运输方案制定技术等方面，与国内公路大件运输企业相比，都处于领先和主导地位。主要体现在以下四个方面。

（1）服务模式。

在全球供应链环境的影响下，一些发达国家已将公路大件运输作业纳入现代物流体系，不仅为客户提供点到点的公路大件运输服务，而且提供全方位的物流增值服务。

（2）技术装备。

在德、法、意、荷等发达国家，用于公路大件运输的平板车种类齐全，包括各种全挂车、半挂车、自行式平板车以及首尾可变、长宽可变的"变形金刚"平板车均已形成系列，并得到普遍使用。

（3）技术方案。

为顺利实施公路大件运输，国际上早就开始使用"桥上桥"技术、全挂车与半挂车转换技术以及多组自行式平板车组并列同步行进技术。目前，国外公路大件运输车辆几乎全部采用可按不同轴荷、轴距、车宽等系列尺寸制造出不同系列的单体挂车。

（4）计算机信息技术。

目前国际上普遍应用于作业方案的包括计算机辅助设计、电子地图与 GPS 定位通信及实时监控等信息化技术。

除了上述研究成果外，外国学者在公路大件运输计算机仿真及信息化技术方面还进行了深入的研究。LamirauxF 等对公路大件运输中车辆转弯时车组及货物的外形干涉因素进行了研究，并且通过机器人技术建立了三维仿真模型，保证了空客公司的 A380 客机大型组件的顺利运输；AlexanderJ C 等分析了双前桥转向运动学和转向系与悬架运动的干涉，利用 ADAMS 软件建立了双前桥转向系统的简化运动学模型并增加了悬架运动干涉子模型，运用所建模型对某重型汽车的转向运动进行了仿真计算分析，其分析结果为该车转向系的改进设计提供了理论依据；D. H. Unruh 详细论述了轮式装载车的静态稳定性与动态稳定性的相关要求；Mize JH 等介绍了面向用户的集成运作系统的模式，现在许多计算机辅助工具都是基于该系统开发出来的。在实际公路大件运输过程中，计算机技术发挥着不可替代的重要作用。

从计算机在公路大件运输的具体运用程度来看,国外的研究无疑已经达到了很高的水平,但是侧重点也在方案的可行性研究上。总体而言,国内外对公路大件货物运输的理论研究已相当成熟,但对公路大件货物运输的系统安全管理研究还不是很多。本章以此为出发点,以研究大件货物运输的安全问题为主要内容。

在风险分析方面,英国、美国、欧共体、世界银行组织、国际劳工组织均十分重视。德国在20世纪初第一次世界大战结束后,就为重建提出了风险管理。其强调风险的控制、分散、补偿、转移、防止、回避和消减,比较完善。美国以费用管理为出发点,对风险管理的认识比较狭窄,二战后才过渡到全面的风险管理。法国和一些欧洲国家直到20世纪70年代中期才接受这一概念。日本的风险管理虽然起步较晚,但其研究的比较透彻和深入,基本继承了德国风险管理的理论和观念。

第二节 大件运输安全管理基础知识

随着科学技术的发展,生产规模的扩大,生产技术的变革和地质条件的复杂化,大件运输事故的种类和发生频率降低,但一旦发生就会给企业和社会造成巨大的损失,所以企业安全管理变得越来越重要。学习安全管理的基础知识,有助于加深对安全管理的认识,更好地掌握安全管理理论、技术和方法,提高安全管理水平,切实做好大件运输安全管理工作。

一、安全管理的相关概念

(一)安 全

安全是指客观事物的危险程度能够为人们普遍接受的状态。安全相对危险而产生,相对危险而发展。大件运输安全的内涵应该包括三个内容。一是大件运输活动必须确保运输从业人员的身体安全,保障大件运输参与者的心理安全与健康;二是大件运输安全的范围是涉及大件运输活动的全部领域,主要是环境安全、道路安全、运输工具及专用设备、运输对象等的安全;三是随着社会文明、科技进步、经济发展的程度不同,安全需求的水平和质量就具有不同时代的内容和标准,即大件运输安全的内涵和标准是与时俱进的。

(二)危险与风险

人类进行改造自然的活动,都存在不同程度的危险。"危险"一词来源于"风险"。为衡量危险程度的高低,引入了"风险"这一概念。风险是指在未来时间内,为获得某种利益可能付出的代价。风险大,表明危险程度高;风险小,表明危险程度低。风险的度量采用风险度 R 表示。风险度 R 是单位时间内系统可能承受的损失。就大件运输活动而言,损失有直接损失和间接损失之分,包括车货损失、人员伤亡损失、工作时间损失、环境损失、企业声誉损失等。$R = PS$,即 P(次/时间)$\times S$(损失/次)$= R$(损失/时间)。

大件运输危险的内涵，包括但不限于以下三个方面：一是指大件运输安全事故发生的可能性或者不确定性，如对大件运输的车货系统进行分析后，可以得出危险源包括液压平板车、大件货物和装载加固材料，而车体变形受损、液压系统受损、轴载超重、颠覆、滑移、倾覆以及材料受损等危险事故发生的可能性或者不确定性，就是大件运输活动过程中的危险；二是指大件运输安全事故本身，这时的危险意味着安全事故已经发生，如人员伤亡、桥梁坍塌、车辆侧翻、货物倾覆等；三是指大件运输安全事故发生的条件或者多种诱因叠加形成的蝴蝶效应，如司机疲劳驾驶、气象条件差、路勘失真、监管缺失等单一或多种诱因，均可视为大件运输的危险。

（三）安全指标

安全指标可以是单位时间死亡概率、1亿小时死亡人数（FAFR）、每接触小时损失工作日数或者以一定产量为单位的死亡人数。

大件运输企业安全指标，是大件运输企业在追求效益与承担损失之间的一种利益平衡或相互妥协的结果，是指企业能够接受或者设定的风险度，是一个统计值，也是一个动态调节值。国家层面，国家安全监管总局和其他负有安全生产监督管理职责的部门根据各自的职责分工，制定相关行业、领域重大事故隐患的判定标准，个人风险可接受标准、社会风险可接受标准，在一定时期内这个标准值是企业必须遵循的强制标准，是高限。

国家市场监督管理总局、中国国家标准化管理委员会于2018年11月9日颁布，并于2019年3月1日实施的《危险化学品生产装置和储存设施风险基准》（GB 36894-2018），对社会风险可接受标准采用ALARP（As Low As Reasonably Practical，最低合理可行）原则，通过两条风险分界线将社会风险图划分为3个区域，即：不可接受区、尽可能降低区和可接受区。具体分界线位置如图6-1所示。

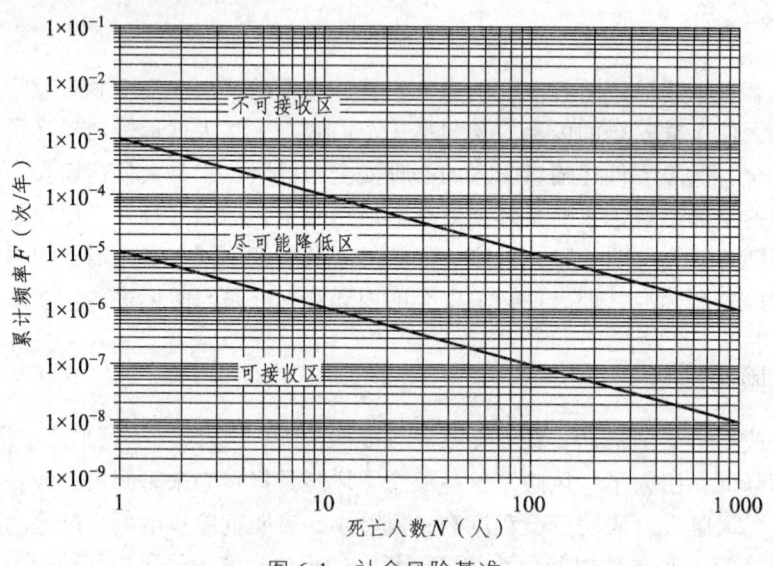

图6-1 社会风险基准

注：为避免发生大型灾难导致1 000人以上死亡，社会可接受风险基准的横坐标上限为1 000人，认为超过该上限的事故不论发生可能性的大小都是不可接受的。

（1）若社会风险曲线落在不可接受区，则应立即采取安全改进措施降低社会风险。

（2）若社会风险曲线落在尽可能降低区，社会风险处于可接受程度的边缘水平，需要在可实现的范围内，尽可能采取安全改进措施降低社会风险。

（3）若社会风险曲线落在可接受区，则无需采取安全改进措施。

（四）安全管理

安全管理，国际上统一的称谓是"职业安全卫生"管理，有广义安全管理和狭义安全管理之分。广义安全管理，泛指一切保护劳动者安全健康的管理活动；狭义安全管理，指针对生产过程和生产环境中具体的危险源而开展的安全管理活动。

很长一段时间，我国一直沿用苏联对于安全管理的叫法——"劳动保护"。安全管理不能简单理解为各级安全管理部门的行政管理。安全管理应当包括安全法制管理、行政管理、监督检查、工艺技术管理、设备管理、生产环境和生产条件的管理等。

安全管理是企业管理的重要组成部分。安全管理是管理者对安全生产进行计划、组织、指挥、协调和控制的一系列活动，以保护职工的安全与健康，保证企业生产的顺利发展，促进企业提高生产效率。其目的是实现安全目标，即预防事故、避免人身伤害、减少财产损失。

（五）安全生产

《中华人民共和国安全生产法》确立了安全生产工作应当以人为本，坚持安全发展，坚持安全第一、预防为主、综合治理的方针，强化和落实生产经营单位的主体责任，建立生产经营单位负责、职工参与、政府监管、行业自律和社会监督的机制。

《辞海》中将"安全生产"解释为：为预防生产过程中发生人身、设备事故，形成良好劳动环境和工作秩序而采取的一系列措施和活动。《中国大百科全书》中将"安全生产"解释为：旨在保护劳动者在生产过程中安全的一项方针，也是企业管理必须遵循的一项原则，要求最大限度地减少劳动者的工伤和职业病，保障劳动者在生产过程中的生命安全和身体健康。根据现代系统安全工程的观点，两种解释只表述了一个方面，都不够全面。前者解释为企业生产的一系列措施和活动，后者则将安全生产解释为企业生产的一项方针、原则和要求。

概括地说，安全生产是指采取一系列措施使生产过程在符合规定的物质条件和工作秩序下进行，有效消除或控制危险和有害因素，无人身伤亡和财产损失等生产事故发生，从而保障人员安全与健康、设备和设施免受损坏、环境免遭破坏，使生产经营活动得以顺利进行的一种状态。

"安全生产"这个概念，一般意义上讲，是指在社会生产活动中，通过人、机、物料、环境、方法的和谐运作，使生产过程中潜在的各种事故风险和伤害因素始终处于有效控制状态，切实保护劳动者的生命安全和身体健康。也就是说，为了使劳动过程在符合安全要求的物质条件和工作秩序下进行的，防止人身伤亡、财产损失等生产事故，消除或控制危险有害因素，保障劳动者的安全健康和设备设施免受损坏、环境的免受破坏的一切行为。

（六）安全评价

安全评价，国外也称为风险评价或危险评价，它是综合运用安全系统工程方法对系统的安全性进行预测和度量，用以比较风险大小的一种方法。它是以实现工程、系统安全为目的，应用安全系统工程原理和方法，对工程、系统中存在的危险、有害因素进行辨识与分析，判断工程、系统发生事故和职业危害的可能性及其严重程度，从而为制定防范措施和管理决策提供科学依据。安全评价应当贯穿于工程、系统的设计和建设、运行和退役的全生命周期，对大件运输而言，一般对具体的运输项目必须进行安全评价，它贯穿项目招投标、合同签订、运输方案制定、在途运输、组织管理、人员配备、应急方案等各个阶段，既可做单一安全评价，也可以进行项目综合安全性评价。

（七）海恩法则

大件运输安全管理，就是要遵从"海恩法则""墨菲定律"，做到未雨绸缪，防患于未然。"海恩法则"是由德国飞行员帕布斯·海恩对多起航空事故深入分析研究后得出的。海恩认为，任何严重事故的发生都是有征兆的，每个事故征兆背后，还有300次左右的事故苗头，以及上千个事故隐患，要消除一次严重事故，就必须敏锐而及时地发现这些事故征兆和隐患并果断采取措施加以控制或消除。

另一条安全规则"墨菲定律"。墨菲定律源自一个名叫"墨菲"的美国上尉，他认为"只要存在发生事故的原因，事故就一定会发生"，而且"不管其可能性多么小，但总会发生，并造成最大可能的损失"。这就告诉我们，对任何事故隐患都不能有丝毫大意，不能抱有侥幸心理，或对事故苗头和隐患遮遮掩掩，而要想尽一切办法，采取一切措施加以消除，把事故案件消灭在萌芽状态。

二、大件运输安全管理的对象与内容

大件运输企业生产系统是一个人机环境系统，安全管理必须对这一系统及其要素进行全方位、全过程的管理和控制。因此，大件运输安全管理的对象是大件运输系统这个人、车、环境系统中的各个要素，包括人的系统、物质系统、能量系统、信息系统以及这些系统的协调组合。

（一）人的系统

人员管理是安全管理的核心，是一种反馈管理。人员管理既包括居于高层的决策、指令、设计人员等，也要包括具体的操作人。高层管理人员地位特殊，影响面广，作用全局，而操作人员只涉及局部，影响面小，故在安全管理中，前者是重点监管对象。

（二）物质系统

物质系统包括大件运输作业环境中的机械设备、设施、工具、器件、构筑物、原材料、产品等一切物质实体和能量信息的载体。物质系统是生产的对象，也是发生事故的物质基础。

(三) 能量系统

不同形式的能量具有不同的性质,通常能量必须通过运载体才能发生作用。实质上一切危害产生的根本动力在于能量,而不在于运载体。没有能量时,既不能作有用功,也不能作有害功。能量越大时,一旦能量失控所造成的后果也越严重。

在大件运输安全管理中,需要厘清大件运输系统中能量发生源头、能量产生的机制、能量传播的途径、能量破坏机制等,对能量系统设计安全可靠间距,或对相互干涉的能量系统进行物理隔绝等都是有效的管控措施。

(四) 信息系统

信息系统是有效沟通大件运输各阶段、各要素、各子系统空间的媒介。从安全管理的观点看,信息也是一种特殊形态的能量,它具有引发、触动和诱导作用,可以开发、驱动另一空间超过自身无数倍的能量。从其可能造成危害的规模来看,恰恰是最可怕、最难估量的。通过制定标准规范,整合信息平台,完善系统架构,融合业务系统,保障信息系统各层级、各要素之间信息的纵向与横向的互联互通,对保障大件运输安全管理的时效性、可靠性、安全性,有效提升大件运输安全管理的效率和质量至关重要。

大件运输安全管理中必须充分重视信息系统的作用,加快大件运输企业基本状态数据库建设,加强对信息获取、传输、存储、分析、反馈的控制,实现安全信息化管理的科学化、动态化、民主化。道路交通系统是一个由人、车、路、环境等要素构成的动态系统,系统各要素在时间和空间上同时保持均衡有序、相互协调的运行状态就是道路交通的安全运行状态。因此,大件运输安全管理信息范畴应该包括能够体现道路交通四要素的全部特征的静态和动态海量信息的集合。

三、大件运输安全管理的基本原则

(一) 坚持安全生产的方针

安全生产的方针是"安全第一、预防为主、综合治理"。安全第一,说明的是安全与生产、效益及其他活动的关系,强调在从事生产经营活动中要突出抓好安全,始终不忘把安全工作与其他经济活动同时安排、同时部署,当安全工作与其他活动发生冲突与矛盾时,其他活动要服从安全,绝不能以牺牲人的生命、健康、财产损失为代价换取发展和效益。预防为主是对安全第一的深化,从事后控制到事前预防转变,也就是我们经常讲的关口前移,重心下移。含义是立足基层,建立起预教、预测、预报、预警等预防体系,以隐患排查治理和建设本质安全为目标,实现事故的预先防范体制。综合治理,从遵循和适应安全生产的规律出发,综合运用法律、经济、行政等手段,人管、法管、技防等多管齐下,并充分发挥社会、职工、舆论的监督作用,从责任、制度、培训等多方面着力,形成标本兼治、齐抓共管的格局。

(二) 坚持分级负责、项目抓总、现场管理的原则

大件运输企业必须建立一套有效的管控体系,形成集团、公司、项目、班组(队)、车

组（工序）的分级分层的管理格局，以项目为牵引，在决策层、经营层、管理层、操作层（执行层）各司其职，确立以项目经理（现场经理或助理）为核心的现场管控体系，层层制定一岗双责和工作流程，明确谁、什么时间、什么地点、干什么、干到什么程度、怎样考核，强化执行力，层层筑牢安全生产"防火墙"，实现 PDCA 循环［Plan（计划）、Do（执行）、Check（检查）和 Adjust（纠正）］，确保企业的安全生产主体责任能够在作业现场落地生根，管控到位有效。

（四）坚持"四全"的动态管理

安全运输是一项综合性、群众性工作，其涉及货物查勘、运输工具的选择、线路勘察、货物吊装、捆绑加固、在途运输组织、货物验收等生产过程，涉及全部的生产时间，涉及一切变化着的生产要素，因此必须坚持群众路线，贯彻专业管理和群众管理、集体决策与民主监督相结合的原则，做到安全运输大家管理，全员重视、人人自觉、互相监督、制止违规操作，消除隐患。大件运输作业，必须坚持"全员、全过程、全方位、全天候"的动态安全管理。

（五）坚持"五要素"的有机统一管理

全面质量管理（TQM，Total Quality Management）涉及的五大因素与安全管理本质上是一致的，即 Manpower（人力）、Machine（机器）、Material（材料）、Measurement（环境）、Method（方法）中，人居于中心的地位，这与 HSE 管理体系中的五大要素是相互关联，相互包容的。

HSE 管理体系指的是健康（Health）、安全（Safety）和环境（Environment）三位一体的管理体系，它是由诸多要素组成的一个有机整体，这些要素通过系统的方法和 PDCA 模式组合在一起，其形成和发展是石油天然气勘探开发工作多年经验积累的成果。领导和承诺是 HSE 管理体系的核心，其工作要求是"全员参加、控制风险、持续改进、确保绩效"。

根据 HSE 体系的特点和实施过程，主要包括五个方面的要素。一是"承诺与方针目标"要素。二是"计划"过程中的要素，主要包括"危害识别与风险评价""法律法规和其他要求""目标""管理方案"要素。三是"实施"过程中的要素，主要包括"机构和职责""培训、意识和能力""协商和沟通""文件化""文件和资料控制""运行控制""设计和建设""承包商和供应商管理""变更管理""应急管理"要素。四是"检查"过程中的要素，主要包括"检查和监督""绩效测量和监视""事故、事件、不符合、纠正和预防措施""记录和记录管理"要素。五是"改进"过程中的要素，主要包括"审核"、"管理评审和持续改进"要素。

第三节　大件运输安全管理法律法规

公路大件运输行业蓬勃发展，为规范大件运输行业，交通运输部根据相关法律法规，制定并颁布了大件运输（超限运输）管理的行政法规和规范性管理文件。在此基础上，一些地方政府也相继出台了用于规范本地区大件运输组织协调与管理工作的法规、规章。

在国家层面上，大件运输组织管理的法律、法规及标准主要有《中华人民共和国安全生产法》《中华人民共和国公路法》《中华人民共和国道路交通安全法》《中华人民共和国行政许可法》《汽车、挂车及汽车列车外廓尺寸、轴荷及质量限值》（GB 1589—2016）、《机动车运行安全技术条件》（GB 7258—2017）、《中华人民共和国道路运输条例》（2012）、《超限运输车辆行驶公路管理规定》《道路货物运输及站场管理规定》（交通部2005年第6号令发布，2008年第9号令发布"补充规定"）、《公路交通突发事件应急预案》和《电力设施保护条例》等。

在地方层面上，近年来，很多省、自治区、直辖市根据本地实际情况颁布了大件运输组织管理的地方性法规或规范性文件，如《天津市特殊超限货物道路运输管理办法》《湖北省公路超限运输管理办法》《四川省特殊超限货物公路、水路运输管理办法（试行）》《新疆维吾尔自治区道路超限超载运输管理暂行规定》《山东省超限运输车辆行驶公路管理规定实施办法》《河北省大件物品超限运输车辆行驶公路审批、收费管理办法》等。

一、《中华人民共和国安全生产法》（2014）

《中华人民共和国安全生产法》是为了加强安全生产监督管理，防止和减少生产安全事故，保障人民群众生命和财产安全，促进经济发展而制定的。该法案于2014年8月31日第十二届全国人民代表大会常务委员会第十次会议通过，自2014年12月1日起施行。新修改的安全生产法（以下简称"新安法"）的公布，标志着我国安全生产工作向科学化、法制化方向又迈进了一大步。"新安法"具有六大亮点。

1. 强化安全生产摆位

安全生产目的不再仅体现经济领域范畴，更多体现社会管理范畴，符合构建安全保障型社会的客观要求。树立以人为本、安全发展理念；完善安全生产方针和工作机制；将安全生产工作纳入国民经济和社会发展进程，与城乡一体化发展相融合。

2. 强化政府监管

增加乡镇人民政府、开发区管理机构的安全生产监督管理职责；强化部门的行业（领域）监管、明确执法地位，体现了"管行业必须管安全""管生产必须管安全""管业务必须管安全"的要求，进一步确立了行业部门直接监管、安全监管部门综合监管、地方政府属地监管的管理体制；减少行政审批增加生产安全事故隐患督办制度；完善行政强制的规定；增加严重违法行为公告（黑名单）的规定；增加拒绝、阻碍依法监督检查的法律责任；增加了安监部门按年度监督检查计划实施监管检查执法的制度。

3. 强化生产经营单位主体责任

强化生产经营单位主体地位；建立安全生产标准化制度；增加安全生产责任制考核的规定；完善安全生产投入；完善安全生产机构及安全生产管理人员设置的规定；完善安全生产教育和培训制度；建立生产经营单位排查治理事故隐患的制度；强化发包、出租的安全管理。

4．完善应急救援和调查处理的制度

增加应急能力建设的规定；增加生产经营单位制定应急预案的规定；增加参加事故抢险的部门和单位的义务；完善事故调查处理的规定。

5．发挥第三方参与监督作用

加强工会在安全生产方面的作用；增加行业自律和行业协会对安全生产管理的制度；建立注册安全工程师制度；推进安全生产责任保险。

6．强化责任追究

对事故发生单位的主要责任人进行严惩；对发生事故的单位进行严惩，对发生重大事故负有责任的单位处以 500~1 000 万元的处罚，情节特别严重的，处以 1 000~2 000 万元的处罚；加大行政处罚力度，且对生产经营单位和有关责任人实行"双罚制"。

二、《中华人民共和国道路交通安全法》

《中华人民共和国道路交通安全法》是 2003 年 10 月 28 日公布的关于道路交通安全的法律，2007 年与 2011 年两次修订。其中第四十八条规定：机动车载物应当符合核定的载重量，严禁超载；载物的长、宽、高不得违反装载要求，不得遗洒、飘散载运物。机动车运载超限的不可解体的物品，影响交通安全的，应当按照公安机关交通管理部门指定的时间、路线、速度行驶，悬挂明显标志。在公路上运载超限的不可解体的物品，并应当依照公路法的规定执行。机动车载运爆炸物品、易燃易爆化学物品以及剧毒、放射性等危险物品，应当经公安机关批准后，按指定的时间、路线、速度行驶，悬挂警示标志并采取必要的安全措施。《中华人民共和国道路交通安全法》第一百零二条规定，在 6 个月内发生 2 次以上特大交通事故负有主要责任或者全部责任的专业运输单位，由公安机关交通管理部门责令消除安全隐患，未消除安全隐患的机动车，禁止上道路行驶。

三、《中华人民共和国公路法》

2016 年 11 月 7 日第十二届全国人民代表大会常务委员会第二十四次会议第四次修正的《中华人民共和国公路法》，一共包括九章八十七条，重点对公路规划、公路建设、公路养护、路政管理、收费公路、监督检查、法律责任等方面作出规定。其中第五十条规定，超过公路、公路桥梁、公路隧道或者汽车渡船的限载、限高、限宽、限长标准的车辆，不得在有限定标准的公路、公路桥梁上或者公路隧道内行驶，不得使用汽车渡船。超过公路或者公路桥梁限载标准确需行驶的，必须经县级以上地方人民政府交通主管部门批准，并按要求采取有效的防护措施；运载不可解体的超限物品的，应当按照指定的时间、路线、时速行驶，并悬挂明显标志。

四、《中华人民共和国道路运输条例》

《中华人民共和国道路运输条例》是为了维护道路运输市场秩序，保障道路运输安全，保护道路运输有关各方当事人的合法权益，促进道路运输业的健康发展而制定的法规。现行条例是根据2016年2月6日国务院令第666号《国务院关于修改部分行政法规的决定》进行的第二次修订。

五、《中华人民共和国道路交通安全法实施条例》

《中华人民共和国道路交通安全法实施条例》是根据《中华人民共和国道路交通安全法》制定，于2004年4月28日国务院第49次常务会议通过的国家法规，于2004年4月30日公布，自2004年5月1日起施行。详细规定了中华人民共和国境内的车辆驾驶人、行人、乘车人以及与道路交通活动有关的单位和个人，应当遵守的道路交通条例。

2017年10月7日，国务院总理李克强签署第687号国务院令，对《中华人民共和国道路交通安全法实施条例》进行了修改。

六、《超限运输车辆行驶公路管理规定》（交通运输部令2016年第62号）

大件运输的兴起，有力促进了我国重大装备生产制造业及物流业的国际化、现代化，持续保障了国民经济的高速增长。但受利益驱动，车辆违法超限运输现象也愈演愈烈，严重威胁公路设施及人民生命财产的安全。采取有效措施，遏制违法超限运输行为十分迫切。2000年，原交通部《超限运输车辆行驶公路管理规定》（2000年第2号，简称2号令）出台后，对大型物件运输提出了具体的要求，我国超限运输车辆通行管理和治理违法超限运输工作由无序、间断、不规范状态，逐步步入正规化、规范化轨道。但随着运输需求的增多，超限运输审批的局限性、不便民等问题日益凸显，无法满足新时期的要求。

2016年8月18日，交通运输部第18次部务会议通过了修订后的《超限运输车辆行驶公路管理规定》，自2016年9月21日起施行。修订后的《超限运输车辆行驶公路管理规定》分五章，共五十五条，分别是总则、大件运输许可管理、违法超限运输管理、法律责任和附则。相比原标准，修订的主要内容是：统一了超限认定标准，优化了大件运输许可流程，加强了对大件运输车辆行驶公路的管理，规范了对违法超限运输行为的处罚等。

1. 统一了超限认定标准

一是在重量超限认定上，经与公安部、工信部等部门协商一致，按照《汽车、挂车及汽车列车外廓尺寸、轴荷及质量限值》（GB 1589）确定的最大质量限值作为超限认定标准；二是在外廓尺寸超限认定上，继续沿用了车辆高度4 m的标准，车辆长度参照《汽车、挂车及汽车列车外廓尺寸、轴荷及质量限值》（GB 1589）调整为18.1 m，车辆宽度调整为2.55 m。并在此基础上，对超过宽度和长度标准，但符合《汽车、挂车及汽车列车外廓尺寸、轴荷及质量限值》（GB 1589）规定，且车货总质量未超过限定标准的冷藏车、汽车列车、安装空气悬架的车辆以及专用作业车，不认定为超限运输车辆，使之与车辆生产标准保持一致。

2. 优化了大件运输许可流程

一是对大件运输许可实行等级管理，按照高4.2 m、宽3 m、长20 m和高4.5 m、宽3.75 m、长 28 m 及总质量 100 t 的标准将大件运输许可分为三种情形，并在申请材料、程序要求、办理时限上予以区别对待，进一步提高了许可效率。二是规定了受理时间，申请跨省大件运输的，由起运地省级公路管理机构受理，并由其在 2 日内向沿线各省级公路管理机构转送申请资料。三是规定了办理时间，沿线各省级公路管理机构应根据运输物品的情形分别在 2 日、5 日或者 15 日内作出许可决定，统一受理和集中办理的时间分别不超过 5 日、10 日或者 20 日。四是涉及上、下游省份路线或者行驶时间调整的，由起运地省级公路管理机构组织协调处理。五是沿线各省级公路管理机构同意申请的，由起运地省级公路管理机构发放超限运输车辆通行证。

3．规范了加固、改造等行为

对于申请人自行采取加固、改造措施的，要求公路管理机构要对加固、改造方案进行审查，加强现场检查并组织验收。对于申请人不能采取有效加固、改造措施的，可以通过签订协议的方式，由公路管理机构制定相应的加固、改造方案，并组织实施。同时要求采取的加固、改造措施应当满足公路设施安全需要，并提出具体原则。

4．规范了大件运输许可收费行为

《规定》对《公路法》明确的收费范围作了细化：一是需要采取加固、改造等防护措施的，所需费用由申请人承担，相关收费标准应当公开、透明。二是需要采取护送措施的，由申请人自行采取；不能自行采取的，可委托公路管理机构实施，收费标准由省级交通运输部门会同财政、物价部门制定。此外，对经批准的大件运输车辆，途经实行计重收费的收费公路时，对其按照基本费率标准收取车辆通行费。

5．明确了治超处罚自由裁量权

对于尺寸超限以及重量超限的违法行为，根据违法行为性质、情节和危害程度，明确了处罚自由裁量权。其中，尺寸超限的，按照超限程度分别处 200 元以下、200 元以上 1 000 元以下、1 000 元以上 3 000 元以下的罚款；重量超限的，明确了每超 1 000 kg 罚款 500 元的处罚标准。

第四节　大件运输安全评价方法

在前面第二节对安全评价的定义中，包含有三层意思：首先，对系统中所存在的固有或潜在危险因素进行定性分析或者定量分析，这是安全评价的基础；第二，通过与评价标准进行比较，对系统发生危险的可能性或程度进行评价；第三，提出改进建议，保证事故发生率最低、损失最小，最终达到安全评价的目的。在大件运输作业的生产系统中，安全评价已经成为安全管理中重要的组成部分之一，一方面可以降低企业经济方面的损失，提高企业的生产效率，另一方面还可以提高企业全体员工的素质和企业的诚信度。

一、安全评价的目的和意义

安全评价的目的主要包括以下四个方面的内容。

(1) 促进、实现安全生产。

通过安全评价,系统地从工程、系统设计、建设、运行等过程对事故和事故隐患进行科学的分析,针对事故和事故隐患发生的各种可能的原因和条件,提出消除危险的最佳技术措施方案,特别是从设计上采取相应措施,实现生产过程的安全化,保证能够做到即使发生设备故障或者是操作失误,也不会因此而导致重大事故发生。

(2) 实现生产全过程的安全控制。在生产系统设计之前进行安全评价,可以避免选用不安全的工艺流程、存在危险因素的原材料以及不适合的设施设备,或者当必须要采用时,要提出消除或降低危险性的有效方案。生产系统设计之后进行的评价,可查出设计中所存在的不足和缺陷,及早采取预防和改进对策。在系统建成以后实施阶段进行的安全评价,能够了解系统实际存在的危险性,为下一步采取降低危险性的措施和对策提供根据。

(3) 为实现安全技术和安全管理的标准化、科学化创造有利条件。通过对设施设备或生产系统在生产过程中的安全进行评价,以确定其是否符合相关技术标准和规范、相关规定的评价,找出存在的问题和不足的方面,为实现安全技术和安全管理的标准化、科学化提供有利条件。

(4) 可以建立系统安全的最优方案,为领导者提供依据。通过安全评价,分析系统存在的危险因素及其所处位置、数量,预测事故发生的概率大小以及事故的严重程度,提出应采取的安全对策和建议等,决策者可根据评价结果选择系统安全最优方案,为领导者做出正确的决策提供依据。

安全评价的意义在于可以有效地预防有害事故的发生,可以减少经济损失、人员伤亡,有助于政府安全监督管理部门对生产经营单位的安全生产实行宏观控制,有助于生产经营单位提高经济效益,有助于提高生产经营单位的安全管理水平,有助于安全投资的合理选择。

二、安全评价的分类

对安全评价进行分类的目的是根据安全评价对象选择合适的评价方法,以提高安全评价的准确性和科学性。安全评价方法的分类方法有很多种,根据安全评价指标和评价结果的量化程度,安全评价的方法可以分成定性安全评价方法和定量安全评价方法。

(一) 定性安全评价法

定性安全评价法主要是根据专家的经验、直观判断能力等对生产系统的工艺、设施、设备、管理、环境和人员等方面的情况进行定性的研究和分析,安全评价的结果是一些定性的指标,例如是否达到了某项安全指标、事故类别和导致事故发生的因素等。

(二) 定量安全评价法

定量安全评价法是运用基于大量的实验结果和广泛的事故资料统计分析获得的指标或

规律（数学模型），对生产系统的工艺、设施、设备、管理、环境和人员等方面的状况进行定量的计算和分析，安全评价的结果是一些定量的指标，如事故的伤害（或破坏）范围、定量的危险性、事故发生的概率、事故发生因素的重要度或关联度等。

三、安全评价的原理

尽管安全评价的对象、方法不同，但其基本原理是一样的。安全评价原理可归纳为四种，即类推原理、惯性原理、相关性原理和量变到质变原理。

（一）类推原理

所谓类推原理，是根据两个或两类对象之间所存在的某些相同或者是相似的特征或属性，从一个具有某个特征的已知对象来推断另一个研究对象也具有此种特征的一种推理思路，可以实现由一种对象推测到另一种对象，或者是根据已经掌握的统计资料，采用科学、合理的推算方法来推测，得到基本符合实际的所需资料，以此来减少安全评价对资料调查准确度的依赖程度。

进行类推时，应该尽可能地反映两类对象的本质特征和属性，找出两类对象所共同具备的属性之间的相互联系，且尽可能多地列举两类对象都具有或都不具有的属性。

（二）惯性原理

惯性原理，是指事物发展的过程中所具有的延续性，即保持现状或者保持现状发展方向趋势的特性，这与物理学中所说的惯性有相似的地方。

利用惯性原理，可以推测出被评价系统的发展趋势。例如从车辆安全行车的天数、行车事故等统计资料，并结合当前的设施设备和管理水平等情况，可以大致推测出车辆运营一段时期内的安全状态。

在运用惯性原理进行安全评价的时候，我们应该注意系统的惯性是系统内部各个因素之间相互影响、相互联系、相互作用，按照一定规律发展、变化的状态和趋势。因此，在用惯性原理进行分析时，应尽可能地选取稳定或者是相对稳定的系统，这样分析出来的结果才会具有比较强的客观性，才能更符合系统的实际情况。如果所选取的系统受环境干扰或者环境条件的影响比较大时，应当对推测的结果进行合理的修正。

（三）相关性原理

相关性原理，是指系统因果评价方法的理论基础，是系统的属性、特征与事故之间所存在的因果关联性。

在评价之前，首先要仔细研究与系统安全有关的各个系统组成要素，要素之间的相互联系，以及它们在系统各层次的情况。通过分析、研究各个组成要素之间的相互依存关系和影响程度，才能够得到其变化特征和规律，并预测其未来状态的发展趋势。因此，在进行相关性分析的时候，应当注意事故和导致事故发生的各种原因之间存在的相互关系，分析各个因素的特征、变化规律，了解其相关程度和内在联系，只有这样才能在安全评价中得出正确的分析结论，并采取恰当的措施、对策来避免事故的发生。

（四）从量变到质变的原理

不管何种事物，其发展都遵循从量变到质变的规律，同样安全生产事故也遵循这一客观的规律。在进行安全评价的时候，应随时注意系统的动态性，在对系统内部各个因素进行分析时，体现出因素在不同的层次之间的相互转化。

四、安全评价的要素

一般情况下，安全评价问题包含的要素有以下几点。

（一）评价对象

本章被评价对象为公路大件货物道路运输安全生产系统，重点是公路大件货物在途运输安全性评价。

（二）评价指标

系统的安全状况可以用一系列的评价指标来表示，每一个评价指标从不同的方面反映系统的安全情况。这个问题将在下一节重点讲述。

（三）各指标的权重系数

在一个安全评价系统内，各个评价指标之间的相对重要性是不一样的。各个评价指标之间的这种相对重要性的大小，可以用权重系数来反映。如果 w_j 是评价指标 $x_j(j=1,2,\cdots,m)$ 的权重系数，有：

$$\sum_{j=1}^{m} w_j = 1, \ w_j \geq 0, \ j=1,2,\cdots,m \tag{6-1}$$

当被评价的对象以及评价指标（值）都确定时，综合评价（或对各被评价对象进行排序）的结果就依赖于权重系数了。综合评价结果可信程度的高低，很大程度上取决于权重系数确定的合理与否，所以对各指标权重系数的确定应特别仔细、谨慎。

（四）综合评价模型

多指标（或多属性）的安全评价，是指通过建立一定的数学模型（或者算法），将诸多评价指标值"合成"为一个整体的安全综合评价值。有很多数学方法可以用于"合成"，但问题是怎样根据评价的目的（或准则）以及被评价对象自身的特点来选择科学、合理的合成方法。也就是说，在获得各评价系统的安全评价指标值 $\{x_{ij}\}(i=1,2,\cdots,n;j=1,2,\cdots,m)$ 的基础上，还需要选择或者构造评价函数：

$$y = f(w, x) \tag{6-2}$$

式中，$w = (w_1, w_2, \cdots, w_m)^T$ 是评价指标权重向量，$x = (x_1, x_2, \cdots, x_m)^T$ 为被评价对象（系统）的状态向量（评价指标值）。

由式（6-2）可以求出各评价对象（系统）的安全综合评价值：

$$y_1 = f(w_i, x_i) \tag{6-3}$$

式（6-3）中的 $x_i = (x_{i1}, x_{i2}, \cdots, x_{im})^T$ 为第 $i(i = 1, 2, \cdots, n)$ 个系统的状态向量。

根据 y_i 值与设定的安全目标值（安全阈值）进行判断和比较，最终确定被评价对象（系统）的安全程度，以便管理决策者采取相应的安全对策或措施。

（五）评价者

大件运输安全的评价者，通常由行业专家学者、专业技术评价人员、大件货物道路运输企业管理人员组成。确定评价目的、建立评价指标体系、选择评价模型、确定各指标的权重系数等都与评价者相关。所以，评价者在评价过程中所起的作用是非常大的。

值得注意的是，根据需要，选择评价时还要考虑在途运输中运输线路如道路、桥涵（隧道）的设计者，甚至要吸纳政府管理部门的管理人员。同时，由于不同评价者自身素质和能力水平存在客观差距，在具体评价中，还要对不同评价者设定不同的权重系数，以期使评价结果更加真实可靠。

五、安全评价的基本步骤

安全评价一般有以下几个步骤：
（1）明确评价要达到的目的；
（2）确定被评价的对象；
（3）对影响评价的相关因素进行分析；
（4）建立评价指标体系；
（5）确定指标体系中各指标的权重；
（6）构建综合评价的模型；
（7）计算各指标的综合评价值并进行比较，根据评价所得到的信息，对所评价系统进行分析并做出决策。

其中，指标体系的建立、各个指标权重系数的确定以及评价模型的确定是最为关键的问题。只有首先解决好上述问题，才可以得到较为科学、合理的安全评价结果。

六、几种常见的安全评价方法

在安全评价过程中，所采用的评价方法和手段被称为安全评价方法。安全评价实质是进行安全风险分析，风险分析是研究风险发生规律和风险控制的技术，它通过对项目中存在的各种风险进行识别，分析风险发生的概率、造成的后果以及评定风险的水平及其影响，最后提出规避风险的对策和措施,对风险实施有效的控制和处理,以达到利用最小的成本获得最大的安全保障的目的。

风险分析流程如图 6-2 所示。风险分析就是利用已知信息和合适的方法、措施、手段推测未知信息,确认风险主体和风险客体及其状况、辨识与评估风险因素、明晰风险的状况、寻找消除风险对风险主体威胁方法的行为。

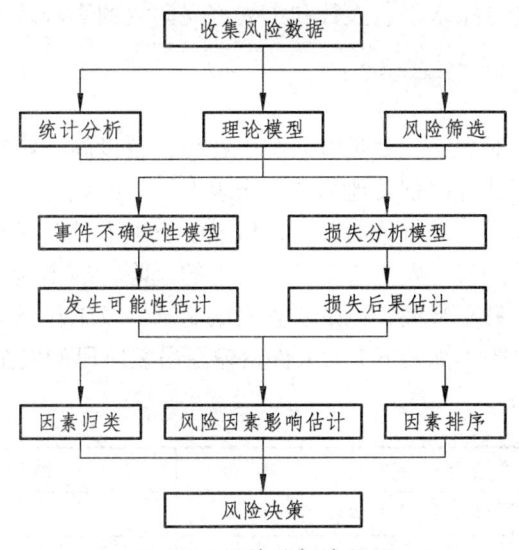

图 6-2 风险分析流程图

风险定性分析方法包括专家调查法(包括智暴法 Brainstorming、德尔菲法 Delphi 等)、安全检查表法(Safety Checklist Analysis,SCA)、失效模式及后果分析法(Failure Mode and Effect Analysis,FMEA)等;定量分析方法包括模糊综合评判法、层次分析法(Analytic Hierarchy Process,AHP)、蒙特卡罗模拟法(Monte-Carlo)、神经网络法(Neutral Network)、风险图法等;综合分析方法包括事故树法(或称故障树法,Fault Tree Analysis,FTA)、事件树法(Event Tree Analysis,ETA)、影响图方法、风险评价矩阵法,以及各类综合改进方法,如模糊层次综合评估方法、模糊事故树分析法、Bow-tie 风险管理法等。

本章简要介绍专家调查法、安全检查表法、预先危险分析法、失效模式及后果分析法、层次分析法、故障树分析法、事件树分析法、Bow-tie 风险管理法、人工神经网络评价法、模糊综合评价法。

(一)专家调查法

专家调查法分为头脑风暴法和德尔菲法。

头脑风暴法是一种刺激创造性、产生新思想的技术。作为最常用的风险分析方法,头脑风暴法比较简单,一般采用小组开会的形式,根据风险预测和风险识别的目的和要求,由 5、6 个人组成专家小组,通过会议的方式让大家畅所欲言,激发与会者的创造性,产生尽可能多的设想,最后综合这些意见后得出结论。该方法操作简单,能够避开成员心理相互作用以及权威人士的意见压力。

德尔菲法依据系统的程序,采用匿名发表意见的方式,即专家之间不得互相讨论,不发生横向关系，只能与调查人员发生关系，通过多轮次调查专家对问卷所提问题的看法，经过反复征询、归纳、修改，最后汇总成专家基本一致的看法，作为预测的结果。这种方法具有广泛的代表性，较为可靠。

专家调查法因其集思广益、简明直观、操作容易，无需原始数据资料从而实际应用率高，特别适用于大型项目，尤其是无先例可循的项目，可用于项目整个生命周期。其缺点是耗时较长、工作量大，结果受专家水平、人数和个人主观印象的影响较大。

（二）安全检查表法

安全检查表法又叫核对表法，就是将系统中各种设备设施、物料、工件、操作、管理和组织措施中的可能风险全部分门别类地列在一张表上，可能风险包括类似项目发生过的风险和可能会发生的风险，以提问或打分的形式，供风险识别人员针对具体项目进行核对、以此来检查项目中是否存在检查表中发生过或可能发生的风险，逐项检查和评定，获得定性的评估结果。此法操作简便、易于掌握，但是检查表编制难度及工作量大，只可进行定性分析，不利于发现未观察到的风险。如表 6-1 为大件运输在吊装阶段的安全检查表。

表 6-1　大件货物吊装安全检查表

安全风险检查项目	结论（是√，否×）
设备吊装时是否严格按技术方案执行	
设备吊装时是否有技术人员现场指挥	
吊装设备及工具是否按时进行安全检查	
工作人员是否正确佩戴安全防护用品	
工作人员有无违反安全规定的行为	
吊装过程是否按大件运输方案进行	
在工作中是否有安全防护装备	
操作人员是否有资质或相关证书	
是否准确测量货物准确高度	
是否测量货物不同位置尺寸	
现场吊装有无专人指挥	
货物是否装载在车板中心	
货物与车板间是否铺垫防滑胶垫	
货物与车板间是否铺垫防尘布	
钢绳与货物接触点是否加有保护衬套	

（三）预先危险分析方法

预先危险分析方法（Preliminary Hazard Analysis，PHA）是一项实现系统安全危害分析的初步或初始工作，在设计、施工和生产前，首先对系统中存在的危险性类别、出现条件、导致事故的后果进行分析，目的是识别系统中的潜在危险，确定危险等级，防止危险发展成为事故。其分析步骤如下：

（1）确定危险源，并对危险源的工作原理、操作条件等有充分了解；
（2）分析可能出现的各种事故类型及产生事故的各种影响因素；
（3）对于危险源，制定预先危险分析表；
（4）确定危险可能性转变为危险状态及事故的条件，提出相应的对策措施；
（5）对事故进行危险性等级判断；
（6）制定事故的预防措施。

预先危险分析方法简便易行，但是受分析评价人员主观因素影响大，要求分析评价人员熟悉系统，有丰富的知识和实践经验，且因为其信息有限无法提供最佳风险控制措施方面的详细内容。

根据国家安全生产监督管理总局编著的国家《新编安全评价手册》的规定，事故危险性等级的划分标准如表 6-2 所示。

表 6-2 事故危险性等级划分

级别	危险程度	可能导致的后果
Ⅰ	安全的	可以忽略
Ⅱ	临界的	事故边缘，暂无人员伤亡和财产损失，应排除危险或采取控制措施
Ⅲ	危险的	造成人员伤亡和系统损坏，应采取防范措施
Ⅳ	灾难性的	人员重大伤亡、系统严重破坏，应予以重点防范

如果仅对大件运输的车货系统进行简要分析，其危险源包括液压平板车、大件货物和装载加固材料，危险事故包括车体变形受损、液压系统受损、轴载超重、颠覆、滑移、倾覆以及材料受损。对以上事故及危险源进行分析得出车货系统的预先危险分析表如表 6-3 所示。

表 6-3 车货系统的预先危险分析表

车货系统	危险因素	触发事件	发生阶段	危险等级	事故结果	影响因素	应采取对策
液压平板挂车	车体变形受损	车体承重过大出现集重现象	装载	Ⅱ			1. 挂车选型、装载加固材料选型审核； 2. 装载加固方案审核； 3. 运输线路改造； 4. 制定车辆通行方案； 5. 采取安全隐患识别措施； 6. 制定事故处理应急方案
			运输	Ⅳ			
	液压系统受损	液压系统承重过大	装载	Ⅱ			
			运输	Ⅳ			
	断轴	轴载超重	运输	Ⅳ			
	颠覆	车货整体失稳	运输	Ⅳ			
大件货物	滑移	加固材料受损	运输	Ⅱ			
	倾覆	加固稳定性不足	运输	Ⅳ			
加固材料	材料受损	材料承重过大	运输	Ⅳ			

（四）失效模式及后果分析法

失效模式及后果分析（Failure Mode and Effect Analysis）是系统安全工程的一种方法，根据系统可以划分为子系统、设备和元件的特点，按实际需要将系统进行分割，然后分析各自可能发生的故障类型及其产生的影响，以便采取相应的对策，提高系统的安全可靠性。FMEA 的分析步骤如图 6-3 所示。

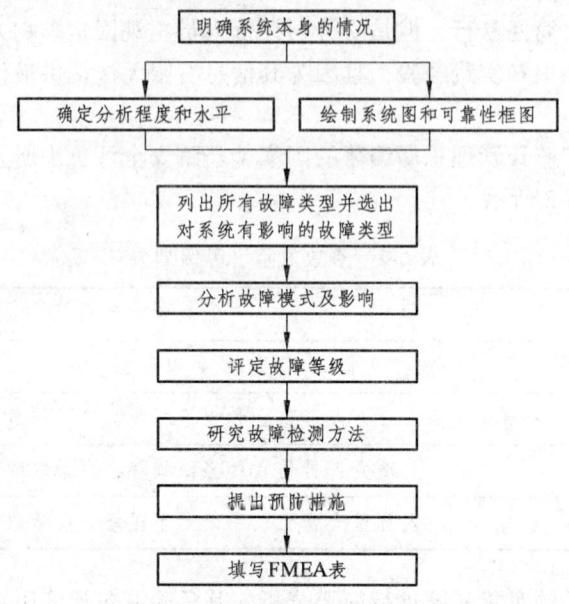

图 6-3 失效模式及后果分析流程图

FMEA 的目的是辨识单一设备和系统的故障模式及每种故障模式对系统或装置的影响。在故障类型和影响分析中不直接确定人的影响因素，像人为失误、误操作等影响通常作为一个设备故障模式表示出来。

根据公路大件运输安全的需要，可将其分为人、车、货、环境等系统，其中车辆系统包括牵引车和挂车子系统，对挂车子系统进行分析，失效模式包括车体变形受损、液压系统受损、断轴和颠覆等等。再分别对每种失效模式的原因和对挂车子系统及车辆系统的影响进行分析，确定故障等级，选择故障检测方法，制定预防对策措施，最后将分析结果填入表 6-4。

失效模式及后果分析法可以识别系统中各组件失效原因、模式及对系统的影响，并以表格的形式表现出来，便于使用。但是使用费时，只能识别单个失效模式，不能考虑人、环境和组件之间关系等因素。

表 6-4 失效模式及后果分析表

系　统＿＿＿＿＿＿ 子系统＿＿＿＿＿＿			失效模式影响分析				日　期＿＿＿＿＿＿ 制　表＿＿＿＿＿＿ 主　管＿＿＿＿＿＿ 审　核＿＿＿＿＿＿			
项目号	分析项目	功能	故障类型	推断原因	影响	故障检测方法	故障等级	备注

（五）层次分析法

层次分析法（Analytic Hierarchy Process）将在本章第六节详细讲解。该方法的原理是将与决策有关的元素分解成目标、准则、方案等层次，在此基础之上进行定性和定量分析的决策方法。该方法将一个复杂的多目标决策问题作为一个系统，将目标分解为多个子单元，每个单元对应不同的评估指标。通过专业知识丰富、阅历高且有实际工作经验的专家进行问卷调查，对不同评估指标的重要程度进行打分、计算、处理数据，最终得到一套科学、统一的评估指标体系。

层次分析法在评价公路大件运输货物捆绑加固、车辆运行状态和公司运营安全等方面已得到了广泛应用。主要包含以下几个步骤：

（1）建立层次结构模型；
（2）构造判断矩阵并赋值；
（3）计算指标相对权重并做一致性检验。

层次分析法提供一种将问题条理化、层次化的思维模式，体现了人类决策思维的基本特征，适用于多目标决策的系统，可用于多个领域，给决策者提供直观的量化支持。但是由于AHP涉及最多的是专家的经验，因此评价的主观性很强。

（六）故障树分析法

故障树分析法（Fault Tree Analysis）是一种演绎的系统安全分析方法。它是从要分析的特定事故或故障开始（顶上事件），层层分析其发生原因，直到找出事故的基本原因，即故障树的底事件为止。故障树是由一些节点及节点间的连线所组成的，每个节点表示某一具体事件，而连线则表示事件之间的关系。它是一种演绎的逻辑分析方法，根据自结果找原因的原则，分析项目风险及其产生原因之间的因果关系，即在前期预测和识别各种潜在风险因素的基础上，运用逻辑推理的方法，沿着风险产生的路径，求出风险发生的概率，并能提供各种控制风险因素的方案。其分析流程如图6-4所示。

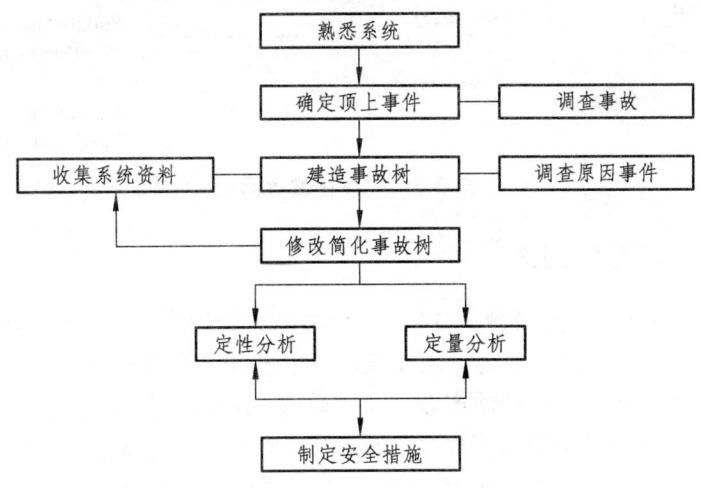

图6-4 故障树分析流程图

故障树分析法是一种定性与定量相结合的系统安全评价方法，注重顶事件发生的概率及各层次之间的逻辑关系,能发现事先未估计到的原因事件,但是它在运用时需要工作人员熟悉系统及元素间的因果关系,并且要有充分的数据。

(七) 事件树分析法

事件树分析法(Event Tree Analysis)是从一个初因事件开始,按照事故发展过程中事件出现与不出现,交替考虑成功与失败两种可能性,然后再把这两种可能性又分别作为新的初因事件进行分析,直到分析出最后结果为止。成功和失败的分叉点称为节点,把树枝的上分支作为成功事件,把下分支作为失败事件,按事件发展顺序不断延续分析,直至最后结果,最终形成一个在水平方向横向展开的树形图,如图 6-5 所示。根据事件发展的不同情况,如果已知每个节点处成功或失败的概率,就可以计算出各种不同结果的概率。

事件树法有很多优点。简捷实用,清晰明了,可以用于总结分析已经发生的事故,也可用以检测预估运行系统各要素之间的相互影响程度及系统的整体安全状态,基于事件树法的风险分析,既可以了解系统的整体变化过程,事先找出可能会发生的事故,也可以采取措施有效地避免或降低事故的发生率,事件树法通常用于多种环节或多重保护系统的定性与定量分析。其缺点是它无法考虑部分正常或者失效的情况。

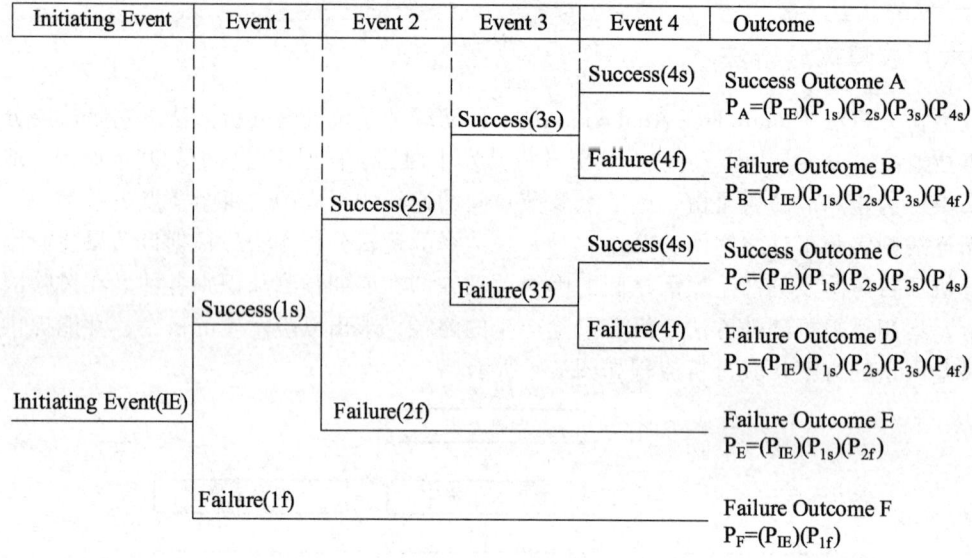

图 6-5 事件树分析法

(八) Bow-tie 风险管理法

Bow-tie 风险管理法以屏障模型为基础,结合故障树分析法与事件树分析法,分析事故的前因后果。目前此方法已经被广泛地运用在欧洲及世界各国的政府部门、航空、石油、化工、建筑等跨国企业或组织中,英国国防产业、法国政府、英国健康与安全执行局、澳大利亚国家调节机构、新西兰陆路交通安全管理局、石油协会国际交流标准、欧洲航空业和美国联邦航空管理局以及银行产业都发布了应用 Bow-tie 方法进行分析的例子。

Bow-tie 方法简单,直观,而易于操作,它运用危险控制屏障原理,系统化地分析危险及其后果,通过风险分析过程,建立基于层级防护机制的控制措施,输出成果形式多样,可从多个角度分析和沟通风险及控制措施,具有便于企业内部建立切实可行的风险评估、分析与控制措施的数据库,用于监测风险控制的效果和进展,形成层级的闭环式的风险管理流程等优点。

由于公路大件运输事故的特殊性、复杂性和危险性,用单一风险分析方法很难对其进行全面分析,而采用多种分析方法结合的方式则会达到很好的效果。Bow-tie 与 FTA、ETA 三者结合能提高分析结果的直观性和准确性,对事故的预防、控制、发生、后果及发生的原因等事故因素进行分析并用领结图形象直观完整地描述事故发生的全过程,对危害事件发生的原因、后果及采取的措施是否充足等提供一个可视化的评估。Bow-tie 分析法只能用图形直观表示出整个事故发生的全过程,而不易给出更为准确的定性定量分析,因此将 ETA、FTA 与 Bow-tie 法结合能很好地解决这一问题,对事件发展全过程有更为准确和详细的了解。

(九)人工神经网络评价法

人工神经网络(Artificial Neural Networks,ANN),是一种模仿动物的神经网络行为特征,进行分布式并行信息处理的数学算法模型。这种评价方法依靠系统的复杂程度,通过调整系统内部大量节点之间的相互连接关系,进而达到处理信息的目的。人工神经网络评价法有自学习、自适应的能力,能够通过预先提供的一批相互对应的输入-输出数据,分析掌握两者之间存在的潜在规律,最后根据这些规律,用新的输入数据推算输出结果,该种学习分析的过程称为训练。

(十)模糊综合评价法

大多数情况下,一个事物要用多个指标来刻画其特征与本质,而且人们对于一个事物的评价通常并不是简单的好与不好,而是采用模糊语言分为不同程度的评语。很显然,对于这种模糊评价的对象,使用经典评价方法存在着不科学性和不合理性。那么使用什么办法能够解决这类问题呢?因为在很多的问题上,人们对于事物的评价经常带有很大的模糊性,所以,运用模糊数学的方法来进行综合评价一般会取得比较好的效果。

模糊综合评价法是借助于模糊数学的概念,对生产、生活中的综合评价问题进行评价的一种方法。详细地说,模糊综合评价法就是以模糊数学为基础,运用模糊关系合成的原理,将一些不易定量、边界不清的因素进行定量化,从多个因素对评价事物隶属等级的状况进行综合评价的一种方法。综合评价对评判对象的全体,根据所给定的条件,给每个对象赋予一个非负实数,即评价指标,再根据评价指标值排序择优。

模糊综合评价法的基本原理是在确定评价因素、评价等级、权值的基础之上,运用模糊集合变换的原理,以隶属度来描述各个因素及因子的模糊界线,构造模糊评判矩阵,通过多层次的复合运算,最终确定评价对象所属的评价等级。

模糊综合评价法将定量指标和定性指标统一考虑,通过专家的判断来实现对指标的模糊评判,所以保证了评价结果的可解释性。

综合上述分析,模糊综合评价法根据模糊数学的隶属度理论把定性评价转化成定量评价,具有结果清晰、系统性强的特点,能较好地解决模糊的、难以量化的问题,适合各种非确定性问题的解决。鉴于影响大件货物道路运输安全的因素有很多且都是难以量化的,通常选用模糊综合评价法进行评价。

第五节 大件运输安全评价指标的建立

研究大件货物道路运输安全评价的问题,首先要解决的就是如何建立评价指标体系。大件货物道路运输安全评价指标体系,是将大件货物道路运输安全评价理论从定性分析的阶段向定量分析的阶段转变的必要条件。

评价指标体系是由一系列相互制约、相互关联的指标所组成的完整、科学的一个整体,该指标体系要能够反映出所评估对象的各方面的目标和要求。大件货物运输的安全评价是一个多层次、多指标系统的评价问题。通过一定的算法,用不同的指标对评价对象的不同方面进行综合评价,最后合成并得到评价指标体系,对大件货物运输进行全面、科学的评价。

一、公路大件运输典型安全事故统计分析

对公路大件运输典型安全事故进行统计分析,探寻其发生特点及规律,深入剖析事故成因,是公路大件运输安全风险分析的基础,也是大件货物安全评价指标建立的基石。对所有类型事故及不安全事件的统计对比,找出引发事故的因素,可以让我们对各类型事故的发生情况有个整体轮廓,采用不同方法分析风险、评估风险、缓解和预防风险,被证实是一种行之有效的方法。

(一)事故统计

1. 样本选取

事故样本 66 起,时间跨度 15 年,来源于公路大件运输从业者、道路交通事故鉴定员以及新闻媒介的公开报道。事故样本为不完全统计,具有随机性,其统计结果能大致反映公路大件运输安全运营概貌。事故样本的时间分布如图 6-6 所示。

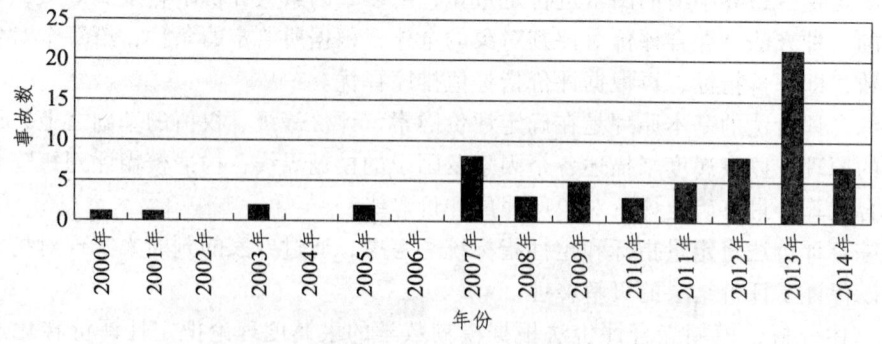

图 6-6 公路大件运输事故样本时间分布

2. 事故形态分布

公路大件运输事故分为运输阶段的事故和非运输阶段的事故，运输阶段事故有：与其他车辆碰撞、制动失效翻车、道路塌陷等。非运输阶段事故有：吊装时货物掉落、短倒运输时货物倾翻、卸载时缆绳断裂等。在运输阶段，根据事故表现形式的不同，样本事故表现为碰撞、倾翻、桥梁坍塌、翻车、路陷、落水等 7 种类型。其分布如图 6-7 所示。

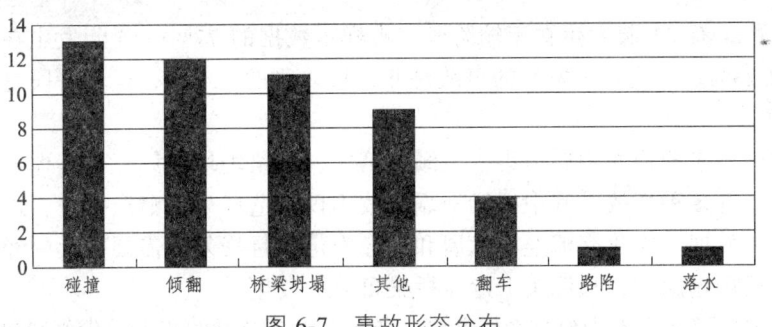

图 6-7　事故形态分布

3. 事故诱因分布

样本事故的诱因主要有违规驾驶、制动失效、操作不当、超载、爆胎、排障不足、观察不足、设备失效、无证操作、防护不足、捆绑加固不当等。其中违规驾驶包括超速行驶、违规停留、未避让车辆等。事故诱因分布如图 6-8 所示。

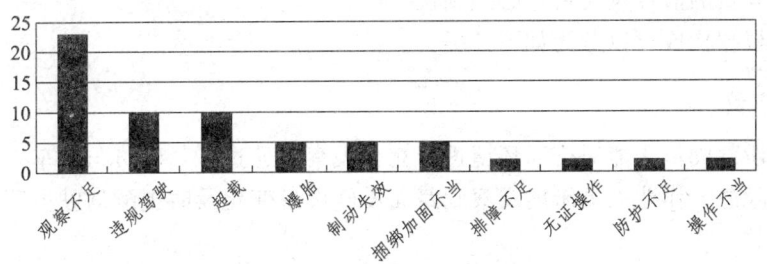

图 6-8　事故诱因分布

4. 事故责任分布

根据事故责任人将样本事故进行分类，包括驾驶员、路勘人员、跟车人员、装卸人员及其他人员，其他人员中包括交警、路政等与公路运输相关的其他部门的人，事故责任分布如图 6-9 所示。

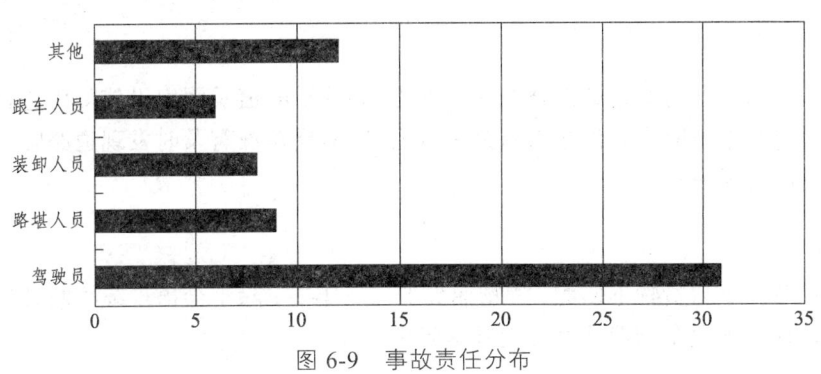

图 6-9　事故责任分布

5．事故构成分布

将样本事故中，人员事故 37 起，占 56%；车辆事故 12 起，占 18%；道路事故 12 起，占 18%；货物事故 3 起，占 5%；环境事故 2 起，占 3%。

（二）事故分析

事故样本中，有 51 起发生在运输阶段，占样本数据的 77%；15 起发生在非运输阶段，占样本数据的 23%。运输阶段发生的事故是非运输阶段的 3.4 倍，运输阶段是事故高发期，需要重点关注。

事故样本中，表现形式中碰撞第一，倾翻第二，桥梁坍塌排第三，其他形式中汇集了擦剐、拉剐、掉落等多种事故。其中桥梁坍塌事故不仅会造成生命财产损失，影响交通运营、人民生活、贸易发展、文化交流经济发展和社会安定，且修复也需要巨大的经济投入，所以应深入分析桥梁倒塌原因，从源头上避免桥梁事故的发生。

事故诱因中捆绑加固不当包括缆绳断裂、货物与车辆连接处断裂、缆绳松动等；操作不当包括吊装时起重机操作不当及驾驶员强行通过路基塌陷路面等；观察不足包括倒车引起的碰撞擦剐、路面电缆电杆的拉挂以及转弯路口或停车场出口的碰撞等；设备失效和无证操作主要针对的是吊装事故，防护不足是中途停车时未挂反光标志及夜间行车时未挂警示灯等行为。

从事故责任分布可以看出，驾驶员高居首位，所以大件运输对驾驶员驾驶资格、经验要求很高，对驾驶员的监控及奖惩也必须到位。

样本事故根据构成可以分为如下几类。

1．人员事故

在运输阶段驾驶员未能对交通环境进行充分观察就通过，驾驶员与跟车人员沟通不充分没能发现安全隐患，作业人员未能观察到路面设施设备变化及时提醒驾驶员等等由人员引发的事故数不胜数。

2．车辆事故

由于在运输准备阶段没有对车辆的技术性能进行安全性确定，定期对车辆技术性能的安全检测没有完成，在运输过程中没有对车辆动态性能指标进行实时监控，驾驶员没有在车辆监控设施提醒下调整趋于安全的驾驶操作行为，导致车辆出现制动失效或者爆胎而引发事故。

3．道路事故

在路勘阶段未对即将通过的道路路面、坡度、桥梁、隧道及固定设施障碍进行全面勘查，在遇到无法通过的地方时没有停车重新路勘再通过，引导车没有及时发现道路临时变化情况，未能保证运输的万无一失。

4．货物事故

车辆配置时挂车与货物不匹配，货物捆绑加固不牢靠，除了会出现缆绳断裂货物倾翻外，还有可能货物移位导致车辆偏载而发生倾翻等事故。

5．环境事故

运输之前未能准确掌握运输所经过地区的天气状况，能见度低导致事故发生或是夜间作业或停车时未对车货进行安全防护导致事故发生。

二、公路大件运输安全事故致因理论

事故致因理论是从大量典型事故调查与分析中提炼出的事故发生机理，大量研究与实践已经证明事故致因模型在安全科学理论研究与事故预防实践中的重要性，具体表现在：事故致因是事故预防与控制的理论依据，也是事故调查与分析工具；安全科学原理研究的路径之一，安全学是从研究生产安全事故层面发展起来的；事故致因是特定时期人们安全理念的集中反映，同时事故模型影响着人们对安全的认识。针对已提出的大量事故致因模型，国内学者钟茂华、罗春红、樊运晓、魏晓阳，以及国外学者 Sklet、Swuste 等进行了一些梳理工作，但在时效性、系统性等方面的工作还存在欠缺，尤其是对事故致因建模的基本问题（如方法论、结构体系等）的研究还不足。

吴超等人将安全系统划分为微观安全系统、中观安全系统和宏观安全系统；Coze 指出在系统安全分析和事故致因分析中，在个人层级和社会层级之间建立"微观-中观-宏观"联系属于基础理论和方法论问题；Durugbo 从"微观-中观-宏观"三个维度论述系统信息流建模研究现状；Yoon 等人认为在事故分析是应该从宏观、中观和微观三个层面分析事故致因。基于此，以系统粒度为切入点，从微观、中观、宏观三个层面综述与比较事故致因模型：微观层面的事故致因模型主要着眼于微观安全系统，如以人或机为中心的、以人机交互为中心的事故致因模型；中观层面的事故致因模型主要着眼于中观安全系统，如以公司等组织系统为中心的事故致因模型；宏观层面的事故致因模型主要着眼于宏观安全系统，如以社会技术系统的大环境为背景的事故致因模型。对现有事故致因模型的归纳分析结果如表6-6所示。

表6-6 事故致因模型归类

系统划分		模型归类
微系统层面	以人为中心	事故频发倾向性理论（APT）、事故遭遇倾向性理论、瑟利模型（Surry's model）、安德森模型、劳伦斯模型、海尔模型、流行病学理论（EM）、推动力模型（DFM）、认知可靠性和失误分析模型（CREAM）、功能振荡事故模型（FRAM）、人的故障模型（MHM）、人的信息处理模型（HIPM）、认知可靠性和失误分析模型（CREAM）、认知失误回顾和预测分析模型（TRACEr）、芬兰模型（FM）、系统致因分析技术（SCAT）、认知-行为模型、事故潜势模型、事故致因的人因调查工具（HFIT）
	以物（能量）为中心	能量意外释然论、能量观点的事故因果连锁模型、Wigglesworch模型、两类危险源理论、三类危险源理论、能量流系统模型、基于危险源的事故致因模型、扰动起源理论、故障模式及影响分析模型（FMEA）、突变模型

续表

系统划分	模型归类
中系统层面	多米诺骨牌理论（海因里希事故因果连锁理论）、博德事故因果连锁理论、亚当斯事故因果连锁理论、轨迹交叉论、动态变化理论、教育模型、瑞士奶酪模型（SCM）、运转经验反馈系统（OEF）、ATSB调查分析模型（ATSB）、管理疏忽和风险树模型（MORT）、重大事故防范金字塔模型（PyraMAP）、人-技术-组织分析模型（MTO）、三脚架法事故致因模型（Tripod-DELTA）、北川彻三因果连锁理论、改进的三角架模型、"认知-约束"模型、"树生"模型、流变-突变（"R-M"）模型、人因分析与分类系统（HFACS）、"2-4"模型、缺陷塔模型
宏系统层面	风险管理框架模型（RMF）、AcciMap模型、综合论模型、基于系统理论的事故致因与流程模型（STAMP）

从表 6-6 可知，现有事故致因模型主要集中在微系统层面和中系统层面，这是由生产方式的变化、人在生产过程中所处地位的变化和人们安全理念的变化决定的。

可预见的是随着科学技术的发展，宏系统层面的事故致因模型将会得到越来越多的关注，它也是面对运输技术飞速发展、事故本质发生改变、新的危险源类型的出现、系统复杂性和耦合性的提高、单类型事故容错性下降、安全需求和功能需求冲突等挑战时，新一代事故致因模型最基本的特征。

三、公路大件运输安全影响因素分析

现代系统安全工程理论认为，任何系统的状态都处于系统自身与其所处外部环境系统的共同作用下，并提出不安全状态或不安全行为引发的事故，是人、设备、环境和管理等因素的多元函数，即所谓的 4M（Man, Machine, Media, Management）因素。本书作者认为，在管理、人、设备和环境四个因素中，任意一个或一个以上的方面相互作用出现了问题，就可能导致事故的发生。一起公路大件运输事故的发生，其原因往往很复杂，绝非单一因素造成。人的错误操作、车辆设备缺陷、道路状况、运输环境、大件货物的包装与装卸等方面的原因，都易导致公路大件运输事故。下面着重从大件运输中的人员因素、车辆因素、货物因素和环境因素进行分析。

（一）人员因素

公路大件运输是由人、车、货、环境四因素构成的，其中任何一个方面的不协调均将造成安全事故，例如驾驶员违章操作、车辆的技术故障或道路的缺陷都可能造成安全事故。在公路大件运输安全系统中，人员是道路运输的主体，在运输中发挥着主体的作用。据事故研究机构的数据统计可知，80%以上的事故的原因都涉及人为操作失误。因为在公路大件运输生产系统中，无论是作为参与者还是管理者，人都是操作、管理行为的主体。事故轨迹交叉理论认为，事故的发生往往是由于人的不安全行为以及物的不安全状态造成的，即使是由于设备故障等所引起的事故，也多数和人的失误有关系。其模型如图 6-10 所示。

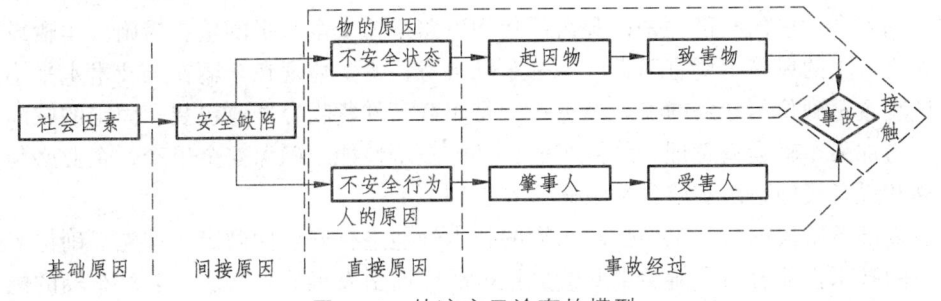

图 6-10　轨迹交叉论事故模型

人的意识与行为往往是最难以控制的，很多事故的发生都是由于人员操作的疏忽或不当而造成的，而人又是执行大件运输工作的主体，人员因素不仅要考虑驾驶员因素，还要考虑工程技术—人员和管理人员等因素。人的行为贯穿于整个公路大件运输过程的始终，不管是车辆因素、货物因素还是环境因素，只要相关人员发现得及时，都有可能将危险扼杀于萌芽状态。

在运输准备阶段，人员的安排及管理是做好公路大件运输工作的首要任务，此方面准备不足将直接导致后续工作无法有效、安全地开展，因此，需根据运输任务内容设立公路大件运输工作小组，确保每项工作均有完整的人员配置，并落实责任制，应当明确各个工作人员的职责，确保在公路大件运输工作开始前各项准备工作完成。对于实际操作人员，如装卸人员、捆绑加固人员、驾驶员等，必须严格审核其业务资格，并开展相应的业务培训，针对具体项目强调操作注意事项，保证操作人员充分熟悉该项目的货物及其运输情况，结合理论培训与实际工作经验采用最适宜的操作办法。必须对各个工作人员的资格、培训及责任制进行严格管理和要求，加强监督与规范制约，由此提高工作人员安全意识与责任意识，从而减小由于人员安排不当或操作不当带来的安全隐患。

运输途中各个工作人员的技术水平、经验和专注度对运输工作的安全性产生直接影响，他们必须在车辆行进过程中定时监察车辆、货物及道路的安全情况。在车辆行进过程中，挂车操作员、跟车人员及排障人员等在特殊路段根据实际需要执行其工作职责即可。相对来说驾驶员才是车辆安全行进的主导者，必须时刻保持注意力集中，使其始终处于正常驾驶状态，若出现疲劳驾驶、超速驾驶等违规行为，将对驾驶人的感知能力、操作能力和反应能力产生直接的负面影响，从而带来极大的安全隐患。因此，运输阶段需对驾驶员的驾驶状态进行监测。

除技术水平之外，工作人员的风险认知能力及反应能力是运输期间及时发现安全隐患并避免风险的重要因素。驾驶员的风险认知能力及反应能力主要受驾驶经验、个人经验、对环境的熟悉程度、性格特征、驾驶行为习惯、文化差异及培训情况等影响，挂车操作员及跟车人员等工作人员的风险认知能力及反应能力主要受到个人工作经验、对车货情况的熟悉程度、对环境的熟悉程度、性格特征及培训情况等的影响。风险认知能力及反应能力是长期积累形成的，因此应在选择工作人员及其对工作人员培训阶段对此项能力进行评估、斟酌。

(二) 车辆因素

车辆是大件货物道路运输企业进行生产服务的载体，车辆的安全技术状况与运输安全息息相关。如果车辆状况不好，会严重影响行车安全，导致事故发生。

对车辆安全性能的改进，是提升大件货物道路运输安全水平的重要措施。车辆设备对道路运输安全产生的风险主要有两类。一是车辆自身，主要体现在车辆安全技术水平不达标，安全防护装置不到位等导致的安全隐患；二是车载大件货物容器或包装、固定的缺陷引发事故风险。为加强车辆运输管理，维持车辆良好的技术性能，确保安全生产，企业必须负责对运输车辆和设备设施组织实施日常维修保养管理。

在运输准备阶段的核心工作是对车辆的技术性能进行安全性确定。首先，确保牵引车及挂车自身的技术性能合格，避免由此造成机械故障而引发事故。其次，需对车辆的配置方案进行严格把关，挂车与货物的匹配、与牵引车的匹配都要满足安全性要求。挂车配置不合理将给装载阶段就埋下安全隐患，而牵引车匹配不合理则易造成牵引力不足、无法通过纵坡等情况。由车辆引发的安全问题多数会在装载阶段和实际运输过程中突然发生，直接对大型货物造成不可修复的损坏。所以必须确保运输准备阶段车辆自身技术性能合格，保证车辆与货物匹配的合理性和安全性，使在车货匹配后的车辆性能同样能够满足安全运输需求。

车辆技术性能的常规检测是由相关管理部门定期进行的，而运输准备阶段对车辆技术性能安全性的检测反映的是当时的车辆性能状况，无法反映承运车辆的安全性能的实时状况。在运输阶段，因车辆技术性能缺陷发生的事故如车轴断裂、制动失效、爆胎等屡见不鲜，所以，实时监控车辆安全状态并及时提供安全预警措施，不仅可以帮助驾驶员调整趋于安全的驾驶操作行为，而且可以在车辆发生安全故障前及时采取措施避免危险发生。

首先，对车辆运动状态参数（如行驶速度、加速度、减速度、突然制动或急转弯）的监测是十分必要的，不仅是货物稳定前进的保证，更是保证超重型车辆行驶安全的基本监测需要。其次，需及时掌握轮胎情况及车辆载荷变化情况从而避免车辆发生爆胎、断轴、车体受损等事故。最后，对车辆的制动性能进行监测，避免车辆发生制动失效。制动失效不仅使大件运输车货本体身处险境，更会对沿途车辆、行人及道路设施形成巨大威胁。此外，需对车辆的当前位置及行驶路径进行实时监测，便于发生危险时及时定位车辆、启动应急救援措施。

（三）货物因素

一切运输工作的布置与安排都是为了以最安全、最经济的方式将货物运送到目的地，人、车、道路、环境会从不同方面对货物运输的安全性产生影响，而对于货物自身，也会对人、车、道路、环境从各方面提出不同的要求。

在运输准备阶段，首先确保所接收货物的完整、无质量问题，并全面掌握货物资料，以便按照货物要求制定后续方案。避免由于货物资料分析有误或忽略重要特殊要求而引发的运输方案偏差及实际操作错误的情况。

在运输过程中，货物时刻受惯性力、横向离心力及径向冲击力的作用，使货物可能发生移动。除了受驾驶操作和道路条件的因素影响外，造成货物移动的最主要原因是货物的捆绑加固不牢靠，货物偏离最初的装载位置后，必将造成车辆偏载从而埋下安全隐患，必须逐项检查以保证装载加固的合格。若能及时发现货物滑移并做归位调整，则能避免事态恶化，所以需对运输过程中货物的捆绑加固情况进行监测，及时发现货物位移的倾向。某些精密仪器对自身安全性要求高，在运输过程中对震动及受冲击的轻重程度有明确的量化要求，一旦货物受到的冲击力超过其极限要求，货物内部精密部件就会受到损坏，因此精密仪器对运输的平稳性要求非常高，在运输时必须对其受冲击程度进行实时监测，以便根据监测结果及时调整驾驶状态。

（四）环境因素

不良的运输环境是引发运输危险的物质基础。对于大件货物运输企业来说，不良的运输环境主要指的是建筑设计布局、消防设施、障碍物排除、桥梁加固、作业现场的环境卫生、治安等方面存在的不利于大件货物运输企业安全生产的状态。通过大件货物运输准备阶段的道路勘测、实地调查等可以有效地预防由于环境因素引发的不安全状况。

环境因素包括道路和自然环境两个方面的内容，其中道路因素主要指大件运输的通过性。在运输准备阶段，确定线路方案时，要对所经全线开展路勘工作，对道路路面、道路坡度、桥梁、隧道及固定设施障碍等进行全面勘查，以确保道路的可通过性和通过的安全性。勘查路面时要针对路面平整性、抗滑性和路面质量三项指标进行检查，避免引起车体颠簸、影响车辆制动及路面凹陷影响行车安全。车辆所能通过的最大坡度超过横纵向最大坡度会有车货倾覆的危险。桥梁通常限高、限宽，除了净空上的限制外，其承载力要满足车辆通行需求，否则会导致桥梁坍塌事故。固定设施会在高度或宽度上影响大件车辆的通过，直线段的障碍通常容易判断，重点要对转弯处的通过性进行精确判断，避免转弯时车辆卡在弯道进退两难。提前掌握运输期间途经地区的天气状况，尽量避开不良天气，并做好恶劣天气的应急预案。对于探路时发现的经常性交通拥堵路段，应及时与相关管理部门协调，申请在运输期间帮助疏导交通。

在运输阶段，不能只依靠前期路勘结果，引导车要及时发现道路的临时变化情况，对于突然发生的道路安全性障碍要及时向运输车汇报，并采取相应的排障措施，保证运输的万无一失。对临时出现的不可抗拒的大风、雨雪及冰雪路面等环境情况，应及时启动相应的应急程序。对临时出现的拥堵交通状态或交通事故，应及时求助相应的管理部门协助解决。

四、大件运输安全评价指标的建立

（一）安全评价指标的建立原则

大件货物运输的研究对象是一个极为复杂的系统，要想建立一个合理、科学的指标体系，应遵循如下几个原则。

1．科学性原则

评价的目的是决策，指标体系的建立应该以科学的理论根据作为支撑，一方面必须注意评价资料的全面性、可靠性和正确性，另一方面各指标应协调一致并保持相对独立，旨在体现道路运输企业安全的内涵核心。指标体系力求层次清晰、指标精练，具有可比性和可操作性，使之具有赋予特定的实际应用与推广的价值。

2．系统性原则

指标体系作为一个系统研究，应全面地反映大件货物道路运输管理的各个方面，任何一个部分的缺少和遗漏都会导致所建立的指标体系不完善。指标体系应不仅能全面反映被评价对象的情况，从中抓住主要因素，而且要使其能反映系统的内部结构、功能及系统整体新特性。突出重点的原则根据货运企业运输工作的特点，重点是把主要因素囊括其中。首先应对整个运输系统进行综合分析，弄清整个系统的组成、运行机理和规律，找出事故发生的重要环节和导致事故发生的关键点。所以，在指标体系中突出这些重要部分意义深远。

评价指标体系应能全面地反映被评价对象各个层次、各个方面的情况，既反映直接效果，又反映间接效果，以保证综合评价的全面性和可靠度。

3. 简练性原则

评价指标应该简单明了，覆盖范围广，要避免因层次过多、指标体系过大、指标过细而烦冗。所选取的指标不仅要具有明确的含义，还应该尽量与企业现在已经具有的数据衔接，但是也要避免出现因层次过少、指标体系过小、指标过粗而不能充分真实地反映企业的实际情况。

4. 定性与定量相结合的原则

在建立系统指标的过程中，既存在容易量化的指标，也存在不易量化的指标。对前者采用定量分析方法，对后者采用定性分析方法。对于定性指标，要明确其含义，并且按照某种标准对其赋值，使之能恰如其分地反映指标的性质。定性与定量指标都要有清晰的概念和确切的计算方法。

5. 独立性原则

同一层次指标之间、不同类型指标之间应尽可能避免有显而易见的包含关系，对隐含的相关关系，要在模型中以适当方法剔除。

6. 可比性原则

指标分类、选择和度量方法要保持同趋势化，以保证可比性。

7. 实用性原则

指标不是越多越好，也不是越简单越少越好，指标体系遵循"标准、简要、适用、可操作性强"。不同的大件运输企业、不同的大件运输项目、不同的大件运输管理团队等，在遵循通用指标体系的前提下，可以根据实际情况有针对性地增加或删减个别指标，也可以适当加大或减少不同指标的各级权重。

值得注意的是，以上原则在具体应用时会出现一定的矛盾。本书在实践中根据具体情况进行了如下处理：

绝对量指标与相对量指标相结合使用。绝对量指标反映总体及规模水平，相对量指标反映在某些方面的强度（或密度）。

评价的有效性与评价的简便性相矛盾时，应在满足有效性的前提下，尽可能使评价简单，而不是反而求之。

对于指标的系统性与可获得性相矛盾时，对那些与评价关系甚大的指标，虽然目前无法获得数据，仍给出建议指标：以保证评价指标体系的系统性和科学性。

指标的精确性与可信度问题。评价应尽可能精确，但有些指标目前不能做到很精确，我们由专家根据经验做定性的描述，给某些指标以质的规定，这样可以提高可信度。

（二）安全评价指标建立流程

安全评价指标的建立流程如图 6-11 所示。

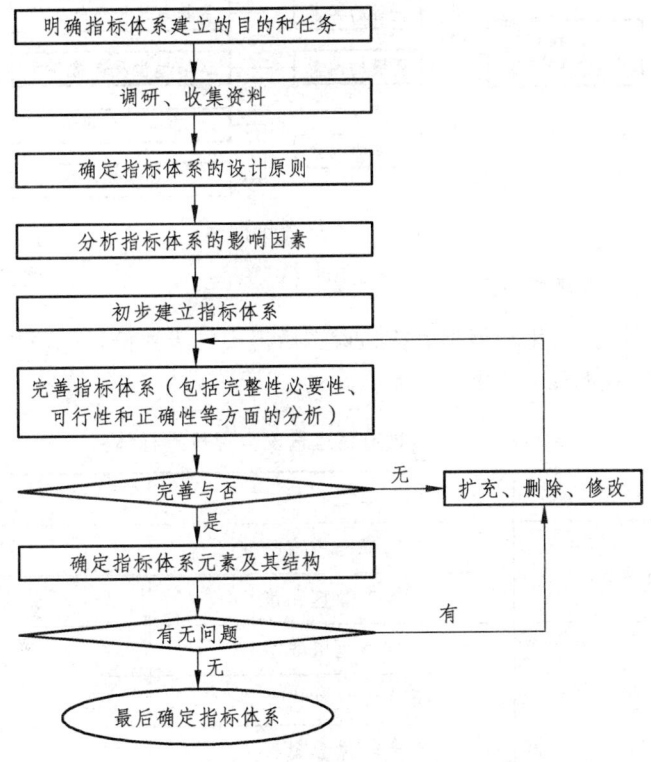

图 6-11　安全评价指标体系的建立流程

（三）大件货物运输安全评价指标的建立

通过查阅文献、咨询专家、实地调研等多种方法，结合大件运输安全事故样本的统计分析可以初步得到大件货物运输安全评价的指标体系。指标体系的构建应考虑覆盖面广、综合性强、科学性好、易于观察或测量等因素。在指标体系优化的时候则需要考虑指标体系的全面性、科学性、层次性、可操作性、目的性等。

当指标太多时，就会有很多重复指标相互干扰。为提高评价效率，突出重点，反映评价对象的主要特征和矛盾的主要方面，有必要对评价指标进行遴选。评价指标的遴选方法很多，国内学者对综合评价中指标遴选提出了自己的方法，大都集中在统计和数学方法上。主要有基于指标区分度、相关性、代表性、层次分析法、回归方程法、专家法等各种指标筛选方法（有兴趣的同学课后进行延展阅读，本书不对指标遴选方法进行详细介绍）。本书介绍的指标体系是本书根据特定的公司，在得到初步的评价指标体系后，基于专家意见法得到的最后结果，目的是介绍思路和方法，不推荐作为大件运输安全性评价的普适性指标进行通用性安全评价。

1．一级评价指标的建立

根据 4M 因素，并结合大件货物道路运输的实际情况，可将人、设备、环境、管理的因素分别表述为员工安全管理、货物与运输车辆条件、运输过程及道路条件、事故应急措施和企业资质管理，得到一级评价指标，具体如图 6-12 所示。

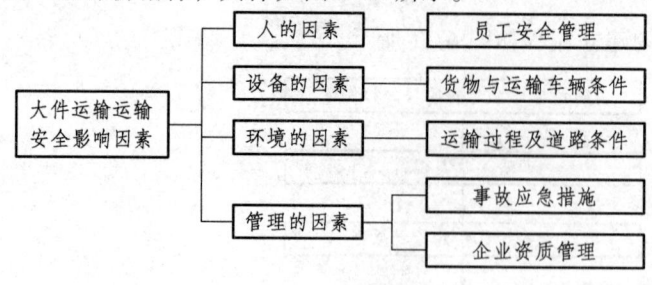

图 6-12　一级评价指标

2．二级评价指标的建立

对一级评价指标进行细化和聚类分析，遴选后得到二级评价指标，从而建立了大件货物道路运输安全评价指标体系，如表 6-7 所示。

表 6-7　大件货物道路运输安全评价指标体系

一级指标	二级指标	编号
员工安全管理 U_1	员工安全教育培训	U_{11}
	员工管理制度	U_{12}
货物与运输车辆条件 U_2	货物超限等级	U_{21}
	货物装载加固状态	U_{22}
	车辆保养情况	U_{23}
	车辆的调度与管理	U_{24}
	装卸及防损技术	U_{25}
事故应急措施 U_3	事故应急设施及设备	U_{31}
	事故应急与救援	U_{32}
	事故处理报告制度管理	U_{33}
	事故应急演练制度	U_{34}
运输过程及道路条件 U_4	前期道路勘测情况	U_{41}
	障碍物排除技术	U_{42}
	运输过程安全检测	U_{43}
	道路沿线治安情况	U_{44}
企业资质管理 U_5	企业的经营资质	U_{51}
	企业的基础建设	U_{52}

3．各项指标释义

经过指标遴选后得到的评价指标体系含义丰富饱满，也避免了歧义。安全评价指标确定后，指标释义就显得尤为重要。

（1）员工安全管理。

① 员工安全教育培训。

人员岗前培训、安全知识培训、日常事务培训。

② 员工管理制度。

驾驶员管理制度、押运员管理制度、其他人员管理制度。

（2）货物与运输车辆条件

① 货物超限等级。

大件货物的长、宽、高、重量、形状等的情况。

② 货物装载加固状态。

大件货物的绑扎、加固情况。

③ 车辆保养情况。

车辆保养及维修、车辆安全管理及检查记录、车辆动态监控记录等。

④ 车辆的调度及管理。

车辆预排班、行车日志、订单管理、行车效率。

⑤ 货物的装卸及防损技术。

货物的装卸容器维护、装卸方式、货物的安全标志、货物的防损措施。

（3）事故应急措施。

① 事故应急设备及设施。

人员防护设施、车辆安全应急设施、货物防损应急设施。

② 事故应急与救援。

事故风险防范、应急措施、应急救援队伍。

③ 事故处理报告制度。

事故责任划分及惩罚制度、事故安全档案管理制度。

④ 应急预案演练制度。

演练制度的制订、演练人员的职责、消防演练、人员急救演练。

（4）运输过程及道路条件。

① 前期道路勘测情况。

大件货物运输前路线勘测、调研情况。

② 障碍物排除技术。

运输道路沿线桥梁、弯道、广告牌等障碍物的加固或排除技术。

③ 运输过程安全监测。

车辆行驶线路、使用率、疲劳驾驶、车速、制动、发动机状态、胎压。

④ 道路沿线治安情况。

大件货物运输道路周围的社会治安、人员安全情况。

(5) 企业资质管理。
① 企业的经营资质。
工商营业执照、危险货物道路运输经营许可证、危险货物登记。
② 企业的基础建设。
办公场地、停车场地、人员配备。

第六节 大件运输安全性综合评价

大件运输安全性综合评价方法很多，运用的手段和途径也不完全相同，采用的评价方法随着评价对象、关注重点不同而千差万别。本书重点介绍研究比较成熟、应用较为广泛的模糊层次综合评价法，所采纳的评价指标根据需要可进行适当增加、删减和修改。

一、大件运输安全评价指标权重的确定

（一）层次分析法概述

层次分析法（Analytic Hierarchy Process，简称 AHP）是美国匹茨堡大学的运筹学家萨蒂教授在 20 世纪 70 年代初提出的一种层次权重决策分析的方法。该方法是萨蒂教授在为美国国防部做"根据各个工业部门对国家福利的贡献大小而进行电力分配"的课题时所提出的应用网络系统理论和多目标综合评价的一种决策方法。

所谓层次分析法，就是将与决策有关的元素分解为目标、准则、方案等多个层次，并在此基础上进行定性分析和定量分析的一种决策方法。这种方法将一个复杂的多目标决策问题作为一个系统，把目标分解成多个子单元，每个子单元对应不同的评价指标。通过对专业知识丰富、阅历高并且有实际工作经验的专家进行问卷调查，对各个评价指标的重要性程度进行比较、打分，通过一定的方法对得到的数据进行计算和处理，最后得到一套科学、统一的评价指标体系的权重值。

层次分析法的步骤主要包含以下几个方面的内容。

1. 建立层次结构模型

在深入研究、分析实际问题的基础上，将与评价系统有关的各个因素按照不同属性自上而下地分解成若干个层次，同一层的各个因素对上层因素有影响或者是既从属于上一层的因素，同时又受到下层因素的作用或者是支配下一层因素。最上层为目标层，一般只有一个因素，最下层一般是方案层或者对象层，中间可以有一个或者几个层次，通常称为准则层或指标层。

2. 构造判断矩阵并赋值

从层次结构模型的第 2 层开始，对于从属于上一层每个因素的同一层的各因素，用成对

比较法和 1—9 比较尺度构造成对判断矩阵，一直到最底层。

这一步骤最重要的是填写判断矩阵，一般采取的方法是向填写人（专家）反复询问判断矩阵中各个元素间进行两两比较，得出哪个因素重要以及重要多少。

重要性标度一般采用 1—9 进行标度，如表 6-5 所示。

表 6-5　重要性标度值

重要性的标度	含　　义
1	表示两个元素相比较，有同等重要性
3	表示两个元素相比较，前者比后者稍重要
5	表示两个元素相比较，前者比后者明显重要
7	表示两个元素相比较，前者比后者强烈重要
9	表示两个元素相比较，前者比后者极端重要
2，4，6，8	表示需要在上述两个标准之间折中的标度
倒数	两个因素之间的反向比较

层次结构中各层次上的元素可以依次和与之有关的上一层元素进行两两比较，建立判断矩阵。值得注意的是，某一判断矩阵是基于所有同层次元素对上层某一个元素的重要性而言的。

判断矩阵　　$A = (a_{ij})_{n \times n}$ （6-4）

其中 A 中元素满足：

（1）$a_{ij} > 0$

（2）$a_{ij} = 1/a_{ji}$

（3）$a_{ij} = 1, i = j$

如判断矩阵全部元素满足等式：$a_{ij} \cdot a_{jk} = a_{ik}$，则称该判断矩阵为一致性矩阵。

3．计算指标相对权重并做一致性检验

本书选用"和法"对判断矩阵进行处理。对于一致性判断矩阵，列向量归一化即得相应权重。对于非一致性判断矩阵，对 n 个归一化后的列向量求取算术平均值作为最后的权重。

具体计算步骤如下：

（1）对判断矩阵规范化：

$$\overline{a_{ij}} = \frac{a_{ij}}{\sum_{i=1}^{n} a_{ij}} (i, j = 1, 2, \cdots, n)$$ （6-5）

（2）按行相加得和向量：

$$w_i = \sum_{i=1}^{n} \overline{a_{ij}} (i, j = 1, 2, \cdots, n)$$ （6-6）

将得到的和向量正规化，得到权重向量：

$$w_i = \frac{\overline{w_i}}{\sum_{i=1}^{n} \overline{w_i}} (i, j = 1, 2, \cdots, n) \tag{6-7}$$

（3）计算矩阵最大特征值 $\lambda_{\max}$：

$$\lambda_{\max} = \sum_{i=1}^{n} \frac{|A\overline{w_i}|}{n(\overline{w_i})_i} \tag{6-8}$$

由于客观事物的复杂性以及人们对于客观事物认识上的模糊性、多样性，通常很难构造出满足一致性的矩阵来。但是判断矩阵的偏离一致性条件应该有一个度，所以必须对判断矩阵是否可以接受进行鉴别，这就是一致性检验的内涵。检验成对比较矩阵 A 一致性的步骤如下：

计算衡量一个成对比较矩阵 A（$n>1$ 阶方阵）不一致程度指标 CI

$$CI = \frac{\lambda_{\max} - n}{n-1} \tag{6-9}$$

式中，$\lambda_{\max}$ 为判断矩阵 A 的最大特征值，n 为判断矩阵阶数。

从有关资料查阅检验成对比较矩阵一致性的标准 RI。RI 称为平均随即一致性指标，它只与矩阵阶数有关，如表 6-6 所示。

计算成对比较矩阵的随即一致性比率

$$CR = \frac{CI}{RI} \tag{6-10}$$

当 $CR<0.1$ 时，判定判断矩阵 A 具有满意的一致性。

表 6-6 平均随机一致性指标 RI 取值

n	1	2	3	4	5	6	7	8	9	10
RI	0.00	0.00	0.58	0.90	1.12	1.24	1.32	1.41	1.45	1.49

（二）安全评价指标权重的确定

1．建立评价层次模型指标集

根据上一节中所建立的安全评价指标体系，其层次模型用数学式表达如下：

$$H = \{U_1, U_2, U_3, U_4, U_5\} \tag{6-11}$$

其中：
$U_1 = \{U_{11}, U_{12}\}$，
$U_2 = \{U_{21}, U_{21}, U_{23}, U_{24}, U_{25}\}$，
$U_3 = \{U_{31}, U_{32}, U_{33}, U_{34}\}$，
$U_4 = \{U_{41}, U_{42}, U_{43}, U_{44}\}$，
$U_5 = \{U_{51}, U_{52}\}$

2．建立判别矩阵

经过调研，运用德尔菲法，经过多轮数据收集整理，各专家意见最终趋于一致，建立了一级指标判别矩阵及二级指标判别矩阵。

（1）建立一级指标的判别矩阵

通过对一级指标的重要性进行两两比较，得出大件货物道路运输安全评价一级指标判别矩阵，如表6-7所示。

表6-7 一级指标判别矩阵

指标i \ 指标j	U_1	U_2	U_3	U_4	U_5
员工安全管理U_1	1	3	3	5	5
货物与运输车辆条件U_2	1/3	1	1	3	3
事故应急措施U_3	1/3	1	1	3	3
运输过程及道路条件U_4	1/3	1/3	1/3	1	1
企业资质管理U_5	1/3	1/3	1/3	1	1

一级判别矩阵用数学表达式表示为：

$$U_2 = \begin{bmatrix} 1 & 3 & 3 & 5 & 7 \\ 1/3 & 1 & 1 & 3 & 5 \\ 1/3 & 1 & 1 & 3 & 5 \\ 1/5 & 1/3 & 1/3 & 1 & 1 \\ 1/7 & 1/3 & 1/3 & 1/3 & 1 \end{bmatrix} \tag{6-12}$$

（2）建立二级指标判别矩阵

同样地，对于二级指标，在同一指标组内根据各指标的重要程度对各个指标进行两两比较，然后得到各二级同组指标的判别矩阵。

各二级判别矩阵用数学表达式表示为：

$$U_1 = \begin{pmatrix} 1 & 3 \\ 1/3 & 1 \end{pmatrix} \tag{6-13}$$

$$U_2 = \begin{bmatrix} 1 & 3 & 3 & 5 & 7 \\ 1/3 & 1 & 1 & 3 & 5 \\ 1/3 & 1 & 1 & 3 & 5 \\ 1/5 & 1/3 & 1/3 & 1 & 1 \\ 1/7 & 1/3 & 1/3 & 1/3 & 1 \end{bmatrix} \tag{6-14}$$

$$U_3 = \begin{bmatrix} 1 & 1/3 & 3 & 3 \\ 3 & 1 & 5 & 5 \\ 1/3 & 1/5 & 1 & 1 \\ 1/3 & 1/5 & 1 & 1 \end{bmatrix} \tag{6-15}$$

$$U_4 = \begin{bmatrix} 1 & 3 & 5 & 3 \\ 1/3 & 1 & 3 & 1 \\ 1/5 & 1/3 & 1 & 1/3 \\ 1/3 & 1 & 3 & 1 \end{bmatrix} \qquad (6\text{-}16)$$

$$U_5 = \begin{pmatrix} 1 & 1/3 \\ 3 & 1 \end{pmatrix} \qquad (6\text{-}17)$$

（3）确定指标权重。

① 一级指标权重的确定。

以上的判别矩阵显然为正反矩阵。先求出该矩阵的最大特征值 λ_{max}，然后求出对应于最大特征值的特征向量 Y，则可以用 Y 的归一化向量 Y' 来反映各因素对目标的相对重要性，也就是所需要的权重。按照前面介绍的步骤计算，得到：$\lambda_{max} = 0.0556$，其对应的归一化向量为：

$$Y' = [0.4463 \quad 0.1939 \quad 0.1939 \quad 0.0729 \quad 0.0729] \qquad (6\text{-}18)$$

因此，一级指标权重集为：

$$A = [0.4463 \quad 0.1939 \quad 0.1939 \quad 0.0729 \quad 0.0729] \qquad (6\text{-}19)$$

② 二级指标权重的确定

同埋，使用上述方法，求得各个二级指标的权重为：

$$A_1 = [0.75 \quad 0.25] \qquad (6\text{-}20)$$

$$A_2 = [0.4691 \quad 0.5597 \quad 0.2011 \quad 0.0861 \quad 0.0426] \qquad (6\text{-}21)$$

$$A_3 = [0.2496 \quad 0.5597 \quad 0.0954 \quad 0.0954] \qquad (6\text{-}22)$$

$$A_4 = [0.5523 \quad 0.1997 \quad 0.0782 \quad 0.1997] \qquad (6\text{-}23)$$

$$A_5 = [0.25 \quad 0.75] \qquad (6\text{-}24)$$

二、大件货物运输安全性综合评价

模糊综合评价法，是基于模糊数学的一种综合评价方法。该方法根据模糊数学的隶属度的理论，把定性评价转化为成定量评价，也就是用模糊数学对受到多种因素影响的事物或者对象做出一个科学、合理的总体评估。该方法具有系统性强、结果清晰的特点，可以较好地解决难以定量表示的、模糊的问题，适合解决各种非确定性的问题，适用于大件货物道路运输安全评价的多样性、复杂性的特点。

模糊数学综合评价模型主要涉及三个最基本的要素集合：评价因素集、评价集以及单因素评价。

评价因素集是由影响评价对象的各个因素所组成的集合，可以表示成：

$$U = (U_1, U_2, \cdots, U_m) \qquad (6\text{-}25)$$

其中 $U_i(i=1,2,\cdots,m)$ 是影响因素。因为各因素在评价中具有不同的重要程度，这就需要对各个因素按照其重要程度的不同给出不同的权重值 $a_i(i=1,2,\cdots,m)$。由权重 a_i 所组成的因素集 A 是因素集 U 上的模糊子集，可以用模糊向量表示成：

$$A = (a_1, a_2 \cdots, a_m) \tag{6-26}$$

其中 $a_i (i=1,2,\cdots,m)$ 反映了各因素在系统中重要程度的大小。通常应该满足归一性和非负性的条件，即：

$$\sum_{i=1}^{m} a_i = 1, \quad a_i \geqslant 0 \tag{6-27}$$

评价集是对评价对象可能做出的评价结果所构成的集合，可表示为：

$$V = (V_1, V_2, \cdots, V_n) \tag{6-28}$$

模糊综合评价的目的是，通过对评价对象的各个影响因素进行综合评判和分析，最后能得到一个属于评价集 V 的评价结果。评价等级分得越细，评价结果就越准确，但是等级越细，评价的过程就越烦琐，在对因素指标进行评价时也就越难以把握。因此要适当地选择评价等级，既不能太过于粗糙也不能太过于细化。一般常用的等级划分有 3 级、5 级和 7 级等，对于大件货物道路运输安全的综合评估，3 级评价等级太过于粗糙，不能准确地描述评价对象的实际状况，然而由于评价过程中所涉及的因素比较多，如采用 7 级评价等级将会使得评价过程复杂、烦琐，有可能会适得其反。本书建立的评价模型使用 5 级的评价集合，即 $V = (V_1, V_2, V_3, V_4, V_5) = $（好，较好，一般，较差，差）。为便于最终评价结果的确定，对不同的评价等级进行了赋值，如表 6-8 所示。

表 6-8 评价等级表

好	较好	一般	较差	差
1	0.8	0.6	0.4	0.2

单因素综合评价判断因素 U_1 隶属于评价集 V_j 的程度 r_{ij}，得到单因素 U_i 的评价向量 $r_j = (r_{ij}, r_{ij}, \cdots, r_{im})$，则 m 个因素的综合评价矩阵为：

$$R = \begin{bmatrix} r_{11} & r_{12} & \cdots & r_{1n} \\ r_{21} & r_{22} & \cdots & r_{2n} \\ \vdots & \vdots & & \vdots \\ r_{m1} & r_{m2} & \cdots & r_{mn} \end{bmatrix} \tag{6-29}$$

在评价因素集、评价集和综合评价矩阵都已具备时，可以通过模糊变换来得到综合评判向量 R，即评价系统或评价对象的评价结果。

安全评价结果不仅可以判定当前系统的安全状态，更为重要的是可以为分析和改进安全风险因素提供依据。安全管理的对象是风险而不是事故，安全管理即是和风险做斗争，看得见的风险就不再是风险。大件运输企业即使从未发生安全事故，也未必能算得上是安全的企业，因为可能存在重大的安全隐患。安全管理把风险作为核心，并不是要彻底根绝风险，也不是把风险程度降低为零，而是削减风险发生概率。削减风险是要付出成本的，在符合法律规定和政府监管、社会认可的前提下，兼顾安全和效益的平衡，实现"合理的尽可能低"（ALARP）的风险可接受性标准，是安全管理的现实选择。

第七章 核电运输

核电运输主要包括核电场站生产设备的运输和核电场站退役设备的安全转移运输。核电运输是一项专业性更强、运输精度更高、安全管理要求更高的特种大件货物运输。

核电设备运输是核电设备制造到设备安装投入使用前的一个必要环节，也是容易发生不可预见性事件、造成质量失控，进而可能影响核电建设进度和安全的重要环节。国内大件货物内陆主要发运地为四川德阳、陕西西安、河北保定、甘肃兰州等地，沿海地区为上海、大连、福州新港等。运输环节主要涉及沿海海运、长江内河水运、公路长途运输、公路短途运输、码头装卸船和转驳。运输的设备包括汽轮机、发电机、环吊、人员闸门、安注箱、硼注箱、辅助变压器等重要设备。部分核电设备价格昂贵、形状复杂、尺寸庞大、质量也很大，且有温度、湿度、充油、充氮、加速度等特殊要求。

核电厂退役是指核电厂使用期满或其他原因（如技术落后或事故等）停止运行，永不再使用。为了保证工作人员和公众不受剩余放射性物质及其他潜在风险的危害，而对这样的核电厂有计划地实施必要的善后处理，这样一来，如何使其安全永久地退出服役就显得十分必要。退役的最终目的是实现核电场址不受任何限制的开放使用，核电退役时因辐射原因对运输要求更高。

第一节 中国核电设备运输

核电设备主要分为核岛设备、常规岛设备、辅助系统（BOP）三类。核岛设备包括反应堆堆芯、反应堆压力壳、堆内构件、控制棒驱动机构、蒸汽发生器、主泵、主管道、安注箱、硼注箱和稳压器等。常规岛设备包括汽轮机、发电机、除氧器、凝汽器、汽水分离再热气、高低压加热器、主给水泵、燃料转运装置、凝结水泵、主变压器和循环水泵等。辅助系统（BOP）包括核蒸汽供应系统之外的部分，即化学制水、海水、制氧、压缩空气站等。核电主设备一般指汽轮机、发电机组、反应堆压力容器、蒸汽发生器等重量大、尺寸大、价值大的关键运行设备。

据中国核能行业协会的最新统计，截至2018年一季度，中国目前在运核电机组38台，规模位列世界第四,在建核电机组规模位列世界第一,核电在中国已进入规模化发展的新时期。核电设备制造周期长、运输难度大、物项货值高、管理接口多,决定了设备运输管理工作的复杂性和艰巨性。为保证大件设备运输安全准点,在编制和审核大件运输方案时,应着重检查方案的完整性、安全性和可操作性,贯彻"核安全"的文化理念,遵循"四个凡事",即:凡事有章可循,凡事有人负责,凡事有人监督,凡事有据可查。

一、中国核电发展现状

核电在提升我国综合经济实力和工业技术水平,改善我国能源结构中正发挥着越来越重要的作用。

我国大陆核电起步于20世纪70年代初,在20世纪80年代得到了长足的发展。1984年我国第一座自主设计和建造的核电站——秦山核电站破土动工,1991年12月15日并网发电。期间,还分别建成了浙江秦山二期核电站、浙江秦山三期核电站、广东大亚湾核电站、广东岭澳一期核电站和江苏田湾一期核电站等。

秦山核电站的建成发电,结束了中国无核电的历史,实现了零的突破。标志着"中国核电从这里起步",同时被誉为"国之光荣"。其中,秦山二期是中国自主设计、采购、建设、运营的核电机组,55项大型关键设备中,47项实现了国产化,标志着中国核工业的发展上了一个新台阶,成为中国军转民、和平利用核能的典范,使中国成为继美、英、法、苏联、加拿大、瑞典之后世界上第7个能够自行设计建造核电站的国家。

大亚湾核电站是我国大陆首座大型商用核电站,拥有两台装机容量为98.4万kW的压水堆核电机组,年发电能力近150亿kW,80%销往香港,20%销往广东。大亚湾核电站主体工程于1987年8月7日正式开工,1994年5月6日全面建成并投入商业运行,至2011年2月28日,大亚湾核电站1号机组连续安全运行3 081天,各项经济运行指标达到国际先进水平。大亚湾核电站的建设和运行,成功走出了我国大陆大型商用核电站的第一步,实现了我国核电建设的跨越式发展,为我国核电事业实现未来赶超国际先进水平的目标奠定了基础,为粤港两地的经济和社会发展做出了贡献。

田湾核电站于1999年10月20日正式开工建设,已投入商运的一期工程是2台单机容量为106万kW的俄罗斯AES-91型压水堆核电机组,设计寿命40年,年发电量达140亿kW·h。田湾核电站凭借其得天独厚的地理、地质、水文优势,可容纳8台百万千瓦级机组,总装机容量可达800万~1 000万kW,年发电量600亿~700亿kW·h,产值250亿元以上。

自20世纪50年代以来,我国一直致力于核电产业的探索。目前我国已经拥有了39座核电机组,17座在建机组,年平均核电增长率达15%,是世界上核电规模最大的国家之一。

但是在过去,由于我国核电产业的起步较晚,核心技术都掌握在西方发达国家手中,制约了我国的核电产业的发展,因此自部署核电计划以来,我国从未停止核电技术的研发和创新。在2018年国务院办公厅颁布的《关于加强核电标准化工作的指导意见》中,特别提到我国必须形成与自身发展情况相适应的核电标准体系,并且提高核电设备国产化的比例,从而提高我国核电的国际竞争力。在政府的支持下,我国核电技术在近年来实现了重大突破。目前我国已经拥有了具有完全自主知识产权的核电技术"华龙一号",它拥有可以成熟地预防和缓解发生事故的能力。2012年我国还率先研发出具有世界第四代核电技术特征的核电机组，并用在山东石岛湾核电站，预计在2020年投入商用。同时我国也积极推进多功能模块化小型堆的研发和建设，并且试图拓宽核电在海洋领域的发展。为了完善核产业链的建设，我国还形成了以东北、上海和四川为代表的核电装备制造基地，逐步实现核电设备的国产化。

在国际贸易方面，我国的核电贸易也取得了重要进展。我国与哈萨克斯坦、巴基斯坦等铀矿大国达成了核燃料上的贸易往来，保障了我国核电发展的燃料供应。同时我国还向阿根廷、南非等多个发展中国家提供技术支持，并成功进入发达国家市场，参与英国核电项目的建造。

经过多年的发展，我国核电形成了如图7-1所示的产业链。

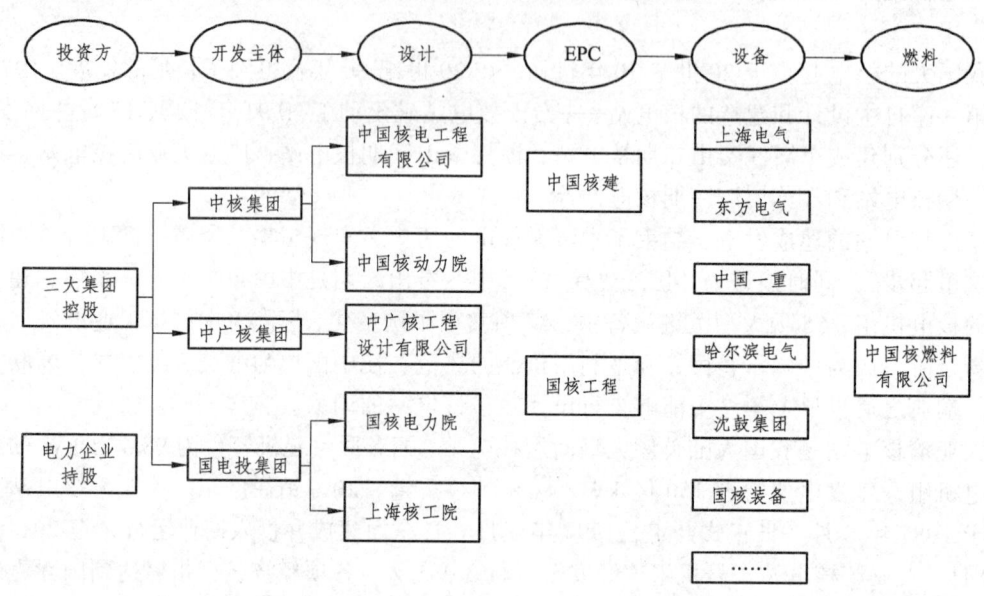

图 7-1　我国核电产业链

二、中国核电的发展趋势

目前全球一次能源消费中，石油占32.9%、天然气占23.8%、煤炭占29.2%、核能占4.4%、水电占6.8%。可再生能源在全球能源消费中的比重为2.8%，其中占比最大的是风能（52.2%）。2017年全国累计发电量为62 758亿kW·h，核电机组累计发电量为2 472.7亿kW·h，占全国总发电量的3.94%，但仍远远落后于火电（73.5%）、水电（17.2%）。在核电的利用上，远低于美国、法国、俄罗斯等国，仅高于正在重启核电的日本和着手降核的德国。这意味着，尽管我国的核电规模虽然位列世界前列，但是相比较我国庞大的用电需求而言，核电及其他新能源的规模并不足以支撑我国能源消费结构的优化。

在产业的分布上，我国的核电站主要分布在沿海地区，极大地限制了核电的使用。而除了日本受地理条件限制，其他国家在内陆均建有核电站，且内陆核电站比重较高。俄罗斯和美国更是拓宽了核电的应用范围，成功研发了海上核电站和空间核反应堆。相比之下，我国的核电部署还仅停留在传统的沿海建立大型核电站。尽管我国的核电技术已经领先世界，但是在核电布局上思路却较为单一。

在发展环境上,美国、俄罗斯和我国都在积极推动核电产业的建设,并活跃在国际核电市场上。而法国和德国政府却表现出了减核的意愿。一方面是法国、德国的经济规模较小,用电量也相对较少,未来的可持续能源有可能完全替代核电,实现本国的低碳能源结构。另一方面,也是由于法国和德国的民众对核电的排斥心理较强。但是美国、俄罗斯和我国的经济规模庞大,需要通过发展核电来平衡经济建设与环境保护的关系。日本政府虽然一直致力于核电的重启,但是当地民众和地方政府反核态度坚决,在国际市场上又受到其他新兴核电国家的挑战。因此日本重启核电之路比较艰辛。

我国在能源发展"十三五"规划中就特别提到,要加强核电在海洋等领域的应用,以推动我国的深海探测及远海活动等。海上核电站的建设不仅能解决偏远地区、极端地区的能源供应,为我国其他学科领域的探索提供能源保障,为我国勘探开采海底石油、天然气提供必要的电力。同时建设海上核电站还是我国核电竞争力的体现,有利于提高我国在国际能源市场的影响力,也是我国经济发展的必然要求。随着未来全球空间探索的进一步深入,电力能源的多领域供应必然成为各国经济发展的焦点之一,因此我国也必然将在未来加快海上核电站甚至是空间核电站的建设。

综上可见,虽然我国的核电综合实力较强,具备自主创新能力,且国内外发展环境良好,但是与其他核电大国相比,我国的核电利用程度偏低,产业布局比较狭窄,这意味着我国核电产业的发展空间还很大。可以预见,内陆核电的重启、海上核电的拓展、国际核电贸易进程的加快,将成为中国核电发展的大趋势。

三、核电技术

(一)第一代核电技术

1954 年,苏联建成电功率为 5 兆瓦的奥布涅斯克实验性核电站。1956 年,英国建成卡德豪尔石墨气冷堆原型核电站。1957 年,美国建成希平港压水堆原型核电站。1960 年,美国建成德累斯顿沸水堆原型核电站。1962 年,加拿大建成重水堆原型核电站。国际上把上述实验性和原型核电机组称为第一代核电机组。早期原型堆代表有德累斯顿、费米一号(美) Magnox、希平港(美)。希平港压水堆原型核电站如图 7-2 所示。

图 7-2 希平港压水堆原型核电站

(二)第二代核电技术

20世纪60年代后期,在实验性和原型核电机组基础上,世界各地陆续建成了电功率在300 MW以上的压水堆、沸水堆、重水堆等核电机组,在进一步证明核能发电技术可行的同时,使核电的经济性可与火电、水电相竞争。目前世界上商运的400多台核电机组绝大部分是在这段时间建成的,它们被称为第二代核电机组。第二代核电堆型代表:PWR(压水堆)、VVER(压水堆)、BWR(沸水堆)、CANDU(重水堆)。秦山核电站如图7-3所示。

图7-3 秦山核电站

(三)第三代核电技术

20世纪90年代,美国电力研究院出台了"先进轻水堆用户要求"文件,即URD(Utility Requirements Document),用一系列定量指标来规范核电厂的安全性和经济性。随后,欧洲出台的"欧洲用户对轻水堆核电厂的要求",即EUR(European Utility Requirements),也表达了类似的看法。国际上通常把URD或EUR文件的核电机组称为第三代核电机组。URD和EUR的主要关注点为:

(1)进一步降低堆芯融化和放射性物质向环境释放的风险,使发生严重事故的概率减少到极致,以消除社会公众的顾虑。

(2)进一步减少核废物(特别是强放射性和长寿命核废物)的排放量,寻求更加安全的核废物处理方案,减少对人员和环境的放射性影响。

(3)降低核电厂每单位千瓦的造价,缩短建设周期,提高机组热效率和可利用率,延长寿命,进一步改善其经济性。

第三代核电堆型代表有AP1000——非能动先进压水堆、EPR——欧洲压水堆、APR1400——韩国先进压水堆、APWR——先进压水堆(日本三菱)、ABWR——先进沸水堆(GE)、ESBWR——经济简化型沸水堆(GE)。巴拉卡核电站如图7-4所示。

图 7-4 巴拉卡核电站

（四）第四代核电技术

第四代核电技术是指安全性和经济性都更加优越，废物量极少，无需厂外应急，并具有防核扩散能力的核能利用系统。2001 年 7 月，美国能源部牵头，由美国、英国、韩国、南非、日本、法国、加拿大、巴西、阿根廷九国共同成立了第四代核能系统国际论坛（GIF），中国、瑞士和欧洲原子能共同体后来也加入其中。

第四代核电堆型代表有钠冷快堆、极高温气冷堆、铅冷快堆、气冷快堆、熔盐堆、超临界水堆。

石岛湾核电站如图 7-5 所示。

图 7-5 石岛湾核电站

四、核电原理

核电站（Nuclear Power Plant）是利用核裂变（Nuclear Fission）或核聚变（Nuclear Fusion）反应所释放的能量产生电能的发电厂。目前商业运转中的核能发电厂都是利用核裂变反应而发电。核电站一般分为两部分：利用原子核裂变生产蒸汽的核岛（包括反应堆装置和一回路系统）和利用蒸汽发电的常规岛（包括汽轮发电机系统），使用的燃料一般是放射性重金属铀、钚。一般的热电厂都有燃料供应来产生热，比如说天然气、煤或石油。对于核电厂来说，它需要的热来自核反应堆中的核裂变。当一个相当大的可裂变原子核（一般为铀-235或钚-239）被一个中子轰击时，它便分裂为两个或更多部分，同时释放出能量和中子，这个过程就叫作核裂变。原子核释放出的中子会继续轰击其他原子核。当这个链式反应被控制的时候，它释放出的能量便可用来烧水，产生出的水蒸气会驱动涡轮机，从而产生电能。人们熟知的核爆炸中发生的是"不受控制的"链式反应，而核反应堆中的裂变速度无法达到核爆炸所需要的速度，这是因为商业用核燃料的浓度还不够高。

链式反应被一些能够吸收或减慢中子的材料控制着。在以铀为核燃料的反应堆当中，中子需要被减慢速度，因为当慢速中子轰击铀-235原子核时是更容易发生裂变的。轻水反应堆使用普通水来减慢中子并进行冷却，当水的温度升高到一定程度时，它便达到了工作温度，此时它的密度会降低，因此没被它吸收的少量中子会被减到足够慢的速度，然后去引发新的裂变。负反馈将裂变速度保持在一定水平。核电原理图如图7-6所示。

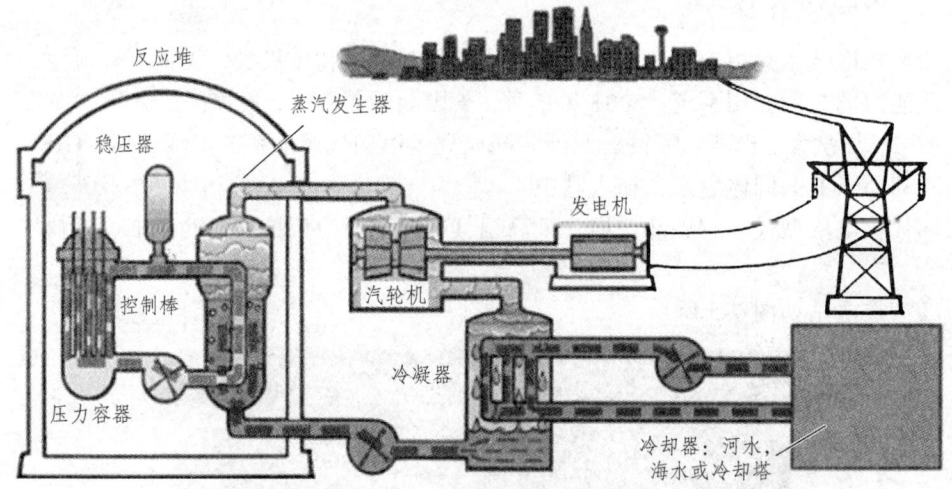

图 7-6 核电原理图

（一）"铀"发裂变

核反应堆需要一种特别的铀——铀-235，它是少数能够诱发裂变的物质之一。它既可以用于核能发电，也可以用于制造核弹。除了铀-235之外，核电站的另一种燃料是钚-239。铀-235原子捕捉一个正在穿过的中子的概率非常高。在正常工作的核反应堆中(称为临界状态)，每次裂变释放出的中子都会导致另一次裂变的发生。铀-235原子捕捉中子并发生分解的过程非常迅速，单位以皮秒计算（1皮秒=一万亿分之一秒）。当单个原子分解时，会有巨大的能量通过热和伽马辐射的形式释放出来。

所有核电站反应堆的基本原理都是利用核裂变反应，对水进行加热并将其转化为蒸汽。再用蒸汽推动蒸汽轮机，而蒸汽轮机则带动发电机来发电。

（二）密闭结构里的反应

通常，铀被制作成直径相当于一枚硬币大小、长度大约为 2.5 cm 的燃料元件。燃料元件被安装到长燃料棒中，燃料棒又被组装成燃料组件。燃料组件通常被浸泡在压力容器中，容器中的水起冷却作用。为使反应堆工作，浸泡在水中的燃料组件必须处于稍微超临界的状态。这意味着，如果没有其他设备，铀最终将会过热并熔化。为防止这种情况出现，由吸收中子的材料制成的控制棒通过升降装置插入燃料组件中，操作员通过升降控制棒来控制核反应的程度。

当操作员希望铀堆芯产生更多的热量时，可将控制棒从铀燃料组件中升起。要使热量减少，则降低控制棒以插入铀燃料组件中。在发生事故或者更换燃料时，控制棒还能被完全插入铀燃料组件中以关闭核反应堆。铀燃料组件是一个能够产生极高能量的热源，它加热水并将其转化为蒸汽。蒸汽推动蒸汽轮机，而汽轮机则带动发电机来发电。在某些反应堆中，反应堆产生的蒸汽通过二级中介热交换装置，将另一个回路的水加热为蒸汽来转动汽轮机。这种设计的好处是：放射性的水或者水蒸气不会接触到汽轮机。

同样，在某些反应堆中，与反应堆堆芯接触的冷却流体是气体（如二氧化碳）或者液态金属（如钠或钾），这种类型的反应堆允许堆芯在更高的温度下工作。反应堆的压力容器通常被放置在一个防辐射的混凝土衬里内。这个衬里被安装在一个更大的钢制密闭容器中，容器中有反应堆堆芯以及供工作人员维护反应堆的硬件设施（吊车等），容器的作用是防止放射性气体或液体泄漏。最后，这个密闭容器被外部的混凝土建筑保护，它的强度能够承受喷气式飞机的撞击。这些二级密闭结构对防范如在"三里岛事故"中那样的辐射或放射性蒸汽的泄漏是必要的。

五、核电运输特点

（一）运输货物的复杂性

核电站设备与其他道路运输货物比较，具有其独特的复杂性。按交通部规定，根据货物在运输、装卸、储存中是否有特殊要求，是否需要采取特殊措施，一般分为普通货物与特种货物两大种类。特种货物，又分为大件货物、危险货物、贵重货物与鲜活货物四类。而核电设备大多超重、超长、超宽、超高，属超重超限的大件货物，又因价格昂贵，属贵重货物。其中的核燃料及核乏料属于放射性源，尽管运输时装在防辐射的密封铅质容器内，仍具有放射性，属危险货物。因此，运输的核电设备往往既是大件货物，又是贵重货物，还可能是危险货物。它涵盖了特种货物种类中大件、贵重与危险三个货物类别的范围，在运输中往往需采取多重的特殊运输保护措施。

（二）运输要求的综合性

在《核电厂物项包装、运输、装卸、接收、贮存和维护要求》（NB/T 20408—2017）中，对核电运输环节做了翔实的规定和严格要求。

与一般道路运输货物不同，为防止损伤、劣化或遭受污染，核电设备运输突出对温度、湿度、冲击力、机械损伤及气载污染物（雨、雪、灰尘、盐雾和有害气体）等环境条件的特殊防护要求。为此，依据核电设备的重要特性，即在装卸、贮存与运输期间对环境的敏感性，核电设备通常分为A、B、C、D四个等级。其中，对环境条件特别敏感，要求对一种或多种效应采取特殊防护措施的货物列为 A 级，对环境条件敏感，并要求对极端的环境温度条件、湿度、冲击力、机械损伤及气载污染物等影响作用，采取防护措施的货物列为 B 级；要求避免暴露在环境与气载污染物中、避免遭受冲击力、机械损伤的货物列为 C 级；仅需避免雨淋、冲击力、气载污染物及机械损伤等，对环境条件敏感较低的列为 D 级。每个等级都有相对应的运输要求和控制措施。

综上所述，对于核电设备运输而言，不仅有道路运输安全性的通用要求，而且还对环境保护提出了特殊要求，这种要求是综合的，必须给予全面周密的考虑。

（三）运输过程的可控性

鉴于核安全的重要性与敏感性，以及核电设备的复杂性和运输要求的综合性，必须对核电设备的装卸、储存、运输过程实施全过程控制。此可控性具有强制性、体系性和闭环性的特征。

（四）强制性

2001 年国家核安全局修改发布了《核电厂质量保证安全规定》（HAF003），该规定具有强制性，不同于推荐性的通用质量管理标准，如 ISO 9000 标准。它以核安全法规的形式，规定核电厂有关工作，包括装卸、运输、储存等，必须进行符合该规定的控制。"必须"，即强制性要求，营运单位必须遵照执行。如需承运 AP1000 项目的核电设备，则不仅需遵守 HAF003，还需遵守 ASME NQA-1。

（五）体系性

这种控制是体系性的，又称系统性。它要求建立和有效实施核电设备运输质量保证体系，不仅是对运输过程进行控制，而是对涵盖运输作业前、作业中与作业后的所有过程所有方面，包括行政、管理和技术方面，实施全面、全员、全过程的控制，从而体现运输过程的可控性，达到万无一失的目的。

（六）闭环性

通过实施"策划—实施—检查—处置"的负反馈闭环运行控制，开展检查与试验、监督与监查等多层次的验证活动，从源头抓起，及时发现隐患，并采取相应的纠正措施，关闭不符合项，使运输过程始终处于受控范围内，持续提高运输质量。

第二节　核电运输的加速度控制

核电设备的重要性及其特殊性，使得核电设备运输整个过程的控制要求相当严格。加速度控制是运输过程控制的一种重要手段，而加速度计是其得以实现的主要工具。将加速度计应用于核电设备运输监控已经是一种通用技术选择，有助于提高核电设备运输的安全性。

一、加速度计概述及应用范围

加速度计是一种惯性传感器，能够测量物体的加速力。加速力就当物体在加速过程中作用在物体上的力。加速力可以是个常量，比如 g，也可以是变量。加速度计能够适应比较复杂的外部环境，对环境的抗干扰能力强，且具有测量精度高、工作频率范围宽、质量轻、体积小、安装方便等众多优势，被广泛地应用于振动测量领域。加速度计可直接安装在试件表面上，但应保证传感器的敏感轴向与受力方向一致。另外，为保证最佳的机械接触面，高频红外碳硫分析仪安装时要求接触面有高平行度、平直度和低粗糙度。如果被测物表面形状复杂，需同时测量多方向的加速度，可选择两轴或三轴的加速度计。

典型的振动测试系统由加速度计、电荷放大器、动态信号分析仪组成。被测对象的振动加速度信号经传感器拾振，由传感器电缆将加速度信号送入该系统电荷放大器，将信号转换为电压信号并放大，通过数据采集测试仪采样，便实现了对信号的采集。采集得到的信号可以通过计算机实时显示、分析和处理，也可以保存以便二次处理。

加速度计由检测质量（也称敏感质量）、倾角传感器支承、电位器、弹簧、阻尼器和壳体组成。加速度传感器检测质量受支承的约束只能沿一条轴线移动，角度传感器这个轴常称为输入轴或敏感轴。当仪表壳体随着运载体沿敏感轴方向作加速运动时，根据牛顿定律，具有一定惯性的检测质量将力图保持其本来的运动状态不变。此时壳体之间将发生相对运动，使弹簧变形，于是检测质量在弹簧力的作用下随之加速运动。当弹簧力与检测质量加速运动时发生的惯性力相平衡时，检测质量与壳体之间便不再有相对运动，这时弹簧的变形反映被测加速度的大小。高频红外碳硫分析仪电位器作为位移传感元件把加速度信号转换为电信号，以供输出。加速度计本质上是一个单自由度的振荡系统，须采用阻尼器来改善系统的动态品质。

加速度计应用范围主要集中在五个方面。一是应用于惯性测量系统，如 IMU、AHRS、航空、UAV 等。二是应用于陆地导航、钻探定向（石油和天然气）等。三是应用于倾斜测量。四是应用于机车、运输、稳定系统。五是应用于振动检测、姿态控制、安防报警、消费应用、动作识别、状态记录等。

二、加速度计原理

加速度计是根据惯性原理相对惯性空间工作的。直接测量加速度本身是很困难的，虽然载体的加速度可以通过位移传感器或速度传感器获得，但通常大多数加速度计是借助敏感质量将加速度变成力进行间接测量的。根据牛顿第二定律，作用于物体上的力等于该物体的质量乘以加速度。换言之，加速度作用在敏感质量上，敏感质量将其感应为惯性力，测量该惯性力，就可以间接地测量到载体的加速度

加速度计的基本力学模型是一个敏感质量-弹簧-阻尼系统，如图 7-7 所示。

当有加速度输入时，敏感质量由于惯性力作用而发生位

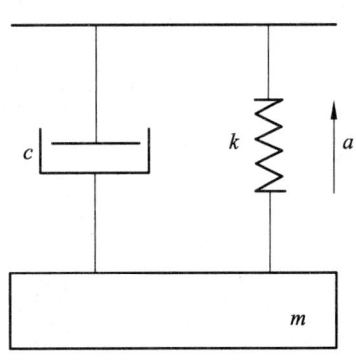

图 7-7　加速度计力学模型

移,位移变化量与输入加速度的大小有确切的对应关系,可以描述为一个单自由度二阶弹簧阻尼振动系统,系统的数学模型为:

$$ma = kx + c\dot{x} + m\ddot{x}$$

式中,k 为等效弹性系数,c 为等效阻尼系数,m 为等效惯性质量,a 为输入加速度。

如果将加速度计的壳体固定在载体上,只要能测出敏感质量在敏感轴方向相对壳体的位移 x,便相当于测出了加速度 a。敏感质量越大,弹性刚度越小,即系统的谐振频率越低,则加速度计的灵敏度就越高。

常见加速度计有重锤式加速度计、液浮摆式加速度计、挠性摆式加速度计、振弦式加速度计、微机械加速度计、摆式积分陀螺加速度计。

(一)重锤式加速度计

重锤式加速度计原理如图 7-8 所示。

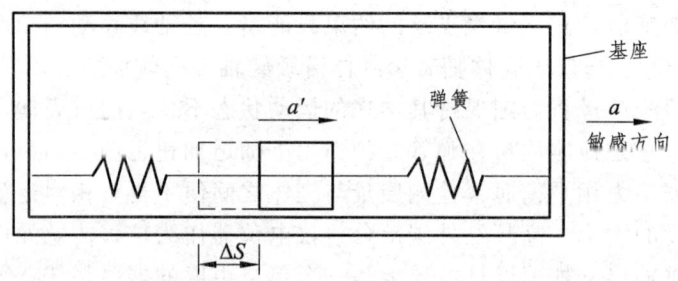

图 7-8　重锤式加速度计原理

当基座以加速度 a 运动时,由于惯性质量块 m 相对于基座后移,质量块的惯性力拉伸前弹簧,压缩后弹簧,直到弹簧的回复力 $F_t = K\Delta s$ 等于惯性力时,质量块相对于基座的位移量才不再增大。忽略摩擦阻力不计,质量块和基座有相同的加速度,即 $a = a'$。根据牛顿定律可知 $F_t = ma'$,因此 $a = a' = F_t/m = K\Delta s/m$ 即 $a = k'\Delta s$,式中 $k' = K/m$。所以,只要测出质量块的位移量 Δs,便知道基座的加速度。

重锤式加速度计由惯性体(重锤)、弹簧片、阻尼器、电位器和锁定装置组成。重锤式加速度计结构示意图如图 7-9 所示。惯性体悬挂在弹簧片上,弹簧片与壳体相连,锁定装置是一个电磁机构,在导弹发射前,由衔铁端部的凹槽将重锤固定在一定位置上。导弹发射后,锁定装置解锁,重锤能够活动,阻尼器的作用是给重锤的运动引入阻力,消除重锤运动过程中的振荡。敏感轴与弹体的某一个轴平行,来测量导弹飞行时沿该轴产生的加速度。

(二)液浮式加速度计

液浮式加速度计的结构原理类似于液浮式陀螺仪。液浮式加速度计原理如图 7-10 所示。壳体内充有浮液,将浮筒悬浮。浮筒内相对旋转轴有一个失衡检验惯性(质量块 m),其偏离旋转轴的距离为 L,敏感方向为图 7-10 中的 z 方向。

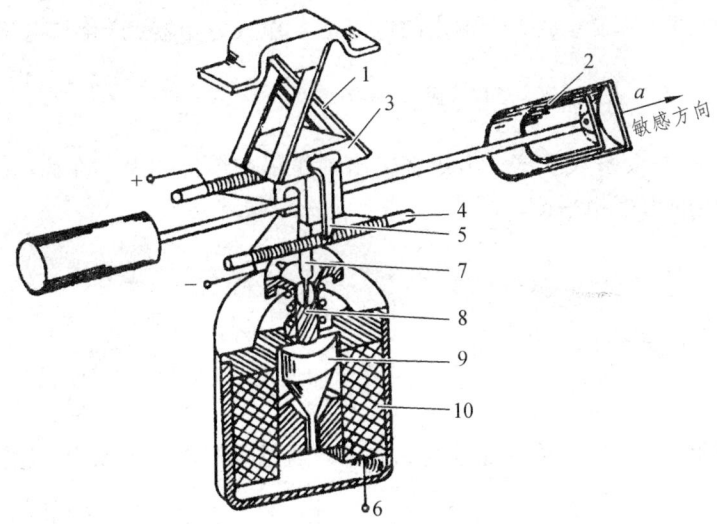

1—弹簧片；2—空气阻尼器；3—重锤；4—电位器；5—滑臂；
6—开锁信号；7—制锁钉；8—孔套；
9—衔铁；10—线圈。

图 7-9　重锤式加速度计结构示意图

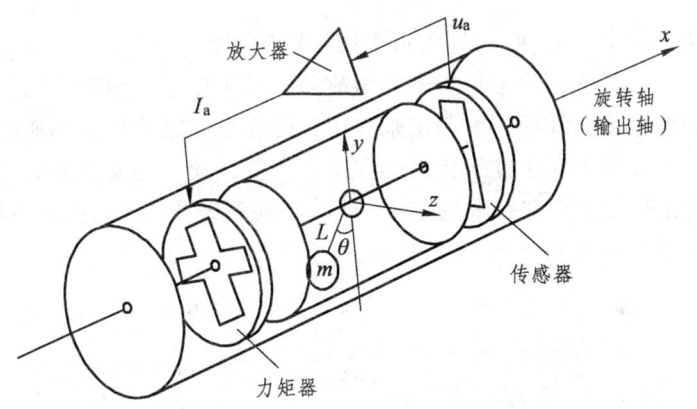

图 7-10　液浮式加速度计原理图

当沿加速度计的输入轴（敏感方向）有加速度时，由于惯性的作用，惯性体会绕旋转轴产生惯性力矩。

$$M_a = Lma$$

惯性体在惯性力矩作用下，将绕旋转轴（输出轴）转动，惯性体绕输出轴相对壳体转动的角度 θ 由传感器敏感传感器输出与转动角度 θ 成比例的电压信号：

$$U = k_u \theta$$

k_u 为传感器的传递系数。传感器电压输入放大器，放大器输出与输出电压成比例的电流信号：

$$I = K_i U$$

k_i 为放大器的放大系数。放大器输出的电流信号输入力矩器,产生与电流成比例的力矩:

$$M_k = K_m I = K_m K_i U = K_m K_i K_u \theta$$

K_m 为力矩器的放大系数。这一力矩绕输出轴作用在惯性体上,在稳态时,它与输入加速度后惯性体产生的力矩相平衡,即:

$$M_k = M_a$$

$$K_m I = Lma$$

则 $I = Lma / K_m$。

此时力矩器的输入电流与输入加速度成比例,通过采样电阻可获得与输入加速度成比例的信号。

由传感器、放大器和力矩器所组成的闭合回路,通常称为力矩再平衡回路。所产生的力矩被称为再平衡力矩,其表达式为:

$$M_k = K_m I = K_m K_i U = K_m K_i K_u \theta$$

式中,三个系数的乘积 $K_m K_i K_u$ 即为再平衡回路的增益。

摆组件放在一个浮子内,浮液产生的浮力能卸除浮子摆组件对轴承的负载,减小支撑摩擦力矩,提高仪表的精度。浮液不能起定轴作用,因此在高精度摆式加速度计中,同时还采用磁悬浮方法把已经卸荷的浮子摆组件悬浮在中心位置,使它与支撑脱离接触,进一步消除摩擦力矩。浮液的黏性对摆组件有阻尼作用,能减小动态误差,提高抗振动和抗冲击的能力。液浮摆式加速度计结构示意图如图 7-11 所示。

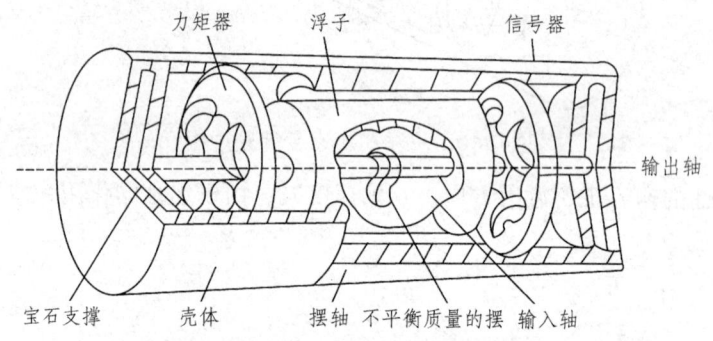

图 7-11 液浮摆式加速度计结构示意图

(三)挠性摆式加速度计

挠性摆式加速度计与液浮加速度计的主要区别在于它的摆组件不是悬浮在液体中,而是弹性地连接在挠性支承上,挠性支承消除了轴承的摩擦力矩。如图 7-12 所示,摆组件的一端通过挠性支承固定在加速度计的壳体上,另一端可相对输出轴转动,传感器线圈和力矩器线圈固定在壳体上。

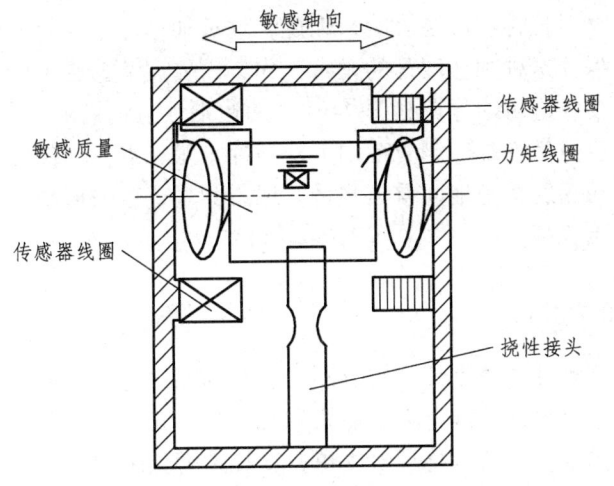

图 7-12 挠性摆式加速度计原理图

挠性摆式加速度计的工作原理与液浮摆式加速度计相类似，同样用由力矩再平衡回路所产生的力矩来平衡加速度所引起的惯性力矩。但为了抑制交叉耦合误差，力矩再平衡回路必须是高增益的，所以，挠性加速度计装配有一个高增益伺服放大器，使摆组件始终工作在极小的偏角范围内（在零位附近），挠性杆变形小，引入的弹性力矩也微小，因此仪表能达到很高的精度。

这类加速度计有充油式和干式两种。充油式的内部以高黏性液体作为阻尼液体，可以改善仪表动态特性和提高仪表抗震动、抗冲击能力。干式加速度计采用电磁阻尼或空气膜阻尼，便于小型化、降低成本和缩短启动时间，但精度比充油式低。

（四）振弦式加速度计

图 7-13 为振弦式加速度计原理图。当两边端盖 4 的引线通以交流电可使质量块 2 两边的振弦 6A、6B 产生振动，交流电可通过控制电源调节，使交流电压的频率和两边振弦的谐振频率一致。当无加速度作用时，两边振弦的谐振频率相同。当有加速度作用时，质量块受到加速度作用，由惯性力引起振弦的强迫振动，两边振弦的频差与加速度成正比。

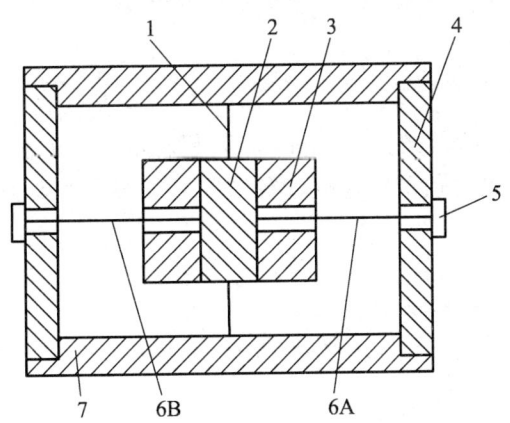

1—固定弦；2—质量块；3—激针磁铁；4—端盖；
5—螺钉；6A、6B—振弦；7—壳体。

图 7-13 振弦加速度计原理图

由于弦丝张力受材料特性和温度影响，因此，这种加速度计需要有恒温控制装置和弦丝张力调节机构。为了保证这种加速度计的正常工作，需要调节振弦 6A、6B 的初始张力，使弦丝振荡频率保持不变，这可通过调整图 7-13 中两边端盖与螺钉来实现。

振弦加速度计具有灵敏性高、测量范围大、耐冲击等特点，不仅可用于火箭、导弹的惯性导航系统中，也可用于航空与地面重力测量、地震测量、爆破振动与地基振动测量中，比通常的摆式加速度计更优越。

（五）微机械加速度计

微机械加速度计又称硅加速度计，它感测加速度的原理与一般的加速度计相同。微机械加速度计分为压阻式、电容式、静电力平衡式和石英振梁式。

硅制检测质量由单挠性臂或双挠性臂支撑，在挠性臂处采用离子注入法形成压敏电阻。当有加速度 a 输入时，检测质量受惯性力 F 作用产生偏转，并在挠性臂上产生应力，使压敏电阻的电阻值发生变化，从而提供一个正比于输入加速度的输出信号。

电容式微加速度计就是在图 7-14 所示的检测质量下面设置一个读取电极。当有加速度输入使检测质量偏转时，由读取电极与检测质量所构成电容器的电容量将发生变化，从而提供一个正比于输入加速度的输出信号。

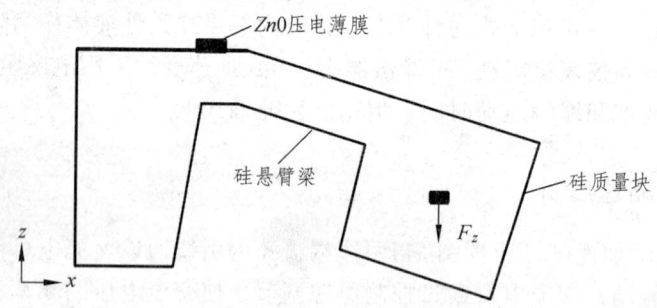

图 7-14 电容式微加速度计

由于加速度测量的精度直接影响惯性导航系统的精度，所以惯性导航系统对加速度计有如下要求。

1. 灵敏限小

灵敏限以下的值不能被测量到，因此其本身就是误差，而且形成的速度误差和位置误差会随时间积累。用于惯性导航的加速度计灵敏限必须要求达到 $10^{-5}g$，有的达到 $10^{-7}g$ 或 $10^{-8}g$。

2. 摩擦力矩小

为使灵敏极小的加速度计能绕输出轴转动，必须保证转轴中的摩擦力矩很小。

3. 量程大

不同使用场合的加速度计在性能上差异很大，高精度的惯性导航系统要求加速度计的分辨率高达 $10^{-9}g$，但量程不大。测量飞行器过载的加速度计则要求有 10^2g 的量程，而精度要求不高。通常飞机上要求加速度的测量范围为 $10^5g \sim 10^6g$，最大 $10^{12}g$ 甚至 $10^{20}g$，导弹上要求的加速度测量范围还要更大。

（六）摆式陀螺加速度计

在某些陀螺仪的自转轴加上一个偏心质量便能起到摆的作用，就可以用陀螺仪来测量运载体的线加速度。由于这种加速度计能承受（测量）大的加速度，所以一般像远程战略导弹这种具有大的加速度的运载体都使用这种摆式陀螺加速度计。

三、基于加速度计的核电设备运输管理

目前核电设备运输过程中应用较为普遍的压电式加速度计是 RD317 Micro ShockLog Recorder 型加速度计。它有一个高性能低电量微处理器，以 128K 内部闪存和 512K 闪存为存储。当处理器级使用时会消耗许多电量，因此会尽量将它保留在一个低电量睡眠状态，并以一块非常低电量的时钟芯片秒钟为单位的频率叫醒它一次。它的主要传感器是它的三方固定电子加速信号器。信号器获得的信号会被几组模式电路放大和过滤，并且根据用户的预先配置来选择获取正确反应。记录器预设有苏醒门限和警报门限，三个信号器得来的信号将会与它们作比较，如果信号超出苏醒门限，处理器将被叫醒并以每秒 1 024 个样品率的速度开始监测信号水平，如果信号超出警报门限，记录器将启动记录事件。安装加速度计的设备如图 7-15 所示。

图 7-15 安装加速度计的设备

基于加速度计应用的运输管理主要包括运输方案审查、加速度计可靠性审查、运输过程监控、最终数据分析等四个方面的内容。其中运输方案审查主要是针对加速度的计算及其分析准确性进行的；可靠性审查主要是针对加速度计本身的一些特性审查，如量程、校验记录等；运输过程的监控主要是对异常时间点的记录和跟踪；数据分析主要是以图表及会议纪要的形式对加速度的数据进行分析，并补充到整个运输过程的质保体系中去，从而保证质保体系的完整性及可追溯性。

基于国内某核电工程设备运输实践，得出基于加速度计的核电运输管理要点如下。

1. 运输方案审查阶段

主要是针对运输方案中加速度的计算方法及计算依据进行验证，分析其是否准确可靠，

并以此对设备的绑扎受力进行分析,如果是海运则可以计算风浪对船舶稳定性及设备本身的影响;若是公路运输则可以限定起步速度、制动速度以及转弯速度,从而保证加速度值在可控范围之内。

2．加速度计可靠性审查

主要是针对加速度计本身可靠性的检查。如加速度计量程必须在规定要求之内,避免因量程过大或者过小导致数据失真。对加速度计的校验记录及认证进行审查,一般要求每两年对加速度计进行一次重新校准。除此之外,还要进一步对加速度计安装前的测试及安装工作实施审查。值得注意的是加速度计本身就是测量振动的敏感元器件,所以安装前的测试要避免过度振动导致敏感元件共振和断裂。

3．运输过程监控

一般来说,具有加速度要求的核电设备基本都是核电工程建设的关键设备,其重要性不言而喻,运输环节的监控是设备从制造到投入安装运行的有力保证。运输过程监控不仅可以监督运输服务商有效地按照运输方案实施运输,而且更重要的是可以对运输过程中的异常事件进行记录。因为加速度计在工作时主要以时间点来记录数据,即使设备处于静止状态也存在由于人为因素导致加速度产生或者超标的可能。比如,绑扎设备、中途对设备进行包装检查都有可能触碰加速度计,导致数据被污染。所以在运输过程监控中对异常事件进行记录是非常重要的。

4．最终数据分析

当设备安全抵达目的地后,需对立即加速度数据进行分析。此时需要在运输服务商代表、供货商代表、业主代表的共同见证下,对加速度的数据进行读取,并对数据中最大值进行记录和分析,判定是否满足设计要求。加速度数据通常以电子表(Excel)或者柱状图的形式读出,数据量相当庞大,因此,形成会议纪要记录三轴方向的最大加速度值是目前数据记录及分析的有效手段。

以某变压器运输为例:

进行变压器设备运输时,将三维冲撞记录仪安装在运输设备上,全程监测运输途中设备的加速度。要求本次变压器运输的三维加速度均不得超过 $1g$。

为此,制定了加速度控制要求:

(1)运输过程中安排一前一后两部服务车,负责运输途中的押运任务。前面的服务车主要负责勘查前方道路的路况并通过对讲机及时汇报给驾驶员,保持路况信息的及时传达,并且保持与后方车辆的距离不能大于 100 m。后方服务车可在车厢里存放警示标志用以提醒后面车辆前方正在进行超限设备运输,注意减速慢行。

(2)车速及路面状况。道路状况常是运输中振动大小的决定因素。在高速公路上,行车速度与振动关系不大。高速公路通常较为平滑,因而大型货车高速运输的振动很少超过 $1g$。在不好的路面(未铺或失修)上行车时,车速越快,振动越大。因此,在高速公路上运输时应全程高速(行驶速度≤30 km),同时注意观察运行道路情况,不在已损坏路面或路况较差的路面上行驶,若遭遇路况较差路面应绕行或减速。

图 7-16 为某公司三维冲撞记录仪在运输过程中使用时的照片。

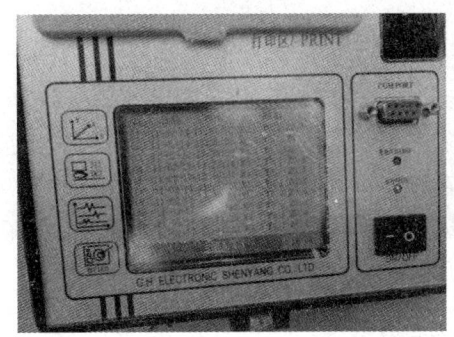 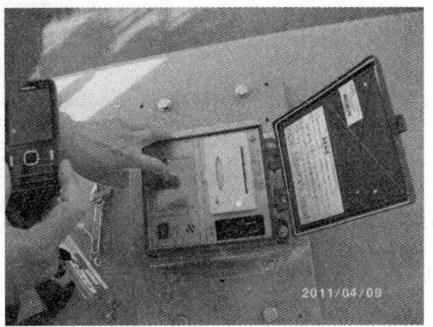

图 7-16 三维冲撞记录仪

第三节 核电设备的充氮保护

核电反应堆容器的设计寿命也是核电厂的运行寿命，堆容器是不可更换的，是核岛主设备中最关键的设备。核反应堆压力容器（筒体和上盖）在包装保护要求容器内充装氮气，以保护压力容器内不锈钢堆焊层不受海上长途运输过程中的盐雾侵害。

一、充氮目的

一般机器设备采取有效包装就可以满足运输、吊装、存储等方面的要求，而核反应堆设备则不同，核反应堆设备对防护包装的要求往往比一般机器设备的过度包装还要苛刻。一回路部件是核电厂唯一不可更换的部件，它的安全运行周期代表了核电厂的使用寿命，所以对核电设备做怎样的防护都不过分。其中，充氮保护是核岛设备防护必不可少的一步。例如，对压力容器内壁不锈钢焊层的保护，要求容器内壁喷涂可剥夺性塑料、容器中加入干燥剂、容器密封后充装 99% 纯氮气、要求压力 0.02～0.05 MPa 等。充氮保护除了可以防止氧化、防止水汽侵入外还可以防止泄漏。

汽水分离再热器与汽轮机稳压器如图 7-17 所示。

图 7-17 汽水分离再热器与汽轮机稳压器

二、安全检查

核电设备充氮后要进行严格检查，确保万无一失。例如变压器运输过程中被要求采用充氮防护，运输过程中就要按时检查并适时补充氮气。

首先，设备内额定充氮压力 10～30 kPa，氮气压力表每 4 h 检查一次，以确定设备内压力不低于 10 kPa，并做好相关记录。其次，运输过程中配备高纯氮气（纯度≥99.99%，露点≤−40 ℃），若监测氮气压力值低于 10 kPa，应及时补充氮气。另外，充氮完成后在备注一栏记录充氮前后的压力和外壁温度。氮气压力检查记录表如表 7-1 所示。

表 7-1 氮气压力检查记录表

设备名称：变压器						
时间（年月日时分）	地点	氮气表压力表读数 kPa	温度℃	检查人	见证人	备注
⋮						

第四节　核电运输安全管理

HAF003《核电厂质量保证安全规定》中有几个重要检查点。R 点（Report Point）是文件检查点，也叫报告点。W 点（Witness Point）是制造过程中的一项关键工序，是一个通知见证点。如果买方代表明确不出席或没有按确定时间出席，卖方可以独立执行。H 点（Hold Point）是制造过程中的一项关键工序，是一个停工待检点。没有买方代表的出席，卖方不得执行，除非事先获得书面授权。有时还会看到 I 点，即所谓的检查点（Inspection Point），这个比较少见。

一、设备运输质量保证体系的建立

核电设备运输质保体系包括：建立一个有明文规定的组织结构，并明确其职责、权限等级以及内外联络的渠道；实行质量管理标准化和程序化，使运输中各项工作都有遵循的法规、标准、质量保证大纲、程序和工作指令等文件；建立质量保证记录制度，保留评价质量保证体系有效性和实现质量目标的客观证据。由于目前的承运商所承运设备覆盖核电站主设备以及其他重要的核级设备，因此，应该按照 HAF 003《核电厂质量保证安全规定》的要求编制运输质量保证大纲，其中应包括组织机构、体系文件、人员资格与培训、文件和记录控制、采购控制、物项控制、运输过程控制、检查和试验控制、不符合项控制、纠正措施、体系维护等。

核电设备设计和制造中质量保证等级的划分和选择应以物项的失灵或服务过程中差错对核电厂安全可靠运行所造成的影响为依据。而设备运输中的分级按物项在运输、装卸和贮存期间对损伤的敏感性不同分为 A、B、C、D 四级。

运输过程中物项的分级应该首先考虑所运物项对环境的敏感程度，但同时也应该考虑运输中对物项造成损伤后处理的难易程度以及对核电厂安全可靠运行造成的潜在影响力。例如，阀门虽然被分为 C 级物项，但是有些重要的核级阀门是国外进口的，一旦运输中出现问题，发生不符合项，处理起来就会造成很大麻烦。再如被分为 D 级的反应堆压力容器、蒸汽发生器等主设备，更是影响核电站建设过程的重大节点，因此，运输过程中更不能忽视。

目前国内知名且具有核电设备运输资质及业绩的大件运输总承运商只有少数几家，但是他们的协作单位、分包商却不少，因此，建立合格分供方数据库对于保证核电设备运输质量是很重要的，特别是对于一些拟承运重要且对环境比较敏感设备的分包商除了采取问卷调查外，还要审查承包商所做的分供方评审报告，必要时还应派专业人员去做源地评价。

二、运输先决条件检查

在实施设备运输前，应从"5M1E"（人机料法环测）和"四个凡事"（凡事有人负责，凡事有章可循，凡事有人监督，凡事有据可查）两方面来进行运输先决条件检查。

（一）人（Man）

人是质量保障过程中最重要的因素，大部分不符合项的原因分析最后都归为人为因素，因此建立明文规定的组织结构并明确其职责、权限等级以及内外联络的渠道，确保凡事有人负责是十分重要的。

（二）机（Machine）

车辆、驳船的技术装备。确认车辆是否进行了必需的检测，例行了保养作业，各部件、仪表、液压系统是否完好有效，车组的主要性能尤其是转向、制动性能是否经过试验，确保车辆合格、安全、可靠。

（三）料（Materials）

钢丝绳、绳子、倒链、卡环等物料是否准备充分。

（四）法（Method）

重点检查承运商是否实行质量管理标准化和程序化，建立记录制度，保存客观证据，做到凡事有章可循，凡事有据可查。应当重点关注以下几点：
（1）质量管理体系文件是否已经审查认可。
（2）重要的分包/分供商的评价报告是否经工程公司确认，合同设备有关的合格分供商清单是否已经获工程公司认可。

（3）为本次运输编制的质量计划是否已经得到了审查、批准等。

（4）是否制定了详细可行的经审查认可的运输方案、运输工作组织机构图、运输实施中的安全职责；物流工作流程总图和权利/职责/义务说明；运载机具状况说明；运输方案 CAD 配车图纸；运输技术方案；运输的准备情况，包括运输线路的设计，运输工具的选择，设备吊装、捆扎，有关运输图纸、尺寸及符合性计算吊装方案 CAD 演示；吊装技术方案；货物运输绑扎和加固技术说明；预防机制和质量控制文件、安保说明；应急预案；实效管理；运输过程记录的编制与提交。

（五）环（Environment）

确认是否检查过设备装载区域的情况，确认天气情况、运输线路、装卸货场地条件是否满足作业要求。

（六）测（Measurement）

是否建立测试设备台账，用于检验和试验的设备和器具是否按照程序规定经过校准和标定。

三、运输过程质量控制

运输过程质量控制主要包括起运前质量控制和在途运输质量控制两个阶段。

（一）起运前的质量控制

核电设备在运输过程中的装车、装船质量控制十分重要，监管人员要做好设备在制造厂吊装前的包装检查和交接工作，并与承运人、发货人做好交接记录，进行以下检查验证并形成记录，确保运输、装卸设备处于最佳状态。

（1）运输前的接收验证（货物、运输工具和设备）；

（2）规定的货物清洗包装要求；

（3）特殊的环境条件（温度、湿度、雨雾、防震等）；

（4）运载工具（车辆、船舶等）和设备的安全状况检查。

正式启运前，还应召开车（船）前会，再次进行技术交底，强调注意事项，确认本次运输实施的可行性。

（二）在途运输质量控制

正式启运后，承运方应通过信息平台每日两次反馈运输状况、运输工具到达时间和其他对交货必要的信息，以保证对货物的实时跟踪、查询。对于重大级、核级、有特殊要求的设备在运输前，工程公司应及时组织专项设备运输押运队执行监督安装、押运任务。承运商要严格按照经批准的质保大纲、质量计划、运输方案执行。运输的设备到达现场后，工程公司接货人员在物项运抵工地后做好接获检查并按照要求做好交接记录表格。

设备运输作业完成后,承运方应及时完成相应的运输完工报告,做到有据可查。主要内容包括:批次设备/部件清单、物流合格证明书、完成的质量计划、其他检验、试验记录和报告(包括但不限于:设备承运方案、出厂时设备交接单、设备运输作业时间表、运输过程中绑扎加固牢固性的检查记录、运输途中作业记录、车辆和船舶等运行速度的跟踪监控记录、运输路线或航线、运输过程中充压表、冲撞记录仪等监视测量设施的检查记录、特种设备运输记录、货物到场交接单等),内部不符合项报告清单、外部不符合项报告、质量计划中引用的任何其他适当的文件、有关运输操作的程序、货物交接单等。

四、运输过程不符合项管理

大件运输过程(包括装卸、贮存和运输)中发生的工程不符合项原则上可以分为两类。

第一类为运输承包商可自行处理的不符合项,指运输过程中引起露天贮存的D级物项(如钢材)遭到雨淋或物项外包装遭到损坏(但未影响物项本身或物项的保护环境)的不符合项;这类不符合项运输承包商可进行处理(如简单的修理或维护),但需形成记录并报告业主。

第二类为运输承包商不能自行处理的不符合项,是指运输过程中导致物项损坏(如断裂、变形或腐蚀)或使物项的保护环境遭到破坏的不符合项,这类不符合项运输承包商无法处理,必须报送业主审查和批准,并委托制造或安装承包商处理。同时,在处理不符合项时除了考虑纠正措施,还应该深入进行原因分析,从根本上避免类似错误的再次发生。

质量保证监查的目的是验证质量保证大纲的实施及其有效性,通过监查活动,确定以下内容:大纲体系文件的制定和实施情况;评价大纲的效果;确定存在的问题和"不符合项";建议采取的纠正措施;将对大纲的现状和适用性的评价提供给被监查单位或部门。质量监督是为了满足规定的要求,对物项、活动或过程的状况进行连续的监视、观察和检查,并对记录进行分析的活动。在设备运输阶段,应对承运商至少安排一次体系检查,验证其质保大纲实施的有效性。另外,对重要的核级设备的运输活动,应安排专业工程师参与过程监督,必要时进行监装押运。值得注意的是,质量管理八项原则中很重要的一条就是与供方互利的合作关系,应该认识到,业主、总承包商、运输承运方并不是对立的,而是统一的、相辅相成的,有着共同的安全和质量目标。因此,在开展监查/监督等独立评价活动的同时,评价方更应该将有关信息(独立评价中发现的问题)反馈给被评价单位并帮助其分析根本原因,然后由该单位采取纠正措施,以达到预防再犯以及质量改进的目的。

五、核电吊装安全管理

核电设备吊装操作具有长久性、复杂性、危险性、技术性等特点。核电设备吊装作业现场必须强化安全管理,制定系统性的管理体系以维护吊装操作的安全性,如图7-18所示。

图 7-18 核电设备吊装安全管理规范

（一）人员培训

吊装人员自身的专业技能决定了现场的安全系数，强化人员培训是安全管理工作的第一步，所有参加核电施工的员工都必须进行核电基础知识，核电安全、质保知识和技能的培训及考核。从项目总经理到管理层，从车间主任到一般技术工人，都必须分层次通过培训并考核合格。

（二）工作程序

编制科学可行的吊装作业工艺流程，既能简化设备吊装的操作步骤，也可降低现场吊装作业的难度。安全管理中应对吊装工序进行规划安排，严格按照核电工程建设质量标准管理。如：按照核电施工的要求，各项施工活动都必须编制专门的工作程序，工作程序是专项施工必须遵守的工艺和操作规范，严禁出现违反工程标准的行为。必要时，可根据实际吊装条件调整工序，为安全管理工作提供良好的条件，让各项安全管理措施能够全面落到实处。

（二）质量计划

质量是核电工程建设的关键指标，保证大件设备吊装质量对核电站发电功能有很大的影响。《核电厂质量保证安全规定》提出："质量计划是核电施工中的重要凭证和核电施工质量控制体系必不可少的文件，凡是有质保级别的施工活动都需编制质量计划。"核电的质保等级分为 QA1、QA2、QA3 三级，所有大件吊装及运输服务都属于 QA3 质保等级的活动。大件吊装的质量计划，有的 H 点需经本项目组、相关的安装承包商和核电业主三方签字才能放行。

（四）质保监查

重视监督、检查等工作也是安全管理的一个重点，除了直接性地执行质量管理方案，还需间接性地加强监督力度。质保监查是监查部门依据质保大纲及管理程序对项目部质保活动运作情况进行的全面检查，以确定质保体系运作正常有效；质保监督主要是针对某次吊装作业活动的准备情况及实施技术及质量活动的检查。检查和监督活动中着重查看有关质量活动记录。质量记录是非常重要的文件，有的甚至需要保存几十年，这也是核电施工凡事有据可查的体现。

（五）专项监督

制定专项监督体制是安全管理模式的优化升级，其核心在于针对核电站工程的实际情况，实施个性化的安全管理方案。为维护项目部质保体系正常运作，《核电厂质量保证安全规定》每年均会编制项目部质量监查及监督计划,并由工程师联合组成检查组,按计划对各单位部门进行监督检查,对一些重大的吊装作业,如核岛环吊设备吊装、穹顶吊装、常规岛桥大梁吊装等进行专项监督。这样可以及时发现专项吊装操作潜在的危险,以提前安排技术人员抢修处理。

(六)其他方面的吊装作业管理

大件吊装设备在核电工程施工阶段,负责了各种重力设备的装运、卸货、升降等活动,已经成为核电站改造建设的重要设备。考虑到大件吊装工程操作的难度,在引入先进吊装技术的同时,还要综合调控核电工程大件吊装作业的各个流程,坚持安全管理。

除了上述安全管理措施外,核电工程大件吊装还需注意如下几个方面的管理:一是成立整体吊装管理体系,对总吊装作业进行协调管理;二是编制和完善相关工作程序,指导现场人员按照标准规范操作;三是进行技术交底及培训,吊装前向作业人员介绍技术要点,引导其正确操作;三是开展吊机试验及模拟吊装演练,对初步拟定的吊装方案模拟演示,提高正式吊装操作的科学性。

第五节 核电厂退役

核电厂生命周期包括选址、设计、建造、运行和退役,退役作为其生命周期的最后一个阶段,是全生命周期管理中核电安全管理的一个重要组成部分,是核电健康、稳定、持续发展的基础和保障,关系到国家能源产业体系的发展,攸关国计民生和环境安全。核电运输不仅包括核电基础设施的建设与投资,也包括核电设备退役后的运输安全管理。

我国核设施退役工作开展多年并取得显著进展,但是,我国至今没有商用核电机组退役的经验。最早投入运营的秦山一期核电厂按照设计运行寿命 30 年计算,2021 年即将退役,但目前延寿 10 年的可能性比较大,预计将于 2031 年退役。1994 年投运的大亚湾核电厂两个机组按照设计寿命 40 年计算,如果考虑 20 年的延寿,将于 2054 年退役。预计 2065 年后,我国将迎来核电设备退役高峰。

到 2030 年,全球预计将有 200 多台核电机组关闭,退役市场规模预计超过 1 000 亿美元,最大的退役市场位于欧洲,占全球退役核电机组的 70% 左右。2030 年之后,美国的大部分核电机组将陆续达到延长后的寿命,随着这些反应堆进入关闭和退役高峰期,全球核电反应堆退役市场规模将继续保持增长。面对广阔的核电厂退役市场和艰巨复杂的核电厂退役工程,美国、英国、法国、日本等国家的核技术服务商表现活跃、竞争激烈,美、欧核电退役市场基本被内部供应商牢牢掌握,已经形成市场垄断,但新晋退役服务商也开始着眼于世界市场。我国在"一带一路"宏观战略背景下,国家鼓励优势企业进入国际核电站退役治理市场,参与国际竞争,为国内优势单位进军国际市场提供了良好的契机。在大好形势的驱动下,我国也在近几年开始着手规划并开展核电厂退役的相关准备工作,并也在积极展开国际合作。

一、核电厂退役三阶段

商用核电厂的建设,始于 20 世纪 50 年代末,各国进行试探性和反应堆选型,其电功率较小(低于 30 万 kW),属于初期阶段;从 20 世纪 70 年代初到 20 世纪 80 年代中期开始,其电功率多为 60 万 kW;20 世纪 90 年代至今则有建设大电功率(100~135 万 kW)核电厂的势态。在建设核电厂的时候,很少考虑或几乎没有考虑对它们的最后拆除问题。然而一座 110 万 kW 的核电厂,经过几十年营运后,将产生几十万吨级的放射性废物有待处理,且反应堆本体也被激活成具有很强放射性的物体,所有放射性厂房建筑物结构又非常坚固(可防 8 级地震),要将它们彻底清除又不引起环境污染、不危害周围居民的安全,显然是一项难度大、耗资多、时间长的工程。

自 1973 年 9 月国际原子能机构(IAEA)首次提出核电厂退役课题后,所有拥有核电的国家对核电厂的退役问题均给予极大的重视,并组织相关机构研发新的技术和方法。目前退役的方式有立即拆除(停堆后把核燃料元件运出场地,封存 3 年左右立即开始拆除管制区内的所有设备和设施,整个退役过程约需 15 年时间)和延缓拆除[停堆后先把核电厂的设备和设施安全封存一段时间(约 30~50 年或更长),然后再安排拆除]两种,它们各有优缺点。各核电国对这两种方法的使用视本国情况而定,如德国、日本则优先选择前者,美国则优先选择后者。无论选择哪种方式退役,考虑到安全因素和以后其他方面的需要,世界上有核电的国家都已公开认同国际原子能机构规定的退役三阶段。

(一)第一阶段

第一阶段也称一级退役(监护封存期),就是安全地长期封存。关闭反应堆,把核燃料元件、放射性物料和放射性废物运出场地,将主回路、辅助设施和工艺厂房进行去污处理,其他一切原封不动地保存,设备敞开部分进行安全密封,对安全壳的穿墙孔进行永久性封闭。为保证核设施处于安全状态,要实施连续的监护、监测和检查,这一阶段可能延续 3~5 年。

(二)第二阶段

第二阶段也称二级退役(局部拆除期,厂址有限制地开放),就是将生物屏蔽层以外的全部放射性和非放射性系统及建筑物拆除或去污至允许水平,并按规范处理、存贮或处置放射性废物,将放射性活度很高的堆本体封闭在坚固可靠的构筑物中。使放射性物质与人和环境长期而安全地隔离,场址达到限制性开放标准,要继续实施监护、监测和检查的剩余部分缩减到最小体积。虽然在此阶段退役中会产生大量的放射性废物,但不需要十分复杂的操作技术。这一阶段可能延续 30~50 年。主要是使堆内构件的活化核素如 ^{55}Fe、^{60}Co 等衰减,从而使退役过程中的辐射防护大大简化。

(三)第三阶段

第三阶段也称三级退役(最后处置期,场址无限制的开放或使用),就是把厂内所有带放射性的设备、器材和部件全部拆除运出，经去污后的场址和厂房无需再进行监测和检查。可供无限制地使用。这一阶段需要完成大量的解体、去污和运输工作，需要遥控操作设备，工作环境有大量的低中放射性废物，既要防外照又要防内照，工作难度与花费远大于前两阶段。时间可能延续35年。

核电厂退役原则上要经历上述三个阶段，但这些阶段不一定要按顺序在某一规定时间内完成。如有时候在实施第一阶段退役后，立即采取进一步措施向第二阶段发展，而把第三阶段的退役工作推迟几十年甚至上百年后再进行。

二、核电退役的具体操作

前面说到的核电设备退役三个阶段中的第一、二阶段又统称为安全存放期。安全存放期涉及核厂房内放射性物质的长期封存管理，主要为了使放射性衰变到可以接受的水平。经过安全存放期后，拆除设备工作可变得更安全，总的费用也可以节省下来，而工作人员受到的照射也可保持在最低水平。所以，一般不采用直接进入第三阶段的方式，即停止运行后立即拆除。因为这样虽然缩短了退役时间，但费用却较高。

安全存放期的长短是根据各国所制定的退役技术政策来确定的：如退役时允许工作人员所受的照射、废物处置及运输政策和厂址重新使用要求等等。

退役主要包括两个不同而又相互联系的过程，即去污与拆除。

（1）去污，是去除表面松散或较坚固的放射性沉积物的清洗过程。

已研究出利用化学、物理、电化学和超声工艺清洗受沾污材料的各种方法。所选择的方法将随污染性质和程度、表面类型和被去污材料的形状不同而改变。

（2）拆除，是拆除所有带放射性的设备和材料。

在进行拆除时，可以事先去污，也可以不去污，视污染情况而定。在大多数情况下，拆除采用切割、解体和爆破等方法。有些部件不能清洗，只能切割成碎块运往处置场。堆内构件是在水下拆除的，反应堆容器可借助遥控机械手操纵等离子割锯或电弧锯拆下来。如反应堆容器体积不太大或距永久储存库较近，也可采用整体运输。对混凝土生物屏蔽常利用受控爆破，再加上遥控辅助设备，使其逐层剥除，直至拆毁整个结构。

放射性废物处置。退役产生的大部分放射性废物属于低放废物。低放废物可视为不放热，能在无屏蔽的条件下包装。少量中放废物主要来自堆内构件。对退役中的废物，完全可以采用同处理核电厂正常运行时产生的废物一样的方法来进行处理。产生的放射性废物将不会超过在其运行寿期内产生的放射性废物。

装卸和运输废物受国家和国际法规的管制。为了减少废物量，可以回收被轻微污染的材料，如钢、混凝土及铝；并可以重新利用受轻度污染的工具、设备和建筑物。为此，需要制定把退役核设施中拆除的材料与部件投入无限制使用的准则。

目前，欧美一些国家正在实施核电设备退役作业或者有计划进行的退役项目，但是各个国家的退役过程差别较大（如表7-2所示）。这些国家对核电厂退役有非常严格的监管部门、法规制度、退役方案、废物处置措施、有必要的技术手段和一只训练有素的技术队伍，以及充足的退役基金。

表 7-2　某些商用核电厂的退役过程和估算费用

国家	堆型	功率（MW）	退役过程	估计费用（1990）百万美元
加拿大	PHWR	600	第一阶段 + 32 年 + 第三阶段	238
芬兰	PWR	2×465	即行第三阶段	237
芬兰	BWR	2×735	第一阶段 + 30 年 + 第三阶段	198
瑞典	PWR	920	即行第三阶段	130
瑞典	BWR	708	即行第三阶段	152
日本	PWR	1 160	第一阶段 +（5~10）年 + 第三阶段	225
日本	BWR	1 100	第一阶段 +（5~10）年 + 第三阶段	234
德国	PWR	1 204	1 方案即行第三阶段	218
德国	PWR	1 204	2 方案 30 年 + 第三阶段	205
西班牙	GCR	500	第一阶段 + 第二阶段 + 25 年 + 第三阶段	410
英国	GCR	2×219	第一阶段 + 第二阶段 + 90 年 + 第三阶段	1 048
英国	AGR	2×660	第一阶段 + 第二阶段 + 90 年 + 第三阶段	993
美国	PWR	1 175	即行第三阶段	120

核电厂退役是涉及国家的法律法规、经济、环保、科学技术、社会和人们的心理承受能力等诸多因素的一项系统工程，稍有不慎，后果严重。国外核电厂退役的许多经验值得我们虚心学习和认真探索。比如，国外核电厂退役有比较完善的核电厂退役法律法规和管理程序，在核电成本中强制预先提取退役基金，预先开展去污方法与去污器具的专项研发，开展核电拆卸（毁）技术开发，预先开展放射性废物的处置办法研究和建立深地质层处置库等。

第八章 风电设备运输

2019年6月26日，水利水电规划设计总院在北京发布的《中国可再生能源发展报告2018》透露，2018年中国风电新增并网装机2 059万kW，其中海上风电新增并网装机161万kW，风电装机1.84亿kW，年发电量3 660亿kW·h。水电、风电、光伏发电装机容量稳居世界第一，利用可再生能源发电呈现弃风、弃光状况明显缓解，风电和光伏电发电成本显著降低，风电发展方兴未艾的局面。

高效风力发电设备的大型化对公路大件运输带来了新的挑战和机遇。大功率高效风力发电机大型化，导致对制造风力发电机的材料需求也随之增大。随着叶轮直径和风力发电机质量的增加，风力发电塔也越来越大。随着塔的高度增加，塔的弯矩也随之增加，载荷随之剧增。为解决大型风力发电机塔体的载荷，一般采取两种方法，一是增加塔体的壁厚，二是增加塔体底径。目前，由于运输限制和焊接能力不足，这两种方法的使用都受到限制。由此可见，高效风力发电设备的大型化，一方面带来了大件运输业的需求旺盛，另一方面又对运输和安装提出了严峻考验。

发电机增大，塔体就要相应增大。大型风力发电塔，一般以圆锥型管状结构为主，因为底节直径超过4 m、质量超过40 000 kg、长度超过20 m，仅外廓尺寸，就已经属于超长、超高、超宽的超限运输。同时，现代风力发电机主要零部件如风力发电机舱超重，宽度也属于特殊规格，需要重型拖车和特别安全驾驶。相比较而言，叶片质量较轻，但由于叶片长度的增加，仍需要办理超限运输许可证。

为使风电设备经得住时间和自然风蚀的考验，必须要进行表面处理。如今，表面处理技术以喷漆处理为主。尽管喷漆效果不错而且操作简单，但在安装时会暴露很多问题。比如喷漆的表面容易被划伤，导致生锈。而且，风电设备一旦安装完成，修补划伤的表面会有很多困难。经过风蚀日晒后的喷漆易发生碎片脱层，不易于维护。

风电设备的特殊性，决定了风电设备运输的高难度和专业性。

第一节 中国风电

中国风电发展一波三折，绝非一帆风顺，但整体形势向好。经历了2017年装机低迷之后，中国重新走上了增长道路，继续保持其无可争议的世界风电领导者地位，累计风电装机容量达到 221 GW。2018 年以来，风电新增及累计装机容量持续增长，风电发电量持续增长，全国弃风电量和弃风率持续双降。2018 年，中国已是最大的风电市场，新增装机容量 25.9 GW，是世界上第一个风电装机容量超过 200 GW 的国家。

一、我国发展风力发电的应用前景

风能作为一种清洁的可再生能源，越来越受到世界各国的重视。在所有新能源、可再生能源利用技术中风力发电是技术最成熟、最具大规模开发和商业发展前景的方式。其蕴量巨大，全球的风能约为 2.74×10^9 MW，其中可利用的风能为 2×10^7 MW，比地球上可开发利用的水能总量还要大 10 倍。我国风能储量很大、分布面广，仅陆地上的风能储量就有约 2.53 亿 kW。发展风电对于改善能源结构、保护生态环境、保障能源安全和实现经济的可持续发展等方面有着极其重要的意义。

我国能源发展面临最突出的矛盾是国内优质能源供应不足。受国内石油资源限制，2010 年我国石油进口量已达到 1.6 亿吨，2020 年将增加到 2.2 亿吨。我国天然气需求增长旺盛，进口天然气数量也将迅速增长。即使按目前预计的能源进口量，2020 年仍将有至少 2 亿吨标准煤的能源缺口，如果要减轻我国对石油和天然气进口的依赖程度，就要努力开发新的替代能源，而作为主要替代能源之一的风力发电则是可再生能源技术的发展重点。

按照国家全面建成小康社会的总体目标，到 2020 年国民生产总值比 2000 年翻两番，能源供应至少要翻一番。初步预计 2020 年我国能源需求总量超过 30 亿吨，其中标准煤 23 亿吨左右、石油 4 亿吨左右、天然气 2 000 亿立方米左右。

预计到 2020 年全国电力装机将约 10 亿千瓦，如果按 2002 年的电源结构和供电煤耗量（383 克标煤/千瓦时）估算，2020 年中国仅用于发电的煤耗就将近 14 亿吨标煤。要满足如此巨大的需求量，石油将有一半以上靠进口，煤炭也接近开采极限。因此，要想保障能源供应必须调整能源结构，大规模开发可再生能源资源。风电作为最接近商业化的可再生能源技术之一，是可再生能源发展的重点也是最有可能大规模发展的能源资源之一。

发展风电的意义在当代中国主要体现在六个方面：一是满足能源供应；二是促进地区经济特别是西部地区的发展；三是改善中国以煤为主的能源结构；四是促进风机设备制造业的自主开发能力和参与国际市场竞争的能力；五是减少温室气体排放；六是在解决老少边地区用电、脱贫致富方面发挥重大作用。

二、风力发电的基本原理

（一）风能计算

风是空气由于受热或受冷而导致的从一个地方向另一个地方的移动。空气的运动遵循大气动力学和热力学变化的规律。

由流体力学可知，气流的动能为：

$$E = \frac{1}{2}mv^2$$

式中，m——气体的质量；

v——气体的速度。

设单位时间内气流流过截面积为 S 的气体体积为 V，则

$$V = Sv$$

如果 ρ 表示空气密度，该体积的空气质量为：

$$m = \rho V = \rho Sv$$

这时气流所具有的动能，也即风能：

$$E = \frac{1}{2}\rho Sv^3$$

记 $W = \frac{1}{2}\rho v^3$，则 $E = WS$，W 即为我们常说的风能密度。它是气流垂直通过单位截面积（风轮面积）的风能，空气在 1 s 内以速度 v 流过单位面积产生的动能称为风能密度，常以 w/m^2（瓦/平方米）来表示。通过风能公式不难看出：

（1）风能大小与气流密度成正比；

（2）风能大小与通过的面积成正比；

（3）风能大小与流速的立方成正比。

风能密度是描述一个地方风能潜力的最方便、最有价值的量，但是在现实当中风速每时每刻都在变化，不能使用某个瞬时风速值来计算风能密度，只有长期观察风速资料才能发现其规律，故引出了平均风能密度的概念。

因为风速的随机性很大，用某一瞬时的风速无法来评估某一地区的风能潜力，因此将平均风速代入 $W = \frac{1}{2}\rho v^3$ 中得出平均风能密度：

$$W = \frac{1}{2T}\int \rho v^3 dt$$

式中：W——该段时间 $0 \sim T$ 内的平均风能密度；

ρ——空气密度（ρ 的变化可以忽略不计）；

v——对应 T 时刻的风速。

风能密度是决定风能潜力大小的重要因素。风能密度和空气的密度有直接关系，而空气的密度则取决于气压和温度。因此，不同地方、不同条件的风能密度是不同的。一般来说，海边地势低，气压高，空气密度大，风能密度也就高。在这种情况下，若有适当的风速，风能潜力自然大。高山气压低，空气稀薄，风能密度就小些。但是如果高山风速大，气温低，仍然会有相当的风能潜力。所以说，风能密度大，风速又大时，则风能潜力最好。

（二）风力发电的基本原理

风力发电的原理是利用风能带动风车叶片旋转，再通过增速器将旋转的速度提高来带动发电机发电。依据目前的风车技术，大约 3 m/s 的微风速度便可以开始发电。风力发电机

组由叶片和发电机两部分构成，如图 8-1 所示。空气流动的动能作用在叶轮上，将动能转换成机械能，从而推动叶片旋转，如果将叶轮的转轴与发电机的转轴相连就会带动发电机发出电来。

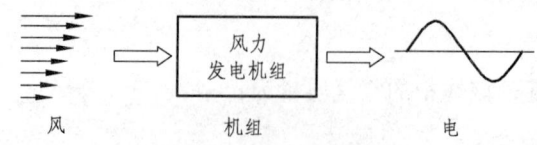

图 8-1　风力发电原理图

风力发电正在世界上形成一股热潮，因为风力发电没有燃料问题，也不会产生辐射或空气污染。风力发电在芬兰、丹麦等国家很流行，我国也在西部地区大力提倡风力发电。小型风力发电系统效率很高，风力发电机由机头、转体、尾翼、叶片组成。每一个部分都很重要，各部分的功能为：叶片用来接受风力并通过机头转为动能；尾翼使叶片始终对着风的方向从而获得最大的风能；转体能使机头灵活地转动以实现调整尾翼方向的功能；机头的转子是永磁体，定子绕组切割磁场线产生电能。因风量的不稳定性，故风力发电机输出的是 13～25 V 范围内变化的交流电，须经过充电器整流，再对蓄电瓶充电，使风力发电机产生的电量变成化学能。然后用具备保护电路的逆变电源，把电瓶里的化学能转变成 220 V 交流电，才能保证稳定使用。

（三）风力发电机组构成

风力发电机组是由风轮、传动系统、偏航系统、液压系统、制动系统、发电机、控制与安全系统、机舱、塔架和基础等组成的。该机组通过风力推动叶轮旋转，再通过传动系统增速来达到发电机的转速后来驱动发电机发电，有效地将风能转化成机械能，再将机械能转化成电能。典型的风力发电机组结构如图 8-2 所示。

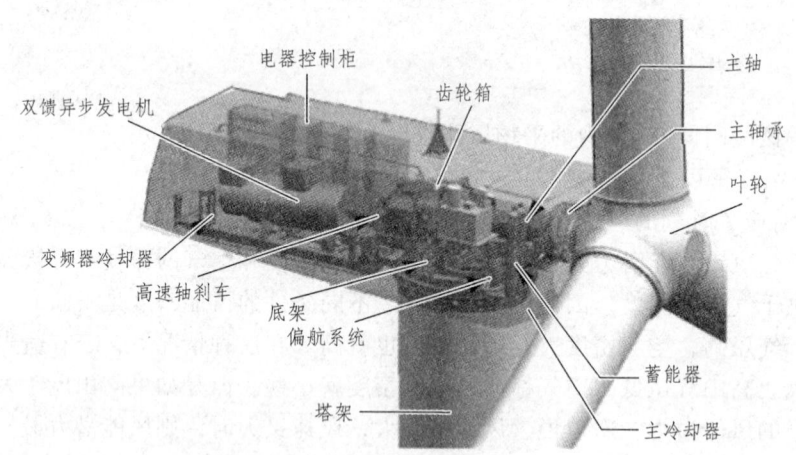

图 8-2　风力发电系统构成

1. 机　舱

机舱包裹着风力发电机的关键设备，包括齿轮箱、发电机等。维护人员可以通过风力发电机塔进入机舱。机舱左端是风力发电机转子，即转子叶片及轴。

12. 风速计及风向标

风速计及风向标用于测量风速及风向。

三、我国风电产业的发展现状

我国风能资源丰富，风电产业市场潜力大，增长迅速，新产品层出不穷，行业竞争也日趋激烈，产业集中度较高，市场竞争格局日趋良好。

（一）我国风电产业发展概况

我国是多风国家之一，风力较大的风电装备市场于20世纪80年代，经历了初期的示范和产业化准备之后，风电装备市场逐步稳定。自2003年起，随着国家发改委通过特许权招标的形式推进风电国产化及风机大型化，风电的发展得到了较快的增长，特别是从2006年开始，连续四年装机容量翻番。尼龙了漫长的发展时期，我国风电产业经过几十年的发展现已跃居世界其他国家成为风电大国。2019年，音风电行业新增装机容量约2 574万kW，累计并网装机约21 005万kW，其中陆上风电新增并网装机2 376万kW，海上风电新增并网装机约198万kW。陆上风电累计并网装机约2.04亿kW，海上风电累计并网装机593万kW。风电装机占全部发电装机的10.4%。在国家能源局印发的《风电发展"十三五"规划》中指出，到2020年年底，风电累计并网装机容量确保达到2.1亿kW以上。以2019年的数据来看，我国已经提前完成了"十三五"风电装机目标。

我国风能资源丰富。我国陆上风能资源主要集中在三北地区，中国十个米涼原距地风能资源丰富。陆上可开发的风能资源至少有2.53亿kW，近海的风力资源可开发装机容量约有7.5亿kW。据上可开发的风能资源在10亿kW以上。目前国内尚未大规模开发利用海上风能资源和海上风电装备的条件。目前，我国已开发的风能资源只占可利用风能资源的0.6%，市场开发潜力巨大。风能资源的相对稀缺，使得占中国风能资源60%以上的低风速地区成为了潜在的开发地的焦点，为我国风机制造商开发出新的风电机产品了条件。

新产品研发层出不穷。2017年湘国风电研究所研发了GX121-2.0MW超低风速风机的风机值，2019年东方电气自主研发的DEW-G2200-135次低速风机为客户风电风机的新增装机容量2.2MW，叶轮直径135 m，这几年较突出的是低风速超低风速风机和大叶片低风机涡轮椎出。主要能源有：联合动力1.5 MW 97 m叶轮直径的超低风速风电机组并网发电；在可再生能源在1.5 MW 93 m叶轮直径的组成的基础上，推出了1.8 MW 106 m叶轮直径的风机，将其额定风速2点行减弱，机器在5.5 m/s的年平均风速下受电小时数超过2 100 h；2014年金风科技研发的GW115/2000超低风速其度风水燃机并网发电机组还可使平均风速达为5.2 m/s的低凝能风区域是有开发的价值。

（二）我国风电产业格局向东部集中

截止到2013年年底，全国有北1 300名余个以上共上了风电投产和建设，其中国有备公司960家，累计并网容量62 440 MW，占全国总并网容量的81%。华能、大唐、中电、国电和中电投五大央电集团仍然占是风电装机的主力地位，累计并网容量为42 560 MW，占全国总并网容量的55%。

2. 转子叶片

转子叶片的作用是捕获风，并将风力传送到转子轴心。现代 600 kW 风力发电机上，每个转子叶片的测量长度大约为 20 m，而且被设计得很像飞机的机翼。

3. 轴心

转子轴心附着在风力发电机的低速轴上。

4. 低速轴

风力发电机的低速轴将转子轴心与齿轮箱连接在一起。在现代 600 kW 风力发电机上，转子转速相当慢，大约为 19～30 r/min。轴中有用于液压系统的导管，来激发空气动力的闸发行。

5. 齿轮箱

齿轮箱左为低速轴，它可以使高速轴的转速提高至低速轴的 50 倍。

6. 高速轴及其机械闸

高速轴以 1 500 r/min 运转，并驱动发电机。它装备有紧急机械闸，在空气动力闸失效时或风力发电机被维修时使用。

7. 发电机

发电机通常被称为感应电机或异步发电机。在现代风力发电机上，最大电力输出通常为 500 至 1 500 kW。

8. 偏航装置

借助电动机转动机舱，以使转子正对着风。偏航装置由电子控制器操作，电子控制器可以通过风向标来感测风向。通常，在风改变其方向时，风力发电机一次只会偏转几度。

9. 电子控制器

电子控制器包含一台不断监控风力发电机状况的计算机，并控制偏航装置。为防止任何故障（如齿轮箱或发电机的过热），该控制器可以自动停止风力发电机的转动，并通过电话调制解调器来呼叫风力发电机操作者。

10. 液压系统

液压系统用于重置风力发电机的空气动力闸。

11. 冷却单元

冷却单元包含有一台风扇，通常风扇的直径很大。通风散热的需要量大，风扇过大，现代 600 kW 风力发电机的塔座为 40～60 m，它可以是管状的塔或是格子状的塔。管状的塔对于维修人员来说更为安全，因为他们可以通过内部的梯子到达塔的顶部。格子状的塔优点在于其较便宜。

在风电整机制造企业方面，2019年列入统计的21家整机企业中，金风科技以8.01 GW新增装机容量稳居行业第一，远景能源新增5.42 GW居第二，明阳智能新增4.50 GW居第三。前五名企业占总新增装机容量的76%（具体见图8-3），2019年中国风电新增装机容量28.9GW。目前中国风电装机较为集中的区域主要有内蒙古、甘肃、河北、新疆、山东等风能资源丰富的北方省区，但随着并网与消纳等"下游因素"影响日益凸显，中国风电"版图"正在发生变化，即向并网条件较好的低风速地区"倾斜"。

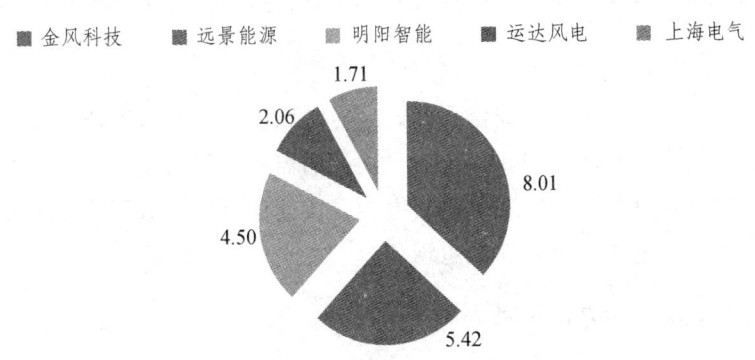

图8-3　2019年中国风电骨干企业装机容量

（三）我国风电机组制造业竞争格局日趋良好

2011—2012年风机制造业的快速发展受国内风电行业激进和无序成长的拉动，风机价格快速下跌，呈现恶性的"价格竞争"模式，风机制造业"哀鸿遍野"。2013年开始，我国风机制造业逐渐由恶性的"价格竞争"阶段进入良性的"质量竞争"阶段，行业迎来新一轮洗牌，风机价格呈现缓慢上升趋势，尤其是1.5 MW风机的价格，逐渐上涨至行业有稳定盈利水平的价格区间。

国内风电整机制造企业技术路径逐步从"引进"转向"联合设计"和"自主研发"，增强自主研发能力。一批国内企业通过"联合设计"和"自主研发"，已基本形成兆瓦级先进风电机组整机批量制造能力，开发出若干具有一定自主知识产权的机型。目前采取联合设计的国内企业代表产品有：重庆海装（2 MW）、新疆金风（1.2 MW直驱、1.5 MW直驱）、浙江运达（1.5 MW）、上海电气（2 MW）、北京华锐（3 MW）等。新疆金风与国际著名的直驱永磁风电技术开发公司德国Vensys公司联合研发出"1.2 MW直驱式永磁风力发电机组"，并在此基础上，研发出1.5 MW直驱式风电机组。

四、中国风电产业存在问题及解决措施

（一）我国风力发电存在的问题

近年来，尽管我国的风电发展取得了显著的成就，但是仍远低于一些发达国家的平均水平，存在各种各样的问题，阻碍风力发电进一步发展。目前，我国风力发电存在的问题主要有以下几个方面的内容。

1. 风力发电的产业链不完善

随着风电行业的持续发展,风电机组相关领域的协调建设和发展迫在眉睫。首先,从现今我国风力发电发展的现状来看,我们在电气零件方面取得了迅速的发展,然而在核心零件方面的发展却并不尽人意。其次,电气编程控制方面的技术和集电环等关键部件都需要从外国引进,同时现今我国还远远达不到整机设计风机发电机组的水平。最后,在运输、检修、监测等诸多方面并没有建立一个系统的体系,这很大程度上阻碍了风电行业的发展。

2. 电力输送难度大

一般情况下,山谷、平原这些偏僻开阔的地方是风能比较丰富的地区。这就造成了很多风力发电厂都建在偏僻的地区,因此为了满足输电的需要,就需要建设新的电网,由于工程量巨大,建设电网所需时间过长,就造成了电网建设速度落后于电厂建设速度的情况,相应的风力发电厂就面临有电送不出去的尴尬现象。

3. 政策支持不足,上网电价偏高

行业的快速发展离不开国家政策的大力支持,近两年来,国家发布了大量风电政策。2018年政府颁布的风电政策整体上和2017年所关注的问题大致相同,主要集中于消纳问题、分散式风电和海上风电、风电电价上。其中,多达8项政策的提及消纳问题,说明政府仍在致力于解决该问题。此外,政府开始关注风电等新能源建设中带来的环境问题。

我国风电行业面临的一大挑战是风电上网电价仍较高。近年来,降成本一直是风电发展的主旋律。事实上,早在2016年年底,国家发展改革委确定了风电的上网标杆电价,2018年1月1日之后,一类至四类资源区新核准建设陆上风电标杆上网电价分别调整为每千瓦时0.40元、0.45元、0.49元、0.57元,比2016~2017年电价每千瓦时降低0.07元、0.05元、0.05元和0.03元。2018年5月,国家能源局又印发了《关于开展风电平价上网示范工作的通知》,要求推动实现风电在发电侧平价上网,拟在全国范围内开展风电平价上网示范工作,示范项目的上网电价按当地煤电标杆上网电价执行。2019年5月,国家发展改革委发布了《关于完善风电上网电价政策的通知》。根据通知要求,2020年陆上风电指导价分别调整为每千瓦时0.29元、0.34元、0.38元、0.47元。指导价低于当地燃煤机组标杆上网电价(含脱硫、脱销、除尘电价)的地区,以燃煤机组标杆上网电价作为指导价。海上风电上网电价2020年调整为每千瓦时0.75元。

推动风电平价上网,必须尽快把风电的成本降下来。而推动风电成本降低的方式之一就技术进步。国家能源局批准17项风电技术标准,通过技术进步推动成本下降,落实2018年实现风电的上网标杆电价的目标,最终确保2020年实现平价上网的目标。

此外,根据技术进步和市场供求,国家实施风电等新能源标杆上网电价退坡机制,2020年实现风电与燃煤发电上网电价相当,基本实现风电不依赖补贴发展。目前可再生能源补贴缺口巨大,且拖欠现象十分严重。风电走出一条新的模式,率先在可再生能源中摆脱补贴,这就需要依赖技术进步,降低成本,实现平价上网。

(二）我国风力发电发展的解决措施

1．加强风力发电企业核心技术的研发能力

风力发电核心技术是风电企业得以生存和发展的必要条件。为此，必须在借鉴国外先进经验的基础上，结合自身国情，加大关键核心技术的研发能力，特别是加大对风电设备、自动化控制以及调峰调谷等方面技术的研究力度。

2．加强电网配套建设

电网是电力系统得以运转的基本架构，发出的电通过电网传输才能实现商业化供给，从而收回企业投资，获取商业利润。要发展风电，就要根据电网架构特点和规模配置风电场。为此，可通过建设分布式电网的方式提高能源利用效率，并增大电网的远距离输送能力，提高电网的消纳能力。另外，建设智能电网，可有效保证风电在上网后的安全、可靠性，这是未来风电发展的必然趋势。

3．出台有利于风电发展的政策

风力发电是一种很有前途的发电方式，为鼓励风力发电产业发展，国家在宏观政策方面出台风电发展指导性政策是完全有必要的。

（1）制定和出台绿色电力消费相关激励政策，提高社会对风力发电等洁净能源的认知度，同时制定合理的风电电价，从而使风电的投资回报率变高，促使越来越多的资金投入到风电产业中来。

（2）对风力发电企业进行政策扶持，采用减免税费等政策减轻风电企业发展压力，并通过设立专项资金等方式对优秀的风电企业进行奖励，提高其自主创新能力。

（3）出台电力调峰补偿相关政策，对因参与风电消纳而给发电企业带来的损失予以补偿，以使更多的电企参与到调峰中来。

（4）制定和出台风电技术规范，以提高风力发电行业整体水平，降低由此带来的电力系统安全问题。

第二节　风电设备吊装

风电机组主要由机舱、轮毂、叶片及塔筒等设备组成，其中风机的机舱是所有设备中的最重件，叶片是所有设备中的最长件，第一节塔筒是所有设备中的最宽件。风电设备吊装的过程中高度一般超过 140 m，单体质量较大，作业环境非常复杂。而且风电场的机组较多，经常为几十台乃至上百台，风电吊装时需要在较大范围内移动施工。

风电吊装的技术特点与要求，决定了在选择风电吊装设备与制定施工技术方案的过程中会受到多个因素的影响，如地理环境、场内道路情况和设备参数等，其中设备参数主要体现在机舱尺寸、质量和塔架高度等方面。对于施工方案与设备的选择，必须要有较强的起重与防风能力，能够适应各种场地，不仅转场方便，而且也能提升风电吊装施工的效率。

一、机舱吊装

机舱运输时,机舱和运输支架一起运输。应检查机舱的运输高度(含汽车车板高度),确认运输路线。机舱吊装和运输包括厂房内吊装、码头吊装和机舱卸车。

(一)厂房内吊装

机舱顶部有四个开孔,用于穿入钢丝绳和吊环。在两名站立在固定于锚固点处顶部的技术人员的帮助下,将四根钢丝绳穿入这四个天窗。位于机舱内的技术人员将吊具用斜扣和吊环固定于主机架上的吊点处。

固定钢丝绳时务必仔细小心。起吊中心必须位于机舱中心的正上方,否则,钢丝绳可能会损坏机舱顶部。起重机吊起吊具紧固钢丝绳时,需由技术人员指导,以避免钢丝绳碰到障碍。在此期间,应特别小心谨慎以避免对机舱顶部造成损坏。为了方便运输和吊运,应在运输之前拆除气象桅杆、机舱盖前罩、前护栏。主机吊具示意图如图 8-4 所示。

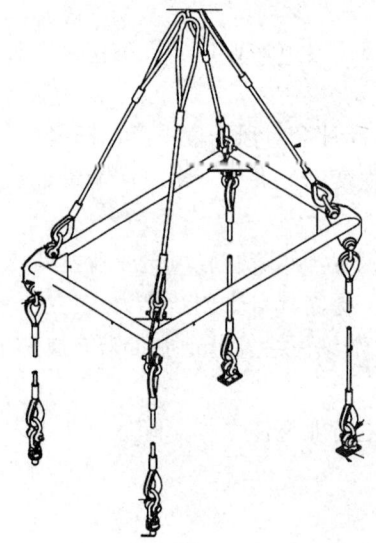

图 8-4 主机吊具示意图

机舱在制造厂装车,吊装前开启偏航制动,以进行锁紧。用行车将机舱吊到一定高度后,运输车辆行至机舱下部,机舱缓缓落下,如没对正则需进行调正,在机舱支架下方铺设橡胶板,以防机舱在运输过程中滑动或磨损。机舱落于车辆后,暂不摘除吊钩,静放 3 min,观察车辆受载情况,正常后摘下吊具,盖上机舱盖天窗。

机舱放置在车板以前,需在接触部位加橡胶垫以增加摩擦系数,机舱前部至少使用 6 根铁链(每根铁链斜拉力大于 10 t)穿过底部支架耳,分 6 个方向与车板相连,使用六副 10 t 压把进行加固。机舱后部使用至少 2 根铁链(每根铁链斜拉力大于 10 t),分 2 个方向与车板相连,而后使用 10 t 压把进行加固,并在运输支架周围加焊不少于 10 t 的钢块(类似于挡板)进行二次加固。整个加固措施应牢固可靠,禁止产生滑移。要求运输过程中防尘和防水,机舱盖前罩(已拆下)位置处需特别注意防尘和防水。在机舱罩的尾部支撑孔处安装机舱底部封板,达到防水的目的,安装时需阅读图纸,注意技术要求。

(二)码头吊装

码头吊装作业环境复杂,当有重吊设备可用时,有利于机舱等其他设备的装卸,当无重吊设备时,需要用到履带吊或浮吊进行吊装作业(租用价格昂贵)。常见的几种作业方式如图 8-5 至图 8-7 所示。

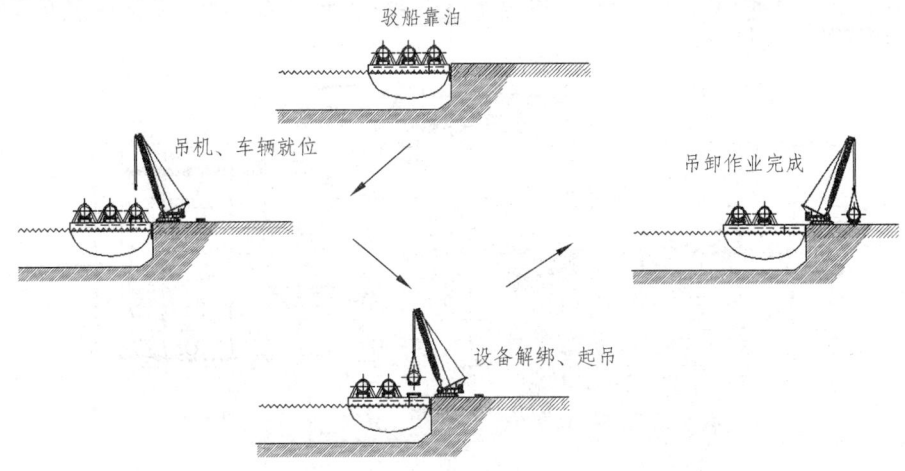

图 8-5 履带吊卸船作业示意图

图 8-6 浮吊吊装作业示意图

图 8-7 岸吊作业示意图

（三）机舱卸车方案

机舱卸车一般分三步。首先是规划好机舱存放的位置，并提前在存放位置铺设钢板衬垫分载，同时预置好支墩位置，支墩的高度根据需要自行设计。其次将 SPMT 升高至高于支墩高度处，车辆行驶至机舱停放的指定位置后，根据设备的鞍座情况调节支墩的位置，如图 8-8 所示。最后，调节完毕后，将车板缓缓降低，当鞍座脱离车板完全落在支墩上后将车辆驶出，机舱及工字钢的放置状态如图 8-9 所示。

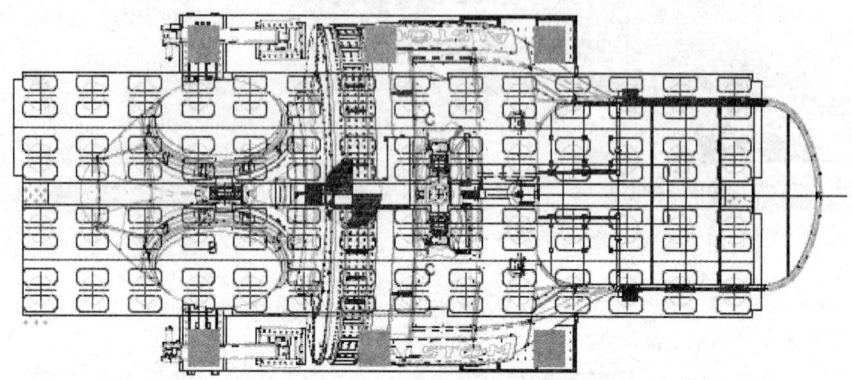

图 8-8　调整支墩位置

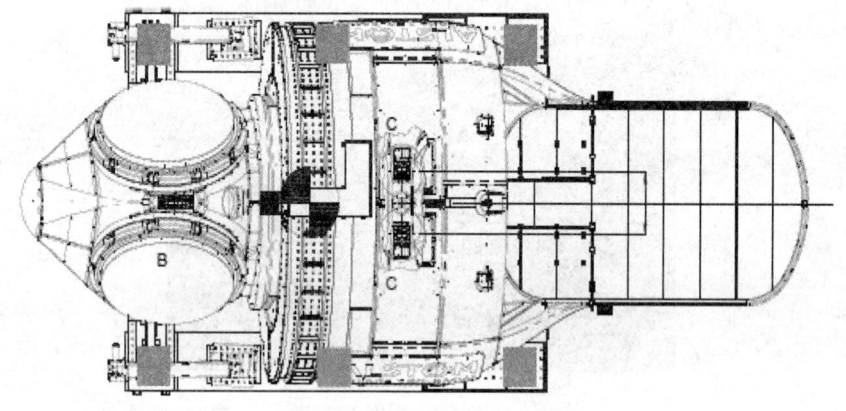

图 8-9　SPMT 驶出状态

根据上述步骤，即可将所有机舱自卸至要求的位置。

二、叶片吊装

风轮叶片外形是根据空气动力学特性设计的，其叶片后缘厚度较小。叶片结构采用壳体——双梁设计形式，叶片壳体较薄。针对叶片外形及结构的特点，在运输、吊装和存放过程中要保证叶片结构的稳定性、可靠性和安全性。叶片吊装运输分为场地装卸与码头装卸。

（一）场地装卸

风电叶片堆存分为水平存放和立式存放两种型式。水平放置指弦线方向朝着水平方向放置，立式放置是指弦线方向朝着竖直方向放置。叶片的存放位置有 4 个：模铸车间、精加工车间、喷漆车间以及货场。叶片货场立式堆存如图 8-10 所示，场地装卸一般在货场进行。

图 8-10　风电叶片货场立式堆存

将运输叶片的车辆停放至指定位置，并将两台汽车吊（按叶片质量选取汽车吊型号）安放在距离吊点的合适位置，解开绑扎加固装置，放下吊装锁具，准备起吊。对货物进行挂钩，使钢丝绳挂在货物的吊点上，保证吊装时货物重心和起吊中点垂直于地面。

两台汽车吊统一由一个起重指挥做吊装过程的指挥工作，确保两台吊机的运作步调一致；全面检查货物的重心，起吊的情况，确保一切正常后再完全吊起。叶片吊装示意图如图 8-11 所示。

 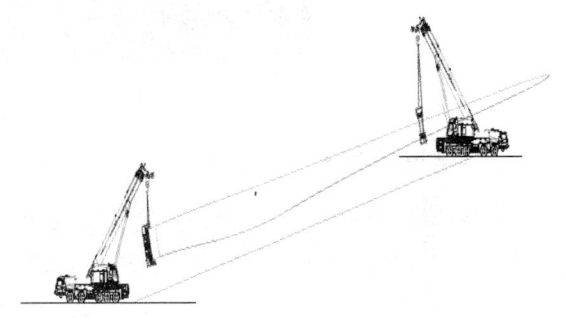

图 8-11　叶片吊装示意图

对吊机进行相应的操作，当货物到达需要存放位置的上方时，缓缓地松钩，直至货物平稳地卸到叶片车上，并进行相应的螺旋固定。

叶片是风电的关键设备，对其吊装和运输应十分谨慎小心，尤其要注意保护其外表面不受擦剐。叶片绑扎加固原则及要点如下：

（1）设备与运输车辆间放置橡胶板以增大设备与平板车的摩擦系数，防止运输时设备在车板上滑动。

（2）设备与运输车辆间的支撑必须保证车辆在运输中能够正常运行，车辆主梁承受的正负弯矩不得超出车辆设计要求。

（3）设备在车辆上的捆绑必须牢固，索具、拉紧器强度要足够，必须保证任何时候设备在车辆上不发生任何位移，钢丝绳使用倒链拉紧。

（4）捆绑设备时必须对设备进行保护工作，钢丝绳外包胶皮管，保证设备表面或包装不受任何损坏。

（5）捆绑方式应选取设备的绑扎点进行绑扎，采取"八字"封刹。

（6）捆绑加固操作由专职起重工按照设计方案完成。

（7）运输过程中随时检查钢丝绳的松紧度。

（8）捆绑处必须垫橡胶片。

（9）设备本体及附件采取防雨毡覆盖。

（10）捆绑加固操作现场须有项目技术总监和安全质保员进行监督，并经项目技术总监和安全质保员确认后，方可起运。

（二）码头装卸

用岸吊或汽车吊进行吊装作业，步骤与上述一致。如图 8-12 所示。

图 8-12 码头叶片吊装

（三）堆场管理

风电叶片的堆场管理，应制定相关场地管理的要求和措施，对场地卸装、运输等操作环节进行控制和管理，防止设备损坏、丢失。应制定"堆场安保管理规定"，包括建立通行证制度，确保场地卸装、运输等作业的安全，确保各项活动安全、顺利进行，防止安全事故的发生。应指派专人，在堆场 24 h 看护货物，每隔 3 h 进行一次巡视，保证货物安全，并做好相应记录。对堆场木箱货物苫盖防雨布。风电叶片的堆场暂存如图 8-13 所示。

图 8-13 堆场暂存

三、塔筒自卸

塔筒一般采用塔筒运输车进行运输，卸车的时候有许多方法，现以自卸为例，对其进行介绍。

首先，规划好筒体存放的位置，并提前在存放位置铺设钢板衬垫分载，同时预置好支墩位置。

其次，车辆行驶至塔筒停放的指定位置后，调整支墩位置至如图 8-14 所示。

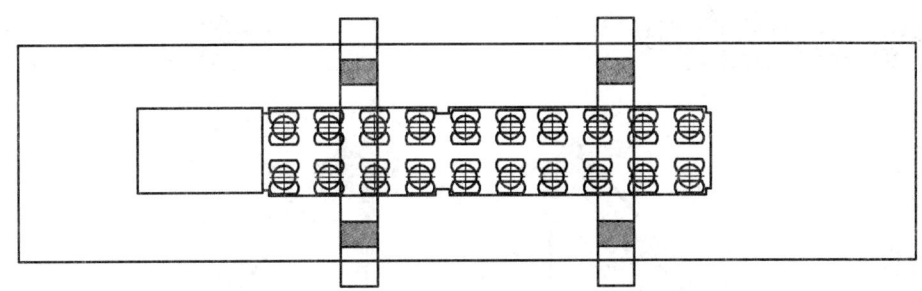

图 8-14　车辆就位后的支墩位置

再次，支墩放置完毕后，将车板缓缓降低，当鞍座脱离车板完全落在支墩上后将车辆驶出，塔筒及鞍座的放置状态如图 8-15 所示。

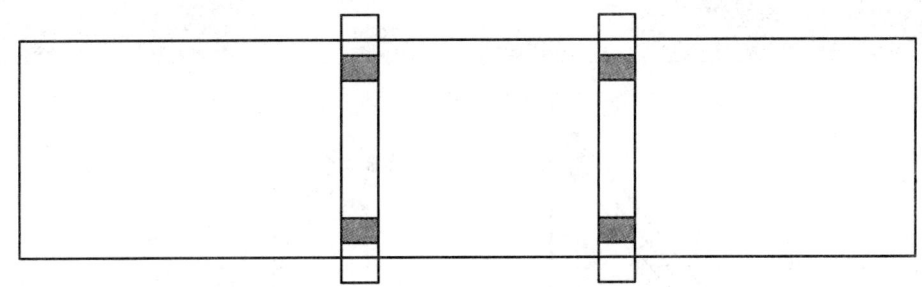

图 8-15　SPMT 驶出后的塔筒位置

最后，按照上述步骤，即可将所有塔筒自卸至要求的位置。

四、轮毂吊装

对轮毂的卸车装车与上述叶片相同，此处不再一一叙述，具体操作流程如下。

第一步，将运输车辆停放至指定位置，并将两台汽车吊安放距离吊点距离合适的位置，解开绑扎加固装置，放下吊装锁具，准备起吊。如图 8-16 所示。

第二步，对货物进行挂钩，使钢丝绳挂在货物的吊点上，保证吊装时货物重心和起吊中点垂直于地面。如图 8-17 所示。

第三步，两台汽车吊统一由一个起重指挥做吊装过程的指挥工作，确保两台吊机的运作步调一致。全面检查货物的重心，起吊的情况，确保一切正常后再完全吊起。

第四步，对吊机进行相应的操作，至货物到达需要存放位置的上方时，缓缓地松钩，直至货物平稳地卸到车上。如图 8-18 所示。

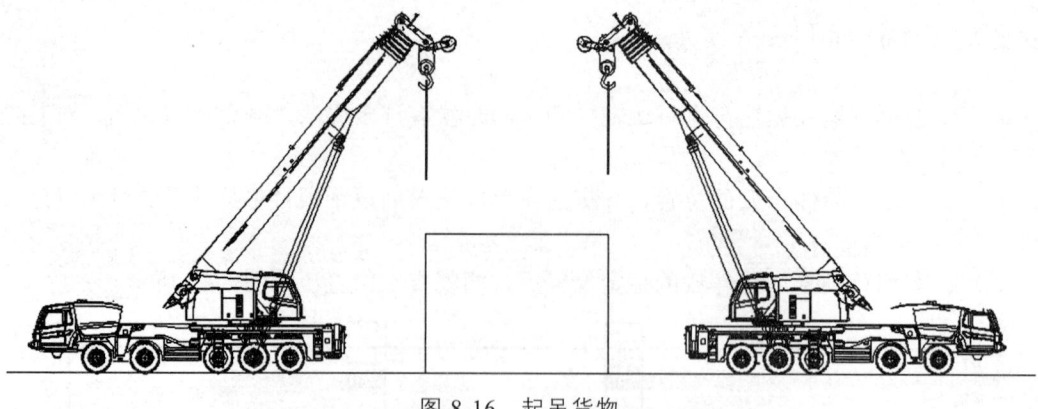

图 8-16　起吊货物

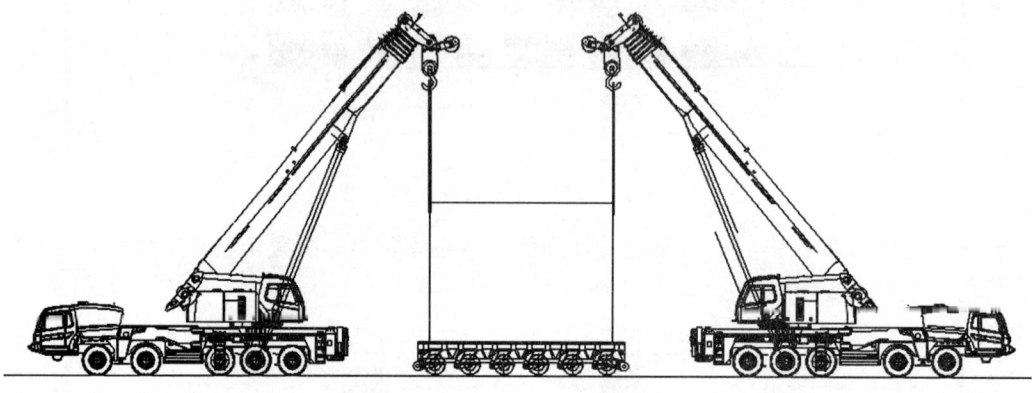

图 8-17　货物离地

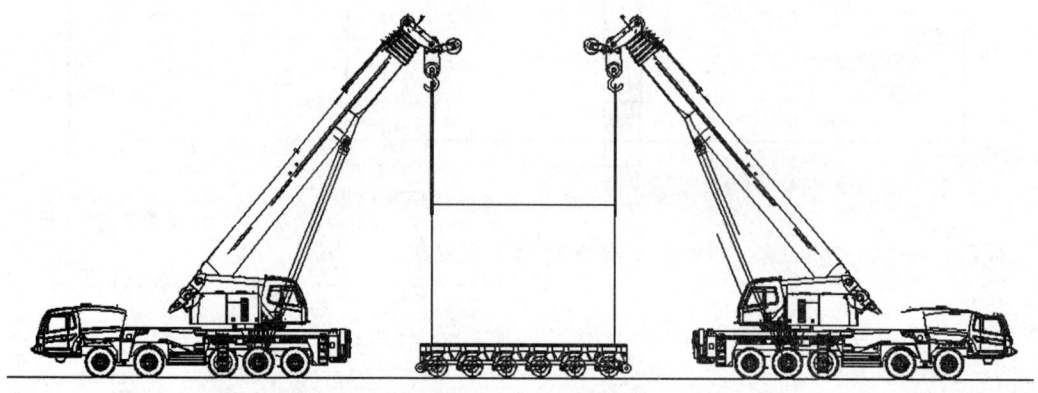

图 8-18　货物装车

五、叶片运输专用车

风电叶片运输专用车顾名思义就是专门用来运输风电叶片的车辆。风叶运输半挂车最大的特点就是超长，具有纵向伸缩功能。由于车型超长，极大地增加了转弯难度，为了克服弯道行驶的困难，风叶运输车一般还配有液压转向系统。

抽拉式风叶运输半挂车最长可达 50 m，三轴平衡式，遥控动力转向，前后钢板弹簧之间装有质量平衡块，可使前后钢板弹簧的挠度等量发生变化，在前后轴受力均衡等。

例如某型号风叶运输半挂车总长 46 000 – (17.5 × 22 × 6.5) mm × 3 000 mm × 1 810 mm，可以全部拉开，承载能力按 80 t 设计。大梁高度 550 mm，宽度 300 mm，大梁扣盒式，边梁 250 mm 工字钢，货载面最低 850 mm，车底板 4#花纹板，轮胎 11.00 R-20。

风叶运输半挂车有普通抽拉式风叶运输半挂车、轴线风叶运输半挂车以及举升式风叶运输半挂车等。

（一）普通抽拉式风叶运输半挂车

普通抽拉式风叶运输车如图 8-19 所示。类似低平板运输车，不过其大梁采用扣盒式设计，大梁通过抽拉来调节车辆长度，以适应不同长度的风叶运输，据了解目前国内的抽拉式风叶运输半挂车最长可达 50 m。

图 8-19　普通抽拉式风叶运输半挂车

（二）轴线风叶运输车

轴线风叶运输半挂车如图 8-20 所示。与普通抽拉式风叶运输车最大的不同在于底盘采用了液压轴线设计，使风叶车的货台面更低，转向更为灵活。

图 8-20　轴线风叶运输半挂车

（三）举升式风叶运输半挂车

举升式风叶运输半挂车就是指装有液压举升装置的风叶运输车，如图 8-21 所示。主要针对风叶在山区运输的难题，在平路的情况下，风叶平躺运输。遇到在山区转弯半径极小的情况下，通过举升装置提升所运物品的高度（一般能举高 5~10 m），缩短整车长度绕过障碍物。这段通往安装现场的坎坷之旅通常被称为"最后一公里"，故而对运输工具提出了新的挑战。图 8-21 是"轴线+举升装置"的山地叶片运输车。

图 8-21 举升式风叶运输车

第三节 陆上风电场道路分析

根据陆上风电场所处地形的不同，大致可以将陆上风电场道路分为山地、滩涂、平原三类。由于受电力消纳及送出条件的限制，我国风电开发的重点区域逐渐呈现出从北到南，从西到东的发展趋势。近年来，中东部及南方地区陆上风电装机规模不断扩大。根据我国的地形地貌特点及风资源分布特征，这些地方的很多风电都建设在海拔较高的山地地区。然而，山地地区地形起伏大、高度悬殊，风机运输道路设计施工的难易程度对选择风机机位有很大影响，风机叶片、机舱等超长或超重设备的运输问题是风场建设中的重要难题。

山地风电场运输道路需要满足施工及运维阶段大型起吊机械的通行、风机大型部件的运输及其他施工机械与材料运输车辆的通行要求。其中，风机大型部件的运输是关键。风机叶片、轮毂及导流罩、机舱和塔筒是风机大型部件运输主要的组成部分。运输车辆主要采用多轴线液压板拖车和大型凹形板拖车，山地运输上叶片转运一般采用叶片运输专用车。山地风电场地形复杂，大件运输设备质量大、尺寸长，道路运输经济性要求高，导致道路设计选线非常困难。

一、风电场道路设计原则

风电场道路的主要作用是将各个风机机位、升压站与主要进场干线连接起来，满足风电场施工及检修期间交通运输的需要。道路可作为运行期间的永久道路，同时需满足施工期间超长件、超重件设备运输的要求。为降低风电场道路建设费用，风电场道路的设计需从风电机组设备、大件运输车辆及道路设计三方面因素综合考虑，以期做到安全、适用、经济、便利。

山地地区自然条件复杂，地形变化很大，路线设计在技术指标选择方面受到较大的限制，因而一般采用低限值。风电场运输道路必须以较短的路径克服山地较大的高差变化，选线以纵面线形为主安排路线，其次考虑平面线形。综合考虑风电场道路的殊性，山地地区风电道路设计原则如下。

（一）道路路线在山脚处尽量利用现有的公共路线进行改造

山地风电场场区位置一般较为偏远，与外界联系的交通环境较差。在这些区域建设风电场时，风电机组设备场外运输一般利用现有公路交通。因风机等重大件的运输尺寸已超过一般货物的运输尺寸，在普通公路上运输这种货物时将会受到沿线建筑物的净高、沿线桥梁结构的荷载通行能力及沿线路基的稳定性三大因素的制约，现有道路往往不能满足风机设备的运输需要。为此，在确定运输路线前，设计人员要对风电场地理位置进行初步了解，掌握其宏观的交通环境，针对公路运输特性对运输沿途的具体交通环境进行详细的调查，包括已有道路的等级、沿途公路桥梁的承载能力、公路的最小转弯半径等，以评估改造现有道路或者新修道路的成本。并根据风机设备参数及大件运输的工具，对上述指标进行充分的论证，提出一个安全、可行、经济的运输路线。对不满足运输要求的路段进行必要的改道、加宽、砍树、移杆、拆房、挖土和填土等设计工作，确保场外道路满足大件设备运输要求。

具体选线方法如图 8-22 所示。

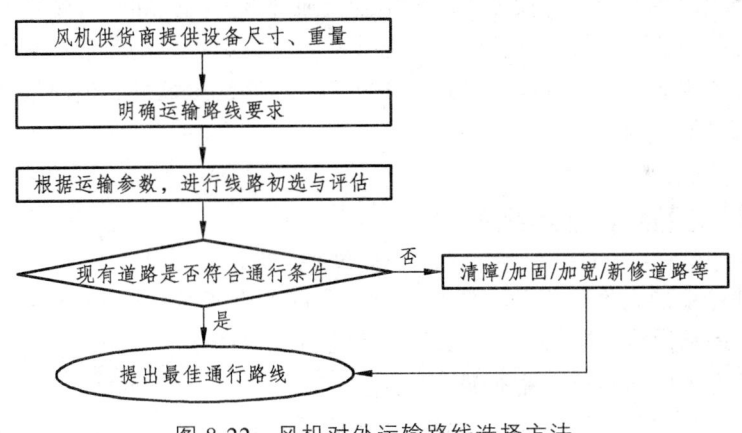

图 8-22 风机对外运输路线选择方法

（二）根据山区的地形特点，道路选线一般优先选择山脊线

山地风电场拟建各风机分散于各山脊上，所以进行道路选线时优先选择山脊线。必须尽量避开深沟、河流或高崖等不利地形，不能采用桥梁、隧道等技术要求高、成本昂贵的路线形式，不能造成房屋拆迁，不占用耕地或经济林。尽量回避高路堤、陡坡路堤和挖方高边坡，不采用桥梁、隧道以节省工程造价。同时要做到少占用或不占用耕地、林地，充分利用现有道路，保护生态环境，减少拆迁，最大限度地减少对环境的大面积破坏，体现"不破坏即是最好保护"的设计理念。

(三)场内道路选线的初步设计之前,必须进行现场踏勘

对于风机设备运输来说,虽然对运输过程技术要求较高,但是场内道路前期的选线工作才是重点。设计人员通常要用半年甚至更长的时间来完成场内道路选线、勘测、设计等工作。在数字地形图上完成初步路径规划后,在进行初步设计之前,必须进行路线的现场踏勘,以验证规划路径的合理性并发现其他可能影响工程开展的不利因素。

参考类似工程实践积累的经验,在对场内道路路线进行布线时应遵循以下几个方面的内容。

一是场内道路布线应满足风电场交通功能需求,并与总体风机布置保持协调、统一。

二是道路的平、纵、横设计应综合考虑各种因素,保证路线的整体协调,做到平面顺适、纵坡均衡、横断面合理。

三是根据挖填平衡、减少土石方运距的原则对道路进行优化选线,进行多方案比较,选出最优路线。

(四)充分协调道路线形和车货技术参数的匹配关系,确保重载车组安全通过

山地风电场道路投资占风电场总投资的比例较大,路线平纵设计的好坏直接影响道路工程造价,道路路线设计指标的合理选用是从技术上控制好道路投资的关键。风机设备具有超长、超宽、超高、超重的特征,风电机组运输中受限制的设备主要是叶片、塔筒及机舱。一般需要运用牵引车、全挂平板车、各类型平板、吊车等运输工具进行接驳、转运至目的地,对道路平纵设计指标要求较高。设计中既要结合交通部颁发的公路工程规范及林业部颁发的林区公路设计规范,还要根据实际情况,按照设备运输厂家提供的车辆参数综合考虑。其中对重大件运输有影响的主要设计指标是道路路面宽度、路线纵坡度、横向坡度、竖曲线、平曲线半径等,需着重研判。

二、风电场道路平曲线线形分析

风电场场地受地形条件限制,大件运输时要求行车速度不大于 15 km/h,故在道路平面设计中一般不设缓和曲线。同时,考虑到重大件运输车辆的重心较高,为保证汽车行驶的横向稳定性,避免发生横向倾覆,路面需平整。

因风电场叶片运输车辆尺寸较长,故在路面加宽取值上与普通道路有所不同。根据大量工程实例反馈的情况,为尽可能减少道路工程量,设计人员在风电场平面布线时,基本采用小半径平曲线(半径小于 100 m)。且通过现场观测研究表明,风机的大件运输车辆在小半径平曲线弯道处的行车速度一般小于 5 km/h,故在研究路面平曲线加宽时,以最长件的运输车辆作为控制性参数是合适的。

目前国内主流叶片运输公司采用 1+3 轴平板挂车,车板上架设角钢支架,叶片末端悬挑外距为 3~7 米(见图 8-23)。为避免运输过程中山体与风机叶片刮擦从而影响设备质量,应对平曲线的内、外弯情况区别考虑[平曲线远离圆心侧为挖方路基,以下称为内弯(见图 8-24),平曲线远离圆心侧为填方路基,以下称为外弯(见图 8-25)]。

图 8-23 风机叶片运输车辆

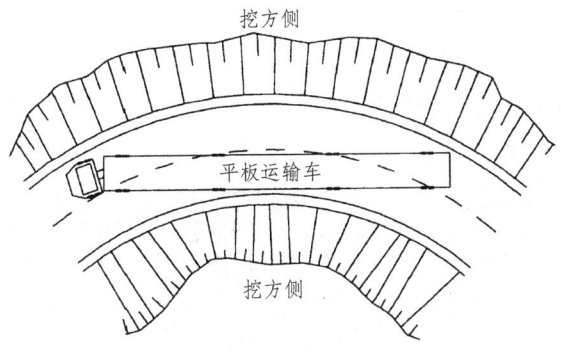

全挖方型内弯

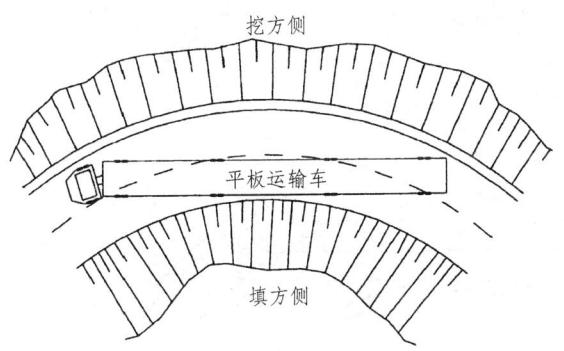

内填外挖型内弯

图 8-24 道路平曲线内弯示意图

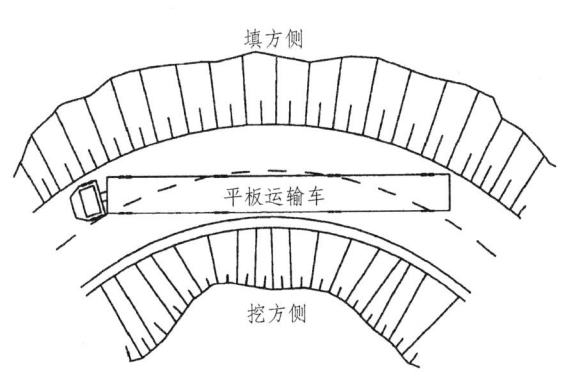

内挖外填型外弯

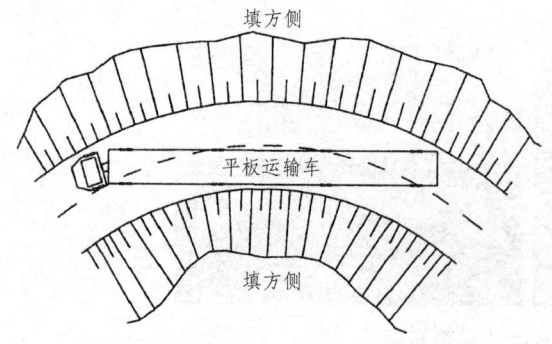

全填方型外弯

图 8-25 道路平曲线外弯示意图

风机叶片运输的路面加宽计算模型如图 8-26 和图 8-27 所示。

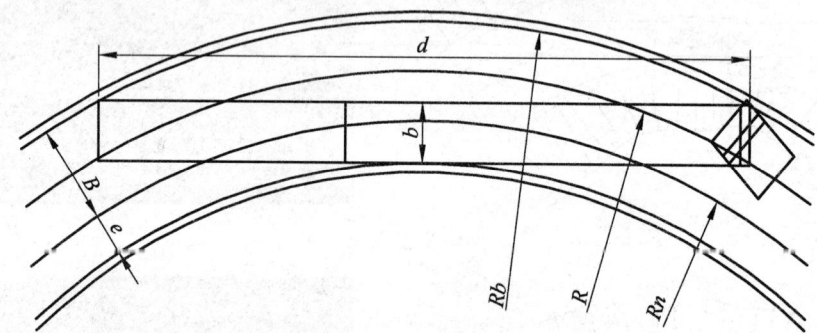

图 8-26 内弯的平曲线加宽计算图示

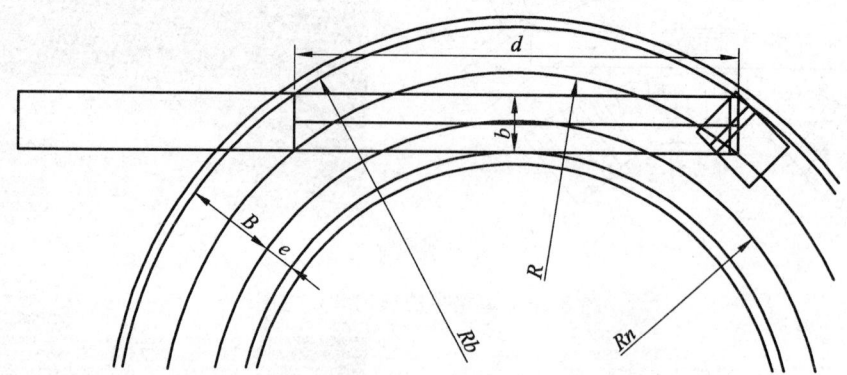

图 8-27 外弯的平曲线加宽计算图示

根据汽车行驶时相对位置所需的加宽 e 为：

$$e = R_n - \left(\sqrt{R_b^2 - \left(\frac{d}{2}\right)^2} - b \right)$$

式中：e——加宽值，m；

d——车辆外轮廓尺寸，m；

R_b——行车道外侧边缘半径，$R_b = R + B/2$，m；

R_n——行车道内侧边缘半径，$R_n = R - B/2$，m；
R——道路中心线平曲线半径，m；
b——车板宽度，m；
B——路面宽度，m。

三、风电场道路路面设计分析

风电场道路路面根据风电场所处地形、机组使用时对路面的要求，结合沿线气候、水文及筑路材料的分布情况，本着因地制宜、合理选材、施工方便、便于养护的原则进行综合设计。路面结构层所选材料应较好地满足强度和刚度要求。路面设计可以按单轴双轮组 BZZ—100 kN 的荷载作为标准轴载进行换算。路面结构的拟定，需结合道路交通量及不同土石路段的划分来综合考虑，并满足风电场施工运输的功能要求。

相比于水泥混凝土、沥青混凝土等高级路面，泥结碎石路面以其相对低廉的建造价格、易于维护及便于就地取材的特点在我国风电场道路中广为使用。

图 8-28 至图 8-36，归纳了依据不同级别机组，山地、滩涂、平原三类风电场道路常用的路面结构方案。

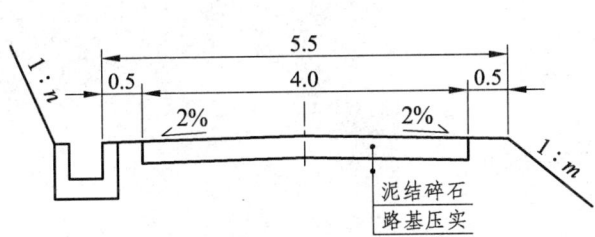 

图 8-28 750 kW 级机组山地风电场典型路面结构图

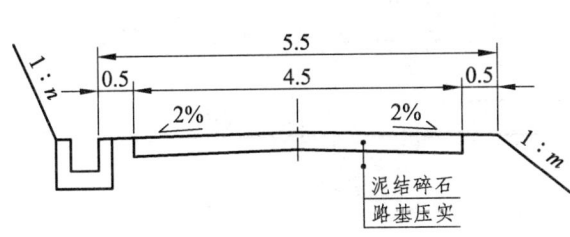 

图 8-29 1 500 kW 级机组山地风电场典型路面结构图

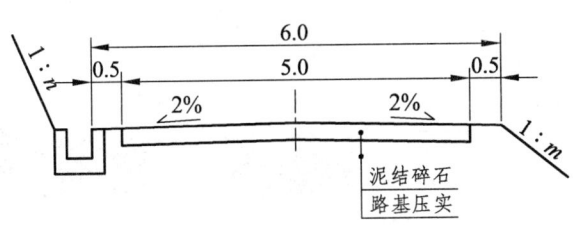 

图 8-30 2 500 kW 级机组山地风电场典型路面结构图

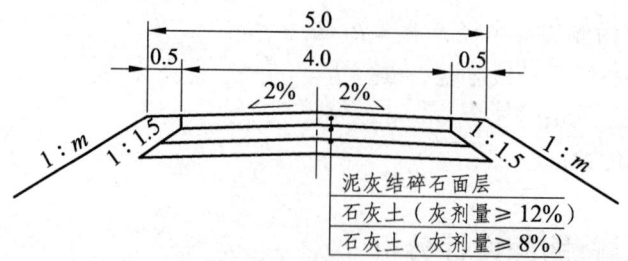

图 8-31　750 kW 级机组滩涂风电场典型路面结构图

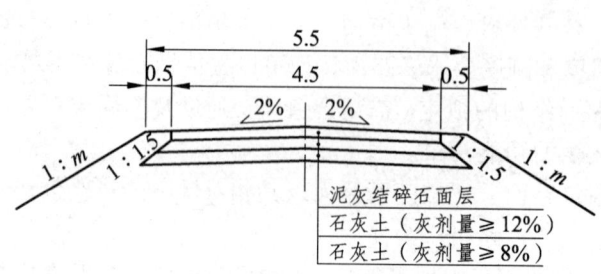

图 8-32　1500 kW 级机组滩涂风电场典型路面结构图

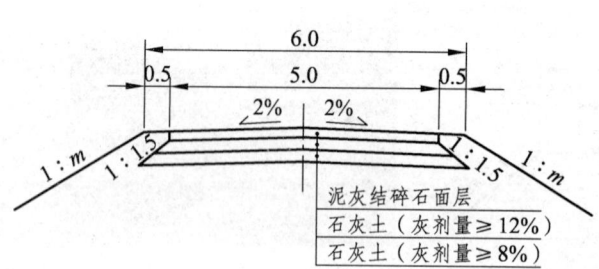

图 8-33　2 500 kW 级机组滩涂风电场典型路面结构图

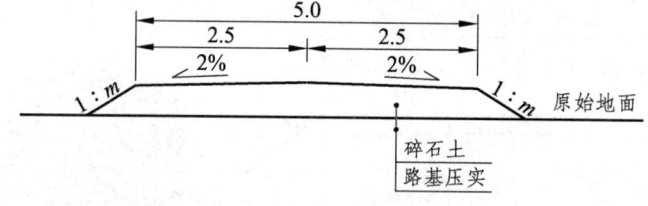

图 8-34　750 kW 级机组平原风电场典型路面结构图

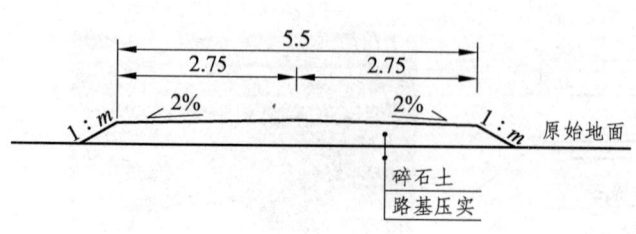

图 8-35　1 500 kW 级机组平原风电场典型路面结构图

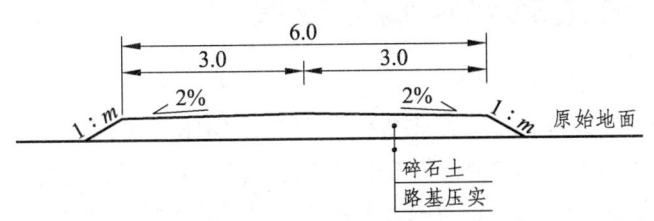

图 8-36 2 500 kW 级机组平原风电场典型路面结构图

路面结构应根据车辆轮压、现场地质条件、当地材料及当地习惯做法确定,根据《公路沥青路面设计规范》(JTG D50-2017)计算风电场不同路基情况下常用道路路面结构组合方案。表 8-1 至表 8-3 所列的方案,可作为山地、滩涂、平原风电场道路路面设计参考使用。

表 8-1 山地风电场路面结构组合方案

结构层	土基回弹模量		
	< 30 MPa	30～60 MPa	> 60 MPa
保护层	2 cm 粗砂保护层		
面 层	25 cm 泥结碎石层	20 cm 泥结碎石层	15 cm 泥结碎石层
基 层	30 cm 级配碎石层	25 cm 级配碎石层	20 cm 级配碎石层
总厚度	57 cm	47 cm	37 cm

表 8-2 滩涂风电场路面结构组合方案

结构层	土基回弹模量		
	< 30 MPa	30～60 MPa	> 60 MPa
保护层	2 cm 粗砂保护层		
面 层	25 cm 泥结碎石层	20 cm 泥结碎石层	15 cm 泥结碎石层
基 层	50 cm 级配碎石层	45 cm 级配碎石层	40 cm 级配碎石层
总厚度	77 cm	67 cm	57 cm

表 8-3 平原风电场路面结构组合方案

结构层	土基回弹模量		
	< 30 MPa	30～60 MPA	> 60 MPa
保护层	3 cm 粗砂保护层		
面 层	50 cm 碎石土层	40 cm 碎石土层	30 cm 碎石土层
基 层	—	—	—
总厚度	53 cm	43 cm	33 cm

第四节　海上风电运输与安装

据全球风能理事会（Global Wind Energy Council，GWEC）统计，2018 年全球海上风电市场新增装机总量 4.5 GW，与 2017 年持平；与 2016 年相比增长近一倍，保持着高速增长的态势。全球 17 个市场的累计装机总量达 23.1 GW。其中，英国仍是世界最大海上风电市场，累计装机容量占全球的 34%；德国紧随其后，占全球装机总量的 28%。我国海上风电产业近年来发展迅速，2018 年新增装机量占全球新增装机量的 40%，新增装机量居全球第一；装机累计总量占比由 2017 年的 14.8% 增长到 20%，稳居全球第三位，展现出了强大的市场前景与发展潜力。

与陆地相比，海上风力发电具有环境影响小，风况优于陆地，风湍流强度弱，风切面小，各种干扰限制少及海上风电场不占用土地等优点。因此，海上风力发电将会成为今后风能利用的重点发展方向。为便于海上应用，海上风力发电机组的单机功率正在向大型化发展，这也势必会增大机组运输、安装和维护的难度。海上风电机组同陆上风电机组一样包括基础、塔筒、机舱和叶轮系统等主要部件，但是其运输、安装施工的难度要高很多，在任何环节发生任何问题都会导致工期拖延，这将急剧增加项目的施工成本，所以项目开发商力图通过采取最优的运输和安装方式来最大限度地减少整个项目的工程费用。

海上风电机组的运输和安装方式可分为两类，即整体运输安装以及分体运输安装。目前，中国海上风电处于起步和探索阶段，存在诸多问题，主要涉及海上风电设备的运输、安装与维护。主要体现在：一是风电安装船数量少，价格昂贵；二是安装的时间窗口有限，海上可用的作业时间十分宝贵；三是缺乏 EPC［工程总承包（Engineering Procurement Construction）］统一管理，对海上风电参照《海工规范管理》，但管理条例不完善；四是叶片、发动机、塔筒等部件的供应需涉及风机安装、风机基础安装、海上升压站、海底电缆铺设等多个环节，协调管理难度大；五是业主以及 EPC 方缺乏统筹管理思路，缺乏专业的物流管理和操作。

一、海上风电机组的运输

海上风电机组的运输方式取决于风电机组最终的安装方案，不同的安装方案对应不同的运输方式，可以分为整体运输和分体运输，这两种运输方式对运输船、辅助工装和海况有不同的要求，同时对风电机组的吊挂方式、吊点设置和固定方式也有较大的区别。

（一）整体运输

海上风电机组的整体运输首先需要将整个风电机组在陆上组装好，为了缩短运输时间，这就要求在距拟建风电场不远处有选定好的陆上组装基地。在陆上组装基地进行装配时要先将机舱放置在基地的工艺塔筒上，在工艺塔筒上将叶轮与机舱进行组装，再将组装完毕的机舱和叶轮安装到应用塔筒上。最后由大型起重机将风电机组整体吊起到运输船上，由于风电机组高，且重心在中上部，为了保证整个风电机组在实际的运输过程中平稳而不倾翻，一般在风电机组塔筒的中段处采用抱箍器来抱住风电机组的塔筒，抱箍器安装在平衡梁上来固定整个机组，再采用井架来固定平衡梁，如图 8-37 所示。

图 8-37　风电机组整体运输

（二）分体运输

当拟建海上风电场安装方式采用分体安装时，这时的运输方式就需要采取分体运输。如同整体运输一样，在运输前需要对风电机组的部件进行整体装配，这样既便于运输，也缩短了安装时海上的作业时间。风电机组由塔筒、叶片、轮毂和机舱等大部件组成，在陆上的组装基地进行组装时，根据不同的安装要求和方式，一般可以将这些大部件组合成多种方式，但是从现有技术的情况看，最安全、经济和高效的方式主要有以下两种。

1. 叶片与轮毂的组装

叶片与轮毂的组装也称为三叶式组装。将轮毂系统和 3 副叶片组装在一起形成风轮系统来一起运输，如图 8-38 所示。三叶式安装，在陆上将风电机组的 3 副叶片和毂帽安装好，组装成风车头，但不必与机舱连接。运输时，调整叶片放置的角度，使其合理布置于甲板上，以便有效利用甲板空间。海上安装时，在把机舱安装在塔架上后，将已组装好的风车头直接吊装在机舱上，以减少海上叶片安装时定位、对接等系列作业，降低海上施工难度。这种安装方式虽然成熟可靠但对运输船承重要求较高。

图 8-38　三叶式运输

2. 叶片、轮毂和机舱组装

叶片、轮毂和机舱组装也称为双叶式组装或兔耳式组装。在陆上将风电机组的 2 副叶片安装在毂帽上，并与机舱连接好，形成兔耳型。第 3 副叶片可以与该组件一起运输，也可与塔筒一起运输，这样既便于存放也便于运输。如图 8-39 所示。无论采用哪种组合方式，塔筒一般都需要组装成 2—3 段，这样便于存放、运输和搬运。这种安装方式易于把控平衡，重量相对较大，过程比较烦琐，安装第三片叶片时仍需采用单叶片组装。

图 8-39　兔耳式运输

二、海上风电机组的安装

海上风电机组和陆上风电机组一样，包括基础、塔筒、机舱（含叶轮系统）这三个主要部件，但是海上风电机组的质量更大，需要更大的安装设备。陆上的大型安装设备不能投入使用，只能依靠安装船进行安装。安装船的租赁费用十分高昂，并且在海上安装风电机组时，海洋气候对风电机组的影响很大。如在大风和大浪期间就不能进行安装，这样海上风电机组的安装相对陆上的施工难度更高，不确定因素更多，费用也更高。所以在海上风电的安装作业中，任何问题都有可能使工期被拖延，这将急剧增加建设费用。为了尽可能地减少海上工作的时间和避免不可预测的因素，海上风电设备安装一般都是通过陆上组装基地进行预装和部分组装的方式来最大限度地减少施工时间和风险。海上风电机组的安装，主要是安装基础、塔筒、机舱和风轮系统等部件，海上风电机组的基础均需预先单独安装好，基础以上的结构安装方式主要有整体安装和分体安装两种。

（一）整体安装

海上风电机组的整体安装就是在陆上的组装基地将风电机组完全组装好，即将塔筒、机舱和风轮系统都装配到一起，当整体运到拟建风电场后，采用"一体式"整体起吊并安装到已经建好的基础上。我国首个规模化的海上风电场就是采用了整体安装的方式安装了 34 台 3 MW 的风电机组。

海上风电机组整体安装是通过起重船钢丝绳吊架系统吊起整个风电机组，然后由对中系统控制风电机组塔筒根部法兰和安装平台塔筒法兰对中,风电机组随着起重船吊钩位置下降而安放在海上安装平台上,最后用螺栓紧固,解开并拆除上部吊架系统,完成安装,全部过程大概需要经过 6 个步骤,即粗导向、缓冲、同步升降、精定位自动对中、法兰连接以及拆除平衡梁、吊架系统和就位系统。具体如图 8-40 所示。

在海上风电机组整体安装中,由于起重船将风电机组整体吊装到风电机组平台上时,采用的是锚泊定位,为避免风电机组塔筒与风电机组平台发生严重碰撞和确保风电机组塔筒与平台对中的准确度,需要对安装船进行稳定性校核。风电机组塔筒根部法兰与安装平台塔筒法兰的准确、高效对中直接影响到风电机组安装效率,因此,开发出一套精确高效的塔筒法兰对中控制系统具有重要现实意义。有兴趣的同学可以参照《大型风电机组安装塔筒法兰对中系统分析》。

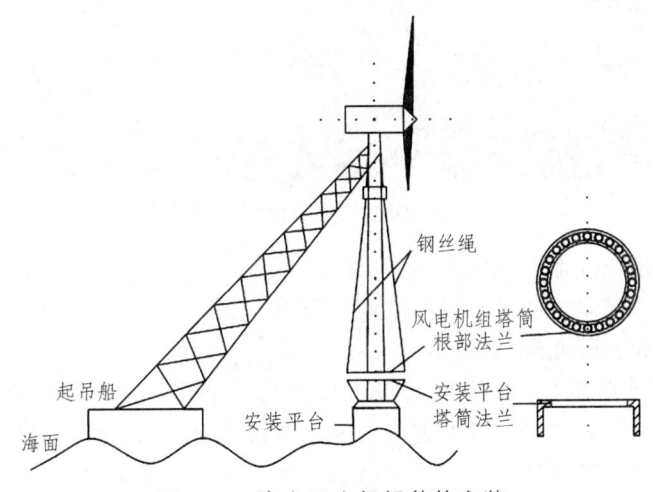

图 8-40 海上风电机组整体安装

由于我国大型船只比较多,主臂为单臂的船只和双臂的船只都能满足起吊质量和起吊高度的要求,所以海上风电机组的整体安装在我国实现起来比较容易。中海油利用"南疆"号 380 t 起重铺管船在离岸 70 km 的渤海绥中 36-1 油田,采用整体式安装完成了我国第一座海上风电机组。

根据国外已经建成的海上风电场的统计结论,风电机组的海上运输及安装所需费用约占总投资的 4% 左右,尽管投资比例不大,但是该环节的施工难度及操作风险是整个风电场建设过程中最大的利用。整体吊装可以降低安装过程中的不确定因素,例如海洋气候(风、浪、涌等)的影响,尽可能减少船舶、人员的待机时间,从而缩短了海上的高空作业时间,降低项目实施的成本及风险。这种安装方式的优点是大部分工作可以在陆上完成,有效降低了成本,海上高空作业量少、安全,海上作业时间短,且安装效率相对较高,基本不受水深的限制。其缺点是对安装船的能力要求高,对陆上组装基地的要求也相对较高,并需要设计专用的起吊吊具和运输时的固定装置。

(二)分体安装

海上风电机组的分体安装就是在海上的拟建风电场中将风电机组的主要部件安装到一

起。但是海上条件的不确定因素较多，风电机组的高度一般在 80~90 m，这使得海上风电机组的安装工作具有一定难度，为了提高效率，海上风电机组的分体安装一般也需将风电机组在陆上的组装基地内进行适当的组装，再将各主要部件和组件运输至拟建的风电场进行逐件安装来减少起吊次数和高空安装作业工作量。根据陆上装配基地对机组的组装程度不同，海上风电机组的分体安装基本可分为三叶式安装方式和兔耳式安装方式，如图 8-41 所示。

图 8-41　海上风电机组分体式安装

三叶式安装就是在陆上的装配基地将三副叶片和轮毂组装成叶轮系统，在安装时先安装塔筒，再安装机舱，最后将风轮系统安装到机舱上，这种方式可减少海上安装叶片时的定位、对接等高空作业，降低海上施工难度。

兔耳式安装就是在陆上装配基地将风电机组的两副叶片安装在轮毂上，并与机舱安装好，形成兔耳形式。在安装时，先安装好塔筒，再将已装上两副叶片的机舱安装在塔筒上，最后安装第三副叶片，其安装方式与陆上风电机组的安装方式类似。

目前全球海上风电机组的安装主要还是采用的分体式安装，有关统计显示，国外海上风电场的建设过程中绝大部分采用分体式安装，而且基本上都采用自升式桩腿平台或船只来保证安装精度，从而减小整个安装过程受天气和海况的影响。我国江苏响水近海风电场试验机组也采用了分体式安装方案，组装后风电机组的主体有 5 件，分别为 1 套兔耳式系统、3 段塔筒、1 副风叶。海上分体安装最大的优点是对海上运输和安装设备的要求相对整体安装要小，对陆上组装基地要求相对较低。但在海上作业时间相对较长，各部件在海上高空对接安装作业量较大，安装的整个过程受海上环境、气象和地质条件的制约性大；海上施工工序多、高空作业量大、操作空间小、交叉作业频繁，同时对起重作业时船舶的稳定性要求很高。较多的施工环节和安装要求导致在海上连续进行作业难度很大，施工中还要考虑风、雨、雾等天气因素的影响。

三、海上风电机组的维护

海上风电机组的运行要求有非常高的安全性和稳定的可靠性，因此完善和周密的维护是必不可少的。目前，海上风力机组维护主要包括定期巡检维护、停机维护（因故障而维修）、状态监测和故障诊断 3 种维护方案。

（1）定期巡检维护主要是每隔一段时间要对机组和其关键零部件进行检查，比如全面或部分检查螺栓的力矩和主要电气连接,检查各传动部件之间的润滑、冷却和密封等情况。其优点是该巡检是按照计划执行的,基本不需要长时间停机,备品备件一般都有储备。但是由于海上风电场的可到达性较差,配件、部件及工作人员的交通费用比较高,而且受天气影响较大,所以定期巡检需要事先计划。

(2)停机维护是因为当机械或电气零部件发生故障导致风电机组停机时,需要配备专用船只和技术人员赴现场进行停机检修或更换零部件,该维护租用设备的费用高,长时间停机导致的发电量损失也很大。停机检修的缺点是:如果发生大故障,需要长时间停机检修,加上天气和海况不好,维护人员不能及时对机组进行维修,导致停机时间加长,经济损失加大。

(3)状态检测和故障诊断是对风电机组主要零部件进行实时监测,实时采集设备的运行状态并进行实时分析,及时诊断零部件存在的问题和隐患,根据诊断的结果及时采取相应的措施来避免重大故障的发生。状态监测和故障诊断的优点是:部件能最大程度地被利用,停机概率较低,检修方案可计划执行,部件供给比较方便。

在实际工程中的海上风电场,由于受海上盐雾、潮湿、台风和海浪等恶劣自然环境的影响,相关的易损件失效速度比陆上发生快,机械和电气系统故障率大幅上升,导致检修维护的频次加快,增大了风电机组维护的支出。主要表现以下几点。

(1)由于海上天气多变,海上风电场的可达到性差,陆上风电场对风电机组的日常巡检在海上风电场不可能实现。风电机组一般需要按规律检查或维护,规律性检查是每六个月进行一次,大型检修每五年进行一次,但是海上风电场定期的维修检查计划难以实施,如果大部件发生故障,则需要动用大型工程船进行运输与吊装,成本非常高。

(2)目前风电机组的维修采用的是每台机组均配置一台或两台起重机,此方案成本高,一旦大部件发生故障,很可能导致长期停机,损失巨大。而采用常规大型工程船进行维修施工的成本极高。

因此,针对海上工况的特殊性,需要采用专用设备对风电机组进行维护。在海上风电机组设计环节,必须充分考虑到机组的可靠性和可维护性。机组的关键机械零部件需进行设计裕度加强处理,电气系统则实施冗余设计策略,紧固件采取多种防松脱措施,以此保证机组的年可利用率,并将可维护性的理念落实在结构选型、连接形式、吊装接口、结构布局等设计细节上。同时,为方便海上风电机组零部件的维护维修,需开发低成本的专用吊装设备和拆卸工装,最大限度地实现风电机组零部件的在线维护,降低海上风电场的运行成本。

第九章 海工模块运输

第一节 海工模块化运输概述

21世纪是海洋世纪,海洋经济也逐渐成为我国国民经济新的增长点。随着海洋产业的高速兴起,海洋工程装备已成为世界主要造船企业新的利润增长点。《船舶工业调整振兴规划》明确要求加快自主创新,发展海工装备,逐步扩大海工装备的市场份额,重点发展钻井平台、生产平台、浮式生产储油装置、工程作业船、模块及海洋工程装备配套设备。因此,有必要对我国海洋工程发展现状进行了解和分析,同时也有必要对海工模块化运输展开探讨。

一、海工模块化建造

模块化建造技术诞生于20世纪40年代。第二次世界大战时,由美国人首先将其应用于军船领域。20世纪60年代由日本人发明的一项组合技术,促进了模块化建造的发展。到20世纪70年代,欧洲和美国已经在这项技术上逐渐进入了比较成熟的阶段,又经过40多年的发展,模块化建造逐渐被应用于很多领域。近年来,模块化建造作为一种低成本、高效率且安全的建造模式,已成为现代造船和海工领域的重要技术及发展趋势。

模块化建造是相对传统建造方法而言,已广泛应用在舰船武器系统、航天器和电子设备及大型装备等领域,是对传统设计方式和生产模式的创新和发展。随着中海油承建了越来越多的海外项目,模块化建造模式更为建造者们熟悉和使用,新的施工方法也为国内海洋工程建造者们提供了新的思路和方法。

目前,中海油国内海洋工程项目从设计和现场建造也开始了模块化的尝试和实践,并且取得了较好的效果。中海油海洋工程领域的模块化建造主要体现以下四个方面,即详细设计模块化、加工设计模块化、设备制造模块化、施工建造模块化。

模块化设计和建造不同于传统建造,它需要设计、施工和管理各方都具备模块化的管理思维、高效的设计建造水平和足够的建造资源。设计和现场建造在制定方案时要充分结合现场管理人员水平、施工队伍能力和现场资源配置。考虑施工、设计及管理成本和项目建造进度，对于重复性或相似性高的设施，目前都采用模块化的方式设计和建造。

相对于传统的现场建造，模块化建造就是充分利用现有场地资源和重复利用以往资源，将相同的、重复的工作模式化和固定化，将简单的、零散的工作集成化，以提高产品的效益、质量，提高工作效率。具体实施手段就是通过详细设计、加工设计、现场施工、产品制造等各个环节或每一个独立环节，将不同的专业融合在一起，产品化地实现各个阶段的一体化建造。最终利用大型运输设备和吊装设备，通过搭积木的总装过程将不同的单元进行高效有序的总装。

相较于传统的详细设计，模块化建造就是将系统功能和使用环境相同或相似的设施进行模型化及系列化设计；新项目在确定设计基础数据后，只需在设计库中选择相同或相近的类型进行适当的修改即可；甚至对相似度很高的项目，只需更改名称，核实确认后即可使用。首先，模块化建造则可以把一些产品同时放在不同场地完成，不仅不受施工场地限制，还大大地节省了工时，提高生产效率。其次，传统构件式建造方式必须要在项目所在地进行组装，而模块化建造则可以把主要部件在运输安装和抵达现场之前就完成组装，从而可以避免在建造过程出现误差。最后，传统构建式建造在项目期间内或多或少会在某些设备的安装环节出现一些调试和改装，但模块化建造则完全可以避免这些问题，因为模块化建造的大部分设备在设计之初就已经纳入其中了，所以相对来说更加完整。以上三个方面足以证明模块化这种建造方式，已逐渐向海工项目领域延伸，且不断向能源、化工的基础建设方面渗透。未来模块化建造将被越来越多的行业所认可和采用。

从未来的发展趋势来看，可以肯定的是新型技术的出现推动了模块化的全面发展。这些新技术包括：3D 技术、SPMT 小车、海上运输设备更大范畴地调集和安装技术等。3D 技术的应用大大提高了设计效率和精度，促进了模块化建造的前期模拟。也就是说，设计师在办公室的电脑上就可以把整个项目用三维形状模拟出来。而 SPMT 小车的出现使得模块化建造的运载能力得到不断提升，有了这些设备，即使几千吨的模块，也可以从四面八方汇集到现场。特别是一些大型及特殊种类船舶的出现，为模块化建造提供了便捷和完善的运输服务。而起重能力的不断增强，大型吊机以及先进的安装技术的出现，则为模块化建造创造了更多的可能。这些新技术的出现和运用都是成就模块化建造快速发展的重要保证。

二、海工模块运输

工厂模块化建造理念是将大型工厂分解为集成了多种系统功能的大型模块，进行工厂化的异地建造，再通过陆路和海路运输到气候条件苛刻、环保要求高、劳动力资源缺乏、劳动成本高的现场进行组装，进而连接组成工艺复杂、功能齐备的现代化工厂。国外的大型工程往往建设在临近海边的偏远地区，要将海外已经制作组装好的、单件重达数千吨的大型模块运到码头装船并运到建设现场，不仅需要包括组织设计、运输车辆、吊装设备、专用船舶等在内的一整套专业的管理流程和装备，也需要各相关专业公司的通力合作，方能得以实现。

作为模块化建造中的重要环节，模块的物流运输越来越受到业界的广泛关注。美国福斯特惠勒公司的 Jeremy Cooke 表示："对于模块项目来说，最重要的就是建造、装载、运输最大的模块。"

全球最好的重大件运输服务商——道克怀斯重大件海运有限公司已然意识到对超大、超重模块进行运输已成为模块化建造领域未来的发展趋势。道克怀斯重大件海运有限公司销售总监 KathrynLewton-Jones 表示，随着海上油气勘探作业环境的不断恶劣，以及向深海领域进军的不断推进，对模块化建造运输市场来说，未来充满挑战。所以，寻求更加安全、更加高效的运输解决方案，已成为运输服务商所追求的目标。

一般来说，模块运输的难度主要体现在以下几个方面：第一，不管是建造场地还是安装场地，空间都是有限的。然而，物流最根本的原则就是必须确保准时送达；第二，甲板装备、垫墩和绑扎都需要船舶等待很长时间（通常十天以上）；第三，船舶无法进入未经改造的吃水较浅的海岸；第四，港口的拥堵状况导致船舶等待时间过长；第五，还要充分地考虑到设备装载和卸载的能力。

（一）海工模块运输特点

海工模块运输具有显著的一次性和特殊性，是工厂模块化海外建造项目、工程项目的重要环节，直接关系到整个建设工程的质量、成本和工期。工厂模块还具有超大、超重、超长、超宽、超高的特点，它的运输技术操作难度大，专业性强，涉及面广，运输周期长，风险系数高，成本投入大。其特殊性主要体现在：

（1）对车辆、船舶和装载有特殊要求，一般情况下，大型模块用 SPMT 轴线车转运到具有宽大甲板的专用船舶上。

（2）对大型模块陆路运输条件有特殊要求，运输道路的宽度、坡度、路面承载力，以及运输路线和空中设施必须满足所运货物外形的通行要求。

（3）大型模块都是重点工程的关键设备，它的运输必须遵循安全可靠、节省费用、尽量减少中间装卸和倒运环节等原则。

（二）海工模块陆地运输

大型模块经预组装完成并具备装运条件后，从预组装场地陆运到码头并装载上船。

1．遵循的基本原则和满足的条件

（1）满足大型模块预组装后的发货及船期的总进度计划安排。

（2）在总进度计划的框架之下，制订每一条船周密的批次装载计划。

（3）对每一个大型模块必须制订详细的运输方案设计。

（4）在进行运输方案的详细设计之前，必须全面落实技术条件。包括大型模块的基本参数、各类运输车辆和工具的基本条件、通道和码头以及水文潮汐的条件、各型运输船的基本参数、支腿及加固的条件和要求等。

（5）依据大型模块的规格不同进行类型划分。相同类型的大型模块采用相同的运输方案。

（6）在项目管理方面，要设立专门的运输管理组，各相关公司和部门必须有专人负责并在运输管理组的领导下协调工作。

2．运输专用车辆——SPMT

海工模块的运输必须有专用运输车辆 SPMT 的支持才能实现，这种车辆要求有巨大的承载能力和毫米级的定位精度。

模块化技术的发展促使特殊运输行业开发了各种新型运送重型载荷的设备,陆上运输中对模块化影响最大的是自行式动力模块液压轴线车(SPMT)的发展。它是 20 个世纪 80 年代由 Econofreight 公司发明的,其关键技术是能够在各种地基上精确就位。过去,模块是靠滑移到安装位置的,根本没有精度可言。现在,用 SPMT 轴线车在重载之下,不仅能够做到毫米级的就位精度,还能够利用转向轴将 SPMT 轴线车旋转 360°。

SPMT 轴线车配备有动力单元,由发动机和液压系统组成。动力单元既可以安装在轴线车上,也可以通过液压管路安装在其他地方或车辆上。它通过一系列管路与各个独立驱动的马达连接,且无需机械变速和换挡。轴线车的每一根车轴都可以独立地随意升降,这就保证了整个轴线车及运送的模块在通过障碍物时保持水平状态。

轴线车的转向由计算机控制,可以实现横向、前后不等角度、圆周或定点转向。轴线车的各个动力模块通过液压连接器结合在一起,可以保证每一段车架的受力相同。根据运输模块的尺寸和质量的不同,SPMT 轴线车可以很方便地组合成 4 轴、8 轴、16 轴,甚至可达 200 多轴。它可以运送重达近万吨的超大巨型载荷模块,唯一受到限制的是场地和道路。SPMT 轴线车使用橡胶轮胎,使之可以在各种路面和场地行走。它的操纵只需一人,可以通过无线或有线的遥控器进行操控。

3. 采用的技术方案

运输采用的技术方案主要依据大型模块的质量及外形尺寸来确定,通常可以采用 A、B、C、D 四种方案。

(1)方案 A。

凡是质量大于 200 t 的大型模块,将采用 SPMT 自行式动力模块液压轴线车,从预组装场地将大型模块滚装,通过通道和码头直接上船就位。

(2)方案 B。

凡是质量介于 100~200 t 的大型模块,将采用 SPMT 自行式动力模块液压轴线车,从预组装场地将大型模块滚装,通过通道运到码头。然后,用船上的吊机吊装上船并就位。

(3)方案 C。

凡是质量介于 50~100 t 的大型模块,将采用 COMETTO 大型平板车,从预组装场地将模块装载上车,通过通道运到码头。然后,用船上的吊机吊装上船并就位。

(4)方案 D。

凡是质量小于 50 t 的大型模块及其他散件,将采用 FLAT-BED 普通平板车,从预组装场地将模块或散装货物装载上车,通过通道运到码头。然后,用船上的吊机吊装上船并就位。

4. 单个大型模块装车配载计算

(1)了解和计算大型模块、拟配车辆的基本参数。

大型模块的基本参数包括总质量、外形尺寸与规格、重心位置。拟配车辆的基本参数包括但不限于:SPMT 轴线车纵列及轴线的配置、车辆可承载总质量、车辆自重、单个轴载荷、每平方米压力、转弯内外半径、内外扫空半径以及配车图等。

(2)车辆牵引力计算。

通过对大型模块总重、滚动摩擦系数、道路纵向坡度、下滑分力、摩擦力、阻力进行计算,确定车辆的牵引力是否足够。

(3) 动力头受力计算。

配车后进行动力头受力验算,以确定是否符合要求。

(4) 车辆承载力计算。

模块装载后进行车辆承载受力的计算,以确定其是否符合要求。

(5) 车组稳定性计算。

车辆装载后的稳定性计算是根据大型模块的重心高度、车辆配载后的具体位置来计算设备运行中的纵向及横向稳定角,以控制运输过程中的横向坡度及纵向坡度。

(三) 大型模块的海上运输

装载大型模块的运输船,由远洋运输公司进行配置,原则是具有宽大且重心较低的甲板。这些船只可以是可调压载吃水的半潜船、甲板式重吊货船、滚装船、甲板驳船以及经过改装的杂货船等,也可以依据模块的数量、质量、外形尺寸以及工程建设进度进行组合配置。

1. 大型模块运输装船涉及的技术条件

大型模块运输装船的详细设计由项目设计公司组织进行,邀请有运输资质和丰富实践经验的公司技术人员参加(如重大件运输公司和远洋运输公司的技术人员),运用专用设计软件做出装卸方案,并对所有参数进行计算和模拟。所涉及的主要技术条件如下。

(1) 大型模块的规格尺寸、质量、重心、支撑点和吊点的分布及受力能力、捆绑受力点等。

(2) 港口码头承载能力,码头前沿的承载能力,码头标高,码头所在地的潮汐表。

(3) 装载车辆、吊机及吊装机具的基本性能参数、能力等。

(4) 所配载船舶的配载资料,船舶调节载荷的性能及参数,船舶规范。

(5) 运用滚装计算软件,对所有大型模块滚装时的数据进行分析,确定滚装进程参数及滚装过程控制,包括滚装时间。

(6) 大型模块装车配载及配载受力计算、牵引力计算、稳定性计算、道路运行计算等。

(7) 上船滚装过程中,船只将随轴线车的位置变化而偏斜,因此,必须调节压舱水来保证船的姿态保持在允许范围内。这些需要事前通过设计,设定调节参数。

2. 海运方案设计

大型模块海运方案设计以及保险须遵循 IMO (International Maritime Organization,国际海事组织) 颁布的海上货物系固要求。相关的规范和标准主要是挪威船级社的 DNV,其标准的制定基于 IMO 并有所延伸。另一个专门针对海上重大件、拖航、海工等制订的专业规范和标准是 NobleDenton。这两个规范的计算方式不同,但结果基本一致,都是目前广泛使用的标准。大型模块海上船运方案设计主要包括以下内容:

(1) 模块的配载方案及综合介绍。

(2) 完整稳性与破舱稳性计算。

稳性,是指船舶所具有的抵抗外力不使其倾覆,当外力消失后能恢复到原平衡位置的能力。按船舶倾斜方向,可分为横稳性和纵稳性;按外力性质合计及船舶倾斜角速度与否,可分为初稳性和大倾角稳性;按船舶破舱进水与否,可分为完整稳性和破舱进水稳性。如无特别说明，一般系指横稳性。横稳性不足会导致船舶发生倾覆沉船事故。我国的《船舶与海上设施法定检验技术规则》对国际和非国际航行海船规定了必须满足的具体稳性指标要求。

（3）用有限元法对模块进行海上受力计算、绑扎件设计及强度校核。

（4）用有限元法对承运船的局部强度进行分析。

（5）货物装卸模拟分析。主要考虑码头、水域、潮汐、货物、船舶、平板车等各种因素的综合作用以保证货物能在计划时间内装卸。

（6）货物海上拖航阻力计算及拖航索具布置。

（7）各类图纸。

主要包括货物图、配载图、绑扎图、装卸图、索具配备图、船舶基本资料等。

3．海运对模块设计和加固的要求

海运公司一般仅对整体模块进行配载、绑扎、装卸、索具配备设计计算。模块内部的设备安装及构件的受力同样需要进行海运时的荷载计算。例如，对正常使用状态是悬挂的设备，不需海运时可以用钢索悬挂；在海运时则需增加竖直向上荷载和水平荷载的计算，取计算的最不利组合。因此，对模块内部设备同样需要考虑海运加固，尽量避免仅考虑单向受力的连接方式和设备安装方式。需加强模块结构的整体刚度，尽可能避免模块附带悬挑构件；模块的连接节点或支座应能适应海运配载和装卸的需要；模块应满足在船甲板上能临时固定的要求。

三、我国海洋工程装备制造业的发展现状及问题

海洋工程装备主要是指海洋资源勘探、开采、加工、储运等方面的大型工程装备和辅助装备，是新材料、先进制造、信息等高新技术的综合体，产业辐射能力强，对国民经济带动作用大。具有高技术、高投入、高产出、高附加值、高风险等特点。近年来，我国在产品层次、产业分工、经营规模等方面都有了很大进步，在全球市场的竞争力已显著提升。但是，国产化率较低，进口比例较高，与第一梯队欧美，第二梯队日、韩、新加坡等国家相比，还有较大的差距。

（一）我国海洋工程的发展现状

1．我国海洋工程装备制造业市场份额位居世界第一位

2013年，我国承接海洋工程装备订单126亿美元，占全球市场份额的24%；2014年，我国承接海洋工程装备订单129.6亿美元，占全球市场份额的38%；2015年，我国承接海工装备订单159亿美元，占全球市场份额的42%。

从市场份额看，2013—2015年，我国连续三年保持海洋工程装备订单规模世界第一。同时，经过近年来的快速发展，我国海洋工程装备制造企业在产品层次、产业分工、经营规模等方面都有很大提高，从总装建造向配套设备和零部件制造领域不断延伸，我国在全球海洋工程装备市场的竞争地位已有显著提升。

2. 我国海洋工程装备制造业相关产业发展迅速

2001—2015年，我国海洋工程装备制造业直接关联的产业——海洋油气业、海洋工程建筑业、海洋船舶工业发展迅速，海洋油气业增加值增长超过5倍，海洋工程建筑业产量增加值增长超过19倍，海洋船舶工业产量增加值增长超过13倍。2001—2011年，我国海洋油气业、海洋工程建筑业、海洋船舶工业增加值之和占国内生产总值的比例基本呈现增长态势。2012年开始有所下降，主要原因是：海洋油气业近年受国际原油价格持续走低的影响较大，2014年海洋油气产量比2013年增长1.6%，海洋天然气产量比2014年增长11.3%，但其增加值相比于2013年下降7.7%；2015年海洋油气产量比2014年增长17.4%，海洋天然气产量比2014年增长3.9%，但其增加值相比2014年下降2%。受全球海洋油气价格下降的影响，近三年我国海洋油气业增加值呈现逐年下降的态势。

3. 我国海洋工程装备制造业发展进入新阶段

我国企业已自主建造出具有里程碑意义的海洋工程产品。海洋工程企业在国内和国际市场上表现优异，国内海洋工程装备制造业格局发生新变化。目前，我国已有20多家具有较强建造能力的大型船厂，能建造高端、全套、复杂和大型海洋工程产品。同时，有100多家具备海洋工程船和相关产品建造能力的船厂。在全球海洋工程支持船市场上，我国船厂开始逐步向高端市场发展，不断提升行业价值链，在国际市场的地位也在逐步提升。我国海洋工程装备产业集聚区以环渤海、长江三角洲和珠江三角洲地区为中心，形成了东部沿海多个海洋工程产业集群的战略布局，并培育了一批优秀的海洋工程装备企业，拥有了较为完备的海洋工程装备配套产业。我国海洋工程装备业以良好的基础设施、突出的成本优势、快速的技术发展、攀升的市场地位，做好了产业全面升级的前期准备，具备了承接国际海洋工程装备产业转移的条件。

（二）我国海洋工程发展遇到的问题

1. 设计研发能力不足，平台自主设计能力不被认可

海洋工程装备属于高投入、高风险产业，从事海洋工程装备制造的企业必须具备先进的研发团队、完备的生产设施、丰富的施工经验以及较强的资金实力。全球海洋工程装备制造商主要集中在新加坡、韩国、欧美等国家和地区，其中新加坡和韩国以中、浅水域平台为主，欧美以研发、建造深水、超深水高技术平台装备为核心。海洋工程装备向深水发展，是世界各国竞相发展的热点和难点领域。

目前，欧美国家在设计方面处于绝对的领先地位，新加坡和韩国也具备一定竞争优势。其中，美国的主要设计公司包括F&G、LeTournean、Global Maritime；荷兰的主要设计公司包括GustoMSC、Huisman；韩国的设计公司主要是三星。我国目前在深水钻井平台领域也具备一定自主设计能力，但由于中海油、中石油等大型石油公司对平台的设计没有具体要求和标准，都是参考欧洲的设计型号和标准，这就导致我国自主设计的平台没有被国际市场验证和认可的机会，在设计领域没有发言权，从而与世界先进水平相比差距越来越大。例如，多功能自升式平台、立柱式生产平台以及浮式LNG生产储卸装置等，都处于研发设计初级阶段。

2. 高端配套能力薄弱

关键配套部件对外依存度高，船用设备价值量最大，占全船总成本的 40%~60%。韩国、日本船用设备本土化装船率分别高达 85% 以上和 90% 以上，而我国本土化船用设备平均装船率不足 60%，目前，能够满足深海和超深海作业需要，且具有较高附加值的关键配套部件基本被国外供应商垄断，如水下采油树、DP 定位系统、钻井包等。其中，钻井包的价值占平台总价值 30%~40% 左右，目前世界上主要的钻井包供应商包括 NOV、Aker 和 Cameron，NOV 占据了世界 60% 左右的市场份额。另外，我国用于深海领域的关键配套部件的国产化率较低，具有高附加值的关键配套部件的国产化率还不到 10%，相比于韩国、日本 95% 的国产化率的差距很大。

3. 专业人才紧缺影响长足发展

我国目前承接的自升式钻井平台、半潜式钻井平台等的基本设计都是由国外的公司负责，而具体的详细设计一般由国内的研究所来完成，但是由于人才的缺乏常常导致设计图纸的完善时间很长，返工频率较高，建造的同时修改图纸的现象给企业造成了很大的损失，增加了建造成本。另外，深水钻井平台的主要结构和大型设备的安装调试非常重要，钻井系统、锚泊系统、动力定位系统等关键配套部件的调试过程都非常复杂，技术难度相当大。因此，联合调试人才的缺乏会拖延我国海工装备制造企业的交付时间，根据统计，第六代钻井平台的日租金为 55~60 万美元左右，如果调试时间过长，巨额的租金费用对于船企和船东来说都是无法承受的。

4. 投融资模式不成熟导致风险过大

我国的海工装备制造企业与国外企业相比，由于投资模式相对不成熟，因此在发展过程中面临很大风险。如五大钻井公司一般采用先投标找租约——与船厂签订合同——贷款建造的投资模式，这种投资模式是在拿到租约之后才开始建造，规避企业在投资过程中的风险。而我国的很多订单都是船东在没有租约的情况下开始建造的，这就会面临巨大的弃单风险和金融风险。与建造能力相比，融资能力也很重要，我国海工企业的融资能力相比于韩国企业来说有一定差距，韩国的海工企业即便是融资成本很低，政府也会给予很多补贴，尤其是在深水钻井领域，所以韩国在钻井船领域具有相当的优势。

5. 工程总包能力欠缺

目前，世界海洋工程装备建造主要采用项目管理制，总承包商具有极强的技术能力，全面负责海洋工程装备的整体性能和可靠性，其所在的价值链环节附加值最高、利润最高。但我国海洋工程装备制造业由于在核心技术、配套设备、工程总包等方面发展滞后，不具备承担总包项目的技术能力和管理能力，绝大多数项目只能是分包项目，主要集中在海洋工程装备主体结构建造和装备集成方面，且低水平、重复建设的现象较为严重。

6. 产业体系不健全

海洋工程装备集造船、勘探、钻井、采油、储油、油气处理等多项技术于一体，多个产业密切关联，具有产业链条长、产业关联度大的特点。目前，我国海洋工程装备产业中

"低端装备制造重复上马,高端钻采设备无人涉足"的现象明显,产业重叠严重、产品结构单一,不成系统、不成系列的重复生产和盲目竞争,带来了价值链低端固化、产品供求结构不均衡和结构性产能过剩等问题。同时,由于我国海洋工程装制造业极少拥有自主知识产权的高端技术,需付出高额的专利费引进国外技术。从产业链的视角看,我国海洋工程装备制造业缺乏产业链的合理分工,企业大多只是在地理空间上无序扎堆,而未形成优势互补、有机融合的产业共生体。目前,我国尚未形成海洋工程装备完整的研发体系和完善的产业链,配套产业发展滞后,产业集中度低,专业分工不成熟,研发和技术资源尚未得到优化配置。

7. 统筹规划不完善

近年来,海洋工程设备制造业的发展被提升到国家战略高度,大量船舶制造企业纷纷进入海洋工程设备制造领域,但由于受技术限制,很少企业能担任海工项目的总承包,只能承担平台总装建造及改装作业,将产品固化在产业链低端,而高端产品却处于空白状态,产业结构低级化严重,尚未建立以企业为主体的产业创新体系。在配套设施方面,海洋工程配套施工船舶系统研发规划尚未落实。深水海洋工程装备产业规划较晚,欠缺海洋工程装备产业的地方差异化定位,海洋工程装备服务业及其产业集群的培育力度、核心和共性的前瞻性技术研发和产业化的引导与支持力度、产业联盟引导与支持力度均不足。另外,多部门和企业各自搞科研和技术开发,缺乏统筹协调与全国统一规划,导致低端产品过剩,高端产品空白,配套设备与技术缺位,这种"低端竞争无序,高端竞争无力"的现实状况远远无法满足产业转型升级的要求。

四、我国海洋工程骨干企业

中国行业工业协会的统计数据显示,2015 年,全国规模以上海洋工程专用设备制造企业 59 家,承接各类海洋工程装备 102 艘(座),共实现主营业务收入 698.3 亿元,已经取得一定的成绩。

部分产品已具备自主设计能力。我国海工装备之前一直在海洋钻采平台自主设计领域存在短板,但近些年,一些海工企业通过收购和控股海外公司已经使得我国部分海工产品具备自主设计能力。如扬子江船业收购并控股新加坡船舶及海工设计公司 CSMT,中交股份收购海工设计公司 F&G,惠生重工收购休斯敦霍顿海工设计公司,韩通重工收购德国的相关领域设计公司等。

目前,我国已经在半潜式钻井平台、钻井船、FPSO 领域具备了一定的自主设计能力。另外,在深水高性能物探船、5 万吨半潜驳、油田增产船、海洋居住船、风电基础运输船等高端海工船领域也形成了一批自主设计和联合设计平台。2015 年,面对低迷的市场环境,我国骨干船舶企业加大自主研发力度,产品创新成效明显。北极深水半潜式钻井平台、圆筒型海上生活平台、R550 型自升式钻井平台等交付使用,第七代超深水钻井平台的研发取得积极进展。

平台专业化建造能力初步显现。近些年,我国浅海钻井平台和深海钻井平台的专业化建造能力都有所提升,逐渐在全球海上钻井市场中具备竞争力和话语权,通过高端装备建造能力的不断提升逐步向专业化方面发展和推进,目前在关键系统和配套部件领域、自升式钻井平台领域和半潜式钻井平台领域的专业化建造能力初步显现。在自升式钻井平台领域,我国目前能够完全承接建造由F&G设计的JU2000E自升式钻井平台,JU2000E是全世界上主流平台,同时也是目前国内建造的作业水深最深的自升式平台,其作业水深为400英尺(1英尺=0.305 m),钻井深度35 000英尺,可变甲板载荷为6 400 t。在半潜式钻井平台领域,我国已完全能够按照国外大型海洋工程装备设计公司的设计标准进行建造,如由中集来福士所承接的NORSHORE PACIFIC半潜式钻井平台完全按照挪威海事石油标准进行建造,应用先进的无隔水管钻井技术和油田再生技术,能够在世界上海况最恶劣的挪威北海海域作业。在关键系统和配套部件领域,我国从2007年开始具备自升式平台桩腿的建造能力,之前一直购买法国和德国的相关产品,而现在桩腿的产量已经占据了全球60%的市场份额,且在性能等方面已经赶超法国和德国。

一批海洋平台龙头企业已成长。目前,我国海洋平台建造领域已经诞生了一批优秀的龙头企业,包括中船重工集团下属的大连船舶重工;中船工业集团下属的上海外高桥、黄埔文冲船舶;中国远洋运输集团下属的中远船务;中集集团下属的中集来福士;中交集团下属的上海振华重工;惠生集团下属的惠生重工南通公司(南通和舟山都有船坞和制造基地)以及招商局重工(深圳)公司等。这些龙头企业近几年都在其各自的优势领域取得成绩,已经开始具备一定的研发设计能力,并且开始进军深水装备建造领域,同时,海工装备配套能力及其国产化率也在不断提升。我国海洋平台建造领域骨干企业如图9-1所示。

图9-1 我国海洋平台建造领域骨干企业

第二节　滚装滚卸技术

世界装备制造业日新月异，设备制造朝着重型化、大型化、模块化的方向发展。重大件货物装卸船采用岸上大型吊车或水上浮吊的作业方式难以完成全部作业，一门全新的装卸船技术，即滚装滚卸技术因此得以应用和发展。

一、重大件运输船

国际上用于运输重大件的船舶有以下三种：普通货船、驳船和专用重件运输船。以下简要介绍一下这三种船舶。

运输重大件货物的普通货船包括杂货船、散货船、滚装船、多用途船等可运载一般重件的船舶。驳船指无动力的顶推/托带驳船。

而集装箱吊车一般都是通过专用运输船来运输，运输集装箱吊车的专用运输船包括重吊船、整机运输船和半潜船。下面介绍这三种专用运输船的特点。

（一）重吊船（heavy-lift ship）

重吊船（heavy-lift ship）是一种经过特别设计并能够装卸重大件货物的船舶。重吊船一般舱盖为连体设计，可视为通长甲板装载货件，这种舱盖布置使得重吊船可以在主甲板上装载集装箱吊车，某些重吊船还可以在船舶两舷侧增设外漂式甲板（flv deck）以拓宽装货甲板。

（二）整机运输船

整机运输船的最大特点是具有载货面积较大的通长甲板和能力较强的压载系统，是一种主要从事集装箱吊车运输的船舶。

（三）半潜船

半潜船也称半潜式母船。在装卸时，它通过本身压载水的调整，使装货甲板潜入水中，装货甲板最高处低于特定浮式货物/组合体的最大吃水后，货物就可以利用自身动力或在拖拽的协助下，直接浮到半潜船的装货甲板上方。这时半潜船再排出压载水，船体上浮，货物便可以直接落在装货甲板上，从而实现货物的装载。卸货的步骤与装货相反。

重大件运输专用船舶的载重吨位一般不是很大，满载吃水一般不超过 9 m。因为虽然重大件货物单件具有质量大、体积大的特点，但对整个船舶来讲，一般都不能充分利用其满载质量，往往是满舱而不满载，而且由于吃水相对不是很大，船舶可以自由出入一些水深较小的港口，不受港口条件的限制；重大件运输专用船舶船型较为肥胖，其方形系数 C_b 较其他船舶要大；重大件运输船舶的甲板都非常平整，便于滚装车辆的滚上和滚下，而且大件货物就积载在甲板上并加以绑扎固定；另外，重大件货物运输驳船除了有燃油舱和淡水舱外，剩下的都是压载水舱，这种压载舱的排水能力很大，且其压载水舱形状也比较规则，压载舱舱容很大，而且为了承受重大件货物对驳船甲板的局部压强，此种驳船甲板钢板厚度很大，因此一般不需要担心甲板强度不满足要求的情况；最后，这种运输驳船的初稳性高度较大，一般在 20 m 左右。

二、跳板及潮汐

（一）跳板类型

重大件货物先装到车组上，然后滚装车组再通过连接跳板滚装到驳船上，滚装车组的形状如图 9-2 所示。

图 9-2　滚装车组

按船舶搁浅与否，滚装可分为浮态滚装、搁浅滚装，如图 9-3 所示。

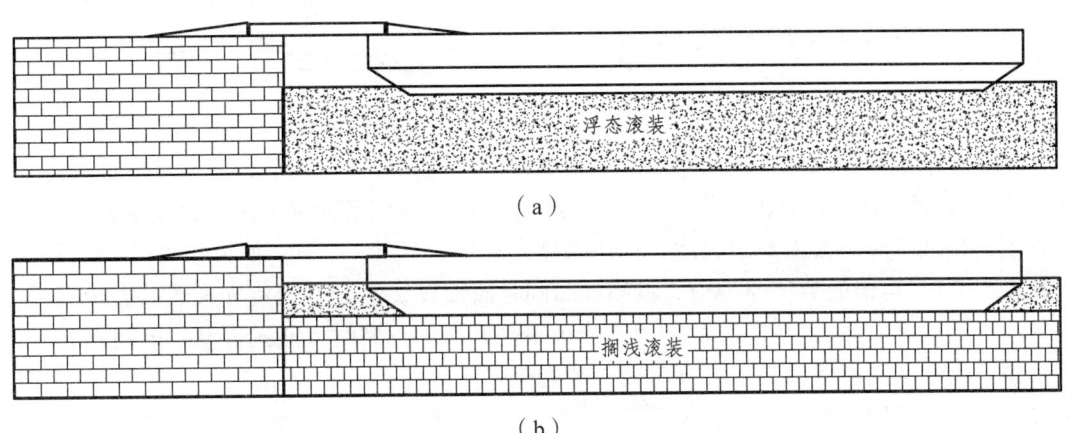

图 9-3　滚装类型

连接码头与滚装船的方式有跳板连接和钢板连接，如图 9-4 所示。

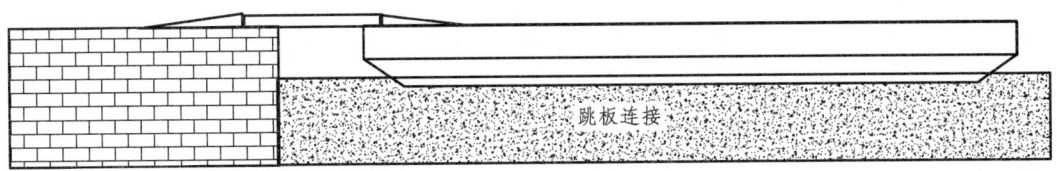

（a）

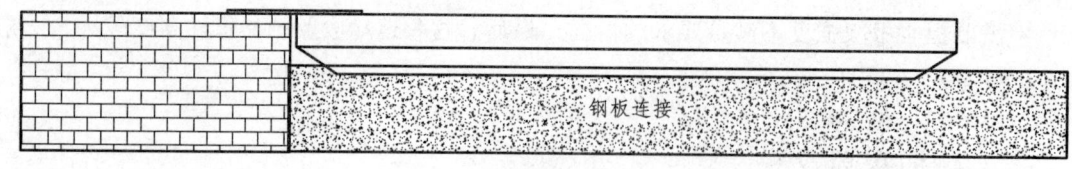

(b)

图 9-4　跳板类型

（二）潮汐概念

海水白天涨落叫作潮，夜间涨落叫作汐。我国古书有"大海之水，朝生为潮，夕生为汐"的记载。引潮力包括月球、太阳等天体，尤其是月球，同时，随着地球、月球和太阳的相对位置发生周期性变化，这种力的作用也呈周期性变化。

月球引力和地球离心力是两种对立的力，两者结合起来产生的合力（矢量和），就是月球使海水发生潮汐现象的力量，称为"月球引潮力"。太阳的质量大约是月球质量的 2 700 万倍，太阳到地球的平均距离约为月球到地球平均距离的 389 倍。因此可以推算出太阳的引潮力和月球的引潮力之比为 1∶2.18，它所引起的潮汐现象虽不易被单独观测到，但却影响着月潮的大小。每当农历初一（朔）或十五（望）时，地球、月球、太阳的位置几乎在同一直线上，月球和太阳的引潮力是一致的，两种力量迭加在一起，就会使海水出现大潮。可是每当农历初七、八（上弦）或二十二、三（下弦）时，月球对地球的引潮力与太阳对地球的引潮力互相垂直，太阳引潮力削弱了月球引潮力，因而海水就出现了小潮。实际上，大潮往往发生在朔望后二、三天，小潮大都出现在上、下弦后二、三天，其原因是海水在流动过程中受到本身黏滞性和海底地形因素的影响。

（三）潮汐时间的计算方法

由于海水的涨潮退潮是受到月球引力影响而产生的一种地理现象，因此涨潮退潮是有规律可循，15 天轮回一次，因此，下一天涨潮的时间是头天涨潮时间推迟 0.8 h（48 min），可根据农历日期计算每天涨潮的时间，具体测算方法是：按照农历算，如天数少于 15，则天数直接乘以 0.8，得出的数字即是当天最高潮时间；如天数大于 15。则将 h 天数减去 15 后得出的数字再乘以 0.8，最后得出的数字即是当天最高潮时间。同时，涨潮退潮一般间隔 6 h，也就是说一天涨潮退潮各两次。高潮时间一般能维持一个多小时才开始退潮，最低潮时间在两次高潮中间的时间。如图 9-5 所示。

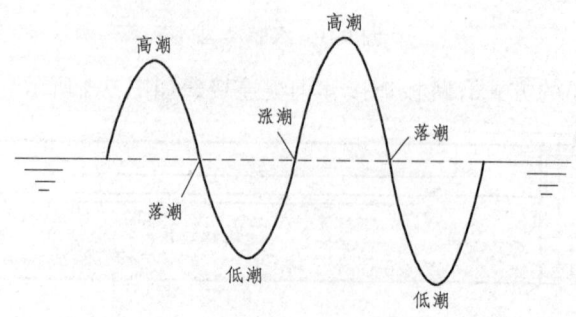

图 9-5　潮汐

（四）潮水类型

在一个潮汐周期（约 24 h 50 min，天文学上称一个太阴日，即月球连续两次经过上中天所需的时间）里，各地潮水涨落的次数、时刻、持续时间也均不相同。潮汐现象尽管很复杂，但大致说来不外乎三种基本类型。

1．半日潮型

一个太阴日内出现两次高潮和两次低潮，前一次高潮和低潮的潮差与后一次高潮和低潮的潮差大致相同，涨潮过程和落潮过程的时间也几乎相等（6 h 12.5 min）。我国渤海、东海、黄海的多数地点为半日潮型，如大沽、青岛、厦门等地。

2．全日潮型

一个太阴日内只有一次高潮和一次低潮。如南海汕头、渤海秦皇岛等。南海的北部湾是世界上典型的全日潮海区。

3．混合潮型

一月内有些日子出现两次高潮和两次低潮，但两次高潮和低潮的潮差相差较大，涨潮过程和落潮过程的时间也不等；而另一些日子则出现一次高潮和一次低潮。我国南海多数地点属混合潮型。如榆林港，十五天出现全日潮，其余日子为不规则的半日潮，潮差较大。

三、跳板纵向通过性计算

由于轴线车液压悬架升降幅度的限制，当通过竖曲线曲率较大的道路时，挂车的通过能力可能会受到影响。轴线车无负载爬坡如图 9-6 所示。

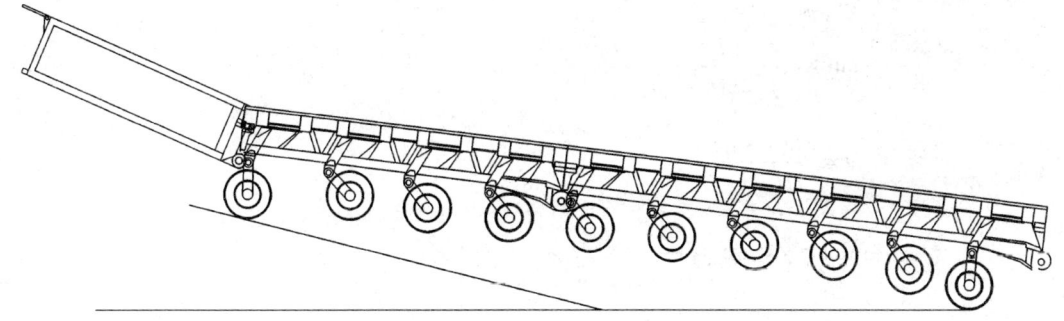

图 9-6　轴线车无负载爬坡

当轴线车无荷载时，理论上可通过较大坡度，但在现实中这样没有意义。实际轴线车负载运行时，轴线车车板会产生变形，轮胎会被压扁，悬架油缸行程会来回变化，这导致轴线车不能爬过竖曲线曲率较大的道路或折角较大坡度。

轴线车组负载运行时，每个轮子都要保证与地面接触并承担载荷，如图 9-7 所示。判断车组能否通过此坡度的折角就看行至斜坡与水平面交点处的轮胎是否受力（可用离地距离近似代替）。

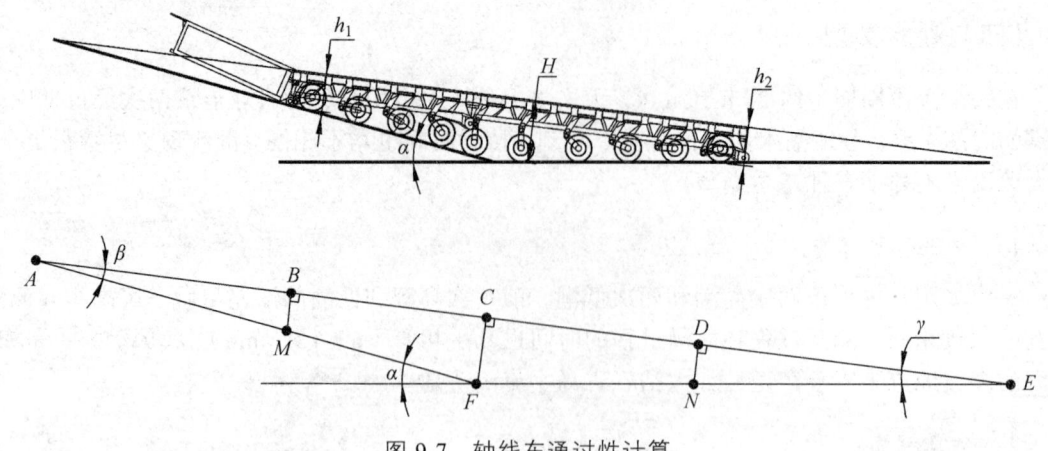

图 9-7 轴线车通过性计算

已知坡度角 α，线段 BM、CF、DN 垂直于 AE 且 $BM = h_1$、$CF = H$、$DN = h_2$。当车组处于极限状态时，此时 H 为此悬挂的最大行程，$h_1 = h_2 = h$ 为悬挂最低行程，轴线车轴距为 L。
假设轴线数量为 n，BC 之间轴线数量为 n_1，$AB = x$，$DE = y$。
在 $\triangle ACF$ 中：

$$\tan\beta = \frac{H}{x + Ln_1} = \frac{h_1}{x}$$

$$x = \frac{Lhn_1}{H - h}$$

$$\operatorname{arctan}\beta = \operatorname{arc}\frac{H - h}{Ln_1}$$

在 $\triangle ECF$ 中：

$$\tan\gamma = \frac{H}{y + L(n - n_1)} = \frac{h_2}{y}$$

$$y = \frac{hL(n - n_1)}{H - h}$$

$$\operatorname{arctan}\gamma = \operatorname{arc}\frac{H - h}{L(n - n_1)}$$

$$\alpha = \beta + \gamma = \operatorname{arc}\frac{H - h}{Ln_1} + \operatorname{arc}\frac{H - h}{L(n - n_1)} \qquad (9\text{-}1)$$

因此，当车组型号已知，坡度已知的时候，只要将轴线数量 n 代入（9-1）就能算出 n_1。
当 $n_1 \leqslant n$ 时，轴线车组可通过；
当 $n_1 > n$ 时，轴线车组不可通过；
在滚装过程中车板始终要处于水平状态，这样才有助于安全滚装，滚装如图 9-8 所示。
SPMT 车组在滚装上船时，由于跳板凸起，将会造成两端悬架行程量加长和中间悬架行程量缩短，当行程量超出了悬架液压缸的调节范围时，两端悬架有可能悬空，中间悬架有可能失去正常点的液压支撑作用而超载，从而使挂车的受力状态发生变化。液压平板挂车纵向很长，液压悬架的调节量有限，因此所能适应的道路竖向曲线曲率有限，当道路上竖向曲线曲率较大时，就需要进行这种纵向通过能力的校核。

图 9-8　滚装上船

把两条直线路面相交形成的纵坡变化角称为道路折角，如滚装船的跳板和船板之间所构成的路面。

如图 9-9 所示，SPMT 车组能保持水平行驶的最大坡度计算公式为：

$$\alpha = \arcsin\frac{H-h}{L} \tag{9-2}$$

式中：H——SPMT 车组最高上升高度，mm；

　　　h——SPMT 车组最低下降高度，mm；

　　　L——坡道长度，mm。

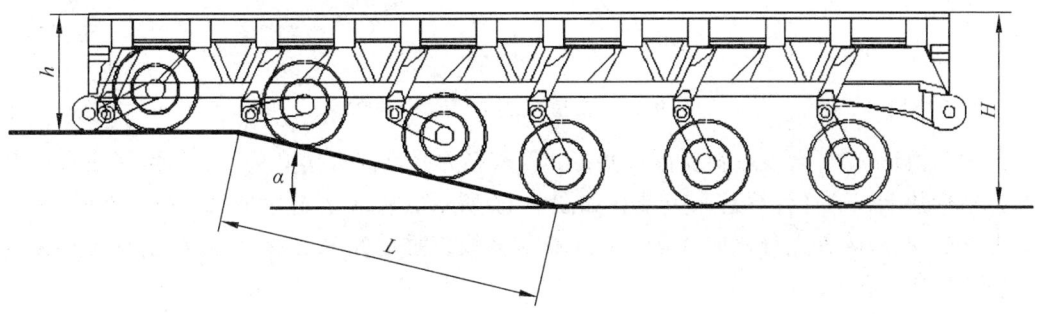

图 9-9　SPMT 坡度角计算

Scheuerle（德国索埃勒）SPMT 车组升降范围为 1 150～1 850 mm，一般能够满足滚装上船要求，但是 SPMT 车组运输的海工模块有上千吨，对跳板的承载能力有着极大考验，如图 9-10 所示。标尺的作用就是监视跳板与码头水平面的距离，一方面是保护码头前沿，另一方面是观察跳板的挠度变化。

车组过跳板（桥梁）时，要计算单悬挂对地压力。实际计算过程中会简单分析，认为车货总重平分到每轴上，这样计算结果不是很准确。

车组一般采用三点支撑编组或四点支撑编组，理想状态下是让每个支撑点支撑重量一致，但是在实际操作过程中，装载位置偏移会引起误差，在计算的时候可采用力矩平衡的方法研究各个支撑点的压力。如图 9-11 所示。

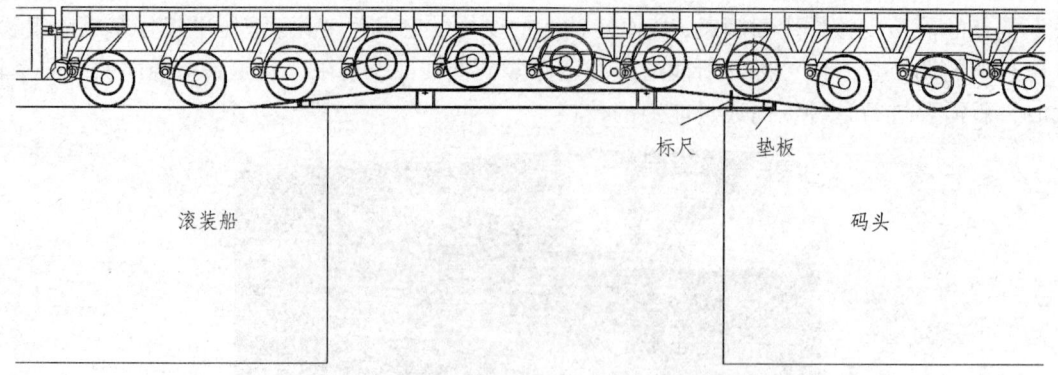

图 9-10 标尺在跳板通过性中的应用

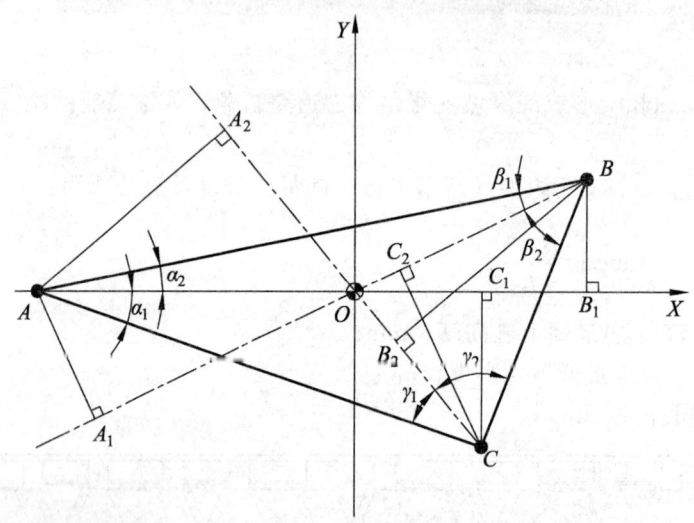

图 9-11 支撑点压力计算示意图

图中三角形 ABC 为三点斜支撑三角形,以重心为原点作直角坐标系,尽量保证有一个支撑点在坐标轴上,这样计算起来方便,如图 9-11 所示。从 A 点分别向线 CO、BO 作垂线,垂足为 A_1、A_2;从 B 点分别向 X 轴、线 CO 作垂线,垂足为 B_1、B_2;从 C 点分别向 X 轴、线 BO 作垂线,垂足为 C_1、C_2。

对 A 点取力矩:

$$M\,|OA| = F_C\,|AC_1| + F_B\,|AB_1| \tag{9-3}$$

对 B 点取力矩:

$$M\,|OB| = F_A\,|A_1B| + F_C\,|BC_2| \tag{9-4}$$

对 C 点取力矩:

$$M\,|OC| = F_A\,|A_2C| + F_B\,|B_2C| \tag{9-5}$$

且

$$F_A + F_B + F_C = M \tag{9-6}$$

式中 M 为车货总重,求解方程即可得到 F_A、F_B、F_C 的值。那么每个悬挂对地压力为:

$$f_A = \frac{F_A}{n_A}; \ f_B = \frac{F_B}{n_B}; \ f_C = \frac{F_C}{n_C} \tag{9-7}$$

式中 n_A、n_B、n_C 分别为每个编点分组的悬挂数量。

通过公式(9-7)就可解释轴线车过地磅时为何显示每轴的重量不一致。

四、滚装流程

由于重大件货物质量很大,当大件上船时装载船舶的吃水深度会发生较大变化,这时要通过调节船舶压载舱的压载水来调节吃水,进而使船尾甲板和码头保持水平,以利于滚装的进行。图9-12就是典型的大件货物运输驳船压载水舱布置图。

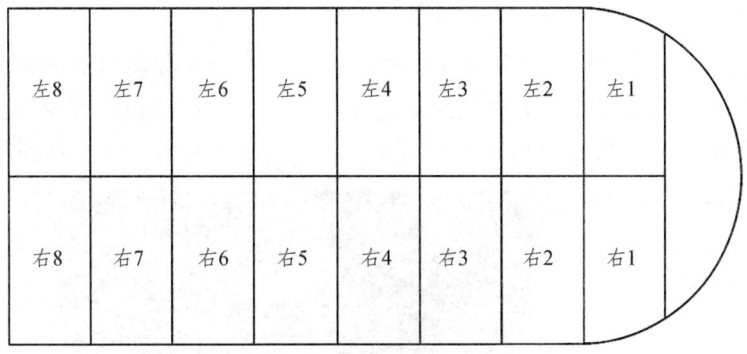

图 9-12 驳船压载水舱布置

(一)滚装过程简单描述

(1)提前将驳船与码头呈"T"字形摆好,并可靠固定,调整驳船型高及姿态,铺设滚装柔性跳板,车组与跳板对正,做好滚装装船的准备。如图9-13所示。

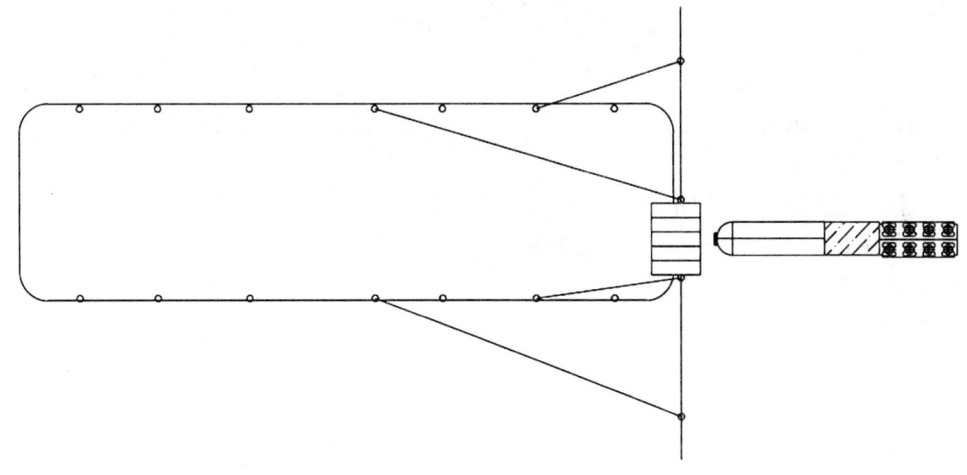

图 9-13 驳船就位示意图

（2）当船甲板与码头平齐时，再次将系固缆绳绞紧，滚装车组开始上船。随着车组的移动，船甲板将下沉，当船甲板平面下沉至与码头平面相差 7~10 cm 时车辆停止运行，等潮水上涨将驳船抬高，甲板与码头平齐时，滚装车组再前进一段，不断重复上述过程，直到车组全部上船。在实际操作中，为确保滚装过程的安全，须加快滚装节奏，我们在滚装车组上船的过程中同时通过调节压载水的方式来调整驳船的姿态，使尾甲板与码头平面始终处于基本相平的状态，误差为 5 cm，并配合潮水实施滚装装船。如图 9-14 所示。

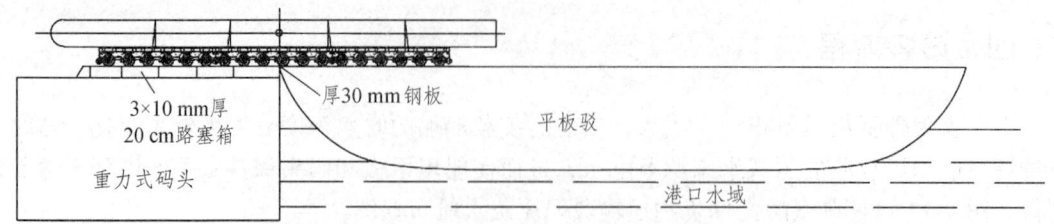

图 9-14　滚装示意图

图 9-14 中路基箱的规格不一样，根据实际需要选用，用于提高码头承载力和调节驳船与码头的相对高度。码头护舷与驳船甲板距离比较近（比如 0.2 m）时，在船上铺设钢板滚装。当码头护舷与驳船甲板距离比较远时（比如 0.5 m），要选择跳板滚装。如图 9-15 所示。

图 9-15　跳板滚装

（3）货物滚装装船后，车组继续移动，停在指定位置后，在挂车两侧的货物托架下安放路基板、钢支架，降低挂车高度，将托架落于支架上，使挂车与货物托架分离，之后挂车从货物下抽出。具体步骤如下：

① 车组调整到指定的卸车部位，升高挂车平台。
② 在卸车托架下码放专用承载台及调整钢垫。
③ 降低挂车平台，抽出挂车。
④ 货物下搭保护台。
⑤ 车组下船。

（二）潮汐滚装

如果在潮汐变化较大，特别是落潮较大时装船，就需要通过排放大量的压载水来进行调节。但由于船舶压载舱容量和装船时间的限制,这是很难实现的,所以重大件货物滚装装船一般选择涨潮且接近平潮时开始作业。

在滚装过程中,需要进行调倾配载计算,因此压载水舱分为两种:第一种是舱室起压载作用,即通过注入适量的压载不使船体具有一定的吃水,压载作用的压载水舱一般选择中部舱室;第二种舱室是用来进行调倾计算的,这部分舱室内的压载水量会因为船体受力的大小和位置而发生变化,根据计算注入或排出一定的压载水,以保证船体平衡,这种作用的压载舱一般选择首尾舱室。下面介绍滚装步骤,如图 9-16 所示。其中,横坐标代表时间(24 h 制),纵坐标是潮汐高度,峰值点的时间标注在潮汐高度峰值位置,下同。

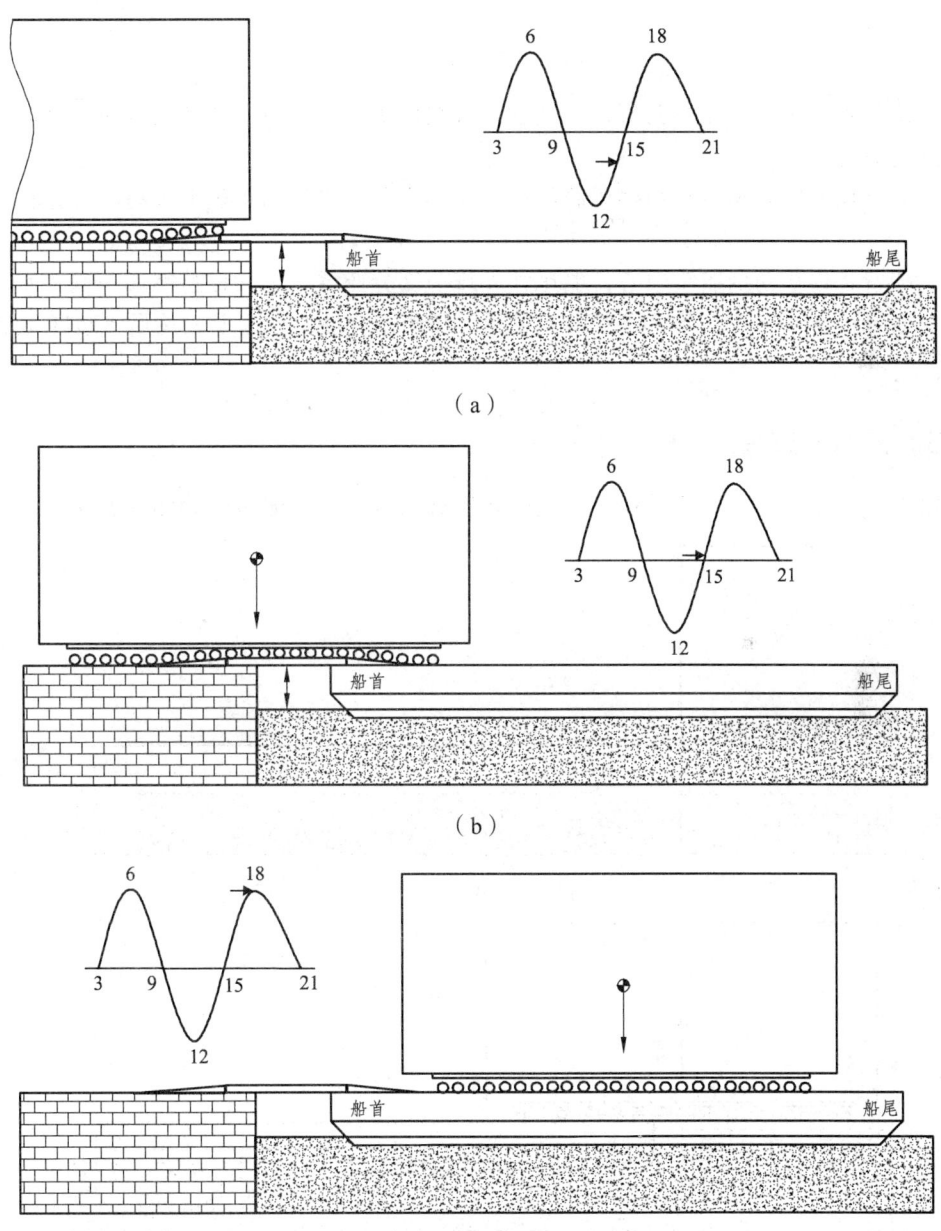

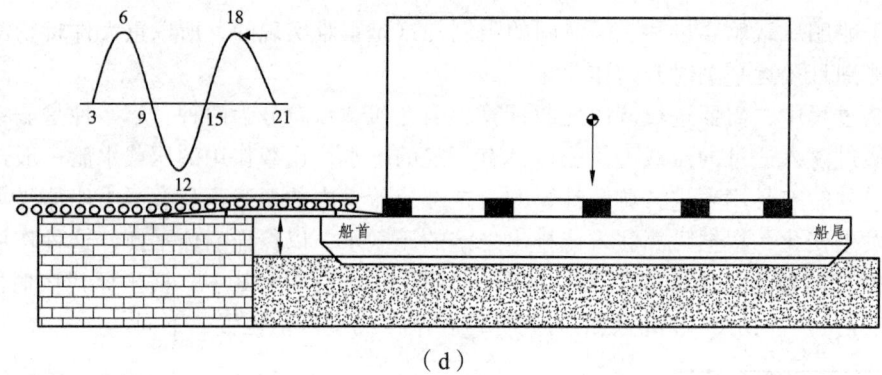

(d)

图 9-16 潮汐滚装流程图

（1）滚装到船头时，在艉舱打入压载水，驳船船头负荷将由水的浮力提供。此时跳板承受高强度的载荷。

（2）通过控制压载水道和船尾压载舱保持船舶平稳，当货物越过船头时，开始往船头压载舱注水。

（3）随着货物移动到船舶中心，船尾往外排一部分压载水，并保持船舶与码头水平。

（4）通过控制 SPMT，将货物平稳卸载到已经预先放好的鞍座上，然后 SPMT 驶出，滚装完成。

（三）无潮汐滚装

如果无潮汐变化，在滚装过程中就只需要压载水调节，具体步骤如图 9-17 所示。

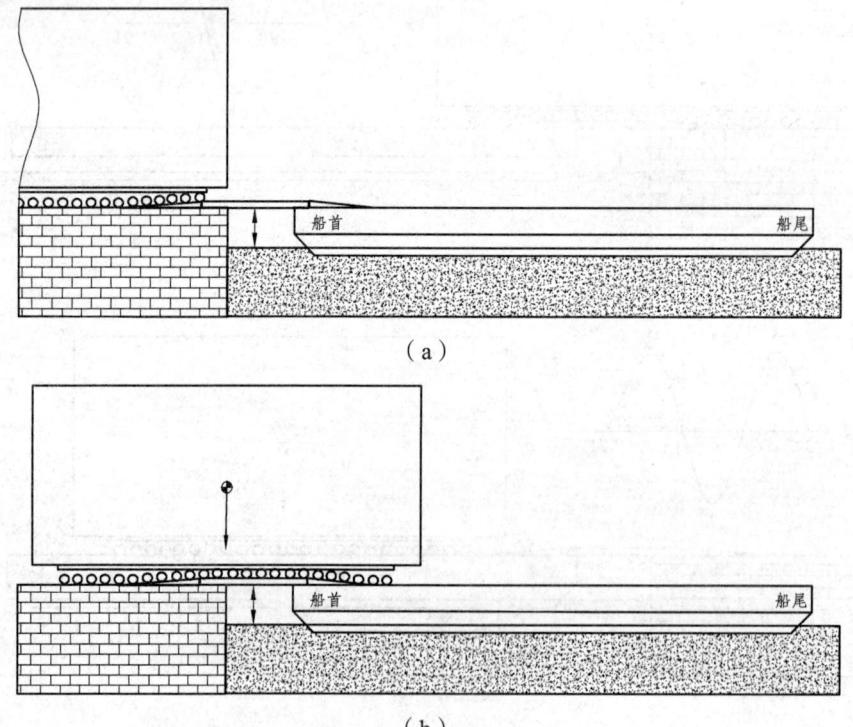

(a)

(b)

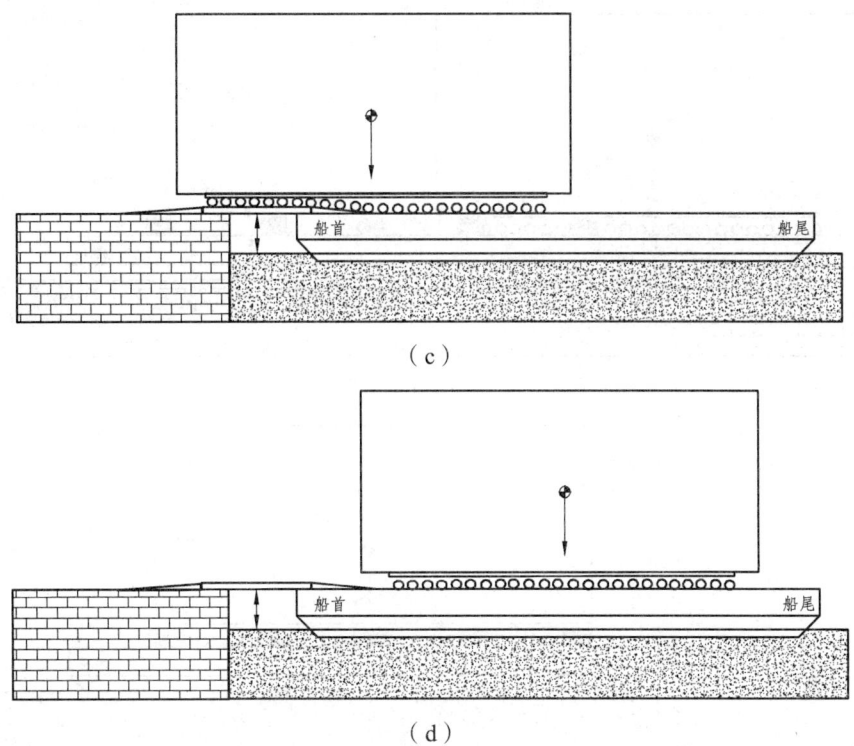

图 9-17 无潮汐滚装流程图

（1）在船首和船尾保持足够的压载水使船舶和码头水平。

（2）当滚装到船首时，排除部分船首压载水。

（3）随着滚装进度来调节压载水，保持船舶与码头水平，当货物越过船首时，船首压载舱开始注水。

（4）货物滚装到船舶指定位置。

（四）无潮汐钢板滚装

无潮汐钢板滚装步骤如图 9-18 所示。

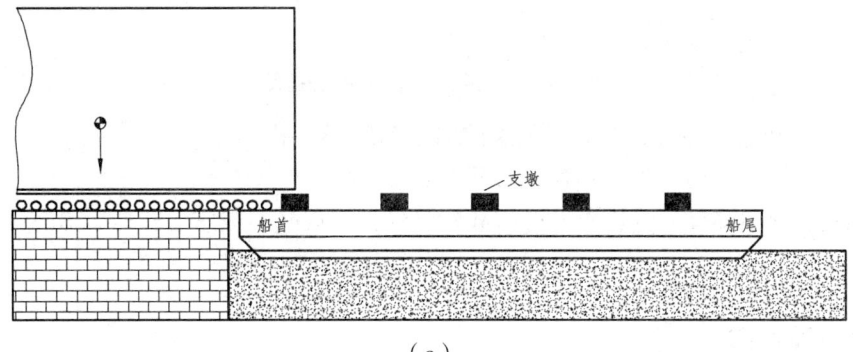

（a）

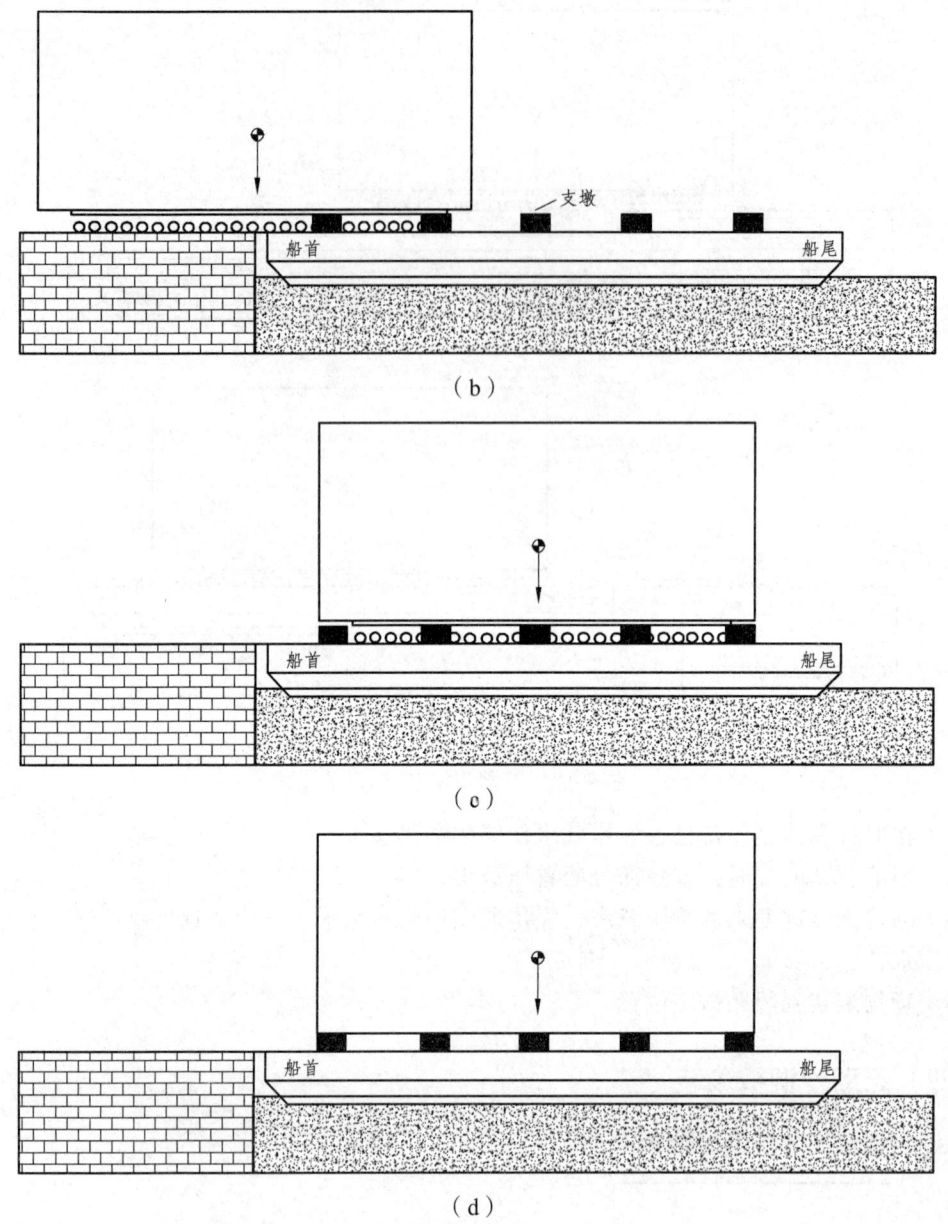

图 9-18　无潮汐钢板滚装流程图

（1）在船首和船尾保持足够的压载水使船舶和码头水平。

（2）当滚装到船首时，船首压舱水慢慢排出。

（3）通过控制 SPMT，将货物平稳卸载到已经预先放好的鞍座上，然后 SPMT 驶出，滚装完成。

（五）搁浅滚装

搁浅滚装步骤如图 9-19 所示。

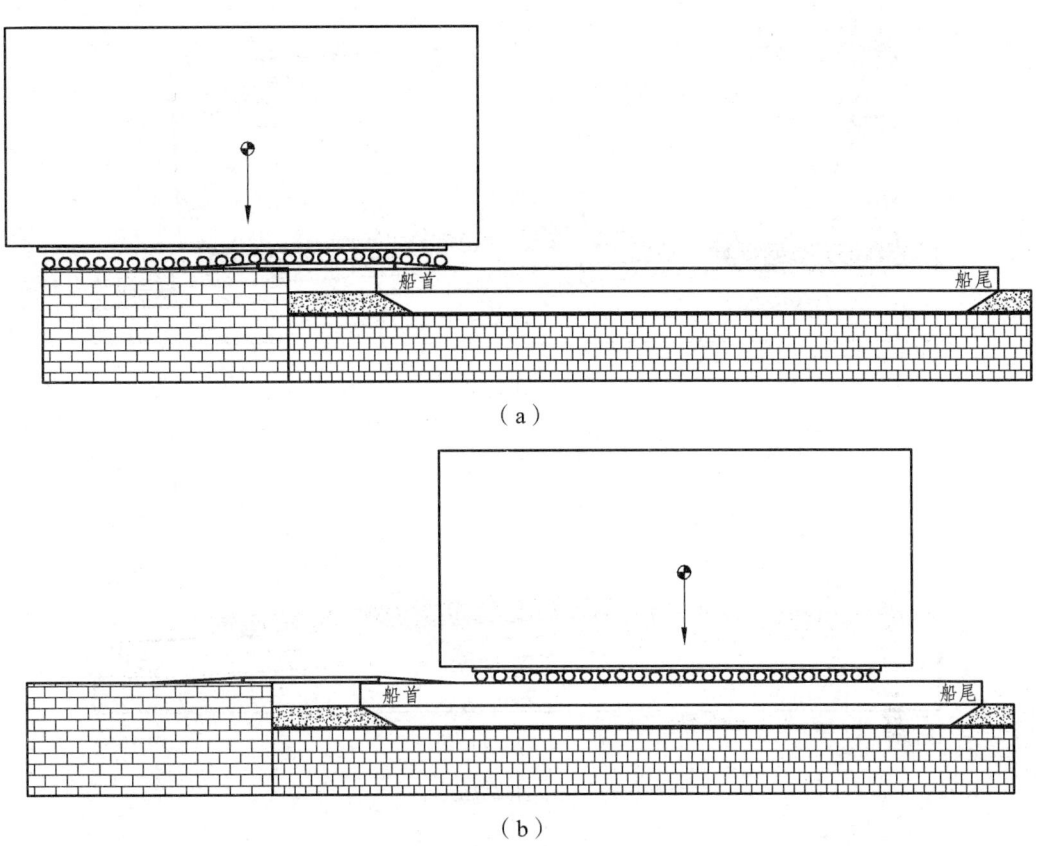

图 9-19 搁浅滚装流程图

(1) 搁浅滚装不依赖于潮汐,但要保证船底不能陷入淤泥中,确保船舶系缆牢固,防止船舶滑移。

(2) 在滚装过程中,仔细监视跳板与船舶状态,检查跳板与船舶之间最大坡道角是否满足 SPMT 液压行程。

(3) 将货物滚装到指定位置,然后卸载到支墩上,SPMT 驶出。

(六) 沙滩搁浅滚卸

沙滩搁浅滚卸步骤如图 9-20 所示。

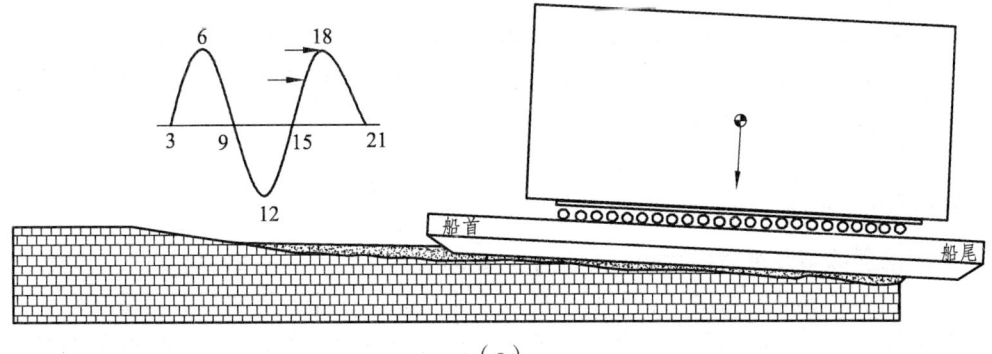

(a)

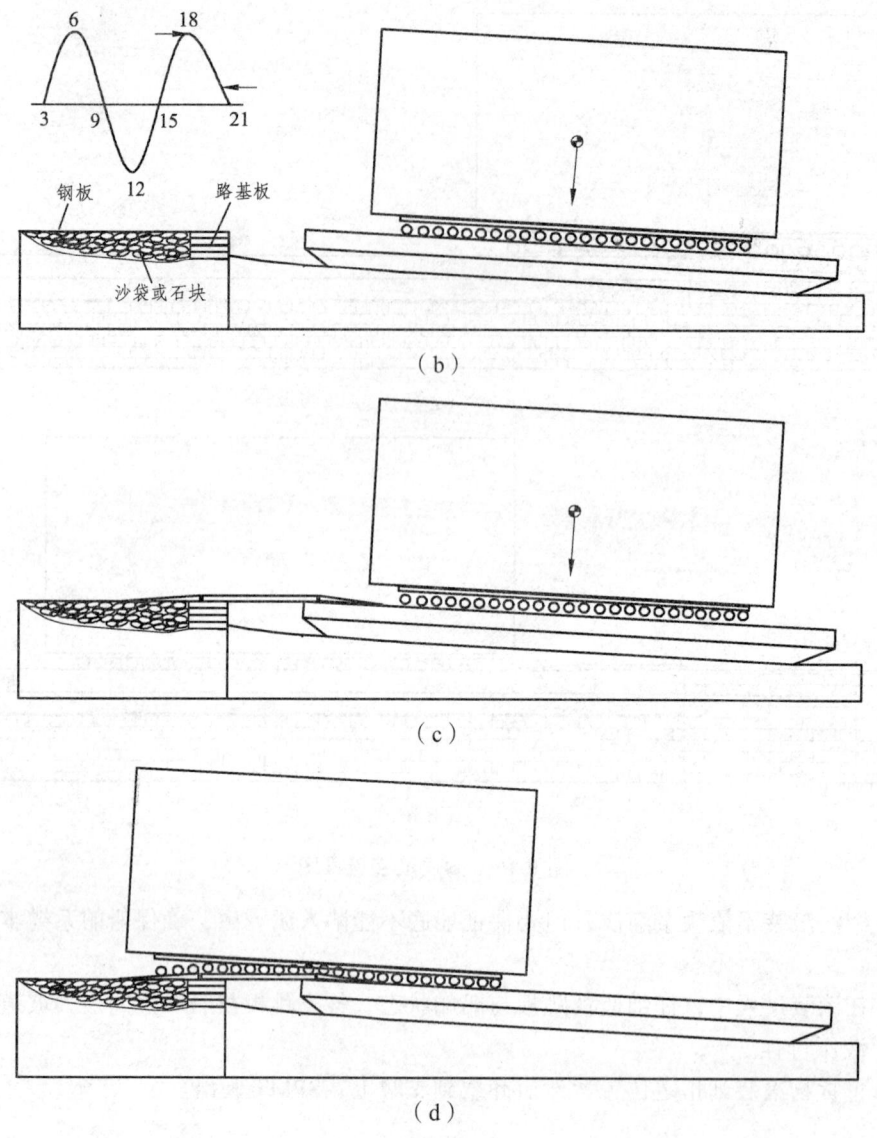

图 9-20　沙滩搁浅滚卸流程图

（1）排空船首压载舱的水，在涨潮的时候使用拖船把船舶拖上岸；

（2）修建临时滚卸码头，如图 9-20 所示；

（3）安装跳板，船舶固定在海滩上，不依靠潮汐进行滚装滚卸；

（4）在滚卸过程中，可通过排放一部分船首压舱水来对船舶减压。这一切都取决于当地情况和地面容许荷载。

（七）侧向滚装

从船舶的艉部滚装重大件货物时，船舶的艉部某一部位的质量增加会对船舶的船舯产生一个力矩，船舶的艉部吃水增加，而船舶的艏吃水会减少，船舶艉部下沉而低于码头平面，船舶出现艉倾。为保证船艉与码头平面平齐，在滚装的过程中，需要将船舶艏部相对应的水舱排出一定质量的压载水,或同时将船艉相对应的水舱加入一定质量的压载水,从而实现货物的纵向滚装装船作业。

目前许多大型设备制造地及工程项目的建设工地位置相对偏僻,航道、港口、码头等条件较差。受货物外形尺寸、货物数量、装载船舶条件、航道、码头水域狭窄程度、水流、潮汐等因素的影响,常用的纵向(从船舶的艉部方向)滚装装卸方式受到了限制,使用该方式装船出现了困难。为解决重大件货物装船的实际问题,拓展船舶的应用能力,横向(从船舶左舷或右舷方向)滚装装船技术得到重视。

比较典型的案例是港珠澳大桥青州航道桥 56#、57#索塔防撞设施采用了哑铃型钢套箱结构,外形尺寸为 91 m × 43 m × 8.5 m,桥墩防撞钢套箱整体重量为 1 780 t,运输时就是将装运驳船沿着码头停靠,利用 SPMT 液压平板小车将大型构件侧向滚装上船。详细情况可参考《大型构件滚装上驳船方案探讨》的相关内容。

第三节　货物单元分类和系固规则

重大件货物的共同特点是重量大、尺寸大,如果系固不当会造成货物滑移、倾倒,酿成重大事故。若货物相对于载具发生滑动或翻转,可能造成货物掉落,甚至车辆侧翻、船舶倾覆,不仅造成巨大的经济损失,还会威胁工程人员的生命安全。在工程中,通常采用系固的方式保证货物安全,避免上述事故的发生。常用的系固方法可以分为柔性系固(即绑扎)和刚性系固(如焊接、挡板、挡箱等)。在陆运中,因车辆上不能进行焊接,所以主要采用柔性系固。在海运中通常使用刚性系固,但是对于一些表面不能损伤的货物只能采用柔性系固。

一、货物单元分类

货物单元是指车辆(公路车辆,滚装拖车)、铁路车辆、集装箱、板材、托盘、便携式容器、可拆集装箱构件、包装单元、成组货件,其他货物运输单元如船运箱盒、杂货如线材卷,重货如火车头和变压器等。不是永久固定在船上的船舶自带的装载设备或其他部件,也应被视为货物单元。

将货物单元科学地进行分类有助于合理地组织货物运输和管理。国际和国内的现行规则对货物单元做出了系统的分类,根据货物单元在船舶上所使用的系固设备以及系固系统模式,可以将货物单元分成以下三类:标准货物、半标准货物以及非标准货物。

(1)标准货物(Standardized Cargo)。

指船上装备有为其特定种类设计并批准的货物系固系统的货物单元,如装载在专用集装箱船的标准集装箱。

(2)半标准货物(Semi-standardized Cargo)。

指船上装备有能适应于其有限种类的货物系固系统的货物单元,如公路车辆、滚装拖车、铁路机车等,通常采用滚装船来装运。

（3）非标准货物（Non-standardized Cargo）。

指需要专门堆装和系固安排的货物单元。如重大件货、钢卷、舱内原木等。通常采用重大件货物专用船、多用途船、近海供应船等来进行运输，运输中需要对货物进行严格的系固。

《CSS 规则》附录中详细地给出了 12 种已经证实在运输过程中存在潜在危险的非标准货物的积载与系固方案，在装载这些货物时，应当按规则要求进行积载和系固。这 12 种货物分别是：集装箱、移动式罐柜、移动式容器、滚动（轮载）货物、机车变压器等重件货、成卷钢板、金属重件、锚链、散装废金属、挠性中型散装容器、舱内原木、成组货物。

因为非标准货物种类繁多，结构及质量不一，所以需要单独地积载与系固。积载，是根据货物特点和船舶承受能力，将已装上船的货物谨慎而适当地堆放的作业行为。积载是《海牙规则》所规定的承运人货物管理的其中一项内容。

二、非标准货物单元特性

货物在海上进行运输的过程中，就安全积载与系固而言，以下特性应给予适当考虑。
（1）易变形或易压实。

有些货物在航行中会变形或压实，造成其系索松动而引起货物移动，船上应及时做好加固工作。

（2）摩擦系数低。

低摩擦系数货物，当将其积载于各层甲板上时，仅产生较小的摩擦力，除沿船宽方向紧密积载的情况外，若在积载时未采取适当加大摩擦的措施，如未使用垫木、软板或橡胶垫等，则难以牢靠系固。

（3）尺寸大、形状特殊。

某些货物因其自身尺寸和形状，当积载于船上的某一位置时，难以适当系固或单凭系索难以系牢，需采用特别措施方能保证运输安全。

（4）质量大。

运输货物的质量及其分布影响到装载位置、衬垫方案、系固计划及船舶稳性等方面。
（5）某些货物具有危险性。

某些货物单元自身或内容属于危险和有害货物。

三、非标准货物系固方式及系固设备

（一）系固方式

非标准货物常见的系固方式主要有刚性系固和柔性系固两种。

1. 刚性系固

刚性系固是将货物与专门设计的支座一起，固定于船舶的货舱或者其他可承重部位，通常是将支座、货物与船体焊接在一起，与船形成一个整体，以保证货物在海上运输的过程中不会因为船舶的摇晃而发生倾覆和滑移。刚性系固与柔性系固相比，主要是用于超长、超宽或者超重的特大件货物，如海洋平台、风力发电机组、机车头、工业上成套的设备等。海上运输实践证明，在特大件货物的运输中，采用刚性系固是保证运输安全的可靠手段。

2．柔性系固

所谓柔性系固是指采用绳索、铁链、钢丝和其他的紧固索具将货物固定于船舶的货舱或者承重甲板之上，使其在海运中不会因为船舶摇晃而发生货物滑移或者倾覆等危害船舶安全的情况。柔性系固因其操作简单、使用方便而被广泛运用，但是它只适用于一般的中小型非标准货物。

实际应用中，应当分析货物在船舶横摇、纵摇、垂荡等运动作用下的受力情况，根据船舶信息、环境因素、货物参数来计算货物在运输过程中可能受到的最大作用外力，然后利用力与力矩的平衡法则进行核算，确定系固方案的合理性。

（二）系固设备

非标准货物系固设备是指用于固定干散货船、多用途船、滚装船、装载货物单元的散装货船和客船及近海供应船与电缆铺设和管道铺设专用船等在装载集装箱（无专用系固设备）、钢卷、重大件货、普通件杂货及木材（货舱内）等荷载时所用的设备。非标准货物系固设备按其性质的不同，分为固定式系固设备和便携式系固设备两种。

1．固定式系固设备

固定式系固设备是指焊接在船体构件上的系固用构件（系固点及其支撑结构）。这种系固设备直接焊接在船体的舱壁、舷侧强肋骨、支柱及甲板上，必要时也可直接焊接在舱底或舱盖上，其主要类型有：

（1）眼板。

是一个带眼的钢板。如图9-21所示。

（2）眼环。

由一个固定环和一活动眼环组成。如图9-22所示。

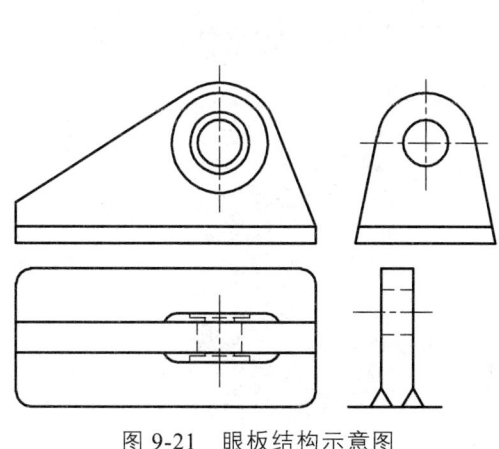

图9-21　眼板结构示意图

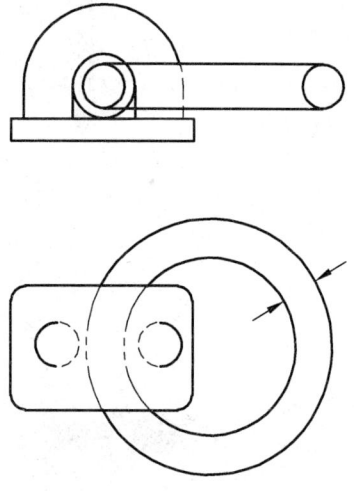

图9-22　眼环结构示意图

（3）地令。

是一个固定焊接眼环。如图9-23所示。

图9-23　地令结构图

2．便携式系固设备

便携式系固设备是指用于货物单元系固和支撑的可移动式设备。其主要种类如下。

（1）系固链条（lashing chain）及紧链器（tension lever），如图9-24所示。

（2）钢丝绳（lashing wire rope）。

（3）系固钢带（lashing steel band）。

（4）卸扣（shackle），如图9-25所示。

（5）花篮螺丝（turnbuckle），如图9-26所示。

（6）紧索夹（clamp），如图9-27所示。

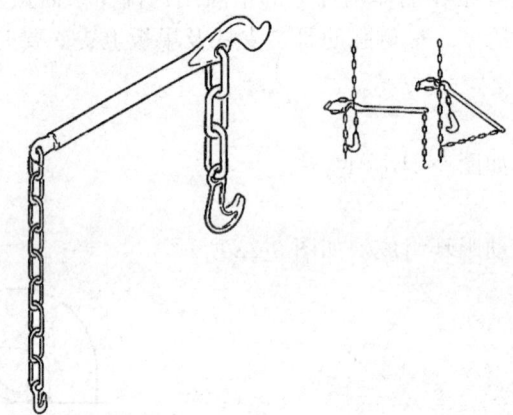

图9-24　系固链条及紧链器

图9-25　卸扣

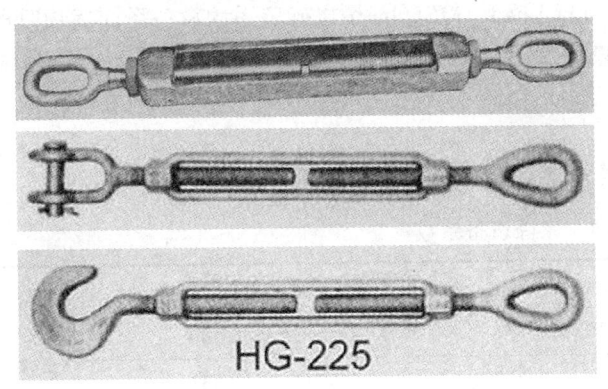

图 9-26 花篮螺丝

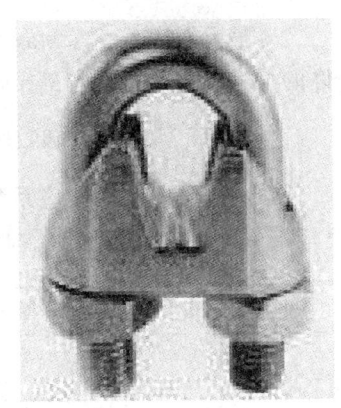

图 9-27 紧索夹形状图

3．便携式系固设备配套使用

在使用便携式系固设备时，必须紧密结合各个系固设备的特点与要求配套使用，以确保系固要求。配套使用方法如下。

（1）钢丝绳必须与紧索夹配套使用，如图 9-28 所示。

（2）钢丝绳与紧索夹、花篮螺丝及卸扣配套所用，如图 9-29 所示。

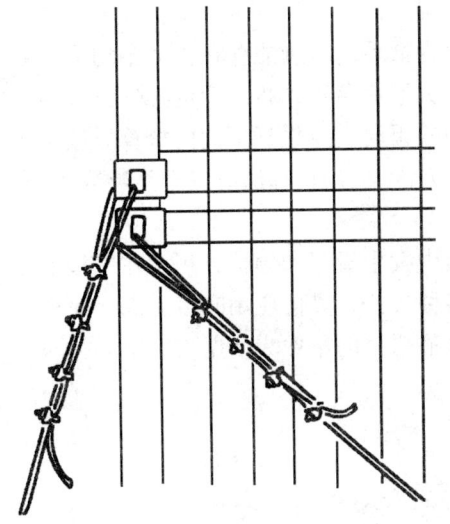

图 9-28 钢丝绳与紧索夹配套

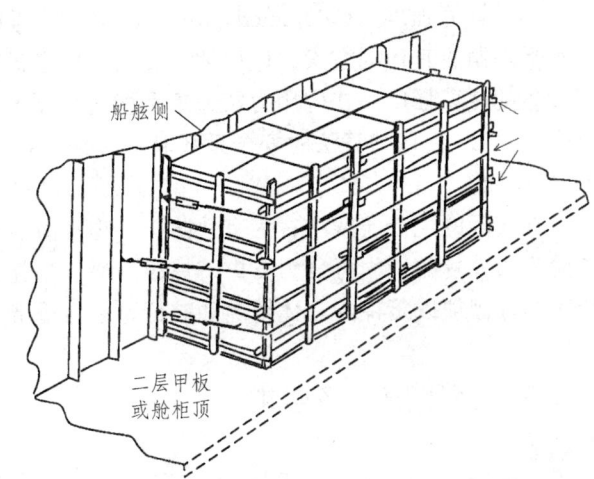

图 9-29 钢丝绳与紧索夹、花篮螺丝及卸扣配套

（3）花篮螺丝及卸扣配套使用。

（4）系固链条仅能利用紧索夹的情况下，才能系紧货物。

4．系固设备强度

系固设备的强度必须满足系固的要求，在核算工作中需要利用到设备的破断强度来检验所选系固设备是否能保证货物的安全。衡量系固设备强度的指标有破断强度、最大系固负荷和计算强度。

（1）破断强度（Broken Strength，BS）：设备在拉伸试验中使其达到破断状态时的拉力，制造厂家至少应提供系固设备的破断强度资料。

（2）最大系固负荷（Maximum Securing Load，MSL）：用以确定系固设备系固货物时所允许的最大负荷能力，它等于设备的破断强度 BS 乘以相应的系数 δ，即

$$MSL = \delta \times BS$$

各系固设备材料的相应系数如表 9-1 所示，对于木材，MSL 取值为 0.3 kN/cm^2。

表 9-1　系固设备系数

系固设备及材料	$\delta/\%$
地令、卸扣、眼环、甲板孔、低碳钢花篮螺丝	50
纤维绳	33
纤维状系索	50
钢丝绳（第一次使用）	80
钢丝绳（重复使用）	30
钢带（第一次使用）	70
系固链条及紧链器	50

应注意，当多个设备串联使用时，MSL 取其中最小者。

（3）计算强度（Calculated strength，CS）：考虑到货物系固时可能存在受力不均匀、系固水平限制或其他因数素，应取适当安全系数来折减最大系固负荷，折减后的 MSL 称为系固设备的计算强度。在应用力及力矩平衡法来评价系固效果时，应根据不同的核算方法来决定安全系数。使用估算法时安全系数取 1.5，即 $CS = MSL/1.5$。使用精算法时安全系数取 1.35，即 $CS = MSL/1.35$。

在实际的生产实践中，为有效防止货物在海运过程中发生滑移和倾覆，积载在甲板上或货舱重大件货的加固可分为支撑、焊接、垫、绑扎等多种方法，具体应用时多为综合使用。货物的加固须以货件的具体情况和航行海区与季节，以最恶劣的条件为依据来决定。

四、系固原则及要求

（一）《CSS 规则》系固原则及要求

《CSS 规则》全称为《货物积载与系固安全操作规则》，英文名称为《Code Of Safe Practice For Cargo Stowage And Securing》，是由国际海事组织（IMO）的海事安全委员会（MSC）制定的。

《CSS 规则》要求，货物在船舶上积载与系固，应当遵循以下原则：
（1）所有货物的堆装和系固都不应危及船舶和人员的安全。
（2）安全堆装和系固决定于正确的配载，操作和监督。
（3）负责货物堆装和系固的人员必须是有经验的合格人员。
（4）负责货物配载和监督货物堆装、系固的人员必须具有实践经验并对货物系固手册有足够的了解。

(4) 在装卸个船舱中，装载集装箱体和装体积以外的所有货物时，货物重心至应板主甲板以下的《货物系图手册》进行装载，前截和图。对于具有装载II-2/3.41条定义危险货物的船舶，应在展开其货之类的《货物系图手册》经所有关系证书，货物积货图的方式。《货物系图手册》的编制标准应以至少等效于本章节的制定的有关规定。

（三）货物系图编制的要求

1994年12月，IMO 第64届海安会（MSC）通过了对 SOLAS 公约第六章和第七章的修正案，要求装运危险货物（即像散装货物和油轮上装运水柜以外的所有货物）的所有船舶，必须配备经主管机关准许的《货物系图手册》和装载相应货物资料。为保证现在制的货物系图手册的统计性。中国船级社制定了一个《货物系图手册编制须知》，在须知中提出了关于货物系图和图手册的签订以及要求。在编制《货物系图手册》时，应做出充分测算。对于货物的堆装和系图，重要考虑以下问题：

(1) 船上是否具有图定式货物系图装置。
(2) 船上是否具有便携式的货物系图装置。
(3) 货物系图装置是否具有说明其最大系图载荷的出厂说明书和标志。
(4) 船上是否具有正确的检查表，以备有维核查货物系图装置的强度。
(5) 船上是否具有正确的维修和正确使用货物系图装置的报告手册。
(6) 为了保证货物系图装置及子顶定的用途，船上是否具有计算系图装置所签载的报告文件。

九、集图装载连接方法

重件物一般有两个特点：重心高和体积大。采用传统的装载方法已经不能满足重载的要求以来操纵重大件货物时轴向的压缩力，而且由于承载位装卸要求，集图装置也没有足够的布置空间。所以对于重大件的货物系图，目前采用较多的方式是系图固性连接方式。即其制作的软件能够连接其母性（同机船属于货物属于）实作属于（分子）；也有由于主要采用的装置有滚筒装置、钢板、工字钢等。

以固定件连接一体的连接方式。基本的连接方法有焊接、钉焊、有连三方来。本小节将分别对固化性连接装置各连接方式。

（一）钢板、钢带等系钢结构的连接方式

钢板是用钢水轧制成。冷却后压制成的水板材料。钢板状一般分为厚板、中板状、薄厚板的可以分为薄钢板（直径小于 4 mm），厚钢板（460 mm），特厚钢板（605 mm）。一般使用"板宽*板厚*板长"3 个数据来表示。

(二) SOLAS 公约要求

根据 SOLAS 公约(Safety of Life At Sea, 海上人命安全公约)第 6 章有关货物积载与系固，对积载与系固的要求如下：

(1) 在由外力上或下移运的货物、货物单元、车辆等，根据和系固应足以能防止其在对船舶中对船舶和船上人员造成危害和受到损失。

(2) 货物、货物单元，其使用元件的包装和系固，应能防止此货物单元中对船舶和船上人员造成伤害或丢失。

(3) 在重型货物或具有非正常尺寸的货物装载和固定过程中，应采取特别的措施，确保船舶的结构完整性，并在船舶中保持足够的稳性。

(4) 堆装件不宜堆太高。为避免货系接触货物表面而产生损坏或摩擦的条件，应在较高装载进行系固。必要时在系固装置应安加衬物。对不规则的货物，根据具体情况做出衬垫等方式进行固定。

(5) 在装货堆装和系固方式时，应当尽可能选择推荐的货物系固方式。

(6) 在恶劣条件下，船长应进行随时确认及货物堆装位置和系固方式。

(7) 各货系的堆装及其作业方式，对于装件上的货系，能使所受其装图的不致松动，又能在其紧张松时，同时进行松弛操作，以便于一套系若被切松开，同一侧的其他件系仍能保持在一紧张度上，及其大能同样程度承受负载力，避免因松紧不一而造成其他系紧件的折断。

(8) 货系必须横向和对称分布，若系布置不对称，可使其在某方向上受力不均，而不能阻断。

(9) 若系长度不宜过大，长度过大，系将不其收紧且可能因振动而松动，重大概率一括使一侧系因承受力过大而发生的不稳情况。

(10) 各系的垂直方向夹角宜小，若系的垂直方向夹角过大对于防止货物横侧，而若系的水平方向夹角应大些，若水平方向夹角过小于防止货物水平移动，因此为了阻止货物滑动，若系应按适度设向的夹角铺设，一般应取 30°~60°。

(11) 如重装，使用的绑扎材料强度较大，使用的系数材料强度大锚定与固定用的锚固的摩擦力，从而加大货件的水平移动力，若系减数可相应减小。

(12) 货系正确匹配使用合系设置。不同种类和货物的货系不在不同时的搭配条件下，应使用与之相近的系设置，如便用在同的系条，紧系数等。对非同系的设置正确使用，防止运速被损未及须定货的货系受损。如某个一加上的接接货货系统不应越过其 MSL，否则系就会断损。

一般来说，同一拇扎上不能超过 2 根系索，且方向不能相同；若图相较角不应大于度。

(13) 若系与其他方式联合固定。除采取装系固定外，根据情况还可采用水来支撑、木撑装等方式进行固定。

(14) 货件件不宜重叠。为避免在若其接接货物类而出生损害而摩擦的条件，应在货装进行系固。必要时在货装系固装置应加衬垫。对不规则的货物，根据具体情况做衬垫等，还应在货品装载铺装前，当路堆橙设位应采上的货装。

在刚性系固中，钢板一般和其他结构件组合使用，如可以和螺旋管组合使用，直接焊接在甲板上，起到防止应力集中的作用。也可以用对接焊缝的形式把两块钢板连接在一起。

钢板焊接结构件如图 9-30 所示，图中标注 6、7 是两块钢板 20*900/1 000*1 000 与标注为 5 的螺旋管焊接形成的支撑结构件。可以采用双面焊接和单面焊接的方式焊接钢板。

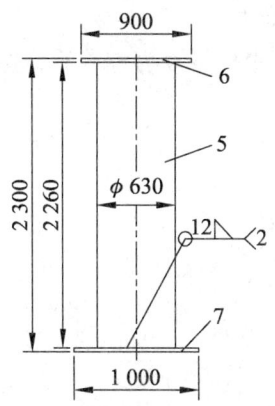

图 9-30　钢板焊接结构件

（二）工字钢结构的焊接方式

工字钢又称梁钢，是截面为工字的长条钢材。工字钢主要分为普通工字钢，轻型工字钢，低合金轻型工字钢和 H 型钢。如图 9-31 所示，工字钢的型号以高度 h，腿宽度 b，腰厚度 t 这 3 个数值表示，d 代表平均腿厚度。如"工 25011810"表示高度为 250 mm，腿宽度为 118 mm，腰厚度为 10 mm 的工字钢。

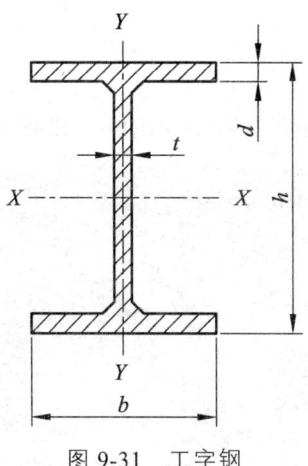

图 9-31　工字钢

在海运刚性系固中，工字钢一般作为止移设备焊接在船体的强结构上，防止货物移动。一般情况下工字钢以角焊缝的形式焊接在船体上，可以采用单面焊接或双面焊接。

（三）螺旋管结构焊接方式

螺旋管也称螺旋钢管或螺旋焊管，是将低碳素结构钢或低合金结构钢钢带按一定螺旋线的角度卷成管坯，然后将管缝焊接起来制成的，它可以用较窄的钢带生产大直径的钢管。螺旋管的型号一般以外径和壁厚表示，如"62010-2260"表示外径620 mm，管壁厚为10 mm，长度为2.26 m的螺旋管。

螺旋管在刚性系固结构中可以单独作为支撑件，对不规则的货件起到支撑作用。也可以和钢板裁剪成的翅板组合焊接制成结构件，固定货件。一般不直接与船体焊接，做支撑件时采用周围焊，制作结构件时采用双面焊。

螺旋管杆件如图9-32所示，图中标号6为螺旋管，图中标号2、7为翅板。

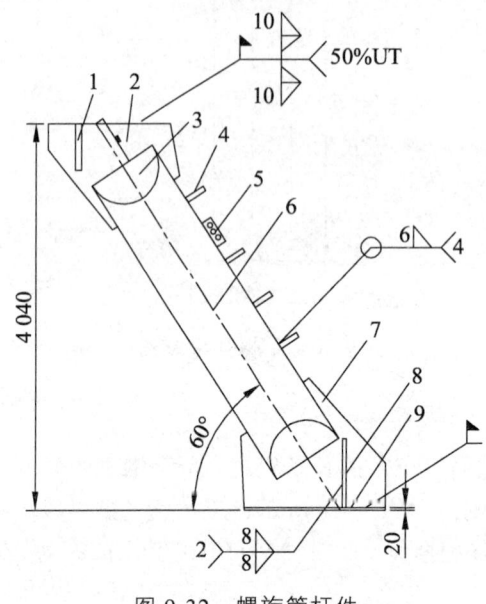

图9-32 螺旋管杆件

（四）地令焊接方式

地令是一个固定焊接眼环，也有一种地令由眼环和倒V夹板构成，如图9-33所示。

图9-33 地令

地令生产厂家会提供地令的破断强度和安全工作负荷，通常以地令的破断强度表示地令的型号。在甲板运输船载运非标准箱时，常常需要焊接地令，而焊接点是整个系统的薄弱环节，地令能提供的安全工作负荷应该取焊接强度和破断强度折合的安全工作负荷中的较小者。地令夹板与甲板强结构形成角焊缝，角焊缝可以采用单面焊的方式焊接。

参考文献

[1] Mokhtari K, Ren J, Roberts C, et al. Application of a generic bow-tie based risk analysis framework on risk management of sea ports and offshore terminals.[J]. Journal of Hazardous Materials, 2011, 192(2): 465-75.

[2] 新建铁路格尔木至库尔勒线社会稳定风险分析（新疆段）[C].2014.

[3] 深圳市交通运输委员会. 龙岗区深惠路、黄阁路客货分离社会稳定风险评估报告[R]. 2011.

[4] 刘昌华，万古军，李奇，等. Bow-tie 分析在水煤浆气化工艺中的应用[J]. 安全、健康和环境，2010，10（8）：34-35.

[5] 郑应钊，曾祥红，卢永强. Bow-tie 风险管理法在录井作业中的应用[J]. 录井工程，2008，19（3）：41-43.

[6] Michalis D Christou, Aniello Amendola,Maria Smeder. The control of major accident hazards: The land-use planning issue[J], 1999, 6: 151-178.

[7] Moon H J, Hyun K S. Bow-tie Mode Lasing in a Grooved Rectangular Semiconductor Microcavity[J]. Journal of the Optical Society of Korea, 2012, 16(2):162-165.Manual for Active BowTie.

[8] ABS Group.Use Bow Tie Tool for Easy Hazard Identification[J]. 14th Asia Pacific Confederationof Chemical Engineering Congress Singapore, 21-24 February，2012.

[9] 路亚妮. 大件公路运输研究综述[J]. 孝感学院学报，2008，（03）：107-109.

[10] 张辉辉. 公路桥梁大件运输关键问题研究[D]. 武汉理工大学，2011.

[11] 肖生苓，吴丽丽，胡家全. 重大件运输车辆安全性分析及基本流程框架图的建立[J]. 森林工程，2007，23（2）：46-48.

[12] 胡显伟，段梦兰，官耀华. 基于模糊 Bow-tie 模型的深水海底管道定量风险评价研究[J]. 中国安全科学学报，2012，22（03）：128-133.

[13] 申世杰. 大件产品公路运输安全管理系统研究及应用[D]. 重庆大学，2008.

[14] 王晓丽. 大件货物道路运输安全评价研究[D]. 中南林业科技大学，2013.

[15] 贾治利. 大件物流特性及相关问题研究[D]. 长安大学，2007.

[16] 杨雪英，张书彧. 大件运输——盛开在运输领域中的奇葩[J]. 交通世界:运输，2006，134（8）：62-63.

[17] 张俭. 大件运输管理乱象[J]. 中国物流与采购，2011（12）：36-39.

[18] 邢文榜. 大件运输中桥梁通过性快速评定方法研究[J]. 中外公路，2011，31（3）：217-220.

[19] 陈忠达. 道路大件运输增强国际竞争力的构想——关于我国道路大件运输与国际先进水平的差距及应对措施[J]. 运输经理世界，2005（Z1）：63-65.

[20] 宗成强. 道路运输超限货物在途安全评估方法研究[D]. 武汉：武汉理工大学，2011.

[21] Ramzan A. The Application of THESIS Bow-Ties in Nuclear Risk Management[J]. Safety & Reliability，2016:8-17.

[22] 杨涛. 公路大件运输安全技术评价制度研究[D]. 西安：长安大学，2010.

[23] 邱中玉. 浅析大件物流的发展趋势[J]. 物流商论，2015（7）：97-98.

[24] 薛鲁宁，樊建春，张来斌. 海上钻井井喷事故的蝴蝶结模型[J]. 中国安全生产科学技术，2013，9（2）：79-83.

[25] 程学庆，王睿，李月，等. 基于蝴蝶结模型的高速铁路车站安全风险管理[J]. 铁道运输与经济，2015，37（12）：77-82.

[26] Muniz M V P, Lima G B A. Bow tie to improve risk management of natural gas pipelines[J]. Process Safety Progress, 2017.

[27] 孙殿阁，孙佳，王森，等. 基于Bow-Tie技术的民用机场安全风险分析应用研究[J]. 中国安全生产科学技术，2010，06（4）：85-89.

[28] 高扬，雒旭峰. 基于Bowtie模型的机场安全风险分析[J]. 中国安全生产科学技术，2009，5（5）：83-87.

[29] 李斐，杨育，申世杰，等. 基于灰色网络评价法的大件设备公路运输项目风险评价研究[J]. 机械，2011，38（6）：38-44.

[30] 胡显伟，段梦兰，官耀华. 基于模糊Bow-tie模型的深水海底管道定量风险评价研究[J]. 中国安全科学学报，2012，22（3）：128.

[31] 於孝春，贾朋美，张兴. 基于模糊Bow-tie模型的城镇燃气管道泄漏定量风险评价[J]. 天然气工业，2013，33（7）：134-139.

[32] Ramzan A. The Application of THESIS Bow-Ties in Nuclear Risk Management[J]. Safety & Reliability, 2016:8-17.

[33] Keith E, Dave U, Kutlay S. Risk Management and Analysis of Driving Hazard Using Bow Tie Model[J]. 2004.

[34] Syed Zaiful Hamzah.using bow tie tool for easy hazard identification[J]. 14th Asia Pacific Confederation of Chemical Engineering Congress Singapore, 21-24 February 2012.

[35] 吴丽丽. 重大件公路运输若干问题的研究[D]. 哈尔滨：东北林业大学，2007.

[36] 佚名. 成都统计年鉴2008[M]. 北京：中国统计出版社，2009.

[37] 成都市统计局. 成都统计年鉴[J]. 成都市统计学会，1996.

[38] Juntao Kang, Huihui Zhang.An Improved Evaluation Model for Assessment of the Durability of Bridges and Its Application. 2010. Seventh International Conference on Fuzzy Systems and Knowledge Discovery, vo1.3. Yantai, Shandong, Chana, 1185-1189.

[39] 于晶. 我国大件运输市场供需情况分析[J]. 商用汽车，2004（12）：63-63.

[40] 陈忠达. 中国道路大件运输的回顾及展望[J]. 上海公路，1999（b11）：175-179.

[41] 谢长军. 重型成套大件运输问题研究[J]. 科技创新与应用，2015（11）：271-271.

[42] 富利波. 轨道滑移穿越桥涵运输大型设备工艺[J]. 石油化工建设，2013（6）.

[43] 和豪涛，肖冬玲，等. 公路大件运输中运输车组稳定性研究[J]. 交通科技与经济，2014（10）：10-13.

[44] 马鼬、慈艳柯，等，海洋工程装备产业发展现状及对策研究[J]. 电子世界，2018（6）：21-22.

[45] 何太碧，等. 大型圆柱形运输件捆绑加固工艺程式化方法研究[J]. 重庆交通大学学报（自然科学版），2018（6）：104-109.

[46] 赵必鸣，何太碧，等. 260T定子运输捆绑加固的静力学计算与校核[J]. 西华大学学报（自然科学版），2017（11）：51-55.

[47] 王帅. 基于SPMT的海工模块滚装研究[D]. 成都：西华大学，2017.

[48] 交通运输部公路局.《超限运输车辆行驶公路管理规定》解读[J]. 中国物流与采购，2016（11）：47-48.

[49] 冯淑贞，等. 对我国道路大件运输规范化发展的思考[J]. 物流与供应链经济，2018（01）：78-82.

[50] 邵永军，等. 大件运输车辆通行桥梁安全评估方法研究[J]. 公路交通科技，2015（12）：16-20.

[51] 邢文榜，等. 大件运输中桥梁通过性快速评定方法研究[J]. 中外公路，2011（6）：217-220.

[52] 孟琳. 公路大件运输组织方法及安全保障技术研究[D]. 长春：吉林大学，2013.

[53] 罗孟然等. 基于SPMT的大件运输作业配车方案探讨[J]. 起重运输机械，2017（11）：71-76.

[54] 李斐然. 临时支点对"桥上桥"承载能力的影响[J]. 公路交通科技，2015（10）：62-67.

[55] 罗建. 公路大件运输线路选择方案及模型研究[J]. 西华大学学报（自然科学版），2013（7）：71-76.

[56] 中国风电产业发展现状及前景展望（上）[J]. 电器工业，2019（8）：31-38.

[57] 中国风电产业发展现状及前景展望（下）[J]. 电器工业，2019（9）：32-46.

[58] 王启华. 风电吊装技术要点探析[J]. 科技视界，2019（12）：125-126.

[59] 马开志，等. 山地风电场运输道路设计要点分析[J]. 南方能源建设，2018（12）：172-176.

[60] 冯书桓，等. 海上风电发展趋势与国际标准化现状[J]. 船舶标准化工程师，2019（11）：20-24.

附 录

附表一 PPU主要生产厂家

厂家	型号	排放标准	长/mm	宽/mm	高/mm	连接最大轴线/(48 t/60 t)	驱动轴线
德国索埃勒（Scheuerle）PPU	Z180	EU4/Tier 4final	2 310	2 430		20/16	16
	Z390	EU4/Tier 4final				40/34	26
	Z150	EU3A/Tier3A				20/16	16
	Z350	EU3A/Tier3A				40/34	26
德国歌德浩夫（Goldhofer）PPU	155 kW	Tier3	2 400	2 400			
	207 kW	Tier 4final	2 400	2 400			
	360 kW	Tier3	3 000	2 400			
	390 kW	Tier 4final	3 000	2 400			
意大利科米托（Cometto）PPU	335 kW		4 500	2 310	1 090		
	170 kW		3 800	2 400	870		
	110 kW		2 400	2 310	1 090		
	（混动）170 kW		4 000	2 400	1 380		
	（混动）110 kW		3 100	2 400	1 140		
德国克玛格（Kamag）PPU	150 kW	3a	2 800	2 430		18	12
	290 kW	3a				36	16
	390 kW	Tier 4 final				36	16
法国尼古拉斯（Nicolas）PPU	410 kW		4 020	2 990	855		
	215 kW		3 340	2 620	775		

附表二 轴线参数

德国索埃勒轴线	法国尼古拉轴线	意大利科米托轴线						德国克玛格 k24	德国克玛格 k25	德国克玛格 k22
模块类型	3/4/5/6/8	4/6/8	3/4/5/6					4/5/6	6	6
宽度/mm	2 430	3 000	2 430	3 000	2 430	3 000	2 430	3 000	2 430	3 000/3 200	3 000
轴距/mm	1 400	1 550	1 400						1 400	1 500	1 500
载荷高度/mm	1 440±300	1 075±325	1 500±350				1 460±300			1 175/1 250±300	1 020+360-250
单轴自重/t	4	3.5	4.2	4.8	4.2	4.8	5.1	5.6			3
单轴线载重/t	40/48/60	19-34	40		48		60		40/48/60	45/36	25
最高速度/(km/h)	10	60	0.5		0.5		1				

附表三　歌德浩夫轴线参数

		轮胎型号	轴距/mm	悬架距/mm	车宽/mm	承载车板高度/mm	轴载重/t	轴线长度/mm
德国的歌德浩夫轴线	THP/ET	285/70R19.5	1 400	1 780	2 750	1 250±300	23（10 km/h）	5 600
	THP/UT	205/65R17.5	1 500	1 800	3 000	1 070±300	25（10 km/h）	6 000
		215/75R17.5				1 120±300		
	THP/MT	215/75R17.5	1 500	1 800	3 000	1 120±300	25（20 km/h）	6 000
	THP/SL-S	245/70R17.5	1 500	1 800	3 000	1 190±300	15.6（20 km/h）	6 000
		285/70R19.5				1 250+350/−250	23（10 km/h）	
	THP/SL-L	215/75R17.5	1 500	1 800	3 000	1 175±300	26.1（20 km/h）	6 000
	THP/SL	215/75R17.5	1 500	1 800	3 000	1 175±300	45（1 km/h）	6 000
			1 800	1 800	3 000			7200
	THP/MI	215/75R17.5	1 800	1 800	3 000	1 175±300	28（15 km/h）	9 150（6轴线）
	THP/HL	245/75R17.5	1 500	1 800	3 200	1 208±300	45（1 km/h）	6 000
	THP/H	235/75R17.5	1 600	2 280	3 600	1 250±300	45（5 km/h）	6 400
	PST/SL	215/75R17.5	1 500	1 800	3 000	1 175±300	45（1 km/h）	6 000
	PST/H	235/75R17.5	1 600	2 280	3 600	1 250±300	45（5 km/h）	6 400
	PST/SL-E	215/75R17.5	1 500	1 800	3 000	1 220±300	45（1 km/h）	6 000
	PST/ES-E	285/70R19.5	1 400	1 510	2 430	1 500±325	40（0.4 km/h）	5 600
				1 810	2 730			
		315/60R22.5	1 400	1 500	2 430	1 500±300	45（1 km/h）	5 600
		385/55R22.5	1 600	1 440	2 430	1 515±350	60（1 km/h）	6 400